Der Islam und Deutschland
Muslime in Deutschland

Bassam Tibi

Der Islam und Deutschland

Muslime in Deutschland

Deutsche Verlags-Anstalt
Stuttgart München

Die Deutsche Bibliothek – CIP-Einheitsaufnahme
Ein Titeldatensatz für diese Publikation ist bei
Der Deutschen Bibliothek erhältlich

Satz: Sabon OsF und Gill Sans (QuarkXpress) im Verlag
Druck und Bindearbeit: Friedrich Pustet, Regensburg
Diese Ausgabe wurde auf chlor- und säurefrei gebleichtem,
alterungsbeständigem Papier gedruckt.
Printed in Germany
ISBN 3-421-05385-5

Inhalt

Historische Widmung

In Anerkennung der klassischen Toleranz im Islam widme ich dieses Buch dem zweiten islamischen Raschidun-Kalifen Omar Ibn al-Khattab (Herrschaft 634–644) im Gedenken an sein Erbe. Nach der Eroberung Jerusalems 638 betrat Omar die Stadt nicht in der Pose des Siegers; er entschuldigte sich beim Patriarchen Sophronios dafür, daß er dessen Angebot, das islamische Mittagsgebet in der Heiligen Grabeskirche Christi zu verrichten, nicht annehmen wollte. Als Grund gab Omar an, er befürchte – wie der Cambridge-Historiker Steven Runciman berichtet –, »seine eifernden Nachfolger würden den Ort, an dem er gebetet (hat), für den Islam in Anspruch nehmen«.

Nicht so tolerant, ja heimtückisch, verhielten sich die neoosmanisch gesinnten türkischen Islamisten, die die christliche Nächstenliebe am 3. Februar 1965 in Köln mißbrauchten: Sie akzeptierten das tolerante Angebot, im Kölner Dom das Freitagsgebet zu verrichten, mit dem Gedanken spielend, diese Kirche in eine Moschee zu verwandeln. Nach der Verrichtung des Gebets erhoben die Islamisten unter Berufung auf die islamische Tradition, daß ein Ort ihres Gebets den Muslimen gehört, Anspruch auf den Kölner Dom; formal bedankten sie sich beim Erzbistum von Köln für die Übergabe! Der Bischof mußte die Grenzen seiner Toleranz erkennen. Dies sind zwei gegensätzliche Bilder vom Islam im Umgang mit Christen, deren Vergegenwärtigung den Ausgang dieses Buches bestimmt.

Vorrede

Hinter dem Titel dieses Buches, *Der Islam und Deutschland, Muslime in Deutschland,* steht eine noch zu erzählende Geschichte, die auf das Frühjahr 1997 zurückgeht. Aber die Tatsache, daß mein Buch im Jahre 2000 erscheint, veranlaßt mich, zunächst einen anderen Zugang zu wählen. Es ist festzustellen, daß Deutschland als europäisches Land in eine zivilisatorische Zeit einzuordnen ist, die der Zeit der islamischen Zivilisation nicht unbedingt entspricht. Die im Buchtitel angedeutete, sich auf zwei unterschiedlichen Ebenen manifestierende Verbindung zwischen Deutschland und dem Islam unterstellt aber zugleich einen geteilten Zeitbegriff zwischen der Bundesrepublik Deutschland und der Welt des Islam; diesen nenne ich *Weltzeit.* Beschreibt diese Weltzeit eine bereits bestehende Realität oder handelt es sich dabei um eine Hypothese, also schlicht eine Vermutung? Ich beantworte diese Frage am Gegenstand des Übergangs zum neuen Millennium.

Der Nachrichtensender CNN widmete seine Berichterstattung zum Jahreswechsel 1999/2000 den Millenniums-Feiern in den unterschiedlichen Zeitzonen unseres Globus. Dabei fiel auf, daß es keine Berichte aus dem Iran, dem Sudan oder aus Saudi-Arabien, also aus Staaten mit islamischer Legitimation gab. CNN-Reporter haben ihren Zuschauern gegenüber diese Lücke in der Berichterstattung nicht erwähnt. Wie ist sie zu erklären? Teilen die Muslime die Weltzeit also doch nicht?

Die Zeitrechnung der islamischen Zivilisation beginnt mit der *Hidjra*, das heißt mit der Migration des Propheten Mohammed von Mekka nach Medina. Somit wird deutlich, daß Migration im Islam nicht bloß Einwanderung heißt, sondern darüber hinaus eine religiöse Bedeutung hat. Die Christen schrieben damals das Jahr 622 nach Christi Geburt. Als die Christen Silvester 1999 feierten, befanden sie sich im 12. Monat ihres Kalenders, die Muslime dagegen in ihrem Fastenmonat Ramadan des Jahres 1420. Die Muslime waren entsprechend ihrer *Hidjra*-Zeitrechnung von einer Millenniums-Feier also weit entfernt. Warum sollten sie sich an den Feierlichkeiten zur Jahrtausendwende beteiligen? Der Leser wird bei der Lektüre dieses Buches bald feststellen, daß diese Frage die anstehende Thematik direkt betrifft.

Die CNN-Berichterstattung über die Millenniums-Feier war lückenhaft, doch zeigte sie, daß nicht-westliche Völker wie Chinesen, Japaner und Inder, die ebenfalls eine abweichende Zeitrechnung besitzen, an den Feierlichkeiten aktiv teilgenommen hatten. Auch gab es einzelne CNN-Berichte aus islamischen Metropolen wie Istanbul oder Jakarta, ja sogar aus Kairo. Die dortigen Systeme bemühen jedoch im Gegensatz zum Iran und zu Saudi-Arabien keine islamische Legitimation. Bei der Millenniums-Feier an den ägyptischen Pyramiden in Gizeh, auf der natürlich mehr europäische Touristen als Ägypter zu sehen waren, wurde eine Mammut-Lasershow veranstaltet, bei der Musik von Jean-Michel Jarre, nicht aber orientalische Musik gespielt wurde. Trotz aller Einschränkungen läßt sich also sagen, daß der Übergang zum Jahr 2000 global und inter-zivilisatorisch begangen wurde.

Über diesen erzählerischen Umweg will ich die eingangs gestellte Frage nach den inter-zivilisatorisch exklusiven Zeiten sowie einer Weltzeit wie folgt beantworten: es trifft zu, daß es unterschiedliche Kalender gibt (einen jüdischen, islamischen etc.). Gleichzeitig ist der christliche Gregorianische Kalender nicht mehr auf die christliche bzw. heute westliche Welt beschränkt; die christliche Zeitrechnung ist durch die europäische Expansion und die durch sie ausgelöste Globalisierung allgemeingültig geworden und kann somit beanspruchen, *Weltzeit* zu sein. Das ist nicht mit einer von Muslimen oft unterstellten schleichenden

Christianisierung der Welt gleichzusetzen. Deutschland und die islamische Zivilisation gehören somit der Zeit einer globalisierten Welt an und sind dazu gezwungen, miteinander zu leben. Das ist das Thema dieses Buches, in dem ich eine Antwort auf die Frage suche, ob beide Parteien dies in Frieden tun können. Der Buchtitel *Der Islam und Deutschland, Muslime in Deutschland* ist keine Wortspielerei, sondern setzt zwei unterschiedliche Schwerpunkte, die auf diese Weise von vornherein angegeben werden. Ehe ich diese Zusammenhänge erläutere, möchte ich auf einige Störfaktoren eingehen, die die inter-zivilisatorische Harmonie der Millenniums-Feiern auf den Fernsehbildschirmen Lügen straften. Diese waren:

– Muslimisch-tschetschenische Rebellen führen im Kaukasus mit Gewalt *Djihad* gegen den der christlich-orthodoxen Zivilisation angehörenden Militärapparat Rußlands. Natürlich rechtfertigt dies nicht die ungeheuerliche Brutalität der russischen Armee. Dennoch muß ich die Fronten angeben.

– In Südasien erklären Kaschmiris Andersgläubigen, also den Hindus, den *Djihad* – ebenfalls mit Gewalt; sie entführen ein indisches Flugzeug nach Kandahar (Afghanistan), wodurch es ihnen gelingt, die Freilassung ihres Imam Maulana Massoud Azhar zu erpressen. Zuvor hatte dieser Imam von seiner Zelle in einem Hochsicherheitsgefängnis den *Djihad* als Gewaltanwendung gepredigt und durch Kassiber an seine Gefolgsleute weitergeleitet.

– In der Nacht zum 1. Januar 2000 waren die USA, nach dem Durchsickern von Berichten aus Jordanien und der Verhaftung algerischer Fundamentalisten an der US-kanadischen Grenze mit Sprengstoff in ihrem Gepäck in höchster Alarmbereitschaft. In Westeuropa ist es zwar ruhig geblieben, aber auf dem Balkan nimmt der Haß zwischen christlich-orthodoxen Serben und muslimischen Kosovo-Albanern ungeahnte Ausmaße an. Die NATO-Truppen stehen hilflos dabei und verstehen nicht, was vor sich geht. Bombardierung ist leichter als Friedensstiftung.

– Kaum hatte das Jahr 2000 begonnen, marschierten hunderttausende Muslime durch Jakarta und riefen zum *Djihad* gegen die christliche Bevölkerung des Insel-Staates auf, nachdem bei Kämpfen zwischen Christen und Muslimen auf den Molukken in den ersten Januartagen etwa tausend Menschen ums Leben gekommen waren.

Wird Westeuropa im neuen Millennium von diesen furchterregenden Szenarien verschont bleiben? Werden die Europäer in den Sog der soeben beschriebenen Entwicklung gezogen, oder wird ihnen ein friedliches Miteinander mit dem Islam gelingen?

Ich bin einer der 15 Millionen muslimischen Migranten, die in Westeuropa leben. Dieses Buch schreibe ich in der Hoffnung, darauf hinwirken zu können, daß Europäer, hier speziell Deutsche, und Muslime durch harte Arbeit (anders geht es nicht, fromme Sprüche und Festreden helfen wenig) lernen, miteinander zu leben. Es ist wichtig, zwischen zwei Ebenen des Zusammenlebens zu unterscheiden: innerhalb Europas und auf der globalen Ebene.

Europa ist vielfältig, und dennoch gehört es zu einer, nämlich der westlichen Zivilisation. Schweden ist wie Deutschland ein säkulares europäisches Land, doch ist das Christentum dort in der Verfassung verankerte Staatsreligion. Obwohl ich einräume, daß Deutschland ein säkularisiertes Land ohne Staatsreligion ist, muß ich einschränken, daß es den Grad der Säkularisation Frankreichs aufgrund dessen Erfahrung mit der Französischen Revolution nicht erreicht hat. Die politische Kultur in Deutschland kennt keine *laïcité*, keine strikte Trennung zwischen Religion und Politik. In Deutschland besitzt die Kirche einen mächtigen Einfluß, ja sie darf, wie nirgends sonst in einer Demokratie der westlichen Welt, hohe Kirchensteuern erheben und in der Politik – durch Vertretung in Gremien – mitbestimmen. Ist das ein Modell für die in Europa lebenden Muslime?

Im Frühjahr 1997 hielt ich, auf Einladung des schwedischen Außenministeriums und der schwedischen Stiftung der Kinder Abrahams, die *Global Village Lecture*. Im renommierten Stockholmer *Ridderhusset* (Haus der Ritter) findet diese Vorlesung alljährlich statt. Als Thema wurde »Der Islam und Europa, der Islam in Europa« an mich herangetragen. Das ist auch meine Fragestellung in diesem Buch, wenngleich ich meine Untersuchung auf Deutschland beschränke; ich entlehne jedoch, mit einer Modifikation, den Titel meiner Stockholmer Vorlesung. Die Formel »Der Islam und Deutschland« bezieht sich auf die historischen Verbindungen zwischen beiden, die viel älter als die zeitgenössische islamische Migration nach Europa ist. Die Formel: »Muslime in Deutschland« bezieht sich auf die 3,3 Millionen Muslime (und mehr als 1500 Moscheen) auf deutschem Territorium. Dieses Buch will über beide Ebenen zwischen Deutschland und dem Islam informieren und ohne Anerkennung von Tabus zentrale Fragen ansprechen.

Am Umgang mit religiösen und ethnischen Minderheiten sowie an der Fähigkeit, sie in die Gesellschaft und in das politische Gemeinwesen zu integrieren, läßt sich eine Demokratie messen. In Deutschland leben nach offiziellen Statistiken nur wenig mehr als sieben Millionen Ausländer. Dabei ist jedoch zu berücksichtigen, daß mehrere Aufenthaltskategorien – sieht man einmal von sich illegal im Land befindlichen Personen ab – nicht in diese offizielle Zahl eingehen. In Wirklichkeit dürften es rund zehn Millionen sein.

Unter den in Deutschland lebenden Ausländern bilden die Muslime die größte ethnisch-religiöse Minderheit. Im Bewußtsein der Öffentlichkeit herrscht die Neigung, den Islam mit den »türkischen Gastarbeitern« zu identifizieren. Doch sind die Muslime in Deutschland unter sich sowohl religiös als auch kulturell so vielfältig, daß die Gleichsetzung von Türken und Islam eine Verzerrung bedeutet. Dennoch kann von der Islam-Diaspora gesprochen werden, wenngleich nicht in dem Sinne, daß eine inner-islamische Einheitlichkeit vorliegt, die die Bildung einer Religionsgemeinschaft als Körperschaft des öffentlichen Rechts rechtfertigen würde. Von Islam-Diaspora spreche ich als liberaler Muslim nur in dem Sinne, daß der Islam als ein

Segment bei der Bestimmung der Identität der Einwanderer in den Blick rückt. Bei meiner Diskussion über Migration und Ethnizität deute ich die Ethnisierung der Islam-Gemeinde in Deutschland als eine Bedrohung für den inneren Frieden und biete als Alternative individuelle Integration an.

Wir werden die Basis-Lehren der Religion des Islam in Kapitel II kennenlernen und dabei erfahren, daß der Islam jede ethnische Loyalität strikt zurückweist. Aber in Abgrenzung zur Mehrheitsbevölkerung in einer teils christlichen, teils säkularisierten Gesellschaft entfaltet sich in der Islam-Diaspora ein ethnisches Kollektiv, d.h. der Islam wird unter diesen Bedingungen ethnisiert. Damit meine ich, daß sich »die Muslime« – obwohl unter sich sehr vielfältig – gegenüber anderen als ein einheitliches ethnisches Kollektiv wahrnehmen; auf diese Weise ethnisieren »die Muslime« den Islam in ihrer Selbstbestimmung gegenüber »den anderen«. Aus anderen Teilen der Welt (Bosnien, Kosovo, Kaschmir, Tschetschenien etc.) wissen wir, daß sich mit der Ethnisierung des Islam bedenkliches Konfliktpotential bildet. Wenn Europäer das Problem rechtzeitig erkennen und kluge Politik betreiben, können sie solche Entwicklungen in Westeuropa im Vorfeld verhindern.

Integration ist die beste Prävention; aber die deutsche Gesellschaft hat sich bisher nicht als integrationsfähig erwiesen; durch diese Unfähigkeit fördert sie ungewollt die Bildung von ethnischen Kollektiven. Die Gefahr der Ethnisierung kommt also nicht nur von den Muslimen, sondern auch von der deutschen Gesellschaft. Ich weiß, daß es innerhalb der 3,3 Millionen Menschen umfassenden deutschen Islam-Diaspora orthodoxe Muslime und Islamisten – beide sind nicht identisch – gibt, die Resistenz gegen jede Integrationspolitik fördern; Integration verfemen sie als verdeckte Christianisierung. Dieses Bestreben aber wird durch die Unfähigkeit der deutschen Gesellschaft, Fremde als Dazugehörige in das Gemeinwesen einzugliedern, verstärkt. Als ein seit 1962 in Deutschland lebender Fremder weiß ich aus eigener leidvoller Erfahrung, was Ausgrenzung bedeutet. Dennoch weigere ich mich, die Schuld nur einer Seite zuzuweisen. Zudem will ich in diesem Buch aufklären und informieren. Es gehört nicht zu meinen Aufgaben, Schuldige zu suchen.

Die anstehenden Probleme müssen unter Berücksichtigung einer nur bedingt zur Integration bereiten Gesellschaft und – ich muß es als liberaler Muslim wiederholen – einer angesichts absoluter Ansprüche des islamischen Glaubens schwer zu integrierenden Diaspora-Gemeinde behandelt werden. Hierbei stellt sich die Frage, ob es sinnvoll ist, das Ansinnen der Islamisten zu unterstützen, ihnen – nach dem Modell der christlichen Religionsgemeinschaft – den Status einer Körperschaft des öffentlichen Rechts und somit eindeutig politische und finanzielle Macht zu gewähren, zumal sie nur einen geringen Prozentsatz der in Deutschland lebenden Muslime repräsentieren. Dies hat nichts mit der vom Grundgesetz garantierten Religionsfreiheit zu tun. Bedauerlich ist, daß die christlichen Kirchen, die in keinerlei Hinsicht ein Modell für die Islam-Gemeinde darstellen, diese Zusammenhänge nicht angemessen berücksichtigen. Weil ich in diesem Buch die Präsenz des Islam in Deutschland am Gegenstand untersuche, werde ich auch dieses Problem ansprechen. Generell versuche ich ohne Tabus Lösungenzu suchen. Ich bin gegenüber allen Demokraten offen und stelle meine Ideen zur Diskussion; ich bin auch bereit, sie zu revidieren. Die demokratischen Werte bestimmen zugestandenermaßen meine Orientierung. Ich bin eindeutig gegen jede postmoderne Werte-Indifferenz, die im Zeichen einer vermeintlichen Toleranz steht.

Mein Ausgangspunkt ist die Tatsache, daß die aus Asien und Afrika stammende Islam-Diaspora – im Gegensatz zu der jüdischen Gemeinde in Deutschland vor 1933 (deutsche Juden wurden antisemitisch ausgegrenzt, aber sie waren deutsche Europäer) – eine in bezug auf Werte und Weltbilder aus Nicht-Europäern bestehende Gemeinschaft ist. Die Beschäftigung hiermit steht im Mittelpunkt dieses Buches, doch seine historische und geographische Perspektive ist breiter angelegt. Zum einen ordne ich die aktuelle Problematik »Muslime in Deutschland« in den europäischen Rahmen ein. Zum anderen zeigt die im Buchtitel enthaltene Formel »Der Islam und Deutschland«, daß ich den Gegenstand nicht auf die zeithistorische Problematik der durch Migration entstandenen islamischen Präsenz in Deutschland beschränke. Ich gehe bis in das 19. Jahrhundert zurück. Die historische Entwicklung hat positive Implikationen, wie bei Goethe und Lessing, zeigt aber auch, vor allem in der wilhelminischen Orientpolitik Deutschlands, negative Aspekte.

Das zweite Segment im Buchtitel, »Muslime in Deutschland«, bezieht sich auf die Zeit seit den sechziger Jahren des 20. Jahrhunderts, als die Anwerbung von Arbeitskräften aus der Türkei begann. Deutsche Politiker und Geschäftsleute, die damals jene Maßnahmen einleiteten, hatten kein Auge für die später daraus entstehende Islam-Diaspora in Deutschland.

Im dritten Millennium sieht die Lage anders aus: Mit dem Ende des Ost-West-Konflikts und der Öffnung der Grenzen strömen Muslime aus aller Welt in das von den westlichen Medien verheißene Wohlstandsparadies Deutschland, das hierauf weder politisch noch kulturell vorbereitet ist. Deutschland hat zudem kein Einwanderungsgesetz, dafür aber einen Artikel 16a des Grundgesetzes, der als »Ersatz« für ein solches Gesetz großzügig eine Fülle von Möglichkeiten bietet, Anspruch auf Aufnahme in Deutschland zu erheben, dafür aber nicht ausreichend gewährleistet, Möchte-Gern-Einwanderer den Zuzug zu verwehren. Jedenfalls ist dies die vorherrschende Rechtspraxis. Außer einigen wenigen verschließen deutsche Politiker vor diesem Tatbestand die Augen. Zu den lobenswerten Ausnahmen gehört der SPD-Innenminister Otto Schily: Allein der Tatbestand, daß er es wagte, hierüber in der Öffentlichkeit laut nachzudenken, trug ihm massive Medienschelte ein, die ihn schließlich zum Schweigen brachte.

Als Demokrat und liberaler Muslim lasse ich mich von den in der deutschen Diskussion vorherrschenden Gangarten, die einer Zensur gleichkommen, nicht einschüchtern. Ich schreibe dieses Buch über Deutschland bewußt in den USA, um eine klare Sicht zu behalten. Parallel zum Abschluß dieser Arbeit habe ich mich im Februar/März in Kairo aufgehalten und habe die in diesem Buch formulierten Thesen im Rahmen von dialogisch aufgebauten Vorträgen sowie in Presse, Hörfunk und Fernsehen vorgestellt. Auch habe ich über meine Thesen mit islamischen Autoritäten in Kairo – etwa in einem mehrstündigen Gespräch mit dem Minister für religiöse Angelegenheiten, Mahmoud Zakzouk – diskutiert.

Der Preis, den ich für die Inanspruchnahme der Redefreiheit ohne Anerkennung von Tabus, also auch für dieses Buch, zahle, ist, daß große deutsche Tageszeitungen meine Arbeit seit einigen Jahren völlig verschweigen. Die vielen deutschen Leser ermutigen mich aber, mein demokratisches Grundrecht wahrzunehmen. Ich bin auf die Schläge der intoleranten deutschen Sittenwächter vorbereitet. Schlimmer als diese Schläge – dies muß ich eingestehen – ist das erwähnte Totschweigen unerwünschter Stimmen, und zwar schlicht durch Nichtbeachtung. So ist die deutsche Presse, die mich sonst als Nahostexperte würdigt, mit meinem Buch *Europa ohne Identität* verfahren (vgl. das Vorwort zur Taschenbuchausgabe 2000). Ein Ausländer darf Experte über sein Herkunftsgebiet, niemals aber über Deutsche und Deutschland sein, besonders, wenn er nicht zu allem Ja und Amen sagt. Auch hier haben Deutsche noch viel an Toleranz zu lernen.

In diesem Buch argumentiere ich stets von dem doppelten Selbstverständnis ausgehend, Aufklärer und Brückenbauer zu sein. Bei der Geringschätzung gleichermaßen von postmodernen Moden und Gesinnungsethik halte ich fest an den bei meinen Frankfurter akademischen Lehrern (vor allem Habermas und Horkheimer) verinnerlichten Errungenschaften der kulturellen Moderne, aber auch an der mittelalterlichen islamischen Aufklärung (vgl. den zweiten Teil meines Buches *Der wahre Imam*). In diesem Sinne verfolge ich in diesem Buch ein vernunftorientiertes Verständnis von Religion und lasse dies zum Mißvergnügen von Islamisten und orthodoxen Muslimen auch für den Islam, dem ich angehöre, gelten. Meine Grundposition ist, daß Vernunft verbindet, Orthodoxie und Fundamentalismus dagegen trennen, ja Mauern errichten. Diese Einsicht bestimmt alle in diesem Buch unternommenen Versuche, eine Brücke zwischen Islam und westlicher Zivilisation zu schlagen, zu deren Bewohnern neuerdings Muslime – Migranten und deren Nachfahren – gehören. Deshalb muß auch offen darüber gesprochen werden, daß Islamisten die Migration als ein Instrument einer Islamisierungspolitik sehen. Die orthodoxe Doktrin des Islam interpretiert die *Hidjra* als Mittel zur Verbreitung des Islam. Mein Ziel dagegen ist ein Platz für den Islam in Deutschland *im Rahmen des Grundgesetzes*. Das ist für Islamisten und orthodoxe Muslime nicht akzeptabel!

Ich hoffe auf Leser, die das Buch in die Hand nehmen, um besser zu verstehen. Ich hoffe auch auf Leser, die die positiven Aspekte der europäischen Identität wie Aufklärung, säkulare Demokratie, individuelle Menschenrechte und pluralistische Zivilgesellschaft bewahren wollen, die negativen aber abschütteln und dabei die Bereitschaft entwickeln, Toleranz gegenüber Menschen aus anderen Kulturen und Zivilisationen zu üben.

Toleranz hat freilich Grenzen, und sie gilt nicht für die Gegner von säkularer Demokratie und Menschenrechten. Ein zivilisatorisch selbstbewußter Europäer, der von Euro-Arroganz frei und somit offen gegenüber anderen ist, weiß: Toleranz gegenüber dem Islam bedeutet nicht Selbstaufgabe, etwa indem Islamisierungsbestrebungen geduldet werden. Ganz im Gegenteil: Echte Toleranz bzw. kulturelle Offenheit und Identitätsbewahrung gehören untrennbar zusammen. Toleranz darf nicht mit Indifferenz gleichgesetzt werden. Man darf deshalb nicht blind sein gegenüber den Gefahren des Islamismus, der die Integration der Muslime hintertreibt.

Die Entstehung dieses Buches in Harvard wäre ohne die Förderung durch zahlreiche Institutionen und Personen nicht möglich gewesen. Die Bosch-Stiftung und das Weatherhead Center for International Affairs der Harvard University haben mit einer Forschungsprofessur den entsprechenden Rahmen geschaffen. Die inhaltliche Anregung kam – trotz der auf Europa bezogenen Thematik – nicht aus Deutschland, sondern ging vom Forschungsprojekt *Islam and the Changing Identity of Europe* aus, das 1998 an der University of California, Berkeley, unter meiner Mitwirkung durchgeführt wurde. Weitere Impulse erhielt ich in Stockholm, wo ich über das Thema dieses Buches die *Global Village Lecture* (erschien unter demselben Titel in der *F.A.Z.* vom 16. September 1997) hielt. Ferner waren Aufenthalte und zwei Projekte in Australien über die Migration sehr bereichernd für meine Arbeit.

An der Spitze der Personen, denen ich großen Dank schulde, stehen meine Mitarbeiter Jost Esser, M.A., und Silke Fauzi, M.A., die dieses Buch, wie alle meine Bücher – sowohl in deutscher als auch in englischer Sprache – seit 1996 bzw. seit 1998 sehr kompetent redigierend, kritisch lesend und mit Anregungen bereichernd sowie technisch überprüfend begleitet haben. Ohne Silke und Jost hätte ich nicht mit dieser Effizienz arbeiten können. Aus Dankbarkeit habe ich ihnen den Vorgänger dieses Buches, *Fundamentalismus im Islam*, gewidmet. Meine Sekretärin, Frau Elisabeth Luft, hat sich ebenfalls in einer dankenswerten Weise für dieses Buch engagiert und alle in Harvard entstandenen Fassungen des Rohmanuskripts in den Computer eingegeben. Die Dachorganisation für das Ganze war stets Harvard, meine geistige Heimat. In einer globalisierten Welt ist der Atlantik keine Barriere. Fax, Telefon und Global Priority Mail durchbrechen die Grenzen. Die Bosch-Stiftung hat meine Forschungsprofessur in Harvard gefördert. Auch gilt mein Dank der Deutschen Verlags-Anstalt, bei der dieses Buch erschienen ist.

Gegen Ende der Arbeit an der Schlußfassung hielt ich mich in Kairo auf, um an einem für die Welt des Islam autoritativen Ort und bei großem Medienecho den Inhalt dieses Buches zu diskutieren. Mein wichtigster Gesprächspartner war der Minister für religiöse Angelegenheiten, Mahmoud Hamdi Zakzouk, der vor Eintritt in das Kabinett von Präsident Mubarak nicht nur Professor für islamische Theologie an der Azhar-Universität war, sondern auch in Deutschland studiert hat und in München promoviert wurde. Zakzouk ist so mit dem Gegenstand dieses Buches vertraut. Weniger aufgeschlossen als Zakzouk waren andere Azhar-Professoren, mit denen ich debattierte. Einer von ihnen bestritt in einer öffentlichen Diskussion in Kairo, daß man von Vielfalt im Islam sprechen könne, und wies die Vorstellung eines Euro-Islam mit dem unzutreffenden Argument zurück, daß es nur einen Islam und den Standard-Muslim gebe! Eine Unterscheidung zwischen aufgeschlossen liberalen und verschlossen orthodoxen Muslimen ließ er entgegen der Alltagsrealitäten nicht zu. Die Schlußfolgerung lautet: Der Islam habe in Europa orientalischen Gesetzen zu gehorchen. Das wäre eine Tragödie!

Professor Zakzouk dagegen stimmte mir zu, daß unterschiedliche Interpretationen des Islam, also auch eine euro-islamische, zugelassen werden dürfen. Die ägyptischen Zeitungen – z.B. *al-Ahram* – räumten mir viel Platz für faire Interviews ein. Dagegen mußte ich mich im ägyptischen Fernsehsender Nile-SAT zu einem Anwalt Deutschlands machen, weil die Unterstellungen des ägyptischen TV-Moderators einfach nicht zutrafen. In Deutschland gibt es zweifellos viel Fremdenfeindlichkeit, aber weder unterdrücken *die* Deutschen den Islam, noch verbrennen sie Muslime. Solche Unterstellungen des Azhar-Islam stehen im Widerspruch zu den Beschwerden der ägyptischen Regierung über europäische Staaten, die den Islamisten zuviel Freiheit gewähren. In Ägypten sitzen die Islamisten in Gefängnissen. In Kapitel XI sind meine Erfahrungen aus Kairo eingebaut, weil sie für die Thematik dieses Buches zentral sind.

Im Frühjahr 2000 *Bassam Tibi*

Einleitung

Muslime in Deutschland zwischen Islam und Islamismus. Kopftuch, Religionsunterricht und der Dialog

Zu Goethes Zeiten, so sah man es in Deutschland, gehörte der Islam dorthin, wo »hinten weit in der Türkei, die Völker aufeinanderschlagen«. Heute kann man den Islam im deutschen Alltag nicht mehr übersehen: Die Minarette von vielen der anderthalbtausend Moscheen, verschleierte Frauen und andere islamische Symbole gehören zum Erscheinungsbild deutscher Städte. Im Jahre 1998 erlebten dann auch die Deutschen ihre Version des »Tschador-Krieges«. Der erste »Krieg« dieser Art fand 1989 in Frankreich statt, woher auch der Begriff (*guerre de Tschador*) stammt; es geht darum, ob Schülerinnen und Lehrerinnen mit dem religiösen Symbol des Kopftuchs die Schule betreten dürfen. Seitdem ist dieses Thema zum Dauerbrenner in den Medien geworden.[1]

Auch die Diskussion über den Islam-Unterricht unter Berufung auf Artikel 7 des Grundgesetzes reißt nicht ab. Diese kaum über den Gegenstand informierte deutsche Debatte dient nicht selten sogar als Ersatz für fehlende Integrationspolitik. Bei der Problematik von Einwanderung und Integration scheint in der deutschen Politik das Prinzip vorzuherrschen: Reden statt politisch handeln. Dies gilt auch für die Thematik des »Islam in Deutschland«. Hierfür liegen von deutscher Seite keinerlei Konzepte vor, obwohl die Zahl der muslimischen Migranten mehr als 3,3 Millionen erreicht hat.

Durch die einseitige Konzentration auf Themen wie die Verschleierung der Frau (Kopftuch) und die religiöse Unterweisung muslimischer Kinder wird die Diskussion verkürzt und verzerrt, indem sie auf Teilaspekte verschoben wird. Die Folge ist, daß die Problematik der Integration einer Menschengruppe mit anderen zivilisatorischen Werten und Normen vernebelt wird, statt über sie aufzuklären. Wenn ich trotz dieser Kritik die angeführten beiden Themen ausführlich erläutere, dann geschieht dies nur als aktuelle Einführung in den komplizierten Gegenstand, bei der ich stets von dem Bemühen geleitet werde, die Probleme mit sachlichen Informationen zu verbinden, statt von moralisierenden Gesinnungen auszugehen.

Als liberaler Muslim will ich den Islam mit Europa versöhnen, jedoch ohne Sand in die Augen zu streuen, so wie Islamisten dies in der Realität tun. Es gilt, diese Versöhnung nicht um den Preis der Aufgabe von Demokratie und Laizität herbeizuführen. Ich räume das Vorhandensein von Grenzen der Toleranz zum Schutze der Demokratie ein. Toleranz gegenüber den Gegnern der Demokratie zu üben heißt, diese Werte gegen sich selbst zu richten.

Dialog zwischen Muslimen und Schutzbefohlenen/*Dhimmis*?

Die Aufklärung parallel zum Plädoyer für den Dialog beginnt mit der Unterbreitung der Basisinformationen. Christen gelten nach der islamischen Doktrin als *Dhimmi*, Schutzbefohlene; sie haben das Recht auf Duldung, nicht aber auf Gleichberechtigung. Das wirft die Frage auf: Ist auf dieser Basis Verständigung möglich? Ich trete für einen Dialog mit dem Islam ein für eine Politik des Friedens zwischen den Zivilisationen zur Verhinderung eines Zusammenpralls. Für mich als Muslim, der in Europa Zuflucht vor der Unfreiheit und Intoleranz gefunden hat, gilt jedoch auch, daß dieser Dialog nicht auf Kosten der Identität Europas[2] erfolgen darf.

Islamisten versuchen in der europäischen Islam-Diaspora, multi-kulturelle »Toleranz«, die ganz gewiß nicht Teil ihrer eigenen Gesinnung ist, sowie die Einstellung deutscher Protestanten instrumentell auszunutzen, um einen orientalischen Islam in Europa einzuführen. Gegen sie und ihre Unterstellung, ich sei kein Muslim mehr, ja *Kafir*, Ungläubiger, steht meine Überzeugung, daß nur ein europäisch gedeuteter Islam, das heißt ein Islam, der mit individuellen Menschenrechten, der säkularen Demokratie und der pluralistischen Zivilgesellschaft in Einklang steht, in Europa zugelassen werden darf.

Es geht mir um die Verteidigung der Demokratie und nicht um eine Einengung der Religionsfreiheit. Die Demokratie muß wehrhaft sein, sonst wird sie zu einer *Democracy Against Itself*[3] verkommen, wie der Franzose Jean-François Revel richtig hervorhebt. Die Väter des Grundgesetzes hatten dieses Bewußtsein, aber manche ihrer postmodernen Nachkommen im vereinigten Deutschland scheinen die unrühmliche Vergangenheit vergessen zu haben. Der Schutz der säkularen Demokratie muß der allgemeine Rahmen für den Dialog mit islamischen Migranten sein.

Als ein arabischer Muslim bekenne ich mich zu einem liberalen Islam als Dialogpartner des freiheitlich-demokratischen Europa. Diese Grundposition steht hinter meiner offen bezogenen Stellung gegen den Import des Islamismus im Namen der Toleranz. In diesem Geist ist das vorliegende Buch über den Islam in Deutschland geschrieben worden. Religionsfreiheit setzt die Gleichheit aller Religionen voraus. Christen und Juden aber gelten, wie gesagt, im Islam als Schutzbefohlene. Ist der islamische Dialog mit ihnen ein solcher mit Schutzbefohlenen? Oder ist die Aufgabe dieser Doktrin, das heißt eine reformislamische Position, eine Grundvoraussetzung für den Dialog?

Ehe ich diese Fragen beantworte, möchte ich kurz auf aktuelle Probleme wie den Islam-Unterricht und das Kopftuch eingehen, das, so wird argumentiert, die spezifische Identität islamischer Frauen symbolisiert. Diese Probleme können im Rahmen eines Dialogs bewältigt werden. Toleranz ist ein unabdingbarer Bestandteil des Dialogs.

Das ist alles andere als selbstverständlich. Vor den Religionsreformen war das Christentum keine tolerante Religion. Aber heute sind Christen fortgeschrittener als wir Muslime. Früher deuteten sie den Islam als Häresie und betrachteten uns als Heiden[4], heute tun sie dies aber nicht mehr. So durfte ich als Muslim in der Münchener Erlöserkirche am 4. Oktober 1998, an einem Sonntag, die Kanzelrede halten. Ich wünsche mir, daß es einmal auch in unserer Islamgemeinde möglich sein wird, daß ein Andersgläubiger von der *Minbar* einer Moschee zu den Muslimen spricht. Eine solche Toleranz gibt es aber im Islam noch nicht, so wünschenswert sie ist. Toleranz gegenüber Christen heißt im Islam lediglich, sie als *Dhimmi*[5] zu dulden.

Doch auch in Deutschland fehlt es noch an Toleranz. An keiner theologischen Fakultät kann man islamische Theologie studieren. Die christliche Schul-Theologie anerkennt bis auf die vergleichende Religionswissenschaft keine religiöse Vielfalt. Toleranter geht es vergleichsweise an der Harvard University zu, wo an der Divinity School neben der christlichen Theologie auch die Lehren anderer Weltreligionen – natürlich auch die des Islam – gelehrt werden. Deutschland ist Lichtjahre davon entfernt. Die Tatsache, daß man an keiner theologischen Fakultät in Deutschland auf vergleichbare Offenheit stößt, ist nicht nur eine Frage der Toleranz. Das hat auch eine sehr praktische Konsequenz: Es gibt keine Ausbildung von Lehrern für den Islam-Unterricht. Deutsche Islamkunde ist reine alt-orientalische Philologie, also weder Theologie noch Geschichtswissenschaft. Hierdurch wird dem Islam an der deutschen Universität abgesprochen, würdig zu sein, als Theologie oder als Zivilisation im Rahmen der Geschichtswissenschaften unterrichtet zu werden. Das ist kein Indiz für Toleranz, geschweige denn für Weltoffenheit. Der Mangel an Weltoffenheit ist also nicht nur ein Problem der Fakultäten christlicher Theologie, es ist offensichtlich auch ein Problem der deutschen Universität schlechthin. Ich gehöre dieser Institution seit 1962 an und kenne sie deshalb auch von innen sehr gut.

Dem entsprechend hat Tilman Nagel anläßlich der 250-Jahrfeier der Göttinger Arabistik als Vertreter der Disziplin der Islamkunde diese als eine philologische Wissenschaft definiert; an jener Universität habe die Islamkunde – laut *Frankfurter Allge-*

meine Zeitung – die Aufgabe, »den Fremden von Europa fortzurücken«[6]. Er warnte zudem vor einer »soziologischen Verformung der Orientalistik«.

In meiner angeführten Kanzelrede in der Münchener Erlöserkirche präsentierte ich eine Alternative zum »Fortrücken des Fremden von Europa«. Ich plädierte für kulturelle Öffnung und Dialog. Als ein Mensch aus dem Orient mag ich die definitorische, oft inhaltsleere Formelpflege deutscher Intellektueller nicht, weshalb ich unseren Gegenstand an konkret erlebten Beispielen, ohne die in diesem Fall überflüssige Abstrahierung, erläutern möchte.

In unserer globalisierten Welt leben natürlich nicht nur Christen, Juden und Muslime, es gibt noch andere Religionen. Dennoch stehen diese drei Weltreligionen im Zentrum des Geschehens. Der Dialog unter ihnen ist ein wichtiger Beitrag zum Weltfrieden, vor allem im Mittelmeerraum, wo diese monotheistischen Religionen dominieren und unmittelbar aufeinandertreffen. Cordoba ist der historische Ort, an dem im Mittelalter eine vormoderne Form interreligiöser Toleranz zwischen Juden, Christen und Muslimen praktiziert wurde.

Es war also kein Zufall, daß für die Durchführung eines Trialogs der abrahamitischen Religionen die Wahl auf diese Stadt fiel, um die Idee einer jüdisch-islamisch-christlichen Begegnung für den Frieden im Geiste von Cordoba zu verwirklichen. Die Initiative ging von den jüdischen Humanisten und Holocaust-Überlebenden Lord Weidenfeld und Galiner aus; sie wurde von der UNESCO, der spanischen Stiftung *Fondación Encuentro* und der Landesregierung von Andalusien getragen. Im Februar 1998 fand dieser Trialog statt. Es gelang, einflußreiche und meinungsbildende Persönlichkeiten aus Judentum, Christentum und Islam zu einem interreligiösen Gespräch über Toleranz im Übergang zum neuen Millennium zusammenzubringen. Der Erfolg gab Anlaß, »den Geist von Cordoba« in einer Folgeveranstaltung zu pflegen, die von Ende März bis Anfang April 2000 ebenfalls in Cordoba stattfand.

Neben dem islamischen Imam aus Jericho, Scheich Radjai Abdou, saßen im Februar 1998 in Cordoba Seite an Seite der gemäßigt orthodoxe Rabbiner aus Hebron, Menechim Fruman, und der Reform-Rabbiner und Holocaust-Überlebende Albert H. Friedlaender, der in Berlin geboren und aufgewachsen ist. Neben diesen religiösen Autoritäten fanden säkulare Intellektuelle wie Shimon Shamir aus Tel Aviv und Reform-Muslime wie der Algerier Mohammed Arkoun und ich Platz. Als ich den orthodoxen Rabbiner Fruman in Cordoba traf, der ebenso wie der Reform-Rabbiner Friedlaender der Erfüllung der Rechte der Palästinenser als Voraussetzung für den Frieden im Nahen Osten zustimmt, konnte auch ich als Muslim anhand seines Äußeren nicht erkennen, ob er nun ein Scheich oder ein Rabbiner ist. Nachdem ich mich ihm vorgestellt hatte, fragte ich ihn, und er antworte scherzend, er sei »ein *Bi-Scheich*«, also beides, sowohl als auch. In der Tat war Cordoba bis zur christlichen Reconquista die Stadt, in der nach den Worten des in Princeton lehrenden, größten jüdischen Islam-Historikers unserer Zeit, Bernard Lewis, sich eine jüdisch-islamische Symbiose vollzog[7], in deren Rahmen die jüdische Schriftkultur ihre vollste Entfaltung fand. Auch Bernard Lewis war 1998 in Cordoba und hat dort im Gespräch mit mir hervorgehoben, daß die jüdisch-islamische Geschichte eine solche des gegenseitigen Respekts und der Anerkennung war; erst durch das Eindringen des Nationalismus und den Palästina-Konflikt hat sie eine negative Wendung genommen. In Tel Aviv traf ich Bernard Lewis im Januar 2000 wieder und wir diskutieren bei wiederholten Spaziergängen an der Mittelmeerpromenade unsere Hoffnungen auf eine Neubelebung des Geistes von Cordoba.[8] Auch im März/April 2000 haben wir diesen Geist – diesmal in bezug auf die Islam-Diaspora – gepflegt.

Dieses Buch handelt nicht von Juden im Islam, sondern von Muslimen in Deutschland. Dennoch ist es wichtig, von der jüdisch-islamischen Geschichte zu berichten, um fragen zu können, ob diese vielleicht Vorbilder bietet. Obwohl sie im mittelalterlichen Zusammenleben eine Symbiose beider Religionsgemeinschaften ermöglichte, war sie zweifellos mit dem Makel behaftet, daß die Muslime nach ihrer religiösen Doktrin die Juden damals – wie auch heute noch – als geschützte Minderheit, nicht jedoch als gleichberechtigte Andersgläubige einstuften. Diese Bestimmung als *Dhimmi* gilt auch für Christen. Damals galt es als tolerant, Juden und Christen als geschützte, wenngleich nicht gleichberechtigte Minderheit zu behandeln, nach den Maßstäben unserer Zeit ist dies aber eine Diskriminierung.

In unserer Zeit ist es dringend geboten, daß Muslime sich von der *Dhimmi*-Doktrin trennen. Als Reform-Muslim habe ich – nicht nur in Cordoba 1998 und 2000, sondern auch bei anderen Gelegenheiten, zuletzt in meiner *Kaller Memorial Lecture* in Tel Aviv im Januar 2000 (vgl. Anm. 8) – in der Öffentlichkeit verkündet, daß wir aufgeklärten Muslime das Recht der Juden auf Souveränität anerkennen und in diesem Rahmen auch dem Staat Israel seine Existenzberechtigung zubilligen. Die beim Trialog von Cordoba[9] anwesenden säkularen Palästinenser aus Jerusalem und auch der Imam aus Jericho stimmten dem zu. Wir verlangten jedoch gemeinsam und – wie wir glauben – zu Recht, daß Israel als Gegenleistung die Anerkennung der Souveränität der Palästinenser erbringen müßte. Konkret bedeutet dies, einen palästinensischen Staat in den bislang besetzten Gebieten zuzulassen.

Der ehemalige israelische Botschafter in Kairo und Amman, Shimon Shamir, der zur Zeit an der Universität von Tel Aviv lehrt, gehörte zur Prominenz des Cordoba-Trialogs von 1998. Er wirkte als Botschafter der Labour-Regierung von Rabin und berichtete in Cordoba von einer empirischen Erhebung in Israel, nach der die säkularen Juden – im Gegensatz zu den orthodoxen und ultrareligiösen – dem Oslo-Frieden mehrheitlich zustimmen. Im Vergleich dazu läßt sich zum Thema dieses Buches feststellen, daß säkulare und Reform-Muslime für die Integration von Migranten in Deutschland eintreten, wohingegen orthodoxe Muslime und Islamisten offen oder versteckt dagegen agitieren; es ist haarsträubend, wie Islamisten sich hemmungslos des Multikulturalismus zur Verfolgung ihrer Ziele bedienen, obwohl sie selbst ihre Religion und Kultur absolut setzen und somit nicht wie die Multikulturalisten und Kulturrelativisten sind.

Wie ist ein Dialog zu führen? Der Westfälische Friede als Modell?

Die Erfahrung des islamisch-jüdischen Gesprächs als Friedensdialog im Rahmen des Cordoba-Trialogs ist von großer Bedeutung für die christlich-islamischen Beziehungen. In jenem Jahr 1998 jährte sich auch der Westfälische Friede zum 350. Mal. Es stellte sich aus diesem Anlaß die Frage: Was können die Angehörigen der unterschiedlichen Religionen anläßlich solcher historischen Erfahrungen voneinander lernen?

Die Antwort lautet: Christen können von Juden und Muslimen lernen, daß die Überwindung von Arroganz nicht Demut heißen kann. In jüdisch-islamischen Begegnungen habe ich immer einen hohen Selbstwert auf beiden Dialogseiten beobachten können. Bei dem jüdisch-islamischen Dialog, den ich mit Friedlaender in der Londoner Westminster Synagoge begründet habe, forderten jüdische Dialogpartner unverblümt die Anerkennung jüdischer Souveränität von den Muslimen. Bei den christlich-islamischen Dialogen, an denen ich seit zwei Jahrzehnten mitwirke, haben Christen kein einziges Mal von den Muslimen verlangt, daß diese ihren Toleranzbegriff gegenüber Christen erweitern müßten. Jüdische Dialogpartner besitzen einen höheren Selbstwert als heutige Christen und haben ihre vergleichbare Forderung schon bei der ersten Begegnung erhoben. Christen können also von uns Muslimen und Juden lernen, daß die Verbindung von Zivilisationsbewußtsein und Toleranz für den Dialog förderlicher als Demut ist.

Aber auch wir arabischen Muslime und Juden – beide sind

semitische Brudervölker – können von den Christen beim Blick auf den Westfälischen Frieden lernen, daß Frieden nur durch eine Abkoppelung der Religion von der Politik möglich ist. Es war keineswegs ein Versuch zur Belehrung, sondern eher ein Zeichen der Öffnung von christlicher Seite, daß eine der Städte des Westfälischen Friedens, Osnabrück, zu der 350-Jahrfeier einen Juden und einen Muslim eingeladen hat, in der Marien-Kirche über Frieden im Nahen Osten zu sprechen. Es war kein Zufall, daß beide sich zur Trennung von Religion und Politik bekennen: Der säkular-orientierte Jude Uri Avnery und ein laizistischer Muslim, meine Wenigkeit, wurden als Hauptredner ausgesucht. Wir beide haben dort übereinstimmend argumentiert, daß jüdische und islamische Fundamentalisten mit ihrer Politisierung der Religion Hindernisse auf dem Wege des Friedens errichten.[10] Vom innerchristlichen Frieden von 1648 können wir für einen jüdisch-islamischen Frieden die Notwendigkeit lernen, Religion von Politik zu trennen. Religion ist Glaube und Ethik, die für ein friedliches Zusammenleben von der Politik abgekoppelt werden müssen. Dies ist auch eine Voraussetzung für den inneren Frieden in Deutschland zwischen Christen und Muslimen. Die Islam-Diaspora in Europa kann ohne Anerkennung der Säkularität als Ordnungsprinzip europäischer Gesellschaften nicht integriert werden.

Nach Cordoba fand im selben Jahr 1998 noch ein ebenso bedeutender jüdisch-muslimischer Dialog in den USA statt. Zusammen mit dem an der Hebrew University in Jerusalem lehrenden israelischen Friedenspolitiker und Gelehrten Shlomo Avineri folgte ich einer Einladung der jüdischen Gemeinde des amerikanischen Bundesstaates Colorado, um einen Dialog über den Frieden im Nahen Osten zu führen. Avineri war unter Peres als Ministerialdirektor im Außenministerium tätig – heute wirkt er als ein führender Gelehrter in Jerusalem. Im Gegensatz zum Trialog von Cordoba, an dem etwa 40 Persönlichkeiten beteiligt waren und der als kulturelles Symbol für die Möglichkeit des Friedens im Zeitalter des Zivilisationskonflikts geführt wurde, war die Veranstaltung von Denver politischer Art und zog großes Medieninteresse auf sich.[11] Weil hier vom Dialog die Rede ist, will ich am Beispiel dieses Ereignisses mein Verständnis hiervon erläutern.

Avineri und ich debattierten auf der Basis von gegenseitiger Anerkennung und Toleranz als Grundvoraussetzung für den Frieden zwischen Juden und Arabern; wir waren der Auffassung, daß diese Einstellung für alle Juden und Araber gelten müsse. Obwohl Avineri und ich ohne Anerkennung von Tabus alle heißen Themen ansprachen, blieb der Dialog aufgrund unserer Anerkennung des Primats der Vernunft sachlich. Orthodoxe Juden und Muslime – wie auch Fundamentalisten – gehen dagegen vom Primat der religiösen Schrift aus. Die *Intermountain Jewish News* in Denver kommentierte: »Beide Gelehrte sitzen nebeneinander, als wären sie Brüder, und keiner ahnt, der eine ist ein Jude, der andere aber ist ein Muslim« (vgl. Anm. 11). Auf der Basis der Vernunft können Konflikte friedlich und rational gelöst werden. Diese Beobachtung ist für die Bestimmung des Dialogs entscheidend.

Bei diesem Anlaß kam ich auf Cordoba zurück und erinnerte auch an die historischen Erfahrungen jener Zeit, als der geistige Vater der jüdischen Schriftkultur, Maimonides, neben dem größten islamischen Philosophen, Ibn Ruschd/Averroës, wirkte. Die jüdisch-islamische Symbiose resultierte aus der Anerkennung des Primats der Vernunft. Dies gilt auch für die Zukunft: Der Rationalismus verbindet, der Fundamentalismus trennt. Auch in bezug auf den Islam in Deutschland muß diese Aussage Berücksichtigung finden. Im Zeitalter der geistigen Unverbindlichkeiten, seien sie postmoderner oder kulturrelativistischer Couleur, wird die Lehre der europäischen Aufklärung als nicht mehr relevante Vergangenheit ad acta gelegt. Dagegen möchte ich meine eingangs vorgetragene Idee vom Religionsfrieden auf dem Boden der Aufklärung hervorheben.

Im Dialog anläßlich des 350. Jubiläumsjahres des Westfälischen Friedens habe ich argumentiert, daß Religionsgemeinschaften nur durch eine Verbindung von religiöser Ethik mit der Anerkennung des Primats der Vernunft, bei gleichzeitiger Aufgabe absoluter Ansprüche, miteinander in Frieden leben können. Christen, Juden und Muslime haben nur auf dem Boden der Vernunft zueinander gefunden. Durch die Politisierung der Religion wurden sie zu Kriegern, haben *Djihad* und Kreuzzüge gegeneinander geführt[12] und religiösen Fanatismus praktiziert. Im Gegensatz dazu stehen die Worte des Sufi-Muslims Ibn al-Arabi (1165–1240): »Religion ist Liebe«, sie könne gleichermaßen »in einer Synagoge, einer Kirche, einer Moschee oder einem Tempel« gepflegt werden.[13] Das ist ein Leitstern, an dem christliche Deutsche und muslimische Migranten sich orientieren sollten. Wenn jedoch islamische Moscheen nach osmanischen Kriegern wie al-Fatih oder Selim benannt werden, scheint eine andere Einstellung am Werk zu sein! Ich werde an zwei Streitfragen, dem Islam-Unterricht und dem Tragen des Kopftuchs, versuchen, den Geist, der hinter diesen Einstellungen steht, zu beleuchten. In diesem Zusammenhang interessiert uns die Bereitschaft der Muslime zur Integration. Im Gegenzug werde ich die Integrationsfähigkeit der deutschen Gesellschaft ansprechen.

Der Islam-Unterricht: Islamistische Indoktrination oder demokratische Integration?

Als Nebeneffekt der Debatte über den Islam-Unterricht an deutschen Schulen ist der Tatbestand zu verzeichnen, daß nun Politiker und Kirchenfunktionäre die islamische Präsenz in Deutschland endlich wahrnehmen und hierbei zumindest verbal die damit zusammenhängenden Probleme von Integration und Identität anerkennen. Doch der niedrige Informationsstand und der hohe Anteil an Gesinnungsethik in der deutschen Islam-Debatte ist nicht nur störend, er wirkt auch kontraproduktiv.[14]

Deshalb sollten vor jeder Diskussion zunächst Fakten und Informationen auf den Tisch gelegt werden; diese sind wichtiger als Gesinnungen und Anschauungen. Daher beginne ich mit den Fakten: In Deutschland leben zur Zeit mehr als 3,3 Millionen Muslime, von denen ca. 2,3 Millionen aus der Türkei stammen.[15] Die übrige Million setzt sich aus Migranten aus den verschiedensten Teilen der Welt des Islam zusammen.[16] Im Vergleich zu den etwa 800000 deutschen Juden vor 1933, die kulturell – wie mein Lehrer Max Horkheimer – deutsche Europäer, jedoch jüdischen Glaubens waren, bilden die in Deutschland lebenden Muslime als religiöse Minderheit nicht nur ein weit größeres Segment der Bevölkerung, sondern sind zudem kulturell vorwiegend keine Europäer. Daraus folgt einerseits, daß sie keine europäischen Normen und Werte vertreten; andererseits spiegeln sie die religiöse und kulturelle Vielfalt der außereuropäischen Welt des Islam, sowohl von Sunna und Schia als auch der unzähligen inner-islamischen ethnischen Differenzen wider.

Zu den Fakten gehört auch, daß der Islam wie jede Religion ein kulturelles System ist.[17] Die Zugehörigkeit zum Islam bildet somit einen Faktor zur Bestimmung kultureller Identität. Hierbei handelt es sich um eine zivilisatorisch nicht-westliche Identität – dies ist eine Problematik, die erhebliche Konfliktpotentiale birgt[18], über die dieses Buch in friedenspraktischer Absicht, ohne Preisgabe der europäischen Identität aufklären will. In der Diskussion über den im Grundgesetz verankerten Religionsunterricht und seine Umsetzung sind diese Konfliktpotentiale anzugehen und zu berücksichtigen; sie dürfen im Interesse des inneren Friedens nicht vertuscht werden.

Zum Ausgangspunkt der Debatte gehört das im Grundgesetz Artikel 7, Absatz 3 formulierte Verfassungsgebot. Wie können wir im Rahmen von Demokratie und Toleranz ohne Selbstaufgabe und unter Berücksichtigung der deutschen Vergangenheit einen Umgang mit religiösen Minderheiten erreichen, bei dem dieses Verfassungsgebot umgesetzt werden kann? In bezug auf den Islam gestaltet sich die Erfüllung dieser Aufgabe äußerst schwierig. Angesichts der großen religiösen und kulturellen

Vielfalt innerhalb des Islam und vor allem in Kenntnis der inneren Auseinandersetzungen zwischen Reform-Islam, vormodern orientierter religiöser Orthodoxie und halbmodernem Islamismus/Fundamentalismus[19] ist es ausgeschlossen, einen Gesprächspartner zu finden, der alle Muslime vertreten kann.

Der Islam in Deutschland ist eine große Herausforderung für die junge und im Umgang mit fremden Kulturen immer noch weitgehend unerfahrene deutsche Demokratie.[20] Erschwerend kommt hinzu, daß die Diskussion über den Gegenstand sowohl auf islamischer als auch auf Seiten der deutschen Landeskirchen ideologisch aufgeladen ist. Deshalb wiederhole ich meine Empfehlung, zunächst von den Fakten auszugehen, um nicht in die Strömung einer solchen polemischen Debatte zu geraten.

Zu den Fakten gehört die Tatsache, daß die Mehrheit der 3,3 Millionen in Deutschland lebenden Muslime friedliche Menschen sind, die der wirtschaftlichen Not ihrer Länder entflohen sind und primär einen besseren Lebensstandard in Deutschland anstreben; sie sind also in der Regel weder religiös noch politisch organisiert. Im Gegensatz zu Frankreich und Großbritannien ist der Bildungsstand der in Deutschland lebenden Muslime sehr niedrig. Die orthodoxen Moscheevereine und die selbsternannten Räte, die die Vertretung des Islam in Deutschland beanspruchen, haben dadurch leichtes Spiel; sie vertreten maximal zehn Prozent der Muslime in Deutschland, streben aber danach, junge, in diesem Land geborene Muslime in ihr Fahrwasser zu ziehen.[21]

Diese Vereinigungen sind unter Inanspruchnahme des Artikels 7 GG sehr eifrig darum bemüht, den Islam-Unterricht als Vehikel zu instrumentalisieren, um als eine Körperschaft des öffentlichen Rechts anerkannt zu werden und somit zu einem Machtfaktor zu werden. Anders formuliert: Nicht der Islam-Unterricht ist das Ziel, sondern vielmehr die Anerkennung als öffentlich-rechtliche Körperschaft, um die hiermit verbundenen Vorteile zur Stärkung der eigenen politischen Position zu erlangen. Erstaunlich ist die Tatsache, daß die Islamisten hierbei die

Unterstützung der Kirchen erlangen. Soll man dieses Machtstreben im Rahmen von Toleranz und Aufarbeitung der Vergangenheit zulassen?

Die deutsche Debatte und das Grundgesetz

[redacted]

[redacted]
Am besten schauen wir uns an, was das Grundgesetz dazu sagt. In Artikel 7, Absatz 3 heißt es:

»Der Religionsunterricht ist in den öffentlichen Schulen ... ordentliches Lehrfach. Unbeschadet des staatlichen Aufsichtsrechts wird der Religionsunterricht in Übereinstimmung mit den Grundsätzen der Religionsgemeinschaften erteilt.«

Bevor ich diskutiere, was eine Religionsgemeinschaft ist, möchte ich daran erinnern, daß nach Absatz 1 desselben GG-Artikels das »gesamte Schulwesen ... unter der Aufsicht des Staates« steht. Dieser Staat definiert sich über seine freiheitlich-demokratische Grundordnung, seine Rechtsaufsicht bezieht sich auf die Kontrolle der Einhaltung demokratischer Grundregeln. Als Körperschaft des öffentlichen Rechts können deshalb nur solche Religionsgemeinschaften anerkannt werden, die im Einklang mit dem Grundgesetz stehen; zudem müssen sie die Mehrheit der Angehörigen der betreffenden Religion vertreten, auch wenn die rechtsformale Logik eines deutschen Jura-Professors andere Schlüsse zuläßt.

Die postkoranische islamische *Schari'a*, auf die sich die Mehrzahl der islamischen Dachverbände als ein angeblich von Gott geoffenbartes Gesetz beruft, widerspricht dem Grundgesetz aber auf ganzer Linie.[23] Ich möchte noch einflechten: Die traditionelle *Schari'a* hat mit dem Extremismus-Problem nichts zu tun. Es ist hier nicht der Ort, dies zu vertiefen. Ich stelle hier nur fest, daß weder die der Orthodoxie noch die dem Islamismus nahestehenden Organisationen als mit dem Grundgesetz im Einklang stehende Religionsgemeinschaften anerkannt werden können; diese akzeptieren weder die deutsche Verfassung noch andere säkulare europäische Gesetze, sie bestehen auf »Gottesgesetze«. Dies hat aber mit »Extremismus« zunächst nichts zu tun. Wenn Toleranz nicht mit Selbstaufgabe gleichgesetzt wird, dann ist es nicht intolerant, hier mit »Nein, danke« zu antworten.

Nur ein am aufgeklärten europäischen Wertesystem orientierter Reform-Islam erfüllt die Voraussetzung, mit säkularen Verfassungen zu harmonieren. Aber der Reform-Islam verfügt nicht über eine mit der Orthodoxie oder dem Islamismus vergleichbare Organisationsstruktur in Deutschland! Im Gegensatz zu Frankreich hält sich hier der deutsche Staat heraus, wodurch eine rechtsfreie Sphäre für die Islamisten entsteht. In die deutsche Debatte fließen zwangsläufig folgende Fragen ein:

1) Welche der bestehenden Räte können unter Berücksichtigung islamischer Grundsätze sowie der Bestimmungen des deutschen Grundgesetzes als Religionsgemeinschaften im oben genannten Sinne anerkannt werden?

2) Wie kann dem Bedarf an Islam-Unterricht als Hilfe bei der Identitätsbildung Rechnung getragen werden? Soll der Islam-Unterricht unbedingt und um jeden Preis verfolgt werden oder soll er an integrationsfördernde Voraussetzungen gebunden sein?

Das zentrale Problem besteht darin, daß es der deutschen Demokratie nicht gelungen ist, die Integration der in Deutschland lebenden Ausländer generell und der Muslime im besonderen zu bewerkstelligen. In diesem Zusammenhang bringen Politiker den Islam-Unterricht ins Gespräch und behaupten, dieser könne ein Instrument der Integration sein, »muß aber« – so der CDU-Politiker Jürgen Rüttgers – »auf Deutsch, unter deutscher Schulaufsicht und mit in Deutschland ausgebildeten Lehrern stattfinden«.[24] Rüttgers ist der Auffassung, daß ein Islam-Unterricht die hier geborenen muslimischen Kinder »in ihrer Identität stärkt, ohne sie ihrer deutschen Lebenswelt zu entfremden«; er behauptet sogar, daß der Islam-Unterricht diese Kinder »vor den Einflüssen der Islamisten bewahrt« und er »so einen Beitrag zur Förderung der Integration und Toleranz leisten« kann. Stimmt all dies? Oder ist es vielleicht genau umgekehrt? Ist der Religionsunterricht als »Bekenntnis-Unterricht« ein Grundrecht? Und Bekenntnis zu welchem Islam ist damit gemeint? *Den* Islam gibt es bekanntlich nicht!

Die deutsche Debatte wird von Politikern und Kirchenfunktionären geführt, ohne die erforderlichen Kenntnisse über den anstehenden Gegenstand zu besitzen. Es geht also zunächst darum, in der Diskussion über den Islam-Unterricht Gesinnung durch Information zu ersetzen und hierdurch die Debatte und mögliche politische Entscheidungen zu versachlichen. Dieser Aufgabe soll aus der Sicht eines liberalen Islam, der verfassungskonform ist und somit die Trennung zwischen Staat und Religion zuläßt, nachgegangen werden. Die Gleichsetzung von *Din-ü-devlet* (türkische Formel für die Einheit von Religion und Staat) durch Islamisten ist *verfassungswidrig* und darf nicht im Namen einer indifferenten Toleranz geduldet werden.

Islam-Unterricht und Integration

Das Schulsystem spielt bei der Integration von muslimischen Kindern eine zentrale Rolle. Diese kann bei einer auf dieses Ziel orientierten Erziehungspolitik positiv sein und der Integration dienen, aber auch negativ und die Integration behindern. Wenn junge Mädchen im Islam-Unterricht lernen, daß sie verschleiert sein müssen, dann ist das kein Beitrag zur Integration, sondern zur Absonderung. Das Kopftuch ist ein Emblem des Islamismus. Ein geeigneter Unterricht in Form von bekenntnis- und ideologiefreier Religionskunde kann solche Irrwege verhindern und einen wichtigen Beitrag für eine Integration leisten, die die Identität der in Deutschland lebenden Ausländer beachtet. Der bekenntnisbezogene Islam-Unterricht wird hier eine entgegengesetzte Wirkung haben, nämlich die Identität der Kinder muslimischen Glaubens dahingehend beeinflussen, daß eine stärkere Absonderung erfolgt. Deshalb muß zwischen Bekenntnis-Unterricht und religiöser Aufklärung unterschieden werden. Es ist sehr sinnvoll, daß die muslimischen Kinder an der Schule mit ihrer Religion und dem dazugehörigen kulturellen System vertraut gemacht werden; es muß jedoch verhindert werden, daß sie durch einen solchen Unterricht islamistisch indoktriniert und somit der Gesellschaft, in der sie leben, entfremdet werden.

Eine der Grundvoraussetzungen für die Förderung der Integration durch das schulische Erziehungssystem besteht darin, daß der Islam-Unterricht in deutscher Sprache abgehalten wird. Eine weitere Voraussetzung ist, daß die Lehrer sich bei der Interpretation des Islam nachweislich am Grundgesetz orientieren und durch entsprechende Ausbildung mit ihrem Gegenstand, dem Islam, in all seinen Ausformungen (orthodox, islamistisch oder offen und liberal) vertraut sind. Sowohl die deutschen Kirchen als auch die Islamisten wehren sich aber gegen einen aufklärerischen, bekenntnisfreien Religionsunterricht; beide sind gegen staatliche Kontrollen, die das in Art. 7 GG enthaltene Gebot, der Unterricht habe im Einklang mit der Verfassung zu stehen, sichern sollen. Seinen Ausgang nimmt das Problem jedoch schon in der Tatsache, daß es – wie mehrfach betont – *den* Islam weder religiös noch kulturell gibt; einen monolithischen Islam hat es in der Geschichte nie gegeben und wird es auch in Deutschland nie geben, so sehr die christlichen Kirchen und die deutschen Politiker sich dies auch wünschen mögen. Welche Interpretation des Islam soll aber dann im Unterricht vermittelt werden? Darf zudem eine Institution den Anspruch erheben, als einzige den Islam zu vertreten?

In einer demokratischen und pluralistischen Gesellschaft muß es gewährleistet sein, daß die Vielfalt des Islam im Unterricht vermittelt wird. Weder Orthodoxe noch Islamisten erfüllen diese am demokratischen Pluralismus orientierte Anforderung, weil sie ihren »Islam« für *den* Islam halten!

In der Debatte über den Islam-Unterricht wird auf die Tatsache hingewiesen, daß an bayerischen Schulen und neuerdings auch in Nordrhein-Westfalen eine sogenannte islamische Unterweisung angeboten wird. Das Land Bayern schickt Beamte in die Türkei, die dort bei der Auswahl der Lehrer mitwirken. Hierbei werden eklatante Fehler begangen, da anscheinend jede Kenntnis über die aus der Türkei entsandten Lehrer fehlt.

So sind die Imam-Hatip-Schulen[25], aus denen diese Lehrer oft kommen, den deutschen Behörden nicht bekannt.

Zwei Bedenken gilt es anzumelden: Ich kenne die Türkei von Lehr- und Forschungsaufenthalten gut und weiß, daß das türkische Kultusministerium auch nach dem Abgang Erbakans von Islamisten unterwandert bleibt. Die ministerielle Führung ist zwar säkular, aber der mittlere Beamtenkörper, der die grundlegenden Entscheidungen trifft, ist dies – und war dies auch schon vor Erbakans Regierungszeit – längst nicht mehr. Ich glaube nicht, daß deutsche Schulpraktiker da einen Einblick haben. Ob die Lehrer aus der Türkei das deutsche Grundgesetz überhaupt kennen und tatsächlich beachten, können diese deutschen Beamten nicht kontrollieren.

In Nordrhein-Westfalen übergeht man dieses Problem dadurch, daß man in Deutschland ausgebildete Lehrer mit der religiösen Unterweisung betreut. Doch gibt es hierfür keine Studiengänge an den deutschen Universitäten, und so werden fachfremde Lehrer, zum Beispiel diplomierte Sportlehrer, deren Kenntnisse über den Islam oft mangelhaft sind, herangezogen. Die für einen fundierten Islam-Unterricht notwendige Ausbildung ist in Deutschland bisher nicht möglich, und es existieren keine Pläne zur Änderung dieses Mißstandes. Aus einem Mißstand erwächst ein anderer, und so dreht man sich im Kreise, parallel zur lauten Rhetorik der Integration.

Das zweite Bedenken bezieht sich darauf, daß nur noch etwa zwei Drittel der Muslime in Deutschland Türken sind. Tunesier, Pakistani, Marokkaner, Bosnier, Kosovo-Albaner und andere machen einen Anteil von etwa einer Million Muslime aus, die kein Türkisch sprechen. Aus diesem Grund ist das bayerische Modell, bei dem die religiöse Unterweisung als muttersprachlicher Unterricht auf Türkisch abgehalten wird, eine unbrauchbare Lösung. Die Schlußfolgerung lautet: Der Unterricht muß in deutscher Sprache gehalten werden. Dann stellt sich aber die Frage: Wo sollen die Lehrer für einen solchen Islam-Unterricht rekrutiert werden?

Islam-Unterricht ohne eine entsprechende Lehrerausbildung?

Islamische Geschichte oder Theologie des Islam werden an der deutschen Universität nicht gelehrt. Wie und wo sollen dann Lehrer für den Islam-Unterricht ausgebildet werden? Die an deutschen Universitäten vertretene Disziplin der Islam-Kunde ist, wie gesagt, eine alt-orientalische Philologie, und wer sie studiert hat, kann deshalb noch keinen Islam-Unterricht erteilen. Machen sich Politiker dies klar, wenn sie fordern, daß der Islam-Unterricht von in Deutschland ausgebildeten Lehrern erteilt werden müßte? Man erwartet von einem Politiker, informiert zu sein, ehe er sich über einen derart problembeladenen Gegenstand äußert! In bezug auf den Islam kenne ich keinen deutschen Politiker, der diese Tugend, die Max Weber für die Politik als Beruf voraussetzt, erfüllt!

Es fehlen jedoch nicht nur Studiengänge, in denen Lehrer für die Erteilung von Islam-Unterricht an deutschen Schulen ausgebildet werden könnten. Es gibt auch keine »islamische Kirche«, die die inhaltlichen Richtlinien für diesen Unterricht erstellen könnte. Politiker erheben oft den Einwand: »Wir haben auf der islamischen Seite gar keinen Ansprechpartner, mit dem wir verhandeln können.« In einem *Focus*-Essay »Mißbrauch der Diaspora« habe ich eine breite deutsche Öffentlichkeit darüber informiert, daß der Islam in seiner vierzehn Jahrhunderte langen Geschichte nie eine kirchliche Organisationsform gekannt hat.[26] Erschwert wird die Lage dadurch, daß es große Unterschiede in der Auslegung des Islam gibt, so daß selbst Muslime sich nicht auf Unterrichtsinhalte einigen können. Kann beispielsweise ein sunnitischer Lehrer alewitische Schüler unterrichten?

Daraus ergeben sich weitere Fragen: Sollen Politiker es zulassen, daß der orthodox-sunnitisch, teilweise islamistisch orientierte Islam-Rat oder der Zentralrat der Muslime Deutschlands die inhaltliche Bestimmung des Islam-Unterrichts übernehmen? Kann nach dem Modell der protestantischen und katholischen Kirche nicht auch eine »islamische Kirche« in Deutschland entstehen? Finden sich in anderen europäischen Ländern hinsichtlich der Islam-Gemeinde Vorbilder für Deutschland? Frankreich betont die strikte *laïcité* (Trennung zwischen Religion und Politik), Großbritannien hingegen implementiert das Modell der Nicht-Einmischung, mit der Folge, daß der Islam-Unterricht zu einer Unterweisung im Islamismus verkommt.[27] Dies sind Fragen, die für die Weiterentwicklung der Demokratie in Deutschland Bedeutung besitzen.

Der Umstand, daß trotz des Fehlens aller Möglichkeiten der fachlichen Ausbildung von Lehrern für den Islam-Unterricht dennoch ein solcher Unterricht gefordert wird, ermöglicht es Islamisten, die einen Monopolanspruch auf die Vertretung muslimischer Interessen erheben, diese Forderung zu instrumenta-lisieren. Ihr Ziel ist es, durch die Bildung einer Körperschaft des öffentlichen Rechts zum Machtfaktor zu werden. Dem Land Hessen etwa wurde ein mir im Originaltext bekannter Antrag vorgelegt. Antragsteller ist ein sogenannter *Fiqh*-Rat. *Fiqh* jedoch bezeichnet im Islam die Sakraljurisprudenz, die sich ganz bestimmt nicht als Grundlage für einen mit dem Grundgesetz vereinbaren Islam-Unterricht eignet. Die Mitglieder des *Fiqh*-Rats sind orthodoxe Muslime, die mit Hilfe des Islamunterrichts die Islam-Diaspora in Deutschland fremdbestimmen wollen!

Die deutsche Suche nach einem islamischen Gesprächspartner

Unabhängig von der inneren Bestimmung der Islam-Diaspora sind deutsche Politiker und Kirchenfunktionäre auf die Suche nach einem Ansprechpartner fixiert; sie wollen nicht erkennen, daß sie nichts daran ändern können, daß die Moschee in vierzehn Jahrhunderten islamischer Geschichte ausschließlich ein Gebetshaus gewesen ist. Sie war also niemals eine Institution und hatte somit keine Kirche. Ein bekenntnisorientierter Islam-Unterricht, dessen Lehrpläne von einer »islamischen Kirche« (das ist ein Widerspruch im Beiwort) aufgestellt werden, ist von vornherein ein unmögliches Unterfangen, denn außer den fünf Säulen des Islam gibt es kein allgemein von allen Muslimen akzeptiertes Bekenntnis. Deshalb müssen andere Lösungen gesucht werden als etwa die Modelle der protestantischen und katholischen Kirche, wenn Politiker wirklich offen sein und über die Vergabe von Privilegien hinausgehen wollen. Kurz: Die Kirche ist definitiv kein Modell für den Islam! Ein deutscher Sonderweg für den Islam in Europa, der die Integration gefährdet, ist wie alle bisherigen deutschen Sonderwege gefahrvoll.

Unter den in der Bundesrepublik bestehenden Bedingungen folgt aus den präsentierten Tatsachen die Schlußfolgerung, daß der Islam-Unterricht als selbständiges Fach auch deshalb abzulehnen ist, weil dieser zwangsläufig in die Hände der Islamisten geraten würde, die ihn nicht als Weg in die Integration, sondern als ein Instrument gegen sie mißbrauchen würden. Die Alternative heißt: der Islam-Unterricht müßte in ein religionskundliches Fach integriert werden, das man etwa »Ethik abrahamitischer Religionen« nennen könnte. Die Lehrer, die diesen Unterricht erteilen, müssen mit dem Islam vertraut sein, das heißt ihn als Geschichte und als Zivilisation studiert haben!

Die deutsche Suche nach einem islamischen Gesprächspartner scheint ein Konzept für eine Politik der Integration zu ersetzen. Jede deutsche Islam-Politik muß aber folgende Basis-Probleme und Gegebenheiten berücksichtigen und daraus Konsequenzen bei der Erstellung der erforderlichen Konzepte ziehen:

1) Die islamische Gemeinde ist vielfältig geworden und nicht mehr exklusiv türkisch. Ein Drittel der in Deutschland lebenden Muslime sind sprachlich und kulturell keine Türken. Dies zwingt zu einer neuen Sicht der Problematik und zur Aufgabe der Gleichsetzung des Islams mit »den Türken«.

2) Die islamische Gemeinde in Deutschland besteht nicht exklusiv aus Sunniten (es leben z.B. auch ca. 700000 Alewiten in

diesem Land), so daß der von sunnitischen Islamisten getragene Islam-Rat nicht für alle Muslime sprechen kann.

3) Entsandte Lehrer aus dem Ausland sind ein Hindernis für die Integration a) weil sie die Probleme der hier geborenen Kinder und die Gesellschaft nicht kennen und b) weil sie Instrumente ihrer fremdstaatlichen Herkunfts-Institutionen zur Einwirkung auf die Islam-Gemeinde in Deutschland sind.

4) Eine einheitliche Islam-Gemeinde kann es unter Anerkennung des Grundrechts auf Glaubensfreiheit in Deutschland nicht geben a) weil die Moschee ein Gebetshaus für alle Muslime und keine einheitliche Kirche ist und b) weil es eine große religiöse Vielfalt im Islam gibt, der kein »Rat« und keine Institution Rechnung tragen kann.

5) Jenseits des konfessionellen und ethnischen Zwists innerhalb der Islam-Diaspora kann der Islam nach einer liberalen Interpretation in Einklang mit der säkularen Demokratie stehen. Islamismus und Orthodoxie stehen dagegen in Kontrast, ja in Konflikt mit jeder säkularen Demokratie, mit den individuellen Menschenrechten und einer pluralistisch aufgebauten Zivilgesellschaft. Diese Einschätzung ist für den Islam-Unterricht von höchster Relevanz und zwingt zu entsprechenden Konsequenzen.

Die schlichte und klare Schlußfolgerung lautet, daß der unproblematischste Weg darin besteht, den Islam-Unterricht[28] in einen konfessionsübergreifenden Unterricht für Ethik abrahamitischer Religionen einzubauen. Die Vorstellungen der Islamisten, von den Kirchen und manchen Politikern, aber auch von gewissen Professoren unterstützt, sind eine große Gefahr für die junge Demokratie in Deutschland; sie unterminieren jede Politik der Integration der Muslime in Deutschland und fördern die sich bereits in vollem Gange befindliche Ghetto-Bildung der Islam-Diaspora. Individuen lassen sich integrieren, Kollektive ziehen es vor, Parallelgesellschaften aufzubauen. Diese Einsicht sollte die deutsche Fixierung auf die Suche nach einem Gesprächspartner auflösen.

Der Schleier als religiöses Grundrecht?

Neben der Problematik des Islam-Unterrichts steht die Schleier-Debatte in Deutschland im Mittelpunkt der Wahrnehmung der Islam-Diaspora. Im Islam trägt die Verschleierung der Frau (bzw. das Kopftuch) traditionell zur Trennung der Geschlechter bei. Parallel zum Aufstieg des Islamismus dient diese Frauenuniform als Instrument, ja als Emblem der neuen, in erster Linie politischen Strömung, wie ich in meinem Buch über die Türkei im Anschluß an die türkische Soziologin Nilüfer Göle[29] nachgewiesen habe. Ich habe schon einleitend den französischen »Tschador-Krieg«[30] angeführt, in dem die Franzosen die Aufgabe der republikanischen Ideale strikt ablehnten. Auch die Deutschen hatten im Juli 1998 einen solchen Konflikt. Die Affäre um die afghanische Muslimin Fereshta Ludin, die darauf besteht, bei der Ausübung des Lehrberufs demonstrativ den Schleier zu tragen, hat Wellen geschlagen und rief Polemiker und Agitatoren auf den Plan.[31] Diese kümmerten sich dabei wenig um die Fakten und den Kontext der Affäre. Frau Ludin strebt eine Revision an, und die deutsche Justiz geht formaljuristisch vor.

Bei der Forderung an die Deutschen, Toleranz zu üben, ist es von Belang zu wissen, ob das Tragen des Schleiers ein unverzichtbarer Bestandteil des islamischen Glaubens, ja eine religiöse Vorschrift im Islam ist, und ob entsprechend das Verbot, diesen bei der Ausübung des Lehrberufs an einer deutschen Schule zu tragen, eine verfassungswidrige Verletzung des Grundrechts auf freie Religionsausübung darstellt. In diesem Zusammenhang ist die Stellung der Frau im Islam zu bedenken und dabei zu fragen, ob man dies in Deutschland im Namen der Toleranz hinnehmen muß.

Nach der *Schari'a* ist eine Frau im Erbrecht und als Zeugin kein vollwertiger Mensch: Sie kann von einem Mann verstoßen werden, darf sich ihrerseits aber nicht scheiden lassen. Ist diese Diskriminierung ein Bestandteil des Grundrechts auf freie Religionsausübung wie die Verschleierung? Der islamische Aufklärer Abdullahi An-Na'im, der *Schari'a*-Reformen fordert, macht deutlich, daß »unter der *Schari'a* eine Diskriminierung von Frauen und Nicht-Muslimen erfolgt«.[32]

Die deutsche Schleier-Affäre wurde durch die Entscheidung der baden-württembergischen Kultusministerin Annette Schavan ausgelöst, Frau Ludin als Lehrerin nicht einzustellen. Diese Entscheidung verletzt deshalb kein Grundrecht, weil sie auf der sachlich richtigen, Frau Schavan damals von mir vermittelten Erkenntnis basiert, daß das Tragen des Schleiers keine religiöse Vorschrift im Islam ist. Maßgeblich ist nur der Text des Koran, in dem das arabische Wort *Hidjab*/Schleier an keiner Stelle vorkommt. Man kann also keineswegs von einer *Hidjab*-Pflicht sprechen.[33] Die für unseren Zusammenhang relevante Äußerung des Koran kommt in Sure 24, *al-Nur* (das Licht), vor, die nur die folgende Vorschrift enthält: »Und sag den gläubigen Frauen, sie sollen ihre Blicke senken und darauf achten, ihre Scham zu bewahren.« Von Kopfbedeckung ist keine Rede, es ist lediglich der Zusatz enthalten, daß Frauen »ihren Schal ... über ihre Brust ziehen und den Schmuck, den sie tragen, nicht offen zeigen« sollen (Vers 31).

Die Pflicht, *Hidjab* zu tragen, ist eine nachkoranische religiöse Deutung, die deshalb nicht bindend ist, weil sie von Menschen und nicht von Gott stammt. Zudem gilt sie nur in Teilen des orientalischen Mittelmeer-Islam. Aus meinen Lehr- und Forschungsaufenthalten in islamischen Ländern Westafrikas weiß ich, daß schwarzafrikanische Musliminnen keinen Schleier kennen. Auch in vielen südostasiatischen Kulturen, wo der Islam verbreitet ist, gibt es traditionell ebenfalls keinen Schleier. Dort, wo er vorkommt, ist er unter Einfluß des Islamismus aus den arabischen Ländern importiert worden.

Wenn eine Frau auf eigenen Wunsch auf der Basis einer individuellen Überzeugung den Schleier tragen will, dann ist das ihre private Angelegenheit und als solche zu respektieren, es handelt sich jedoch nicht um ein Grundrecht. In unserer Zeit des Erstarkens des politischen Islam, das heißt des religiösen

Fundamentalismus, wird der Schleier politisch instrumentalisiert und die gesamte Debatte über die Kopfbedeckung aus der religiösen in die politische Domäne verschoben. Der Islam ist aber eine Religion und nicht – wie der Islamismus – eine politische Ideologie.

In der Türkei wird der Schleier zu einem Instrument der Islamisten in ihrem politischen Kampf gegen die säkulare Republik. Die Frauen werden hierbei als »Kanonenfutter« benutzt. Dieses Phänomen bleibt nicht auf die Türkei beschränkt, sondern wird auch bei uns in der Bundesrepublik sichtbar: In diesem Zusammenhang wird der Schleier in der Islam-Diaspora als ein Mittel zur zivilisatorischen Abgrenzung zwischen Muslimen und Nicht-Muslimen eingesetzt. Die angeführte Fereshta Ludin ist in diesen Zeitkontext einzuordnen, obwohl sie Afghanin und keine Türkin ist.

Gerade in einer Zeit, in der die Diskussion über die Integration der Muslime als eine Alternative zur Abschottung, sprich Ausbreitung des Fundamentalismus, in Kreisen der Islam-Diaspora geführt wird, dürfen Instrumente kultureller und zivilisatorischer Abgrenzung – wie der Schleier – nicht unter dem Deckmantel der Toleranz gefördert werden. Im Privatleben wird man es hinnehmen müssen, wenn Frauen, oft auf Betreiben eines – natürlich männlichen – Imam, also nicht auf eigenen Wunsch, mit einem Schleier in der Öffentlichkeit erscheinen. Ob aber eine Frau mit Schleier in das Lehramt berufen wird, ist eine andere Frage. Dies kommt nicht nur einer Duldung, sondern sogar einer Förderung der oben beschriebenen Tendenzen der Ausbreitung des Islamismus in der deutschen Islam-Diaspora gleich. In diesem Sinne war die Entscheidung von Annette Schavan richtig und mit guten Argumenten sowie politischer Einsicht untermauert.

In dem bereits erwähnten *Stern*-Bericht wurde meine liberal-islamische Rückendeckung für die süddeutsche Ministerin hervorgehoben, gleichzeitig der Hamburger Ehrenprofessor Udo Steinbach mit polemischen Vorwürfen zitiert. Frau Schavan übernahm aus meinem Türkei-Buch die Deutung des Schleiers als »Emblem des Islamismus«. Im *Stern* wurde es umgedreht: »Ähnlich (wie Frau Schavan) sieht es auch ... Bassam Tibi, selbst Muslim, der im Berliner Tagesspiegel der Ministerin beisprang. Der Schleier sei keine religiöse Vorschrift im Islam ... Udo Steinbach sieht es anders, ... es sei absurd, wie die Ministerin argumentiert«. Ist diese Einstellung eines deutschen Orientalisten Ausdruck des deutschen Sonderwegs zur Toleranz? Sind die Deutschen toleranter als die Franzosen, die den Schleier nicht dulden?

Zum Vergleich: Wäre ich ein Schüler, würde ich als Muslim niemals an einem Unterricht teilnehmen, der von einer Person mit einem demonstrativ getragenen Kreuz erteilt wird. Für Nicht-Muslime muß der Unterricht einer verschleierten Frau ebenso wie eine weltanschauliche Provokation wirken. Auch für muslimische Mädchen, die sich nicht verschleiern wollen, besteht die Gefahr der Diskriminierung durch eine verschleierte Lehrerin, weil sie begründet befürchten müßten, von einer Frau unterrichtet zu werden, die nichtverschleierte Musliminnen als »Ungläubige« einstufen könnte. Man kann hier annehmen, daß von einer verschleierten Lehrerin Toleranz gegenüber laizistischen Musliminnen nicht gewährleistet ist.

Gewiß, die gesamte Angelegenheit ist ein heißes Eisen; sie ist sehr komplex und umfaßt religiöse, kulturelle und politische Dimensionen. Insgesamt kann man aber sagen: Im Islam gibt es laut Koran keine Pflicht zur Verschleierung, der Schleier ist nur in einigen lokalen Kulturen der islamischen Zivilisation vorhanden. Es gehört nicht unbedingt zum Respekt gegenüber anderen Kulturen, alles hinzunehmen, was sie vertreten. Die islamische *Schari'a* mit ihrer Höherstufung des Mannes und Herabstufung der Frau ist keine Ausnahme, sondern ein Exempel. Grundrechte sind politische und zivile Rechte, sie sind keine Rechte auf religiöse Praktiken. Zur Religionsfreiheit gehört also nicht etwa die Verschleierung oder Beschneidung (sprich genitale Verstümmelung) der Frauen. Politisch ist der Schleier ein sehr gefährliches Instrument der zivilisatorischen Abgrenzung und behindert somit die Integration.

Wenn wir Migranten uns über die Ausgrenzung durch die Einheimischen beklagen, dürfen wir nicht in den vergleichbaren Fehler der zivilisatorischen Abgrenzung verfallen. Der Schleier fördert in keiner Weise die Brückenbildung zwischen den Kulturen, eher leistet er einen Beitrag zur Abschottung. Am allerwenigsten darf eine Lehrperson auf eine solche zivilisatorische Abgrenzung zurückgreifen; wer dies tut, eignet sich für den Lehrberuf nicht.

Zur Toleranz gehört auch die Freiheit, »nein« zu sagen. Dies ist angesichts der Sachlage keine Verletzung irgendeiner Freiheit. Toleranz und Dialog sind gefragt, nicht Abgrenzung durch Verschleierung. Schließlich verlangt Toleranz[34] nicht die Selbstaufgabe einer laizistischen Gesellschaft. Auch eine tolerante Gesellschaft bedarf der Spielregeln.

Deutsche Integrationsunfähigkeit und islamische Integrationsunwilligkeit

Bisher habe ich unter Hinweis auf die Versuche der Islamisten, die Islam-Diaspora in eine nicht-integrierte Enklave oder in ein Ghetto im Westen zu verwandeln, den Schwerpunkt auf die Schwierigkeiten gesetzt, die von seiten der Muslime stammen. Mein Anliegen ist es, den Islam in Deutschland heimisch werden zu lassen. Eben weil ich nicht auf einem Auge blind bin, übersehe ich aber auch nicht die Hindernisse, die von der anderen, der deutschen Seite, kommen. Nachdem ich fast zwei Drittel meines Lebens unter Deutschen verbracht habe, glaube ich, die Schwierigkeiten der deutschen Gesellschaft mit der Integration von Menschen anderer Kulturen genau beobachtet haben zu können; sie stellt integrationswilligen Migranten entscheidende Hindernisse in den Weg! Der große Widerspruch besteht darin, daß die Bundesrepublik das liberalste Land in bezug auf den Zuzug von Ausländern ist, es aber die Einwanderer keineswegs willkommen heißt, sondern sie vielmehr ausgrenzt. Aus diesem Grunde herrscht zwischen den Einwanderern und der einheimischen Bevölkerung in Deutschland gegenwärtig eine Konfliktsituation.

Die 1998 ins Amt gekommene Regierungskoalition aus SPD und Bündnisgrünen hatte gleich zu Beginn die Situation und die mit ihr verbundenen Engpässe erkannt, glaubte jedoch, sie allein durch ein Gesetz über die doppelte Staatsangehörigkeit bewältigen zu können. Das war und ist eine grobe Illusion. Der Wille zur Verbesserung des Status der Migranten durch formaljuristische Einbürgerung ist zweifellos eine edle Absicht. Doch werden hierbei Basisfakten übersehen, allen voran die Erkenntnis, daß ein Paß die Zugehörigkeit zu einem Gemeinwesen symbolisieren sollte, also nicht nur ein juristisches Dokument ist, welches Vorteile ohne Verpflichtungen mit sich bringt.

Ich frage offen: Ist die deutsche Gesellschaft in der Lage, über die Ausstellung eines Passes hinaus auch eine Bürger-Identität für die Migranten anzubieten? Unter »Bürger« verstehe ich einen *citoyen* und nicht den formaljuristischen Status eines Staatsbürgers.[35] Ich habe meine Zweifel an dieser Fähigkeit, weil nur identitätsstarke Gesellschaften – wie etwa Frankreich oder die USA – diese demokratische Aufgabe bewältigen können. Aufgrund ihrer geschichtlichen Erfahrungen hat die deutsche Gesellschaft als politisches Gemeinwesen eine sehr schwache Identität, und eben in Anspielung auf diese spezifisch deutsche Situation nannte ich mein früheres Buch über die Krise der multikulturellen Gesellschaft *Europa ohne Identität?*. In jenem Buch habe ich deshalb nicht nur die allgemeine Sinnkrise der westlichen Zivilisation, sondern auch das, was ich angesichts des nicht aufgegebenen deutschen Sendungsbewußtseins »Tollhaus Deutschland« nenne, beschrieben.

Die rot-grüne Koalition erliegt nicht nur der Illusion, durch die beabsichtigte Ausstellung von Paß-Dokumenten diese komplexe Problematik lösen zu können; sie übersieht auch die Tatsache, daß zu jedem Konflikt zwei Konfliktparteien gehören.

Die Hindernisse für die Integration kommen gleichermaßen von Deutschen und Muslimen. Und sie müssen im Sinne der Demokratie ohne Angst vor Tabus genannt werden!

Der angesprochene Konflikt über den Status der Fremden in Deutschland, zu denen auch ich gehöre (man bezeichnet mich bisweilen als »Syrer mit deutschem Paß«, betrachtet mich also nicht als *citoyen*[36]), ist keine rein deutsche Angelegenheit. Die Lösungen sollten europäisch sein, weil ein deutscher Sonderweg schädlich ist; sie müssen auch unter Mitwirkung liberaler Muslime erfolgen. Ebenso wie die deutsche Gesellschaft in ihrer gegenwärtigen Verfassung in bezug auf uns Fremde nicht integrationsfähig ist – Integration heißt Eingliederung in ein Gemeinwesen, und nicht nur die Aushändigung eines Passes –, gibt es viele Ausländer, die sich nicht integrieren und keine Bürgerpflichten übernehmen wollen. Dies habe ich am Beispiel des Islam-Unterrichts und des Schleiers veranschaulicht. An vorderster Stelle nenne ich in diesem Zusammenhang die Gruppe der Islamisten und die diversen ethnischen Nationalisten unter ihnen; diese verstehen unter »Rechten« das Recht, Deutschland als logistische Basis für ihre oft mehr als fragwürdigen Aktivitäten in den jeweiligen Mutterländern zu mißbrauchen. Zu einem europäischen Gemeinwesen wollen sie nicht gehören. Toleranz und Offenheit können aber nicht nach dem Einbahnstraßen-Prinzip funktionieren!

Über die Unwilligkeit der genannten Ausländergruppe, sich politisch und kulturell zu integrieren, findet man nur selten einen Bericht in den Medien. Aber über Fremdenfeindlichkeit in Deutschland, die in der Tat sehr massiv vorhanden ist und in jüngster Zeit wieder zunimmt, allerdings auch stärker in die öffentliche Aufmerksamkeit rückt, wird viel berichtet. Weit hinterhältiger als die primitiven, gewalttätigen Formen von Fremdenfeindlichkeit empfinde ich die subtile Art der Ablehnung, die ich tagtäglich an der Universität oder in anderen gesellschaftlichen Bereichen erlebe. Gegenüber solchen Ausgrenzungen und Fremdenfeindlichkeiten des Alltags sind deutsche Medien taub und blind; dagegen wird über jede Form primitiver Fremdenfeindlichkeit berichtet. Diese werden oft – ohne sie in den richtigen Kontext einzubetten – zu einer sensationellen Nachricht gemacht; die Meldungen finden besondere Verbreitung im Ausland, wodurch der Ruf der jungen deutschen Demokratie Schaden leidet.[37]

Mit deutschen Rechtsradikalen vergleichbare Gruppen gibt es aber auch unter den in Deutschland lebenden Ausländern, so Islamisten und Ethno-Nationalisten. Über sie wird jedoch sehr wenig oder gar nicht berichtet. Für uns integrierte Ausländer ist dieses Messen mit zweierlei Maß unverständlich. Deutsche Rechtsradikale sind gegen unsere Integration, und deshalb sind sie mit allen rechtsstaatlichen Mitteln zu bekämpfen. Warum aber wird über jene Ausländer unter uns geschwiegen, die ebenfalls eine Integration ablehnen und die demokratische Verfassung des Rechtsstaats ablehnen? Diesem Personenkreis sind alle Mittel recht, um die gesetzten Ziele zu erreichen. Ist die Ablehnung unserer Integration nur schlecht und gilt es sie nur zu bekämpfen, wenn sie von Deutschen kommt, aber in Ordnung, wenn sie von seiten bestimmter Ausländer propagiert wird? Ich werde diese Frage am Beispiel der Islam-Gemeinde in Deutschland veranschaulichen, weil ich als arabischer Muslim und Einwanderer zu dieser Gemeinde gehöre und mich für ihre Integration in die säkulare Demokratie einsetze.

Für mich als aufgeklärten und weitgereisten, das heißt nicht auf ein Land fixierten arabischen Muslim ist die Integration aus zwei Perspektiven zu bewerten: aus der Perspektive Europas und aus der Perspektive des Islam. Europäisch gesehen, besteht ein demokratisches Gemeinwesen – wie schon ausgeführt – aus Bürgern im Sinne von *citoyens*, die sich im Rahmen einer pluralistischen Zivilgesellschaft und säkularer Demokratie zu diesem Gemeinwesen und seiner politischen Kultur bekennen. Im Geiste der Aufklärung und der Französischen Revolution ist ein *citoyen* gleichwertiges und gleichberechtigtes Mitglied eines Gemeinwesens, und zwar unabhängig von der ethnischen Herkunft oder der Zugehörigkeit zu einer Religion. Es entspricht also durchaus den Regeln der Demokratie, wenn Einwanderer muslimischen Glaubens Bürger in Deutschland im Sinne der Aufnahme in das Gemeinwesen werden. Es gehört jedoch ebenfalls zur Definition des demokratischen Staates, laizistisch zu sein, und entsprechend bestimmt sich die Identität seiner Bürger. Hier darf es keine Doppeldeutigkeiten geben.

Wenn ich die auf eine Verfahrensweise eines juristisch-administrativen Akts reduzierte Einbürgerung kritisiere und auf eine Aufnahme in das demokratische Gemeinwesen bestehe, meine ich mit dieser politischen Integration keine kulturelle Assimilation. Unter Gemeinwesen verstehe ich im Falle Deutschlands nicht die »Deutsche Nation«. Diese ist eine ethnisch-exklusive Gemeinschaft, in die man hineingeboren sein muß, um ihr anzugehören, man kann ihr nicht qua Willensakt beitreten. Das Gemeinwesen, das ich im Sinne habe, ist westlich-europäisch, kein deutscher Sonderweg. Für mich ist die Grundgesetz-Gemeinschaft nicht ethnisch, sie ist eine Werte-Gemeinschaft, zu der auch ein Muslim wie ich problemlos gehören kann. Eine multikulturelle Gesellschaft mit der Möglichkeit doppelter Staatsangehörigkeit sieht keine verbindlichen Werte und keine Leitkultur vor und bietet darüber hinaus keine politische Identität; sie allein reicht somit nicht als Grundlage für die Integration aus.

Oft wird der Begriff Leitkultur als ein anderes Wort für Konsens einzelner Gruppen verfemt und bewußt mit Assimilation verwechselt. Zwischen der Politik einer doppelten Staatsbürgerschaft und dem Multikulturalismus scheint doch eine ideologische Verbindung zu bestehen. In Amerika spricht Arthur Schlesinger bei Verlust von gemeinsamer Identität und Leitkultur von *Disuniting of America*.[38] Dies gilt in erhöhtem Maße für eine Gesellschaft – wie der deutschen – mit schwacher Identität und geringer Fähigkeit, Fremde zu integrieren.

Es sind nicht nur jene ethnisch-exklusiv denkenden Deutschen, die die Vorstellung eines Deutsche und Einwanderer umfassenden demokratischen Gemeinwesens, offen oder subtil ablehnen. In Deutschland sind es – wie gesagt – auch Islamisten sowie ethnische Nationalisten, die dies tun; sie wollen einen Keil zwischen die muslimischen Einwanderer und die deutsche Gesellschaft treiben, um erstere in ein Ghetto abzudrängen, das sie unter ihrer Kontrolle haben. Ich habe in Abgrenzung zu einem solchen Ghetto-Islam des Kollektivs einer Parallelgesellschaft den Begriff Euro-Islam der individuellen Bürger geprägt, der der Integration positiv gegenübersteht. Ein Euro-Islam, wie ich ihn in diesem Buch skizzieren werde, ist kompatibel mit Säkularität und religiösem Pluralismus sowie mit Zivilgesellschaft. Der Islam-Rat und andere selbsternannte Räte beanspruchen selbstgefällig die Vertretung aller in Deutschland lebenden Muslime, weisen aber dieses Konzept eines Euro-Islam als Instrument der Integration vehement zurück. Mit Euro-Islam meine ich einen Islam, der an Europa angepaßt ist und seiner Zivilisation Rechnung trägt.

Folgende Erfahrungen und Kenntnisse bilden den Hintergrund der Entfaltung meines Konzeptes vom Euro-Islam: Ich habe in mehreren Ländern in Afrika gelebt und dort den Islam in seinen verschiedenen Spielarten als Afro-Islam erlebt; Indien habe ich mehrmals bereist und dort den Islam – bei allen kulturell unterschiedlichen Ausprägungen – als Indo-Islam erfahren. Ich habe wiederholt bei Besuchen in Indonesien beobachtet, wie diese zahlenmäßig größte muslimische Nation der Welt (210 Millionen) die Vielfalt der Kulturen (etwa 300 Lokalkulturen), wenn auch leider mit Problemen, im Rahmen einer Leitkultur integriert. Wie in Westafrika der Islam afrikanisiert ist, ist er auf dem Inselarchipel indonesisch, also kein Fremdkörper. Der Grund hierfür ist, daß dort der Islam eine Synthese mit den zahlreichen indonesischen Lokalkulturen eingegangen ist. Warum kann der Islam in Europa nicht auf eine ähnliche Weise europäisch werden? Vor dem Krieg auf dem Balkan entsprach der Islam der Bosniaken einigermaßen europäischen Standards, womit bereits ein solcher Fall einer Europäisierung vorlag.

Der Islam wird erst dann nicht mehr fremd in Europa sein, wenn er ein Euro-Islam wird. In der Fernsehsendung »Babylon« des WDR wurde mir eingeräumt, meine Vision eines Euro-Islam darzustellen. Darauf folgte ein Interview mit einem Angehörigen des Zentralrats der Muslime, in dem dieser um eine Bewertung des Konzeptes vom Euro-Islam gebeten wurde. Die Antwort des befragten Funktionärs war: »Vom Euro-Islam halte ich wenig, ehrlich gesagt gar nichts.« Ein Kommentar erübrigt sich!

In Wien wurde ich im März 1999 nach einem Vortrag im Rathaus im Rahmen der Wiener Vorlesungen von Islamisten verbal angegriffen, nur weil ich mein Konzept vom Euro-Islam vorgetragen habe. Wien gehört, wohlgemerkt, zu Europa, und diese Islamisten leben dort; sie wollen Angehörige einer Islam-Diaspora, aber keine Europäer sein. Dadurch verstärken sie auch die dort massiv vorhandene Fremdenfeindlichkeit und geben Rattenfängern wie Jörg Haider Argumente in die Hand.

Selbst ein Muslim und Migrant, kann ich nicht verstehen, daß bestimmte Gruppen islamischer Einwanderer in Europa leben, zugleich aber dessen politische Kultur der säkularen Demokratie ablehnen; sie ziehen es vor, ein Ghetto zu errichten, wobei sie im Namen der Toleranz Geltung für eine Parallelgesellschaft beanspruchen. Gehört es zur Toleranz, solche Integrationsunwilligkeit hinzunehmen?

In der Islam-Gemeinde in Deutschland gibt es viele Islamisten (wie gesagt: der Islam ist eine Religion, der Islamismus aber ist eine politische Ideologie), die davon ausgehen, daß Christen die zweite Wange hinhalten, wenn sie auf die eine einen Schlag bekommen. Dies ist in meinen Augen falschverstandene Toleranz. Ich als ein liberaler Muslim denke, daß Toleranz niemals ohne Grenzen sein kann. In meinem bereits angeführten Buch *Europa ohne Identität?* habe ich schon betont: Toleranz hat Spielregeln und beruht auf Gegenseitigkeit; sie darf keine Selbstaufgabe bedeuten. Zu den Spielregeln gehört nach meiner Auffassung die Trennung zwischen Religion und Politik, und zur

Gegenseitigkeit gehören Respekt und Akzeptanz von säkularer Demokratie und liberalem Pluralismus, in dem alle Religionen – und auch Menschen, die nicht glauben wollen – zu Hause sind. Integrationsunwilligkeit ist eine Ablehnung der Demokratie, und das demonstrative Tragen des Schleiers – zum Beispiel – ist ein Instrument der zivilisatorischen Abgrenzung sowie ein Ausdruck der Abschottung.

Als demokratischer Muslim, der eine europäische Identität beansprucht, meine ich, daß es falsch ist, mit zweierlei Maß zu messen. Wir müssen gleichermaßen über die Integrationsunwilligkeit unter Ausländern und die Unfähigkeit der deutschen Gesellschaft, uns zu integrieren, und in diesem Zusammenhang auch über die deutsche Fremdenfeindlichkeit reden. Diese Diskussion wird uns in diesem Buch beschäftigen, und ich möchte mich zum Abschluß dieser Einleitung auf die Erklärung des Buchtitels beschränken. Hierbei geht es nicht um ein Wortspiel. Vielmehr kommen im Buchtitel zwei grundsätzliche Problembereiche vor, die zwei unterschiedliche Segmente betreffen: *Der Islam und Deutschland* ist der übergeordnete inter-zivilisatorische, globale Rahmen, *Muslime in Deutschland* ist lokal und auf die Thematik islamischer Einwanderer sowie der Bildung einer Islam-Diaspora beschränkt; ihre Integration steht im Mittelpunkt meiner Überlegungen, und bei der Verteidigung der Demokratie lasse ich in diesem Zusammenhang keine »weltanschauliche Neutralität«[39] zu.

Kapitel I

Selbstbilder und Fremdbilder. Der Islam und Deutschland, Muslime in Deutschland

Jenseits der Festreden von Politikern und der Sonntagspredigten protestantischer Gesinnungsethiker ist die Beziehung zwischen Islam und Christentum beziehungsweise zwischen dem Islam und dem Westen durch gegenseitige Eroberungen gekennzeichnet. Historisch fand Europa seine Identität als christliches Abendland in der Auseinandersetzung mit dem Islam. Seit der kulturellen Moderne begreift sich Europa als westliche Zivilisation und hat somit eine säkulare Legitimität.

Zweimal kamen Muslime als Eroberer nach Europa, im 7./8. Jahrhundert und im 14.–17. Jahrhundert; die Europäer kamen ihrerseits zweimal mit feindseligen Absichten in die Welt des Islam: einmal auf Kreuzzügen, dann als Kolonialherren – beide waren Eroberer im Verständnis von Kreuzzug und *Djihad*.[1] Es gab aber auf der anderen Seite auch Epochen gegenseitiger Befruchtung, wie die Hellenisierung des Islam und die Übernahme des von den Muslimen weiterentwickelten griechischen Erbes durch die Europäer am Vorabend der Renaissance.

In unserer Zeit kommen Muslime in zunehmendem Maße als Migranten in den Westen, wobei sie ihre Migration teilweise in der Tradition der *Hidjra* – der Umsiedlung des Propheten Mohammed 622 von Mekka nach Medina – als Vorbereitung einer umfassenden Islamisierung verstehen. Die daraus resultierenden Probleme sind immens, und beide Seiten müssen daran mit Redlichkeit und Aufrichtigkeit arbeiten und sollten sich an Tatsachen statt an Gesinnungen orientieren. Der Sinneswandel der Deutschen vom arroganten Auftreten zum »Gutmenschen« ist zur substantiellen Auseinandersetzung mit den Konfliktpotentialen ebenso unbrauchbar wie die Täuschung der Muslime durch *Taqiyya* bzw. *Iham*, Verschleierung der Glaubensüberzeugung zum Selbstschutz. Dieser dritte Einzug der Muslime nach Europa ist mit Problemen verbunden, doch ich halte friedliche Lösungen für möglich. Hierbei vertrete ich die Position, daß Europa das Recht auf Selbsterhaltung und eigene Identität hat; wohingegen Muslime das Recht auf Anerkennung, jedoch im europäischen Rahmen einer laizistisch-pluralistischen Zivilgesellschaft haben.

Die Fremdbilder und der Dialog der Deutschen mit dem Islam

Die Verleihung des Friedenspreises des Deutschen Buchhandels an Annemarie Schimmel sollte einen edlen Sinneswandel dokumentieren, doch ändert diese gutgemeinte Geste nichts an der Tatsache, daß das Verhältnis der Deutschen zur Welt des Islam in unserer Gegenwart vor allem durch negative Fremdbilder auf zwei Ebenen bestimmt wird. Eine Ebene hängt mit der im Zentrum dieses Buches stehenden islamischen Migration als zeitgeschichtlicher Erscheinung zusammen; die andere hat mit der Nachbarschaft zur Welt des Islam, aber auch mit der Ölproblematik zu tun. Daher wird der Aspekt »Muslime *in* Deutschland« komplementär aus der Perspektive »der Islam *und* Deutschland« beleuchtet.

Auf *innenpolitischer* Ebene denkt man zumeist als erstes an den Berliner Stadtteil Kreuzberg, der beispielhaft die Realität eines ethnisch-türkischen Ghettos als eine Parallelgesellschaft veranschaulicht. Leider ist es eine Tatsache, daß sich ähnliche Islam-Ghettos in anderen deutschen Großstädten wie Mannheim (Stadtteil Jungbusch) oder Köln (Keup-Straße) bilden und vermehren.[2] Die muslimische Minderheit in der deutschen Gesellschaft war bis zum Ende des Ost-West-Konflikts und der danach erfolgten weitgehenden Öffnung der Grenzen bzw. bis zum Bosnienkrieg vorwiegend eine türkische bzw. kurdische

Minorität; die Türken sowie die aus der Türkei stammenden Kurden machten bis 1992 einen Bevölkerungsanteil von ca. 1,8 Millionen aus.

Nach Ausbruch des Bosnienkrieges kamen ca. 400 000 bosnische Muslime und später muslimische Kosovo-Albaner nach Deutschland. Es ist verständlich, daß der höhere Lebensstandard und die Großzügigkeit des deutschen Sozialstaates die meisten von ihnen bewegt, in Deutschland bleiben zu wollen. Muslimische Flüchtlinge kommen auch aus Afghanistan, aus dem Irak und dem Libanon sowie generell aus dem Mittelmeerraum und aus Südasien. Weil Deutschland kein Einwanderungsgesetz hat, erfolgt diese Zuwanderung zumeist illegal, unterstützt durch Schieberbanden[3]; dies trägt nicht gerade zur Verbesserung des deutschen Islam-Bildes bei.

Außer den Türken und den Muslimen aus dem ehemaligen Jugoslawien leben in Deutschland inzwischen also mehrere hunderttausend Muslime aus allen Regionen der islamischen Welt. Allein die Zahl der arabischen Muslime in Deutschland beträgt inzwischen rund eine halbe Million. Trotz dieser Vielfalt herrscht beim »Durchschnitts-Deutschen« immer noch – wie einst bei der gescheiterten Belagerung Wiens von 1683 durch die Osmanen – die Gleichsetzung der »Muslime« mit den »Türken« vor, leider auch unter Politikern, die von diesem Vorwurf der Ignoranz nicht freigesprochen werden können. So wird unter ihnen darüber gestritten, ob der geforderte Islam-Unterricht in deutscher oder türkischer Sprache abgehalten werden sollte, ohne daß zur Kenntnis genommen würde, daß in Deutschland eine Million Muslime leben, die kein Türkisch verstehen.

Die Gleichsetzung der Muslime mit den Türken geht auf die Zeit der türkisch-osmanischen Bedrohung Europas im späten Mittelalter zurück. Durch den Balkankrieg (1992–1995) und zuvor durch die Öffnung der Grenzen nach dem Fall der Mauer hat die ungeregelte, chaotische Zuwanderung nach Deutschland jedoch massiv zugenommen; die islamische Gemeinde ist nicht nur erheblich gewachsen, sondern gleichermaßen konfessionell und kulturell vielfältiger geworden. Am Beispiel der ethnischen Gemeinden, etwa in der Stadt Frankfurt[4], wo es neben türkischen Moscheen auch arabische, iranische, bosnische und pakistanische gibt, kann man sehen, daß die unterstellte Einheit der Muslime nur in Abgrenzung gegenüber den Deutschen, nicht aber untereinander gilt.

Die Ethnisierung der Islam-Diaspora in Deutschland birgt zusätzliches Konfliktpotential. Der deutsche Bundesinnenminister Schily und Kirchenfunktionäre fordern den organisatorischen Zusammenschluß zu einer »islamischen Kirche« (hierzu Kapitel VIII). Eine solche hat es in der islamischen Geschichte aber nie gegeben, und eine entsprechende Gründung wird auch im »deutschen Islam« auf friedlichem Wege nicht erfolgreich sein.

Eine ähnliche Verengung der Welt des Islam läßt sich auch auf *außenpolitischer* Ebene beobachten. Kinder geben in der Regel das wieder, was ihnen ihre Umwelt vermittelt. Der Herausgeber der Zeitschrift *Materialien zur politischen Bildung*, Dirk Klose, zitiert den Ausspruch seiner zehnjährigen Tochter, die kurz vor seiner Abreise zu einer Tagung über den Islam zu ihm sagte: »Islam, das ist doch der Mann, der uns das Öl wegnehmen will.« Nicht nur zehnjährige Kinder, sondern auch erwachsene Deutsche assoziieren mit der Welt des Islam das Bild von habgierigen Öl-Scheichs, die auf Kosten Europas einen hohen Lebensstandard genießen, sich in protzigen amerikanischen Limousinen fahren lassen und ein süßes polygames Leben in ihrem Harem führen, das ihnen von ihrer Religion erlaubt wird.

Gewiß haben diese Bilder da und dort Entsprechungen in der Realität. Der Einfluß des Öl-Reichtums erstreckt sich bis auf deutschen Boden, zum Beispiel in Gestalt der mit Petro-Dollars aufgebauten saudischen Fahd-Akademie in Bonn. Jenseits der Vorurteile darf also die Tatsache nicht übersehen werden, daß Saudis den politischen Islam in Deutschland und anderswo durch die Petro-Dollar-Finanzierung von Moscheevereinen in

Europa kräftig unterstützen. Die Saudis erlangen damit indirekt einen gegen die Demokratie und Säkularität gerichteten Einfluß auf die Angelegenheiten der Islam-Diaspora in Deutschland. In ihrem Land verhindern sie dagegen die Eröffnung von politisch neutralen und nicht-missionarischen, der kulturellen Verständigung dienenden Goethe-Instituten. Die Saudis dürfen die islamische *Da'wa*/Mission in Deutschland mit allen Mitteln fördern, aber den Besitz einer Bibel in ihrer Monarchie als Straftat verfolgen. Wie kann ein Dialog mit diesem Petro-Islam geführt werden? Der ehemalige deutsche Außenminister Klaus Kinkel war als »dialogischer Mensch« bei der Eröffnung der Fahd-Akademie in Bonn als Festredner anwesend. Auf meine Kritik hin schrieb er mir, daß er dort über Menschenrechte sprach. Ob die Öl-Scheichs dies kümmert? Auch Bundestagspräsident Wolfgang Thierse hielt im Juli 2000 auf einer Dialog-Veranstaltung der saudisch finanzierten Muslim-Liga ein Eröffnungsreferat. Die *Süddeutsche Zeitung* nannte die Veranstaltung eine »PR-Show«, bei der Thierse die Islamisten »geadelt hat« (*SZ* vom 6. Juli 2000).

Bildung heißt immer Aufklärung. Aufklärung über andere Kulturen ist nicht mit Kritiklosigkeit, geschweige denn mit Schwärmerei gleichzusetzen. In diesem Buch will ich die Fremdbilder, die den Dialog behindern, auf beiden Seiten kritisch und ohne Selbstzensur beleuchten. Auch die Muslime haben negative Fremdbilder von den Deutschen. Die von mir angestrebte Aufklärung über den Gegenstand geschieht durch historische Rückblenden und durch Gegenwartsbezüge. Weltfrieden bedeutet im neuen Millennium Frieden zwischen den Zivilisationen und den der Mehrzahl von ihnen zugrundeliegenden Religionen. Dazu ist es notwendig, Wege zu einem friedlichen Zusammenleben zu finden oder diese gegebenenfalls erst zu bahnen. Dementsprechend hoch ist der Rang, den ich dem Kulturdialog in diesem Buch zuschreibe, der allerdings nur unter der Voraussetzung eines ehrlichen Willens zur Korrektur und zum Abbau von Feindbildern funktioniert.

Ein authentischer Dialog erfordert drei Grundbedingungen: ausreichende Information über den anderen bei gleichzeitiger Bereitschaft zur Öffnung, eine wertebezogene Position (im Gegensatz zu Wertebeliebigkeit) sowie Ehrlichkeit bei den Dialogpartnern. Für den Dialog zu plädieren, heißt aber nicht, Quellen der Bedrohung nicht ernst zu nehmen oder die Feindbilder nur einseitig zu verorten, geschweige denn Kreuzzug und *Djihad* in der Vergangenheit zu verdrängen. Die militant anti-westliche, in einigen Kreisen der deutschen Islam-Diaspora anzutreffende Einstellung des kommunitären Ghetto-Islam ist eine Hürde auf dem dornigen Weg zum inneren Frieden in Europa. Der Dialog der deutschen Gesinnungsethiker mit den Islamisten nimmt oft die Form von Schuldzuweisungen auf der islamischen Seite und Selbstbezichtigungen auf der christlichen Seite an. Das ist das eine Extrem. Das andere besteht in euro-arroganten Anklagen des Islam als Quelle allen Übels. Beides sind Störfaktoren für kulturelle Annäherung. Das schwache Zivilisationsbewußtsein auf der europäischen Seite verstärkt die aggressive Haltung der Fundamentalisten unter den Muslimen, die die »christliche Nächstenliebe« als Schwäche deuten und ungehemmt für sich instrumentalisieren. Ebenso inakzeptabel ist die Euro-Arroganz, die den Muslimen Minderwertigkeit unterstellt und unter ihnen eine aggressive und antiwestliche Stimmung schürt.

Bei dem angestrebten Dialog ist es wichtig, stets vor einer Gleichsetzung von Islam und islamischem Fundamentalismus oder Islamismus zu warnen. Mit den Islamisten ist kein Dialog möglich. Toleranz gegenüber dem Islam und Warnungen vor dem Fundamentalismus sind kein Widerspruch. Die Aufklärung über Vorurteile und Fremdbilder gegenüber einer Weltreligion schließt nicht die ebenso nötige Aufklärung über die Bedrohung, die islamische Fundamentalisten[5] darstellen, aus.

Neben der Wahrnehmung und der Realität einer Bedrohung durch den Islamismus gibt es aber auch eine gewisse Art der Faszination, die in romantischen Fremdbildern zum Ausdruck kommt. Historisch gebildete Deutsche verbinden die Welt des Islam mit einer Erinnerung an die bedeutsamen Kontakte zwischen Aachen und Bagdad, zwischen Karl dem Großen (768–814) und dem legendären Kalifen Harun al-Raschid (786–809), die im Jahre 791 eingeleitet wurden. Ich habe sie in einem anderen Buch im einzelnen gewürdigt.[6] Noch wichtiger als diese Kontakte ist die Wirkung von al-Andalus im islamischen Spanien; es faszinierte die gebildeten Europäer und galt seinerzeit als Mekka der Wissenschaft und Philosophie. In diesem Kontext steht das positive Erbe der Renaissance.[7] Das Verhältnis Deutschlands zur Welt des Islam ist auch im Zusammenhang mit dieser geschichtlichen Orient-Okzident-Begegnung und den damit verknüpften Problemen zu sehen. Wie die übrigen Europäer haben auch die Deutschen die islamische Zivilisation während ihrer Glanzperiode bewundert und zu ihr aufgeschaut. In diesem Zusammenhang steht die Faszination, der wir in den Werken von Goethe und Lessing begegnen werden (vgl. Kapitel III unten). Daraus geht hervor, daß das historische Erbe gleichermaßen Bedrohung und Faszination umfaßt.

Der Islam und Europa: Die Nachbarschaft

Europa und der Islam sind alte Nachbarn, sowohl im Guten wie im Bösen. Die Geschichte dieser Nachbarschaft ist vierzehn Jahrhunderte alt. Der belgische Historiker Henri Pirenne stellte in diesem Zusammenhang die These auf, daß die »Geburt des Abendlandes« als Antwort auf die im 7. Jahrhundert begonnene islamische Herausforderung zu deuten sei.[8]

Nach wie vor bin ich der Meinung, daß der Islam bei der zivilisatorischen Bestimmung Europas als einer abendländischen, christlich inspirierten Zivilisation eine bedeutende Rolle gespielt hat. Ich habe bereits darauf hingewiesen, daß die Muslime im 7./8. Jahrhundert und im 14. bis 17. Jahrhundert als *Djihad*-Krieger nach Europa kamen, also als Eroberer; heute kommen sie als Migranten. In der Geschichte des Islam gibt es einen Zusammenhang zwischen *Djihad* als Eroberungskrieg und *Hidjra*/Migration als Mittel zur Verbreitung des Islam. Migration ist im Islam eine religiöse Handlung. Die Erklärung hierfür liegt in der Tatsache begründet, daß die politische Geschichte des Islam als Zivilisation erst 622 mit der Migration des Propheten Mohammed von Mekka nach Medina begann.[9] Die islamischen *Djihad*-Kriege wurden mit Völkerwanderungen der Stämme Arabiens – in der Tradition der *Hidjra*/Migration des Propheten – verbunden. Es ist politisch inkorrekt, dennoch frage ich: Steht die zeitgenössische, mit friedlichen Mitteln verfolgte islamische *Hidjra*/Migration etwa in der alten Tradition des frühislamischen Expansionsstrebens?

Es ist falsch, den historischen Hintergrund der heutigen euro-islamischen Beziehungen zu verdrängen. Auf die islamischen Djihad-Kriege folgten die christlichen Kreuzzüge, an denen auch Deutsche beteiligt waren.[10] Es gibt Muslime, die die positiven Ansätze zur Integration der Muslime in Europa ebenso wie die durchweg säkularen, europäischen Kolonialeroberungen in der Welt des Islam als Fortsetzung dieser Kreuzzüge betrachten; sie seien zunächst mit effektiven Gewaltmitteln, dann später mit den Mitteln der geistigen Durchdringung durchgeführt worden.[11] Zum Verständnis der islamisch-europäischen Beziehungen auch in unserer Gegenwart ist es deshalb wichtig, auf die Geschichte bis in das frühe Mittelalter[12] zurückzugreifen, um die gegenwärtigen Bedingungen der islamischen Migration nach Europa besser zu verstehen.

Globalisierung: Muslime und ihre Zivilisation in Europa

Zum ABC des Islam gehört, daß die Muslime eine *Umma*, eine Gemeinschaft aller Gläubigen, bilden. Dieser Begriff bezeichnet nicht nur eine religiöse Gemeinde, sondern auch eine Zivilisation. Menschen sind in ihrer seelischen und geistigen Verfassung, also in bezug auf ihre Identität und ihre Weltbilder, nicht durch die Zugehörigkeit zu Staaten, sondern durch lokale Kulturen geprägt. Ähnlich ausgerichtete lokale Kulturen gruppieren sich zu übergeordneten Zivilisationen. Auch Muslime verinnerlichen ihre Weltanschauungen duch ihre familiäre Sozialisation und ihre soziale Umwelt. Trotz der bereits angesprochenen lokal-kulturellen Vielfalt im Islam gibt es eine einheitliche islamische Weltanschauung. Kurz: Die Muslime in Europa gehören weltanschaulich zur islamischen Zivilisation. Bringt dies Konfliktpotentiale mit sich? Bei der Beantwortung dieser Frage sind Selbstbilder ebenso wie gleichermaßen positive und negative Fremdbilder, also Vorstellungen vom jeweils anderen von Belang. Zwischen den Zivilisationen hat es historisch sowohl einen fruchtbaren Austausch als auch weltanschauliche sowie militärisch ausgetragene Kriege gegeben. Dieses historische Erbe gilt auch im Zusammenhang der islamischen Migration nach Europa.

Unser Zeitalter der Globalisierung ist ein Zeitalter der offenen Grenzen[13], wodurch die Beziehung zwischen den Zivilisationen für die internationale Politik relevant wird. In bezug auf den Islam ist sie dadurch nicht mehr auf das Mittelmeer[14] begrenzt. Zum Austausch zwischen den Zivilisationen gehören sowohl kollektive Wahrnehmungen der Faszination als auch solche der Bedrohung. In diesem Zusammenhang gehen Völkerpsychologie, d.h. eben diese kollektiven Perzeptionen, und Realgeschichte ineinander über. Deshalb bedarf es einer genauen Untersuchung, um herausfinden zu können, ob sich Faszination und Bedrohung im Einzelfall auf völkerpsychologische Wahrnehmungen oder auf konkrete historische Gegebenheiten beziehen und wie sich beide miteinander vermengen.

Ich werde in diesem Buch (vgl. Kapitel V und X) die von Raymond Aron noch in Zeiten der globalpolitischen Aufteilung der Welt in Kommunismus und »freie Welt« angeregte Diskussion über Zivilisationskonflikte aufnehmen. Die tatsächliche historische Unterteilung der Menschheit in Zivilisationen, die in unserem Zeitalter der Globalisierung miteinander vernetzt werden, bekommt durch die weltweite Migration eine besondere

Bedeutung. Die weltanschaulichen Differenzen zwischen den Zivilisationen können durch die multikulturelle Rhetorik nicht verdeckt werden.

Die Problematik der Beziehungen zwischen den Zivilisationen konzentriert sich vor allem deshalb in besonderer Weise auf die islamische und die westliche Zivilisation, weil sie die einzigen unter den Weltzivilisationen sind, die universelle Ansprüche haben. Die weltanschauliche Heterogenität zwischen dem Westen und der Welt des Islam gilt auch für die islamische Diaspora in Europa.

Die Welt des Islam in Deutschland

Das Verhältnis Deutschlands zur Welt des Islam muß vor dem soeben beschriebenen euro-islamischen Hintergrund in einen größeren Rahmen eingeordnet werden. In bezug auf die islamische Migration ist die Erfahrung mit dem Islam in diesem Land relativ jung, sie beginnt erst mit der Anwerbung türkischer Arbeitskräfte in den sechziger Jahren des 20. Jahrhunderts. Frankreich und Großbritannien haben im Vergleich dazu eine längere und umfassendere Erfahrung mit der muslimischen Zuwanderung.[15]

Muslime haben nicht nur eine eigene Zeitrechnung, sondern auch ihr eigenes Weltverständnis, das sich von dem christlicher Europäer unterscheidet. Mit dieser Aussage räume ich ein, die Selbstzentrierung ist also nichts spezifisch Westliches; es gibt auch einen Islamozentrismus. Das bedeutet, daß auch Muslime Weltbilder haben, die sie ohne Anerkennung des anderen auf nicht-islamische Teile der Welt übertragen.

Das Problem mit der Islam-Zentrik besteht darin, daß sie nicht mit einer Globalisierung verbunden werden konnte und somit nur ein Anspruch ist, der keine reale Entsprechung hat. Dagegen war die Ideologie der Zentralität Europas, der Eurozentrismus, von einem Zusammenrücken der Menschheit und der Vereinheitlichung der Zeit begleitet; somit gehört zu ihren

Folgen die Entstehung einer *Weltzeit*. Im Mittelalter gab es voneinander abweichende, islamische, westliche und andere Zeit; in unserer globalhistorischen Epoche gibt es dagegen nur die Weltzeit, die nicht bloß formal existiert, das heißt sich allein auf die Zeitrechnung bezieht, sondern auch auf einen globalhistorischen Kontext, der ihre Substanz ausmacht. Durch kulturelle Rückbesinnung beanstanden Muslime diese Weltzeit; sie haben an den Millenniums-Feiern deshalb nicht teilgenommen.

Im öffentlichen Bewußtsein Deutschlands war das Interesse am Islam bis zum Jahre 1979, also dem Jahr der Iranischen Revolution, nur schwach entwickelt. Es blieb weltoffenen deutschen Bildungsbürgern vorbehalten, sich mit dem Islam zu befassen. Zu jener Zeit lebten aber bereits etwa 1 Million Muslime in Deutschland. Zu Beginn des neuen Millenniums beträgt die Zahl der Muslime in diesem Land, wie gesagt, bereits 3,3 Millionen.

Ein zweiter, wenngleich ausschließlich negativ zu bewertender Impuls kam ebenfalls aus dem Iran: die Khomeini-*Fetwa* gegen Salman Rushdie. Schließlich vermittelte der gleichsam mit dem iranischen Mullah-System in Verbindung stehende Mord im Berliner Restaurant Mykonos ein sehr häßliches Bild vom Islam in Deutschland. Einen weiteren entscheidenden Impuls erhielt die deutsche Auseinandersetzung mit dem Islam durch den Golfkrieg 1991 und die mit ihm verbundenen Ereignisse. Das Verhältnis der Deutschen zur Welt des Islam wurde deshalb bedauerlicherweise vorwiegend durch Khomeini und seinen Widersacher, den irakischen Diktator Saddam Hussein, bestimmt. Die häufig am Islamismus orientierten türkischen Moscheevereine, die heute nicht selten das Bild vom Islam in Deutschland prägen, tragen leider in keiner Weise zu einer besseren Wahrnehmung dieser Weltreligion bei.

Unter diesen Bedingungen verwundert es nicht, daß die Debatte über den Islam unter den Deutschen keineswegs ein Dialog mit dem Islam ist, für den ich in diesem Buch plädiere. Die Diskussion nimmt eher die Form einer Polarisierung in die deutschen Feinde und Freunde des Islam[16] an. Wie ich in der Einleitung gezeigt habe, ist eine ähnliche Islam-Debatte über das Thema doppelte Staatsangehörigkeit und Integration entfacht worden. Es war ein parteipolitischer Streit zwischen CDU und SPD/Grünen, bei der ich als Muslim viel Unwissenheit hinsichtlich des Islam feststellen konnte – und zwar auf beiden Seiten! Zu den positiven Ausnahmen gehört der Beitrag des Altbundespräsidenten Roman Herzog.[17]

In Deutschland ist es wichtig, Mitmenschen, die Muslime generell als »türkische Gastarbeiter« und entsprechend unterprivilegiert wahrnehmen, daran zu erinnern, daß es Zeiten gegeben hat, in denen die Welt des Islam eine Quelle der Faszination war[18]. Die islamische Rezeption des griechischen Erbes wurde an Europa weitergegeben. Zwischen dem 9. und 12. Jahrhundert fand im Hoch-Islam im Rahmen dieser Rezeption eine Hellenisierung statt, zu deren Resultaten die Entstehung des islamischen Rationalismus gehörte. Die Welt des Islam war in jener Zeit zivilisatorisch weit entwickelter als Europa.[19] Die islamische Verarbeitung des klassisch-griechischen Erbes sowie seine Weitergabe an Westeuropa am Vorabend der Renaissance gehörten zu den Lichtblicken in den Beziehungen beider Zivilisationen. Die Erinnerung an diesen aufklärerischen Brückenschlag zwischen Islam und Europa kann eine positive Rolle im notwendigen Kulturdialog spielen.

Leider bedienen sich auch die Islamisten dieser Erinnerung, ohne sie jedoch richtig zu kennen. Es gilt, an folgende Tatsache zu erinnern: Die Europäer haben vom Islam die rationale Philosophie, nicht aber die sakrale *Schari'a* und *Fiqh*, Sakraljurisprudenz, übernommen.[20] Die *Fiqh*-Tradition ähnelt in ihrem Verhältnis zum islamischen Rationalismus der christlichen Inquisition.[21] Öffnung zum Islam darf aus diesem Grunde nicht gleichgesetzt werden mit Öffnung zum *Fiqh*-Islam. Ich habe bereits darauf hingewiesen: Kulturdialog erfordert Wissen über *den anderen*. Wenn Deutsche mehr über den Islam wüßten, dann würden sie verstehen, was es heißt, wenn selbsternannte Islam-

Räte im Namen der Toleranz eine durch *Fiqh*, also Sakraljurisprudenz, interpretierte *Schari'a* statt des Grundgesetzes als säkular-demokratische Verfassung für die Islam-Diaspora fordern.

Der Umgang mit Fremden am Beispiel des Islam

Trotz der Globalisierung zu einer vernetzten Einheit besteht die Welt nach wie vor aus einzelnen, jeweils eigendynamisch-zivilisatorischen Gebilden, so daß die kulturelle Grundlage für eine Weltzivilisation fehlt. Europa – und hier speziell Deutschland – muß im Umgang mit der Welt des Islam eine auswärtige Kulturpolitik verfolgen, die den veränderten Bedingungen nach dem Ende des Ost-West-Konflikts Rechnung trägt. Diese wird im deutschen Fall vor allem von den Goethe-Instituten getragen. Der von ihnen geleistete Beitrag für den Kulturdialog ist eine Voraussetzung für den Weltfrieden.

Die Goethe-Institute betreiben in den islamischen Ländern keine Selbstdarstellung wie etwa die vergleichbaren britischen oder französischen Einrichtungen, sondern streben aufrichtig einen Dialog zwischen den Kulturen an. Als Beispiele möchte ich die von deutscher Seite getragenen westlich-islamischen Dialog-Veranstaltungen in Jakarta (März 1995 und Dezember 1998), Karachi (Oktober 1995) und Amman (Juni 1998) nennen. Diese Art Dialog betrifft den »Islam *und* Deutschland«, also die externe Dimension des Verhältnisses zwischen beiden. Bezogen auf die deutsche Islam-Diaspora, also »Muslime *in* Deutschland« ist es für die Deutschen erforderlich, erstmals in ihrer Geschichte zu lernen, mit den Fremden umzugehen. Reicht Dialog dafür aus?

Das Problem ist, daß protestantische Gesinnungsethiker unter Dialog den gegenseitigen Austausch von beweihräuchernden Zusicherungen, orthodoxe Muslime aber *Da'wa*, also Mission, verstehen. Wenn Dialog mit der Absicht der Bekehrung und als Instrument der Einflußnahme betrieben wird, dann ist es angemessener, auch von Missionierung, nicht aber von einem gleichberechtigten Dialog zu sprechen. Ein Dialog darf nicht *Da'wa*, Aufruf zur jeweils eigenen Religion, sein, sondern muß den Versuch unternehmen, gegenseitiges Verständnis zu entwickeln, um auf dieser Basis mit den Problemen im Sinne von *conflict resolution*, das heißt Mechanismen der Konfliktlösung umzugehen. *Da'wa* ist jedoch das islamische Verständnis von Dialog. Sie verlangt Offenheit gegenüber dem Islam als Bereitschaft zur Konversion, der die *Da'wa* als Vorarbeit dient, nicht aber einen Austausch beider Seiten.

Deutsche Kirchenoberhäupter und Politiker verstehen dies nicht, wie Negativbeispiele illustrieren. Hierzu gehört die Genehmigung der Bundesregierung zur Eröffnung der bereits erwähnten, alles andere als am Reform-Islam, sondern exklusiv am saudisch-wahhabitischen *Schari'a*-Islam orientierten Bonner Mammutschule – bekannt als Fahd-Akademie. Die Eröffnung dieser Einrichtung im September 1995 galt den Deutschen, vertreten durch den damaligen Außenminister Klaus Kinkel, als Beweis für ihre Toleranz. Toleranz beruht aber auf Gegenseitigkeit. Saudi-Arabien lehnt nach wie vor die Eröffnung eines Goethe-Instituts in Riad ab.

Ähnlich verhält es sich, wenn Islamisten in Deutschland Toleranz für sich beanspruchen, ihrerseits jedoch die säkulare Demokratie ablehnen; als Fundamentalisten sind sie totalitär und dulden nicht einmal in ihren eigenen Reihen inner-islamische Pluralität. Hier kann man guten Rechts von einer Pervertierung der Liberalität in Permissivität, nicht aber von Dialogbereitschaft oder gar von Toleranz sprechen.[22] Wenn wir von Toleranz im Kulturdialog reden, müssen wir angeben, was darunter zu verstehen ist. Diese Problematik hat eine lange Geschichte in den Jahrhunderte alten Begegnungen zwischen Europa und dem Islam.[23]

Der Umgang mit Muslimen im heutigen Deutschland zwingt uns dazu herauszufinden, wie die Deutschen die Welt des Islam beurteilen, und macht deutlich, welche Korrekturen an den

Fremdbildern – dies gilt für beide Seiten – erforderlich sind. Das sind zwei unverzichtbare Voraussetzungen für den Erfolg des Dialogs. Noch einmal: der Dialog mit dem Islam ist nicht nur auf die nicht-staatlichen Außenbeziehungen zwischen den Zivilisationen beschränkt; er ist im Zeitalter der Migration auch ein Stück Innenpolitik und Voraussetzung für den inneren Frieden.

Von den Deutschen zu verlangen, Verständnis für den Islam zu entwickeln, kann niemals heißen, daß sie die Identität des europäischen Kontinents und seiner kulturellen Errungenschaften preisgeben. Es ist erstaunlich, wie Islamisten und deutsche Kulturrelativisten dies gleichermaßen fordern. Leider verstehen manche Vertreter der Islam-Gemeinde in Deutschland unter Toleranz, daß die Deutschen die islamische Weltanschauung akzeptieren, während die Islamisten sich erlauben, das Grundgesetz öffentlich oder verklausuliert abzulehnen. Deutsche, wie auch andere Europäer, müssen von Muslimen fordern, vor allem folgende Komponenten der kulturellen Moderne verbindlich anzuerkennen: säkulare Toleranz, Laizität (*laïcité*) – also die Trennung von Religion und Politik –, demokratischen Pluralismus und an vorderster Stelle die individuellen Menschenrechte, zu denen vor allem die Glaubensfreiheit gehört. Islamisten, die diese Werte nicht respektieren, dürfen nicht im Namen einer zur Indifferenz verkommenen Toleranz Geltung für ihre Anschauungen beanspruchen.

Die multikulturelle »Toleranz«, die Wertebeliebigkeit im Stile eines *anything goes* zuläßt, läuft auf kulturrelativistische Gleichgültigkeit hinaus. Wirkliche Toleranz bedeutet dagegen, die gegenseitige Akzeptanz einer gemeinsamen Moralität und ihrer für alle verbindlichen Spielregeln. Die voraussetzungslose kulturrelativistische »Multi-Kulti-Toleranz« stärkt dagegen nur die absolutistischen Attitüden *der anderen*, die im Namen nicht minder mißverstandener oder bewußt instrumentalisierter Toleranz von den Kulturrelativisten verlangen, ihre eigene Intoleranz gelten zu lassen. Als ein liberaler Muslim weiß ich, wie absolut die islamische Weltanschauung ist. Duldung ist noch lange keine Toleranz im aufklärerischen Sinne. Die Exklusivität religiöser Ansprüche, für die nicht nur universelle, sondern auch absolute Geltung beansprucht wird, ist ein Hindernis für einen toleranten Dialog.

Die deutschen Christen der evangelischen wie der katholischen Kirche haben in unserer Gegenwart in dieser Hinsicht erhebliche Fortschritte gemacht: Sie haben es aufgegeben, universelle Weltgeltung für ihre Glaubensinhalte zu beanspruchen und folgerichtig aufgehört, die anderen als »Heiden« zu verfemen. Reformen innerhalb der christlichen Kirchen haben dazu beigetragen, Angehörige anderer Religionen, einschließlich der Muslime, als gleichberechtigte »Andersgläubige« zu akzeptieren und nicht mehr als »Ketzer« abzulehnen, so wie dies in der Vergangenheit die Regel war.

Eine solche Vorleistung als Grundvoraussetzung für den Dialog fehlt im Islam leider noch immer. Nur der Reform-Islam gewährt sie, besitzt aber keine Mehrheit. Reform-Muslime wie Abdullahi Ahmed An-Na'im halten die islamische Lehre, die Juden und Christen als *Dhimmi*, als geschützte Minderheit, duldet, für überholt, weil ein *Dhimmi* nicht gleichrangig ist. In Ägypten, Pakistan und anderswo in der islamischen Zivilisation werden Christen dagegen von islamischen Fundamentalisten als *Kafirun*, als Ungläubige – also nicht einmal mehr als *Dhimmi* – eingestuft und Terroranschlägen ausgesetzt. Kritisch denkenden Muslimen geschieht dasselbe, weil Islamisten *Takfir*/Erklärung zum Ungläubigen als gerechtfertigte Konsequenz von *Tafkir*/Denken ansehen.[24] Ich weiß, daß manche Leser durch solche begrifflichen Doppelungen aufgrund der erschwerten Lesbarkeit verunsichert werden könnten, aber für ein Verstehen anderer Kulturen ist die Kenntnis dieser Begriffe in jedem Fall notwendig.

Auch islamische, außerhalb der Sunna-Orthodoxie stehende Minderheiten (Aleviten, Ismailiten, Baha'i etc.) sind – auch in der Bundesrepublik – der Verfolgung ausgesetzt. Der Islam-Rat in Deutschland will beispielsweise die Aleviten nicht als Muslime anerkennen, fordert für sich aber Anerkennung als eine Körperschaft des öffentlichen Rechts, die sämtliche Muslime vertritt. Und die Kirchen unterstützen dies bedauerlicherweise im Namen der Toleranz!

Die Feinde und die Freunde des Islam – Selbst- und Fremdbilder der Westler und der Muslime

Das Thema dieses Buches dreht sich um Fremde, um eine aus Migranten bestehende Minderheit, die nicht zu einem Objekt der Einheimischen reduziert werden darf. Aus dieser Position folgt, daß der Gegenstand meiner Überlegungen die Interaktion von zwei Parteien – Deutsche und Muslime – ist. Deshalb befasse ich mich mit den Selbst- und Fremdbildern beider Seiten, wobei ich mit den Deutschen beginne. Ich frage: Wie gehen Deutsche mit dem Islam um?

Leider ist die in Deutschland geführte Debatte über den Islam weniger aufgeklärt, als sie es noch bei Goethe oder Lessing war. Ich habe bereits die Diskussion, die 1995 in Deutschland anläßlich der Verleihung des Friedenspreises des Deutschen Buchhandels an die Islamkundlerin Annemarie Schimmel in Anerkennung ihrer Arbeit über den Islam geführt wurde, als trauriges Beispiel für diese mangelnde Aufklärung beklagt. Ein Kulturdialog mit dem Islam sollte ein Gespräch zwischen aufgeklärten Muslimen und weltoffenen Deutschen über einen für beide Seiten akzeptablen Modus eines friedlichen Zusammenlebens sein. Jeder schwärmerische, unangenehm berührende Versuch, uns Muslime als »*bons sauvages*/edle Wilde« zu exotisieren, ist ebenso eine Pervertierung des Dialogs wie die Absicht der Islamisten, Sand in die Augen ihrer Gegenüber zu streuen und *Da'wa*, also die Mission, als Dialog zu verkaufen!

Die Gesprächspartner derjenigen Deutschen, die die Islam-Schwärmerei Annemarie Schimmels zum Symbol für den Dialog mit dem Islam erklärten, also »die Dunkelmänner«[25], waren auf der einen Seite absolute Herrscher aus der Welt des Islam und auf der anderen ironischerweise ihre Gegner: die Islamisten. Einer dieser Islamisten, Thabit Eid, schrieb in der saudisch finanzierten Tageszeitung *al-Hayat* einen Artikel, in dem er Frau Schimmel als »Freundin des Islam« preist, parallel aber den größten deutschen Islam-Wissenschaftler, Joseph van Ess, einen Mitstreiter im westlich-islamischen Dialog, massiv angreift. Als aufgeklärter Muslim kann ich beurteilen, daß van Ess kein »Feind des Islam« ist. Der zitierte Fundamentalist schreibt in *al-Hayat* über van Ess jedoch:

»... van Ess ist extrem voreingenommen gegen den Islam. Von seiner Festung in Tübingen aus führt er die haßerfülltesten Angriffe gegen den Islam ... Die Feindschaft von van Ess gegenüber dem Islam ist weit heftiger und verbissener als die Dolchstöße Salman Rushdies gegen den Islam.«[26]

Es muß zu denken geben, wenn ein großer Gelehrter, der wie kaum ein anderer Deutscher unserer Gegenwart zum Verständnis des Islam beigetragen hat, so eingeschätzt wird, wohingegen die eher schwärmerische Annemarie Schimmel als die »einzig faire große Islamwissenschaftlerin Deutschlands« – so jener Fundamentalist in *al-Hayat* – anerkannt wird. Diesen Vorfall führe ich deshalb so detailliert an, weil ich veranschaulichen will, daß die Beschäftigung mit dem Islam in Deutschland über den deutschen Hang zur Romantik hinaus ein Beitrag zum Dialog zwischen den Zivilisationen sein muß. In meinem oben zitierten Europa-Buch argumentiere ich, daß der Brückenschlag mit dem Islam nur dann gelingen kann, wenn der Westen dabei nicht seine Identität verleugnet. Dialog ist eben nicht Schwärmerei, sondern erfordert das mutige Ansprechen zivilisatorischer Unterschiede und Problematisieren der gegenseitig voneinander vorherrschenden Fremdbilder.

Der Dialog mit dem Islam muß die Suche nach einem Konsens auf einem konflikt- und diskursfähigen Fundament unternehmen, um Möglichkeiten zum friedlichen Miteinander zu finden. In ähnlicher Art und Weise sind wir bei den westlich-islamischen Dialog-Veranstaltungen des Goethe-Instituts in Jakarta, Karachi und Amman verfahren. Das Fremdbild der Muslime von Europa ist geprägt von einem Europa-Feindbild, das von der Vorstellung einer Brutstätte fortdauernder Kreuzzüge (*al-Salibiyya*) und Verschwörungen (*Mu'amarat*) durchdrungen ist. Das ist auch der Grund, warum deutsche Orientalisten als Kreuzzügler bezeichnet werden, in manchen Fällen – so muß ich auf der Basis eigener Erfahrungen einräumen – leider zu Recht.

Die Feindbilder vom »*Salibi*/Kreuzzügler« auf islamischer Seite und vom »*Djihad*-Gotteskämpfer« auf christlicher Seite sind alt; sie erhalten jedoch im Kontext der Globalisierung einen neuen Stellenwert. Im Westen gibt es den bärtigen, den Koran schwingenden, *Allahu Akbar* schreienden TV-Muslim ebenso, wie es in der Welt des Islam die laszive, leichtbekleidete TV-Westlerin gibt. Durch die modernen Kommunikationsmittel und Transportsysteme gehört Kultur gleichrangig zu den internationalen Beziehungen unserer Gegenwart wie Wirtschaft und Politik – sowohl im Guten wie im Schlechten.

Lokale Kulturen und die Zivilisationen, zu denen sie sich gruppieren, treten verstärkt in Kontakt miteinander und können sogar die ökonomischen und politischen Beziehungen zwischen Staaten beeinflussen, sie fördern oder behindern. Oft stehen die kulturell bedingten unterschiedlichen Denkweisen sowie die ihnen zugrunde liegenden zivilisatorischen Weltanschauungen der Völker einer friedensfördernden Kommunikation im Wege. Die Kluft zwischen der westlichen und der araboislamischen Denkweise kann hier als ein Beispiel angeführt werden.

In der Bundesrepublik Deutschland gibt es seit Jahren Ansätze zu einem besseren Verständnis für die anstehende Problematik, auch wenn sie noch immer nicht ausreichend sind. Es sei hier daran erinnert, daß die Bundesregierung unter der Schirmherrschaft des Auswärtigen Amtes bereits 1980 den vielbeachteten großen internationalen Kongreß »Internationale Kulturbeziehungen. Brücken über Grenzen – Symposium 80« sehr erfolgreich durchgeführt hat.[27] Die besondere Bedeutung dieses kulturellen Brückenschlags – vor allem zur Welt des Islam – wurde jedoch erst nach dem Ende des Kalten Krieges in vollem Umfang erkannt. Altbundespräsident Herzog hatte 1997 in das Berliner Schloß Bellevue gebeten, um über diese Probleme zu sprechen. Ich hatte die Ehre, zum Kreis der eingeladenen Dialogpartner zu gehören.[28] In diesem Sinne enthält das vorliegende Buch eine Diskussion, die in einem Dialog mit Roman Herzog einen solchen Brückenschlag konkretisiert (Kapitel X).

Im Dialog können Selbst- und Fremdbilder, sowohl der Deutschen als auch der Muslime, dargestellt und korrigiert werden; sie bilden ein wichtiges Moment der Kulturbeziehungen zwischen Deutschland und der Welt des Islam. Ich möchte im folgenden diese Selbst- und Fremdbilder beschreiben und dabei die Hürden für ein gegenseitiges Verständnis auf beiden Seiten aufzeigen.

Auf deutscher Seite können wir das vorherrschende Orient-Bild in den allgemeineren europäischen Rahmen einordnen, da es im Kontext der abendländischen Kulturgeschichte entstanden ist. Hierzu gehören gleichermaßen positive wie negative, reale wie Fehlwahrnehmungen.[29] Auf islamischer Seite läßt sich das dominierende Europa-Bild, in das das Deutschland-Bild einzuordnen ist, auf zwei Elemente zurückführen:

- *erstens* auf das islamische *Umma*-Verständnis und das Verhältnis dieser *Umma*/Gemeinschaft zu den anderen Gemeinschaften (Dichotomie von *Dar al-Islam*/*Dar al-harb*);
- *zweitens* auf die Erfahrung mit dem europäischen Kolonialismus seit dem Ende des 18. Jahrhunderts, in der Deutschland natürlich eine Sonderrolle einnimmt, sowie auf die im Kollektivgedächtnis anhaltende Erinnerung an die Kreuzzüge.

Das islamische *Umma*-Verständnis basiert auf der Wahrnehmung der Menschheit als einem in zwei Kollektive geteilten Ganzen: Es gibt das eigene Kollektiv der Muslime (islamische Gemeinschaft/*Umma*) und dann das Kollektiv der anderen, die in der Regel als *Kuffar*, als Ungläubige, und somit als Feinde wahrgenommen werden.

Mit anderen Worten: Auch die Muslime haben ihre Feindbilder. Es ist deshalb für einen aufrichtigen Dialog nicht besonders förderlich, wenn man in manchen Kreisen zu erkennen glaubt, der Westen habe auf der Suche nach einem Ersatz für den »Antikommunismus« im Islam sein neues Feindbild entdeckt. Ein Dialog auf der Basis allein der Feststellung der eigenen Feindbilder fördert die Schuldzuweisungen, die auf der islamischen Seite erhoben werden. Eine Annäherung findet hierbei nicht statt. Natürlich schließt auch Islamophobie einen Dialog aus, doch sind die Grenzen hier klarer als bei Islam-Schwärmern.

Das Deutschland- und Europa-Bild der Muslime

Es ist also ein Gebot der Redlichkeit wie auch im Interesse des Dialogs einzuräumen, daß ein Großteil der Muslime ein Feindbild vom Westen besitzt. Die anti-westlichen Tendenzen unserer Zeit sind ein Produkt des außerokzidentalen religiösen Fundamentalismus, besonders des Islamismus. Dieser Stimmung ging eine allgemein vorherrschende Bewunderung für den Westen voraus, die allerdings nicht ausschloß, daß säkulare Nationalisten und Panarabisten den Westen kritisierten, vor allem aufgrund seiner hegemonialen Machtstellung.

Folgende Parallele scheint interessant zu sein: Im Abendland war zwischen dem 12. und 15. Jahrhundert die Bewunderung der – damals noch – überlegenen islamischen Zivilisation mit anti-islamischen Attitüden und den damit verknüpften Ängsten verbunden. Angesichts des Aufstiegs des Westens und der mit ihm einhergehenden, auf militärischer Überlegenheit basierenden europäischen Expansion hat sich die Waagschale seit dem 16. Jahrhundert jedoch zur entgegengesetzten Seite geneigt. Ähnlich ist daher das Europa-Bild der heutigen Muslime von Widersprüchen geprägt. Dies ist der historische Hintergrund der heute bei den Muslimen dominierenden Selbst- und Fremdbilder.

Die Einstellung der Muslime gegenüber Deutschland und allgemein gegenüber Europa ist eine Mischung aus Bewunderung einerseits und defensiv-kultureller Aggressivität andererseits. Watt schreibt über die Europäer des Früh-Mittelalters: »Für sie war Islam gleichbedeutend mit einem stärkeren und kulturell überlegenen Feind.«[30] Dieselbe Aussage kann man für die spätere Entwicklung in umgekehrter Form treffen und sagen, daß die Muslime unserer Gegenwart in Europa gleichermaßen eine machtmäßig überlegene Größe und eine Bedrohung für ihre kulturelle Identität sehen. Dabei handelt es sich natürlich um Fremd- und Feindbilder, die jeweils die kulturelle Wahrnehmung einer historischen Situation widerspiegeln.

Deutschland besaß im Zeitalter des Imperialismus ebenso wie andere europäische Mächte koloniale Ambitionen, die ich in Kapitel III aufzeigen werde. Es konnte jedoch als kolonialer Nachzügler diese Pläne nicht voll verwirklichen. Das Deutschland-Bild der meisten Muslime ist zweifellos überwiegend Teil ihres Europa-Bildes, wenngleich es – eben wegen des Fehlens einer leidvollen kolonialen Erfahrung mit den Deutschen – einige positive Modifikationen erlebt hat, die die gegen Europa insgesamt gerichtete Aggressivität ein wenig verringern. Hierbei mischen sich bei den Muslimen Gefühle der Bedrohung mit denen der Faszination.

Bei der Recherche über die Europa-Bilder der Muslime findet man in den meisten islamischen Schriften zunächst eine stereotype Charakterisierung Europas als »materialistischer Okzident«. Dieses Vorurteil ist etwa in dem Werk des indo-pakistanischen Dichters Mohammed Iqbal (1876–1938), der in München studierte und promovierte, anzutreffen. Dem Abendland wird die Welt des Islam als »spiritueller Orient« entgegengehalten. Die Europäer werden in diesem Zusammenhang weitgehend negativ beschrieben: Sie seien hektische, arbeitsbesessene, ja generell erwerbssüchtige Menschen, die zudem keine »hohe Moral« besäßen. Diese Degradierung des Europäers dient psychologisch der Kompensation eines den Muslimen im kolonialen Kontext vermittelten Minderwertigkeitsgefühls und damit der psychologisch bedingten Selbstaufwertung. Zeitgenössische Europa-Bilder der Muslime haben generell eine stark kompensatorische Funktion.

Im folgenden möchte ich dies an einem konkreten Gegenstand veranschaulichen: Im Orient hängt die Ehre des Mannes (*Scharaf*) wesentlich davon ab, in welchem Maße er die Frauen seiner Familie vor der »sexuellen Bedrohung« durch andere Männer beschützt. Aus diesem Grunde ist nach islamischem Verständnis die Schändung einer Frau zugleich auch die des Mannes. In diesem Bereich finden sich denn auch die ausgeprägtesten orientalischen Stereotype über die Europäer. Ein nicht-ehelicher Kontakt – selbst eine Umarmung oder ein Kuß – mag in westlichen Augen natürlich und harmlos sein; nach islamischer Sitte gilt dies aber bereits als sexuelle »Schändung« der Frau und somit ihrer ganzen Familie.

Dieser normativen Warte entsprechend, findet man in den literarisch dokumentierten Äußerungen von Muslimen über die Europäer eine ständig wiederkehrende Unterscheidung von Mann und Frau. Der europäische Mann sei – wie gesagt – erwerbssüchtig und zugleich von schwacher Potenz; seine Frau dagegen sei sehr lustbetont und in sexueller Hinsicht von leichtfertiger Natur. Sie fühle sich durch den Arbeitseifer ihres Mannes vernachlässigt und könne deswegen leicht von einem kulturell anders geprägten, in ihren Augen »feurigerem« Mann aus dem Orient erobert werden.

Diese Ausführungen lassen sich auch durch die wissenschaftlichen Ergebnisse der wertvollen Habilitationsschrift der deutschen Orientalistin Rotraud Wielandt bestätigen.[31] Darin zeigt sie anhand von Inhaltsanalysen der arabischen Literatur, wie der orientalische Mann mit seinen Phantasien, die sich nicht nur auf das Sexuelle beschränken, Bilder von sich und *vom anderen* entwickelt. In seinem Selbstbild fühlt sich der Orientale dem Europäer dadurch, daß er dessen Frau erobern kann, überlegen. Rotraud Wielandt, die die arabische Literatur im Hinblick auf das Europa-Bild von der Mitte des vergangenen Jahrhunderts bis zur Gegenwart untersucht hat, entdeckte immer wieder das Stereotyp des »von seiner potenzdefinierten Männlichkeit und seiner Unwiderstehlichkeit überzeugten«[32] Arabers, der auf die »sexuelle Leichtfertigkeit der europäischen Frau« fixiert ist. Es handelt sich hier um eine Fixierung, die dieser im Rahmen von Selbst- und Fremdbildern selbst konstruiert hat.

Natürlich geht es bei den beschriebenen Selbst- und Fremdbildern nicht um die Sexualität als solche, sondern eher um ein Vehikel für die psychologische Kompensation der eigenen politischen und wirtschaftlichen Unterlegenheit gegenüber dem als Kolonialherrn dominanten und gefürchteten Europäer. Ferner geht es um die Kompensation der Folgen dieser Ungleichheit. Hierbei dient die Sexualität nur als Gegenstand der Phantasiebildung und Mittel ihrer Artikulation. Dies ist übrigens keineswegs spezifisch für die Selbst- und Fremdbilder eines Muslims, sondern ist vielmehr ein Merkmal der kolonialen Situation, wie wir aus den Arbeiten des schwarzen Psychiaters Frantz Fanon wissen, der sich mit dem Verhältnis zwischen dem afrikanischen Mann und der weißen Frau bzw. dem europäischen Mann und der schwarzen Frau wissenschaftlich beschäftigt hat.[33] Nur dadurch läßt sich der Widerspruch erklären, den Rotraud Wielandt in ihrer Arbeit über das Bild vom Europäer in der arabisch-islamischen Literatur festgestellt hat, wenn sie vom Zusammenhang »des Abwehrkampfes gegen den Kolonialismus und dem der Annäherung an die als attraktiv und noch dazu leicht erreichbar geltende europäische Frau« (wie Anm. 31) spricht.

Wendet man sich nun speziell dem in der Welt des Islam verbreiteten Deutschland-Bild zu, so fällt auf, daß Muslime, die während der Kolonialzeit im allgemeinen wenig Kontakt mit Deutschland hatten, erheblich von Großbritannien und Frankreich beeinflußt wurden, von Ländern also, die sie als Kolonialmächte haßten. So findet man bei einem Teil der Muslime britische und französische Stereotype über die Deutschen wieder.

Vor allem denken Orientalen, alle Deutschen seien »Ordnungsfetischisten und Militaristen«, so Wielandt. Auch »wurden etwa Deutsche«, fährt sie fort, »charakteristischerweise nicht nur als blond und blauäugig, sondern darüber hinaus als von riesenhafter Statur gekennzeichnet, womit ihr Herrschaftswille und ihre latente Gewalttätigkeit ins Optische transponiert wurden« (ebd.). Als ich am 26. Oktober 1962 erstmals nach Deutschland kam, war ich verblüfft festzustellen, daß die meisten Deutschen diesen Klischees nicht entsprachen! Auch ich hatte dieses Fremdbild von den Deutschen durch meine Erziehung verinnerlicht!

Sowohl bei arabischen als auch bei nicht-arabischen Muslimen (z.B. bei dem Dichter M. Iqbal) fand der deutsche Philosoph Friedrich Nietzsche, der in seiner Vorstellung vom »Übermenschen« den hier beschriebenen Deutschen nach islamischer Fehlinterpretation gleichsam vorweggenommen haben soll, eine große Rezeption. Einerseits kann man – z.B. bei dem von der deutschen Orientalistin Annemarie Schimmel schwärmerisch verehrten pakistanisch-islamischen Dichter Iqbal – Bewunderung für diesen »Übermenschen«, dem man selbst gern entspräche, beobachten. Andererseits findet man zugleich Haß auf den »Übermenschen«, da gerade er den Kolonialherrn, den in seiner Macht überlegenen Europäer, symbolisiert.

Natürlich gab es auch eine deutsche Kolonialpolitik in bezug auf den Orient – z.B. die Bagdad-Bahn-Politik –, die jedoch nie zum Tragen kam. Bedingt durch das Ausbleiben deutscher Kolonialherrschaft in der Welt des Islam unterscheiden vor allem arabische Muslime in einigen Bereichen zwischen Deutschen und anderen Europäern. Das positive arabisch-islamische Urteil über Deutschland ist nicht etwa darin begründet, daß die Araber Bewunderer der Nazi-Herrschaft gewesen wären. Vielmehr unterlagen sie dem naiven Glauben, die Nazis, die im islamischen Orient während des Zweiten Weltkriegs sehr aktiv waren, würden sie von der britischen bzw. französischen Kolonialherrschaft befreien (vgl. Kapitel IV). Aus diesem Grunde hatten sie sich auf Hitlers Seite geschlagen, ihn aber nicht wirklich verehrt. In meinen Vorlesungen im arabischen Orient erinnere ich stets daran, daß wir Araber zur semitischen Völkerfamilie gehören und unter entsprechenden Umständen genauso Opfer von Hitlers Antisemitismus hätten werden können.

In den islamischen Selbst- und Fremdbildern existiert eine für Außenstehende mitunter schwer verständliche Gleichzeitigkeit von Abneigung und Zuneigung (man könnte sie Haßliebe nennen) gegenüber Europa; sie geht einher mit der Wahrnehmung der Bedrohung und einem Gefühl der Faszination. Gerade seit den siebziger Jahren, also seit der Politisierung des Islam im überregionalen Maßstab und den damit zusammenhängenden Auswüchsen islamischer Militanz, läßt sich diese Dualität beobachten, die den Betroffenen oft nicht bewußt ist.

- Einerseits steht das Bedürfnis der Muslime im Mittelpunkt, sich von Europa abzugrenzen, ja sich generell vom Westen abzuwenden, was sehr oft mit einem hohen Maß an Aggressivität geäußert wird.
- Andererseits legen dieselben Muslime großen Wert darauf, gerade von der Instanz, die sie mit Schuldzuweisungen überziehen, das heißt von Europa, nicht nur wahrgenommen, sondern auch anerkannt zu werden, und sind enttäuscht, wenn dies ausbleibt.

Es ist merkwürdig: Hauptadressat der islamistischen, mit großer Aggressivität beladenen Rhetorik und Aktion ist derselbe Westen, dem man doch eigentlich den Rücken kehren will. Tatsächlich ist der Terrorismus islamischer Fundamentalisten (z.B. der Anschlag auf das World Trade Center in New York im Februar 1993 oder der Versuch, am 24. Dezember 1994 – sozusagen als Weihnachtsgeschenk – eine Air-France-Maschine über Paris explodieren zu lassen) in Zusammenhang mit dieser »schizophrenen« Aggressivität zu sehen. Es bleibt also nicht allein bei der Rhetorik. Das Bin-Laden-Phänomen des Terrorismus ist der politische Ausdruck dieser Rhetorik.[34] Abgesehen vom Terrorismus als einer Form der Entladung bleibt die beschriebene Aggressivität jedoch im großen und ganzen im Bereich der Psychologie stecken.

Die im Namen der Toleranz oft nur allzu zurückhaltende Reaktion der Europäer wird von Islamisten nicht als Offenheit, sondern als Schwäche ausgelegt. Das verstehen die Deutschen und übrigen Europäer nur schwer. Beim Dialog mit dem Islam dürfen sich die Europäer aber – wenn sie Respekt von anderen erwarten – nicht selbst verleugnen, wie es deutsche Protestanten mit ihrer »gesinnungsethischen Weltfrömmigkeit« (Helmuth Plessner) gern zu tun pflegen. Das Ergebnis wäre nur noch mehr Aggressivität und Verachtung, ja Hemmungslosigkeit auf islamischer Seite. Diese Probleme habe ich im Rahmen einer Analyse der Krise der multikulturellen Gesellschaft in meinem Buch *Europa ohne Identität?* näher beleuchtet. Wegen der hohen Bedeutung dieser Probleme in den euro-islamischen Beziehungen wird diese Analyse im vorliegenden Buch aufgenommen und vertieft.

Ein weiterer, noch bedeutsamerer Widerspruch in den islamischen Selbst- und Fremdbildern ist, daß neben dem kompensatorisch bzw. aggressiv ventilierten Unterlegenheitsgefühl gegenüber Europa unvermittelt das Selbstbild der *Khair umma* (Koran 3/110) zum Ausdruck kommt. Dieser Ausdruck bedeutet, »die beste Gemeinschaft, die Gott auf Erden erschaffen hat« zu sein, woraus Muslime ihre Überlegenheit gegenüber dem anderen begründen. Unterlegenheits- und Überlegenheitsgefühle existieren in den Selbst- und Fremdbildern der meisten Muslime – wie erwähnt – nebeneinander.

Aufgeklärte muslimische Denker und Reformer der Gegenwart wie Abdallah Laroui, Hichem Djaït, Fazlur Rahman, Ali Merad, Mohammed Arkoun, Said Aschmawi oder Nasr Hamid Abu-Zaid versuchen, die heutige Situation der Muslime historisch zu verstehen, um sich von den beschriebenen Widersprüchen zu befreien. Es muß jedoch hier um der Wahrheit willen hervorgehoben werden, daß aufgeklärte Muslime als Vertreter des Reform-Islam heute eine verschwindend kleine und – gemessen an ihrem Einfluß und ihren Ressourcen – sehr unbedeutende Minderheit in der Welt des Islam darstellen. Angesichts der als Ketzer-Jagd ausgegebenen Intellektuellen-Verfolgung unserer Gegenwart ist die islamische Zivilisation mit einer »kulturellen Wüste« verglichen worden. Es liegt an den Europäern, ob sie dieser – inzwischen auf Europa ausgedehnten – Verfolgung aufgeklärter islamischer Köpfe mit »Toleranz« begegnen.

Mit meinem Konzept vom Euro-Islam trete ich gegen den Islamismus an, der seine Weltanschauungen auch auf Europa übertragen will. Oft fühle ich mich wie ein Rufer in der Wüste und zweifle daran, ob die Europäer den Mittelweg zur Normalität zwischen den Extremen der Kreuzzügler/Kolonialherren und der selbstverleugnenden Gutmenschen je finden werden.

Rückblick und Ausblick

In der vorangegangenen *tour d'horizon* durch die in diesem Buch noch weiter zu vertiefenden Probleme standen die dominierenden Selbst- und Fremdbilder sowohl bei den Europäern als auch bei den Muslimen im Mittelpunkt. Diese sind historisch verwurzelt und oszillieren zwischen Bedrohung und Faszination. Insgesamt bilden sie eine schwer zu überwindende Hürde auf dem Weg zu einer dialogischen Beziehung beider Zivilisationen, sowohl in der Nachbarschaft im Mittelmeerraum als auch im eigenen Haus (Islam-Diaspora). Trotz allen Bemühens um Korrektur schwanken Selbst- und Fremdbilder in der deutschen Öffentlichkeit in bezug auf die Fremden, hier die Muslime, zwischen Euro-Arroganz und gesinnungsethischer Selbstverleugnung – zwei Seiten derselben Medaille!

Ein friedliches Zusammenleben mit Muslimen ist jedoch weder auf der Basis von Euro-Arroganz noch von Selbstverleugnung möglich. In der islamischen Diaspora nutzen islamische Fundamentalisten diese Situation zur Eroberung von Freiräumen und zur Etablierung von Tabus, durch die Kritiker ihrer anti-demokratischen Aktivitäten mundtot gemacht werden. Der Wert dieses Buches kann daher nicht darin bestehen, allein historische Kenntnisse in einer Situation der Ignoranz über den anderen zu vermitteln, sondern auch und vor allem in der geschichtlichen Aufarbeitung der euro-islamischen Beziehungen, wodurch sich Euro-Arroganz und Selbstverleugnung erübrigen könnten.

Das Fremdbild der Deutschen von den Muslimen ist zwar nicht aggressiv, aber doch von einer gewissen, oft nicht ausgesprochenen Geringschätzung geprägt. Muslime wurden von den Deutschen in der jüngeren Geschichte nie ernst genommen. Die Fremdbilder der Muslime dagegen sind angst- und aggressionsbeladen und gehen zugleich mit einer zivilisatorisch begründeten Verachtung der deutschen Permissivität einher. Die im islamischen Orient generell verbreitete Verachtung des Europäers basiert auf der Wahrnehmung, daß dieser keine *Scharaf*, d.h. keine Ehre besitze, weil er weder seine Frau vor der Eroberung durch andere Männer beschütze noch zu verbindlichen Werten stehe. Ich habe diese Einstellung im vorangegangenen Abschnitt näher erläutert. Selbstwert steht bei den Muslimen höher als materieller Erfolg, und ich habe wiederholt die persönliche Erfahrung gemacht, daß viele Deutsche damit nicht umgehen können. Im Ausland verteidige ich die Deutschen gegen den pauschalen Vorwurf der Fremdenfeindlichkeit und differenziere mit dem Urteil: viele unter ihnen können mit Fremden nicht umgehen. Das ist noch keine Fremdenfeindlichkeit.

Bei der Erörterung der Beziehungen zwischen beiden Seiten haben wir es nicht nur mit Wertekonflikten, sondern darüber hinaus auch mit Kultur- und Völkerpsychologie zu tun. Um jedoch nicht unangemessen die Kulturbeziehungen zu psychologisieren oder »kulturalistisch« zu argumentieren, müssen wir die strukturellen Bedingungen, d. h. die vorhandene Realität, berücksichtigen. Hinter den angesprochenen Selbst- und Fremd-, sprich Feindbildern, stehen strukturelle Rahmenbedingungen, die die jeweiligen Einstellungen untermauern. Dennoch sind

Werte und Normen nicht auf Sozialstrukturen reduzierbar. Nicht nur die kultur- und völkerpsychologisch bedingten Einstellungen gilt es zu ändern, sondern auch die Realität, in die sie eingebettet sind; nur dann lassen sich wirklich dialogische Beziehungen zwischen Abend- und Morgenland herstellen. Die Rhetorik der mediterranen, euro-islamischen Partnerschaft, wie sie die Europäische Union pflegt, wäre sonst nichts anderes als ein Gegenstand von Sonntags- und Festreden.

Parallel zu den hier untersuchten Selbst- und Fremdbildern, die einer fruchtbaren Kommunikation zwischen den unterschiedlichen Kulturen im Wege stehen, muß die bereits erwähnte Problematik, daß Deutsche und Muslime jeweils unterschiedliche Weltanschauungen und mit ihnen korrespondierende Denkweisen haben, angesprochen werden. Deutsche – dies gilt aber auch für andere Europäer – und Muslime verstehen einander deshalb so wenig, weil sie sich in ihrer Argumentation unterschiedlicher Denkmuster bedienen. Ein Beispiel: Unter Dialog (*Hiwar*) versteht ein Muslim Aufruf zum Islam (*Da'wa*), also Missionsarbeit, ein Europäer aber einen intellektuellen Austausch. Ein anderes Beispiel: Der europäische Diskurs der kulturellen Moderne basiert auf der Wahrnehmung und Bestimmung des Menschen als autonom denkendes und handelndes freies Subjekts, als Individuum, während Muslime, besonders die Araber unter ihnen, überwiegend in Kollektiven zu denken gewöhnt sind. Im Golfkrieg wurde diese zivilisatorische Weltanschauung zur Tagespolitik.[35]

Bis auf die Zeit des aufgeklärten Rationalismus des hellenisierten mittelalterlichen Islam, der die Vernunftorientierung, nicht aber die Lehre von der Subjektivität kannte, ist der islamischen Zivilisation der historische Prozeß der Individuation fremd. Zur traditionellen Denkweise der Muslime gehört zudem die bereits angesprochene manichäische Aufteilung der Welt in zwei Kollektive: das der *Umma* (das eigene Kollektiv) und das der *Kuffar* (Ungläubigen), die Nicht-Muslime. Es ist bedauerlich, daß dieser Manichäismus auch in vielen islamischen Zentren und Koranschulen in Deutschland verbreitet ist und wird. Diese Einstellung verhindert jede Integration und trägt zur Ghettoisierung des Islam in Europa bei.

Die Kenntnis der erörterten Fremdbilder auf beiden Seiten sensibilisiert für die oft auftretende Unaufrichtigkeit in der meist auf instrumenteller Ebene erfolgenden Interaktion zwischen Angehörigen beider Zivilisationen. Der einst in solch instrumenteller Weise betriebene euro-arabische Dialog – Stichwort Erdöl-Politik – der siebziger Jahre war ein eklatantes Beispiel für diese Unaufrichtigkeit, ebenso wie der von manchen deutschen Politikern geförderte »kritische Dialog« mit dem Iran, bei dem nicht zwischen Islam und Fundamentalismus unterschieden wurde. Von deutscher Seite stand Außenwirtschaftsförderung, von iranischer Seite der Bedarf nach Krediten und Umschuldung im Mittelpunkt des Interesses. Der Dialog zwischen den Zivilisationen blieb hierbei auf der Strecke, obwohl er als Aushängeschild für die soeben angegebenen Ziele instrumentalisiert wurde.

Eine weitere Quelle bestehender Schwierigkeiten der Kommunikation liegt darin, daß es in Europa eine Säkularisierung gegeben hat, die im Islam nicht annähernd so vollzogen wurde. In bezug auf Deutschland, das im Vergleich zu Frankreich und den USA weniger säkular ist, muß ich zwar Einschränkungen vornehmen, dennoch trennen Deutsche, wie auch andere Europäer, zwischen Religion und Politik im Sinne der Unterscheidung zwischen öffentlichem Leben und der privaten Zugehörigkeit zu einer Religionsgemeinschaft.

Dagegen prägt der Islam wie ein Koordinatensystem in seiner Bestimmung als organisches, das heißt nicht-kirchliches Religionssystem Denken und Handeln der Muslime in allen Lebensbereichen. Hier liegt ein zentrales Problem bei der Integration von Muslimen. Die Forderung des Ghetto-Islam in Europa, die säkulare Bestimmung nicht auf Muslime anzuwenden, trägt eben nicht zu einem friedlichen Miteinander bei; sie führt eher zur Absonderung, ja Abschottung und potentiellem Unfrieden.[36] Nur auf der Basis von Säkularität aber ist Religionsfrieden möglich. Die aus den Religionskriegen in der europäischen Geschichte gewonnenen Erfahrungen stützen diese Erkenntnis. Auf der 350-Jahrfeier des Westfälischen Friedens habe ich in meinem Referat in der Osnabrücker Marienkirche der Welt des Islam diese Lehre empfohlen und dafür plädiert, von Europa zu lernen.[37]

Die Schlußfolgerung lautet: Die Bundesrepublik Deutschland steht als eine der führenden Industriegesellschaften unserer Welt – so wie sie in das ökonomische, soziale und kulturelle Weltgefüge integriert ist – unter Druck, angemessen mit der Welt des Islam umzugehen; eine Voraussetzung hierfür ist die Fähigkeit, die internationale Umwelt richtig wahrzunehmen, um ihr gegenüber adäquat handeln zu können. Die Welt des Islam mit ihren 1,3 Milliarden Menschen (fast ein Fünftel der Weltbevölkerung) sowie 55 ihr zuzurechnenden Staaten gehört, wie wir gesehen haben, zu den wichtigsten Bestandteilen der bundesrepublikanischen Umwelt. Mehr noch: Durch die zur Zeit unkontrollierte Migration aus dem südlichen und östlichen Mittelmeerraum sowie aus Afrika vergrößert sich die bisher fast exklusiv türkische Islam-Diaspora in Deutschland und wird durch ihre neue kuturelle Vielfalt komplexer. Auch wenn es sich hierbei um eine – jedoch stets wachsende – Minderheit handelt, ist die Islam-Gemeinde ein Bestandteil der deutschen Alltags-Wirklichkeit geworden.

Sowohl in den Medien als auch in Schulen und Kirchen besteht heute auf deutscher Seite der aufrichtige Wille, der Welt des Islam die Hand zu reichen, sie kennenzulernen und mit ihr national, das heißt im eigenen Haus, und international, außerhalb Europas, zusammenzuleben. Vergleicht man diese außerordentlich große Gesprächsbereitschaft mit dem vagen Wissen über die islamische Zivilisation, dann fragt man sich erstaunt, ob sich eine hochentwickelte, komplexe Industriegesellschaft dies leisten kann.

Aus der Kybernetik (Karl Deutsch, *The Nerves of Govern-*

ment) sind wir mit der Erkenntnis vertraut, daß soziale Systeme nur dann funktionieren, wenn in ihre Entscheidungsmechanismen und -prozesse das richtige Wissen über ihre Umwelt einfließt; diese gilt es also angemessen wahrzunehmen. An deutschen Universitäten steht das Studium des Islam unter dem Einfluß der klassisch-philologisch ausgerichteten deutschen Tradition der Islamwissenschaft und ihres Orientalismus. Die deutsche Islamkunde ist, wie ihre Vertreter selbst kämpferisch sagen, eine alt-orientalistische Philologie.[38] Diese kann weder ein akademisch interessantes noch ein praktisch verwertbares, für das Verständnis der Gegenwartsprobleme brauchbares Wissen vermitteln. Jenseits der Islamkunde wird man nur einen sehr kleinen Kreis von Wissenschaftlern, Schriftstellern, Journalisten und Politikern in Deutschland finden können, die die Welt des Islam wirklich kennen. Die Bundesrepublik benötigt aber – wie die übrigen westlichen Staaten auch – weit mehr, als dieser kleine, aus hochqualifizierten Experten bestehende Kreis zu leisten vermag.

Dieses Buch versteht sich als ein Beitrag zur Verbesserung des Wissens der Deutschen über die Welt des Islam, aber auch zur geschichtlichen Aufarbeitung des Verhältnisses beider. Zugleich ein arabischer Muslim und ein deutscher Wahlbürger, ist meine Arbeit als ein Beitrag zur Vermittlung zwischen den Zivilisationen gedacht. Ich verfolge das doppelte Ziel, vor den Gefahren des anti-demokratischen Fundamentalismus zu warnen und bei den Deutschen um Verständnis für die Muslime zu werben. Ich hoffe deshalb, mit diesem Buch viele Leser, auch im Interesse des inneren Friedens, für den Dialog zwischen den Zivilisationen zu gewinnen.

Weltfrieden scheint mir möglich zu sein, wenn sich die Weltreligionen als Basis der jeweiligen Zivilisationen auf einen gemeinsamen ethischen Kern als Konsens besinnen. Dem liegt die Annahme zugrunde, daß Judentum, Christentum und Islam, aber auch Konfuzianismus, Buddhismus oder Hinduismus[39], diesen gemeinsamen ethischen Kern besitzen. Ich möchte mich hierbei auf Lessings Ringparabel im *Nathan* berufen, aber hinzufügen: Beim Dialog dürfen Europäer ihre Errungenschaften der Aufklärung und Demokratie nicht preisgeben. Zum Weltfrieden zwischen den Zivilisationen gehört sowohl für Deutsche als auch für Muslime das Gebot, die gegenseitige Verständigung als Ziel anzustreben.

Die Deutschen sind zu Verständnis und Toleranz aufgefordert. Eine Voraussetzung für eine ähnliche Leistung seitens der Muslime ist, daß der islamische Fundamentalismus dem aufgeklärten Islam das Feld räumt. Es ist zu bedauern, daß dies unter den bestehenden Bedingungen nur eine vage Hoffnung ist. Zugestandenermaßen sprechen die Fakten eher für ein weiteres Erstarken des islamischen Fundamentalismus, leider auch in der Diaspora. Vielleicht wäre es möglich, zumindest in der Islam-Diaspora dies zu verhindern. Um dieses Ziel in Deutschland zu erreichen, benötigen wir eine Integrationspolitik als Alternative zum »verlockenden Fundamentalismus«[40]. Ein Dialog mit den Islamisten ist deshalb nicht möglich, weil die fundamentalistische Ideologie für ihre Ansichten Absolutheit beansprucht; unter Frieden verstehen Fundamentalisten nicht eine Welt der Vielfalt, sondern eine exklusiv nach ihren Vorstellungen von Gott verbürgte Gottesordnung.[41] Mit diesem Ziel wollen sie die Welt durch Militanz verändern. In Deutschland präsentieren sich die Islamisten mit einer »die Ungläubigen« täuschenden Doppelzüngigkeit als Demokraten.

Kapitel II

Was ist Islam? Einheit und Vielfalt einer Zivilisation

Die Thematik des zweiten Segments der vorliegenden Arbeit, »Muslime in Deutschland«, bezieht sich auf eine zentrale Fragestellung, nämlich der Eignung der Organisationsform der christlichen Kirche als ein Modell für die deutsche Islam-Diaspora. Unter deutschen Christen gibt es einen – in den letzten Jahren allerdings zunehmend erodierten – Konsens darüber, daß sich die protestantische und katholische Kirche das Alleinvertretungsrecht des Christentums teilen. Einen solchen Konsens gibt es in den USA, wo dieses Buch entstanden ist, nicht. In jüngerer Zeit wurden aber selbst in Deutschland Stimmen gegen das Religionsmonopol der Kirchen laut. Der Heidelberger Theologe Gerhard Besier spricht in Anspielung auf die Reaktion der etablierten kirchlichen Institutionen und ihrer Vertreter zu Recht von den *Neuen Inquisitoren*[1]!

Das Christentum war allerdings nie so vielfältig wie der Islam, wo das innerreligiöse Schisma in *Sunna* und *Schi'a* bereits im Jahrhundert der islamischen Religionsstiftung erfolgte.[2] Die Sekten- und Konfessionsbildung[3] prägte seitdem neben der kulturellen Vielfalt[4] die islamischen Realitäten. Anders formuliert: »Einheit und Vielfalt« im Islam ist keine These, sondern eine Realität. Entsprechend gibt es einen arabischen, iranischen und türkischen Islam, die sich kulturell unterscheiden, wenngleich unter ihnen Einheit in bezug auf Weltsicht und die ihr entsprechenden Anschauungen besteht. Später entstanden neben den angeführten kulturellen Spielarten der Hauptvölker der islamischen Zivilisation Afro-, Indo- und andere Ausprägungen des Islam. Diese Binnendifferenzierung war eine Begleiterscheinung der Entfaltung und Verbreitung des Islam in den vergangenen vierzehn Jahrhunderten.

Aber selbst in seinen Ursprungsländern des Vorderen Orients ist der Islam weder monolithisch noch homogen. Wie könnte er dies dann in einer aus aller Welt stammenden Diaspora wie in Deutschland sein? Schaut man sich etwa die Muslime und ihre Moscheen in Hessen[5] an, wird man feststellen, daß der Anspruch einer islamischen Gruppe, *den* Islam zu vertreten, der Anmaßung auf ein Religionsmonopol gleichkommt, das es im Islam nicht gibt und nicht geben darf. Will man nicht inquisitorischen, für überwunden geglaubten Traditionen zu neuem Leben verhelfen, muß man diese Entwicklung unterbinden. Schon die Ausgrenzung der Aleviten bei Anträgen von Seiten der sunnititischen Orthodoxie auf Anerkennung als Körperschaft des öffentlichen Rechts kündigt das Potential einer unheilvollen Zukunft an. Die Vorstellung eines einheitlichen Islam ist nicht nur Wunschdenken, sondern auch eine mit der Verleugnung existierender Vielfalt verbundene Intoleranz.

Der Hintergrund: Das vorislamische Arabien

Der Islam ist eine Weltreligion mit universellen Ansprüchen. Obwohl die Araber nicht mehr als etwa 30 Prozent der Weltgemeinde des Islam ausmachen, hat der Islam einen explizit arabischen Charakter, weil die islamische Offenbarung in arabischer Sprache und in einer arabischen Umwelt erfolgte. Die islamische Religionsstiftung fand in einer Zeit statt, in der zwei Zivilisationen im Zentrum der damaligen Welt standen, Byzanz und das persische Sassaniden-Reich. Diese Rahmenbedingungen haben der neuen Religion dauerhaft ihren Stempel aufgedrückt. Im Vergleich zu Persern und Byzantinern befanden sich die vorislamischen Araber – sieht man von der bereits verblühten südarabisch-jemenitischen Hochkultur ab – auf einer verhältnismäßig »primitiven« Entwicklungsstufe. Sie besaßen noch keine eigene Zivilisation, kein Staatswesen und waren in segmentäre

Stämme untergliedert. Dennoch hatten diese Beduinen eine entwickelte Schriftkultur. Die zahlreichen und wilden vorislamischen Stämme Arabiens führten unzählige Kriege untereinander, und das Fehlen einer staatlichen Zentralinstanz und Ordnung förderte diese ungezähmte Lebenskultur arabischer Beduinen. Auf diese Weise bestimmten gewaltförmige Auseinandersetzungen den Alltag des vorislamischen Arabien. Die Stämme kämpften um die Wasserquellen der Oasen und um die Weiden, die lebensnotwendige Ressourcen für sie darstellten.

Der Islam war seit seiner Stiftung mit dem Problem der Stämme konfrontiert, die ihren Lebensunterhalt aus der Beute von Raubüberfällen/*Ghazu* auf Handelskarawanen bestritten. Beute war die wichtigste Voraussetzung für die Existenzsicherung der vorislamischen Beduinen. Eine weitere Lebensgrundlage war das Kamel. Es bot den Beduinen die Derivate für das Überleben: seine Milch als Getränk, sein Fleisch als Nahrung, seine Haut zur Herstellung von Bekleidung und als Material für ihr Obdach, das Zelt. Vor allem aber diente das Kamel als Transportmittel, als ihr »Wüstenschiff«.[6]

Unter den beschriebenen Bedingungen war die islamische Religionsstiftung von Anfang an auch mit der Stiftung einer Ordnung verbunden. Sie kam damit einer Revolution im vorislamischen Arabien gleich, weil der Islam die beschriebene Lebensweise der Beduinen zunächst herausforderte und erschütterte, dann radikal veränderte: Die »wilden Araber« wurden, teilweise mit Gewalt, im Rahmen des Rufes zum Islam einer sozialen und politischen Ordnung unterworfen.

Natürlich gab es Gebiete, wo es die vorislamischen Araber zu einer seßhaften Kultur gebracht hatten. Doch entwickelten sie dort kein unabhängiges politisches Dasein. Die Araber jener Zeit wurden mit Beduinen gleichgesetzt, weil es ihnen an einer eigenen Staatstradition fehlte. Dort, wo sie »Staaten« aufgebaut hatten, waren diese Vasallen damals bestehender, fremder Imperien, denen sie als Söldner dienten. Die arabische Dynastie der Ghassaniden – sie waren monophysitische Christen – lieferte

Söldner für Byzanz, und ihr »Staat« bildete während des 6. Jahrhunderts eine östliche Pufferzone des byzantinischen Reiches. Umgekehrt waren die im Dienst der persischen Sassaniden stehenden arabischen Lachmiden – ein Bündnis aramäischer und christlicher Stämme – die Söldner der Perser in der unteren Euphrat-Region. Ihr »Staat« diente als Pufferzone Persiens im Kampf gegen Byzanz. Beide waren aber keine Araber im klassischen Sinne. Nur die Beduinen Arabiens galten vor dem Islam als die echten Araber.

Das vorislamische Arabien, das nicht mit der heutigen »arabischen Welt« zu verwechseln ist, war eine ungeordnete Welt. Das ist durchaus keine eurozentrische Beschreibung, sondern das Urteil des größten arabischen Zivilisationshistorikers und Geschichtsphilosophen des 14. Jahrhunderts, Abdulrahman Ibn Khaldun (1332–1406). Er hat die Welt der Beduinen als eine Welt ohne *Umran*, ohne Zivilisation, beschrieben. Im Sprachgebrauch Ibn Khalduns wurden die arabischen Beduinen mit »Wilden« gleichgesetzt. In seinem großen Werk *al-Muqaddima*/Prolegomena ordnet er »die Araber« den »Kameltreibern« zu, »die ihren Lebensunterhalt mit Kamelen verdienen; sie ziehen häufiger umher und dringen tiefer in die Wüste vor ... deshalb sind sie von allen Menschen am ungebärdigsten und stehen, verglichen mit der seßhaften Bevölkerung, auf der Stufe von wilden Tieren, derer man nicht Herr wird, und sie sind wie wilde Bestien unter den Raubtieren. Von dieser Art sind die Araber.«[7]

Es gehört zu der großen Leistung des Islam, diese »wilden Araber« zivilisiert und noch im selben Jahrhundert zu Trägern eines Weltimperiums gemacht zu haben.

Die islamische Botschaft ging weit über eine religiöse Mission hinaus, sie war zugleich eine islamische Spielart des Zivilisationsprozesses, wie ich mit Bezug auf Norbert Elias' Theorie des Zivilisationsprozesses aus der Perspektive ihrer Relevanz für die Deutung islamischer Geschichte argumentiere.[8] Die post-prophetische Ordnung des Islam bestand seit 632 in Form des Kalifats und der Entfaltung einer entsprechenden imperialen Größe. Diese Ordnungsstruktur ist Bestandteil der islamischen Geschichte[9], aber nicht mit der Religion des Islam zu verwechseln.

Obwohl der Islam gegen arabische Stammesloyalitäten gerichtet war, prägte die Tatsache, daß der Prophet aus dem Stamm von Quraisch kam, seine gesamte Geschichte. Im vorislamischen Arabien der Beduinen bildete der Stamm von Quraisch, dessen Obrigkeit aus Karawanenhändlern bestand, eine Ausnahme. Die Quraischiten waren seßhafte Städter und lebten vom Handel zwischen Arabien und der Levante. Ihr Standort war Mekka. Seinerzeit bestand für die Quraischiten die Notwendigkeit, die Beduinen, die ihre Handelskarawanen überfielen und plünderten, zu befrieden.

Der Verkünder des neuen Glaubens, der Prophet Mohammed[10], war einer dieser Mekkaner, also ein Quraischit, der seine Kindheit und Jugend in Handelskarawanen verbracht und in Syrien Judentum und Christentum kennengelernt hatte. Diese besaßen im Gegensatz zu den polytheistischen Arabern heilige Bücher. Als Gesandter Allahs (*Rasul Allah*) sollte Mohammed den Arabern dann aber selbst eine faszinierende göttliche Botschaft verkünden. Der Koran ist die Niederschrift dieser Botschaft.[11] Die größte Leistung des Propheten Mohammed bestand darin, die Stämme Arabiens in einer *Umma*/Gemeinschaft zu vereinigen und sie im Zuge der Überwindung ihrer Wildheit zu zivilisieren.

Aus dieser zunächst auf Arabien begrenzten *Umma* entfaltete sich dann ein Modell für die ganze Welt. Denn nach dem Tod des Propheten Mohammed versuchten die arabischen Muslime, auf der Basis der islamischen Botschaft die Vereinigung der gesamten Menschheit in einer universellen zivilisierten *Umma* unter dem Banner des Islam zu verwirklichen, wofür ihnen der *Djihad* als Mittel diente.[12] Weltfriede ist im Islam nur dann möglich, wenn *Dar al-Islam*, die islamische Territorialität, auf den gesamten Globus erweitert wird. Diese globale Islamisierung ist seit dem 7. Jahrhundert die islamische Utopie.

Kein Monolith Islam: Die islamische Religionsstiftung und die Weltanschauung der Muslime

Die islamische Offenbarung beginnt im Jahre 610 nach Christus, die Zeitrechnung des Islam dagegen erst im christlichen Jahr 622 mit der Migration des Propheten von Mekka nach Medina. Die islamische Offenbarung verkündet eine Botschaft, durch die das Leben der Araber in radikaler Weise verändert wurde. Gleichzeitig paßte sie aber auch überlieferte Lebensformen dem neuen Glaubenssystem an. So wurde, wie ich später noch erläutern werde, der *Ghazu*/Raubüberfall der Beduinen in *Djihad* verwandelt und nach außen gegen die Feinde des Islam gelenkt. Der Islam befahl nun den zur neuen Religion übergetretenen Beduinen, nicht mehr untereinander, sondern für Allah und zur Verbreitung des Islam gegen die Ungläubigen/*Kuffar* (Koran: *al-Tauba*, 9/11-12) zu kämpfen. Im Koran heißt es: »Religion bei Gott ist der Islam« (*Al Imran*, 3/19). Das ist der Kern der neuen Botschaft, die sich anfangs an die Bewohner Arabiens, dann, mittels des *Djihad*, an die gesamte Menschheit richtet.

Vor der islamischen Religionsstiftung verachteten Byzantiner und andere Christen, zoroastrische Perser sowie Juden die als heidnisch bezeichneten, polytheistischen Araber, die Götzen – symbolisiert zum Beispiel durch Datteln – anbeteten. Nachdem die islamische Offenbarung in arabischer Sprache an den quraischitischen Araber Mohammed herabgesandt worden war, gewannen die nun ebenfalls monotheistischen Araber an Selbstbewußtsein gegenüber ihrer Umwelt. Der Koran verlangt von den Arabern, diejenigen, zu »denen das Buch gekommen ist«, also Juden und Christen, aufzufordern:

»Und sprich zu denen, denen das Buch zugekommen ist, und zu den Ungelehrten: Werdet ihr nun Muslime werden?« (Koran: *Al Imran*, 3/20).[13]

Muslime sind zur Verbreitung der islamischen Botschaft, die zunächst als solche an die Araber gerichtet war, verpflichtet.

Der Islam wurde in seiner Anfangsphase in erster Linie durch den *Djihad* über Arabien hinaus verbreitet, womit eine Migration (*Hidjra*) arabischer Stämme in den Norden verbunden war. Im Zuge dieser Entwicklung gewann der universelle Charakter des Islam an Gewicht. Der Welthistoriker W. McNeill urteilt:

»Mohammed machte Arabien erstmalig zum integralen Bestandteil der zivilisierten Welt.«[14]

Kurzum: Der Islam ist viel mehr als eine Religion, wie seine Geschichte zeigt; er forderte bereits von Anfang an die damaligen Imperien heraus. Im 8. Jahrhundert verwandelte er das römische in ein islamisches Mittelmeer und trug hiermit indirekt zur Entstehung einer europäischen Identität als Antwort auf die Herausforderung bei.[15]

Das vorliegende Buch basiert auf der Tatsache, daß es *den* Islam nicht gibt, und dennoch stößt der Leser bei der geschichtlichen Darstellung stets auf die Rede von *dem Islam*. Diese scheinbare Inkonsistenz läßt sich durch den Hinweis ausräumen, daß die Welt des Islam einerseits durch größte – gleichermaßen kulturelle und religiöse – Vielfalt gekennzeichnet ist. Es ist ja auch kaum etwas anderes als Vielfalt in einer Zivilisation zu erwarten, die ein Fünftel der Menschheit (heute ca. 1,3 Milliarden Menschen, die als Mehrheitsbevölkerung in 55 Staaten leben) umfaßt und sich über mehrere Kontinente erstreckt. Es wäre auch undenkbar, daß ein Fünftel der Menschheit eine einheitliche, von allen akzeptierte Vorstellung von der Religion und eine damit korrespondierende Kultur teilen könnte. Andererseits verweise ich auf die Tatsache, daß es dennoch eine einheitliche islamische Zivilisation gibt, die einen identitätsstiftenden Bezugsrahmen bildet, wenngleich sie in Tausende von islamischen Kulturen binnendifferenziert ist. Beide Ebenen – die der pluralen Kulturen und die der sie verbindenden Zivilisation – lassen sich in der Formel »Einheit in der Vielfalt« zusammenfassen. Dieses Urteil gilt auch für die Islam-Diaspora in Deutschland, die sowohl durch Einheit als auch durch Vielfalt gekennzeichnet ist.

Im folgenden verwende ich den Begriff »Kultur« stets in der Bedeutung einer lokalen, sozial bedingten Sinnproduktion[16], wohingegen ich unter einer Zivilisation[17] eine Gruppierung ähnlich gelagerter Kulturen verstehe; Zivilisation ist immer kulturübergreifend. Diese Bestimmung macht es möglich, die lokale Begrenztheit der vielen islamischen Kulturen zu erkennen, ohne jedoch die Einheit der islamischen Zivilisation zu übersehen.[18] Muslime gehören einer Fülle voneinander sehr variierender Kulturen an; aber sie alle teilen die *Weltanschauung der islamischen Zivilisation* sowie ihre *Weltbilder*. Somit ist es durchaus angebracht, im Hinblick auf diese einheitliche Dimension von *dem* Islam zu sprechen, ohne jedoch die große kulturelle Vielfalt zu übersehen. Dies rechtfertigt jedoch nicht den Anspruch, eine »islamische Kirche« zu gründen.

In bezug auf die religiösen und weltanschaulichen Grundpfeiler können wir von einem einheitlichen Islam sprechen. Dies schließt eine kulturelle Differenzierung in den über diese Grundwahrheiten hinausgehenden Bereichen natürlich nicht aus. Kurzum: Im Islam können wir die Gleichzeitigkeit von *religiös definierter zivilisatorischer Einheit und kultureller Vielfalt* beobachten. Die Tatsache, daß es beispielsweise einen arabischen Islam, einen Indo-Islam oder einen Afro-Islam gibt, deren Existenz als Ausdruck unterschiedlicher lokaler Kulturen zu deuten ist, steht also nicht im Widerspruch zu einer übergeordneten islamischen Zivilisation. Diese Zivilisation hat ihre eigene Geschichte.[19]

Zu den mehrfach genannten Grundpfeilern der islamischen Weltanschauung gehört das Bewußtsein der Muslime, eine einheitliche Gemeinschaft/*Umma* zu bilden. Auf dieser Basis fühlen sich die Muslime, in Abgrenzung zu anderen, durch gemeinsame, für alle geltende Glaubenssätze miteinander verbunden. So glauben beispielsweise alle Muslime, im Besitz der göttlichen Offenbarung zu sein, die einzig wahre geoffenbarte Religion zu besitzen und fühlen sich eben deshalb als *Khair umma*, als die beste Gemeinschaft (Koran: *Al Imran*, 3/110), allen anderen

Religionsgemeinschaften der Welt überlegen. Diese Überzeugung ist ein Hindernis für die Integration, weil darin eine Verbindung von Absolutheitsanspruch und Exklusivität zum Ausdruck kommt. Dennoch kann jeder Mensch durch den Übertritt zu dieser Religion Mitglied der islamischen *Umma* werden und dadurch ebenfalls der »besten Gemeinschaft« angehören. Die *Umma* ist also nur insofern exklusiv, daß sie sich als auserlesene Gemeinschaft versteht, der auch besondere Rechte zukommen; gleichzeitig ist sie aber für andere zugänglich. Der Superioritätsanspruch des Islam basiert also nicht auf rassischer Begründung, eben weil *Umma* eine offene Gemeinschaft, keine »Rasse« ist.

Als abrahamitische Religion erkennt der Islam neben weiteren Propheten auch und vorrangig Moses und Jesus an; ihnen gesteht er zu, ebenso wie Mohammed göttliche Offenbarungen empfangen zu haben. In dieser Tradition wird Abraham (arab. Ibrahim) als gemeinsamer »Ur-Vater« anerkannt; sein in der jüdisch-christlichen Tradition weitgehend vernachlässigter Sohn Ismail wird nicht nur als Progenitor der Araber angesehen, ihm wird auch die Errichtung der *Ka'bah* in Mekka, des größten Heiligtums im Islam, zugeschrieben (Koran: *al-Baqara*, 2/127). Ismail und Isaak sind Brüder, und daher sind Araber und Juden semitische Brudervölker. Die von Mohammed gestiftete Religion ist eng mit dem abrahamitischen Monotheismus verknüpft, wie im Werk von Karl-Josef Kuschel unterstrichen wird.[20]

Laut Koran wird der Prophet Mohammed jedoch dadurch besonders ausgezeichnet, daß er *Khatim al-nabiyyin*, der Abschluß aller Propheten (Koran: *al-Ahzab*, 33/40) sei. Denn er empfing nach islamischem Glauben die endgültige, umfassende, einzig vollständige (auch frühere Offenbarungen werden durchaus als wahr, jedoch als unvollständig angesehen) und somit vollendete Offenbarung von Allah, die die Geschichte der Offenbarungen für immer besiegelt. Eben deshalb spricht der Koran von Mohammed als dem Siegel (*Khatim*) im Sinne von Abschluß aller Propheten. Mit der islamischen Offenbarung werden nach dieser Auffassung die anderen Religionen obsolet, da den Menschen nun die einzige vor Gott gültige Wahrheit bekannt sei. Hierdurch erhebt der Islam den Anspruch, der einzig wahre Universalismus zu sein. Das mag dem einen als Bedrohung erscheinen, auf andere wirkt dieses Selbstbewußtsein durchaus faszinierend. Ein dem Dialog zwischen den Religionen und damit dem Weltfrieden verbundener Reform-Islam müßte diesen kompromißlosen Universalismus aufgeben und inter-religiösen Pluralismus zulassen. Dies gilt in besonderem Maße für die Islam-Diaspora, da nur ein solcher Reform-Islam der Integration der Migranten dienlich sein kann.

Auf der Basis eines strengen Monotheismus (*Tauhid*) gelang es dem Islam, die vorläufige Vereinigung der rivalisierenden arabischen Stämme zu bewerkstelligen. In der Festlegung des Verhältnisses Gott-Mensch als einem theozentrisch bestimmten, also von Gott dominierten Verhältnis[21] wird der Mensch nicht als ein freies Subjekt, sondern als Geschöpf (*Makhluq*)[22] Gottes definiert, das keinen eigenen Willen besitzt. Hiernach hat das Recht Gottes (*Haq Allah*), dem der Gläubige sich ohne Vorbehalte zu unterwerfen hat, absoluten Vorrang. In einer von Allah dominierten Welt unterliegt alles göttlichen Geboten; der Koran ist in dieser Frage sehr eindeutig: »Das sind die Bestimmungen Allahs (*Hudud Allah*), übertretet sie nicht!« (Koran: *al-Baqara*, 2/229). Die religiöse Doktrin der *Hudud Allah*, also der Gottesrichtlinien bildet die Grundlage des islamischen Strafrechts, das in diametralem Kontrast zum positiven europäischen Recht steht. Wer die *Hudud* verletzt, erntet unbarmherzige Strafe.

Der Koran verkündet: »Diejenigen Muslime, die Gottes Richtlinien überschreiten, sind die Frevler« (Koran: *al-Baqara*, 2/229). Solche Übertretungen bezeichnet der Koran als *Hudud*-Delikte. Die *Hudud*-Strafen (Auspeitschen, Steinigen u.a.), die zugegebenermaßen explizit im Koran enthalten sind, nehmen einen zentralen Platz im islamischen Rechtssystem ein. Reform-Muslime suchen nun nach Auswegen aus diesen in unserer Zeit unhaltbaren Bestimmungen.

Im Islam gibt es aber auch das Recht des Menschen (*Haq adami*), dessen Geltungsbereich sich hauptsächlich auf die Beziehungen der Menschen untereinander erstreckt. So wird die Tat eines Menschen gegen einen anderen nach dem Rechtsgrundsatz »Gleiches für Gleiches« (*Lex talionis*) bestraft. Der Koran gibt hierfür konkrete Anweisungen:

»Leben um Leben, Auge um Auge, Nase um Nase, Ohr um Ohr« (Koran: *al-Ma'ida*, 5/45).

Dieses Strafrecht gilt für *Djinayat*-Delikte wie Mord oder Körperverletzung, also den Menschen betreffende Handlungen.

An dieser Stelle ist auf einen zivilisatorischen Unterschied zwischen dem Westen und der Welt des Islam hinzuweisen: Es gibt Menschenrechte im Islam, die sich aber in ihrer Bedeutung von denen der kulturellen Moderne unterscheiden. Denn es handelt sich ausschließlich um die Rechte eines Menschen gegenüber einem anderen Menschen und nicht um Grundrechte des Individuums gegenüber Staat und Gesellschaft.

Auch im Bereich des islamischen Rechts gilt die Aussage: Vielfalt in der Einheit, weil es kein kodifiziertes islamisches Recht gibt. Der Ruf der Islamisten nach Anwendung der angeblich einheitlichen *Schari'a* als Kernelement islamischer Identität entbehrt ebenso jeder Grundlage wie der Anspruch gewisser islamischer Gruppen auf das alleinige Repräsentationsrecht der Islam-Diaspora. Eine einheitliche *Schari'a* als konsistentes Rechtssystem hat es in der islamischen Geschichte nie gegeben.

Von der islamischen Offenbarung und ihres fixierten Texts ausgehend ist festzustellen: Der Begriff *Schari'a* kommt nur ein einziges Mal im Koran vor, und zwar nicht in der Bedeutung von Recht. Islamische Sakraljuristen/*Faqihs* errichten auf dieser einen Anführung der *Schari'a* jedoch ein islamisches Rechtssystem.[23] Historisch ist somit der Sachverhalt entstanden, daß der Islam nicht nur eine spirituelle Religion ist, sondern auch rechtliche Normen setzt. Das ist der inner-islamische Streit zwischen *Sufi*-Islam (spirituelle Religion) und dem *Schari'a*-Islam (Rechts-Islam). Eine Abstandnahme von der *Schari'a*, sei es in ihrer traditionell unpolitischen, sei es in ihrer gegenwartsbezogenen fundamentalistisch-politischen Form[24], ist eine Grundvoraussetzung für die Integration muslimischer Migranten in Europa. In bezug auf Deutschland ist der Kontrast zwischen *Schari'a* und den Normen des Grundgesetzes unüberbrückbar!

Die Religion des Islam: Quellen und Lehren

Die wichtigste religiöse Lehre im Islam ist die der *Tauhid*[25], d.h. der Einheit Gottes: Es gibt keinen Gott außer Allah/*La ilaha illa Allah*. Im Koran wird jeder Muslim aufgefordert: »Sag: mir wurde befohlen, mich ... Gott (zu) ergeben, und ja keiner von den Heiden zu sein, die (Gott) andere Götter beistellen.« (Koran: *al-An'am*, 6/14)

In dieser Betonung der Einzigartigkeit Gottes schließt sich der Islam den früheren monotheistischen Religionen, dem Judentum und dem Christentum, an, weshalb nach islamischer Theologie – anders, als heutige Islamisten unterstellen – Juden und Christen keine Ungläubigen sind. Spezifisch an diesem islamischen Monotheismus ist jedoch der organische Charakter der Religion, die Verschmelzung von Diesseits und Jenseits in der Lehre von *Din wa dunya* »Religion und Diesseitigkeit«. Islamisten unserer Gegenwart deformieren diese Lehre, indem sie aus ihr unzulässigerweise die politische Lehre »*Din wa daulah*/Einheit von Religion und Staat« machen. Das zitierte fundamentalistische Konzept ist ein Grundhindernis für die Integration islamischer Migranten, weil es unterstellt, daß Muslime sich nicht in eine säkulare Ordnung eingliedern dürfen.

Die islamische Lehre von der spirituellen Durchdringung des Diesseits schließt die Vorschrift ein, die *Umma* müsse ihren inneren Zusammenhalt gegen den Zwist unter den Stämmen bewahren. Trotz dieser Betonung der Einheit stammt vom Propheten aber auch der *Hadith*-Ausspruch: »*al-Ikhtilafu fi ummati rahma*/Die Vielfalt ist in meiner Umma ein Segen.« Der betont organische, das heißt alle Lebensbereiche umfassende Charakter des Islam mündete jedoch in eine kulturelle Tradition, in der sich eine anti-pluralistische Ausrichtung verwurzeln und durchsetzen konnte. Dies gilt aber nur für die traditionelle Doktrin. Denn die Realitäten waren im Gegensatz zu den religiösen Doktrinen, die bis heute anti-pluralistisch sind, stets vielfältig.

Seit dem Tod des Propheten haben Muslime im Kampf darum, wer der wahre Imam[26] sei, ihre Gegner unter Berufung auf ihren vermeintlichen Unglauben getötet. Als Ungläubiger (*Kafir*) wird in diesem Kontext bisweilen jeder Muslim verfemt, der mit den Ansichten eines anderen nicht übereinstimmt und auf dieser Grundlage des *Kufr*/Unglaubens bezichtigt wird.[27] *Takfir* als die Erklärung zum Ungläubigen im Islam ist nicht mit einer Exkommunizierung im Christentum vergleichbar. Denn ein *Kafir* darf getötet werden. Im Gegensatz zu dieser Bestimmung des *Takfir* definiert der Koran Unglauben in erster Linie als *Schirk*, was soviel bedeutet wie: Allah einen anderen Gott beigesellen, also als Polytheismus. Die Koran-Sure 109 trägt sogar den Titel »*al-Kafirun*/Die Ungläubigen«.

In dieser Sure wird klar, wer mit den Ungläubigen gemeint ist: die Nicht-Monotheisten. Dies ist eine anerkannte Korandeutung. Juden und Christen sind nach dem Koran *Ahl al-kitab*/Leute des Buches, sie werden nicht als *Kafirun* bezeichnet. Was die Muslime selbst anbelangt, weiß nur Allah, wer ein *Kafir* ist. Muslime haben sich jedoch die ganze islamische Geschichte hindurch bis in unsere Gegenwart hinein angemaßt, ihre Gegner des Unglaubens zu bezichtigen, um den Mord an ihnen zu rechtfertigen. Denn ein Muslim darf einen anderen Muslim nicht töten. Zuvor muß dieser als »Ungläubiger« denunziert werden. Der ägyptische Historiker Abdulazim Ramadan[28] nennt die Islamisten *Djama'at al-takfir*/*Takfir*-Gruppen, deren totalitäre Verhaltensweisen heute selbst vor der Islam-Diaspora in Europa nicht haltmachen. So haben islamische Fundamentalisten 1998 versucht, den Imam von Paris zu ermorden und etwa zur selben Zeit den Bewunderern des größten arabischen Dichters des 20. Jahrhunderts, Nizar al-Qabbani, im Londoner Exil verwehrt, dessen Sarg nach islamischem Ritual zur Verrichtung des Gebets in die Londoner Regent Park Moschee hineinzutragen. Als Begründung führten sie an, er sei ein *Kafir*/Ungläubiger gewesen. Der britische Staat hat nicht interveniert. Gilt in Europa im Rahmen der postmodernen Toleranz[29] das Grundrecht der Glaubensfreiheit nicht mehr?

Die unerfreulichen, auf Mißdeutungen der Lehre von *Tauhid* und ihrer politischen Instrumentalisierung zurückgehenden Verfehlungen in der islamischen Geschichte dürfen nicht darüber hinwegtäuschen, daß die religiöse und kulturelle Vielfalt die Normalität im Islam waren. Theoretisch dominierte jedoch stets die organische Einheitsdoktrin, so daß die vielfältige Realität in den postkoranischen religiösen Lehren nie anerkannt oder verarbeitet wurde; bis zum heutigen Tag wird eine ahistorische Einheit des Islam postuliert, die mit der Lehre der *Tauhid* begründet wird. In der Realität hat diese Einheit jedoch niemals existiert. Auf diese Weise ist historisch eine Tradition des Anti-Pluralismus im Islam entstanden, die sich ungebrochen bis in unsere Gegenwart erhalten hat. In diesem Bereich gibt es keinen Unterschied zwischen der islamischen Orthodoxie und dem Islamismus; beide erkennen nicht an, daß stets die Vielfalt zum Reichtum des Islam gehörte. Die Akzeptanz eines kulturellen und religiösen Pluralismus ist hingegen eine Grundvoraussetzung der Integration des Islam in Europa.

Die für alle Muslime gültige autoritative Basis aller religiösen Lehren im Islam ist der Koran. Nach muslimischem Glauben beruht er auf der verbalen Inspiration, die der Prophet Mohammed in Mekka und später in Medina von Gott erhalten hat; sie hat im Jahre 610 in Mekka mit dem Vers »Lies im Namen deines Herrn, der erschuf ...« (Koran: *al-Alaq*, 96/1) begonnen. Der Prophet verkündete die neue Botschaft von 610 bis 622 in Mekka, dann mußte er mit seinen Anhängern Mekka verlassen und nach Medina flüchten, um den Repressionen durch seinen eigenen, damals noch polytheistischen Stamm Quraisch zu entgehen. Der neue Glauben war weit mehr als eine Herausforderung allein auf religiöser Ebene. Er war zumindest implizit eine Bedrohung für sämtliche überkommenen Institutionen der mekkanischen Gesellschaft – die Anbetung einer Vielzahl von Göttern und das mit deren Schreinen verknüpfte ökonomische Leben, die Werte tribaler Traditionen, die Autorität der Stammesführer und die Klansolidarität.

Das Konzept der Migration, verstanden als *Hidjra*, erlangte im historischen Verlauf eine besondere religiöse Bedeutung, nämlich als Beitrag zur Verbreitung des Islam. Die islamische Orthodoxie sowie die Islamisten deuten die islamische Migration nach Europa in unserer Gegenwart als Schritt zur Islamisierung Europas. Darüber zu schweigen, bedeutet Sand in das Getriebe der Demokratie zu streuen. Eine Integrationspolitik, die Muslime als Bürger und Individuen behandelt, kann der *Hidjra* als Instrument der Islamisierung den Wind aus den Segeln nehmen.

In Medina wurde die in Mekka begonnene Offenbarung fortgesetzt. Daher läßt sich die göttliche Offenbarung des Koran – wenn auch bei der Lektüre durch einen Laien nicht erkennbar, da keineswegs systematisch – in zwei Teile, einen mekkanischen und einen medinensischen unterteilen. Der Koran[30] darf zwar unterschiedlich interpretiert, nicht jedoch in Form und Inhalt – wie etwa bei der Bibellektüre von Reformchristen – hinterfragt werden, eben weil der Glaube an die »verbale Inspiration« zu den Grundlagen der religiösen Lehre des Islam gehört. Daraus ergeben sich für Reform-Muslime in bezug auf verschiedene Stellen (z.B. die Überlegenheit des Mannes gegenüber der Frau) natürlich Probleme. Es gibt eine Reihe von Ansätzen eines reformerischen islamischen Schriftverständnisses, dessen Erläuterung hier aber zu weit führen würde.

Obwohl es bereits im Frühislam 661 zu einem Schisma in Sunna und Schi'a gekommen ist und im Verlaufe der islamischen Geschichte zahlreiche Varianten von Sunna- und Schi'a-Islam entstanden sind, bekennen sich alle Muslime zu der uns erhaltenen Fassung des Koran und glauben, daß sie auf einer authentischen Inspiration Mohammeds durch Gott basiert. Über den Wortlaut des Koran gibt es unter den Muslimen – trotz ihrer großen Vielfalt – keinen Streit. In dieser Hinsicht besteht ein uneingeschränkter inner-islamischer Konsens. Dieser Konsens schließt allerdings nicht die orthodoxe und fundamentalistische Auffassung ein, daß der Koran die ultimative Quelle allen Wissens[31], ja sogar der modernen Wissenschaft sei. Fundamentalisten deuten den Koran nämlich nicht nur als Buch der Offenbarung/*Wahi*, sondern darüber hinaus als Grundlegung einer wissenschaftlichen Methodologie.[32]

Neben dem Koran gibt es eine weitere autoritative Quelle für die religiöse Lehre des Islam, nämlich den *Hadith*, das heißt die Überlieferung des Propheten Mohammed.[33] Anders als im Koran ist bei dieser zunächst mündlich übermittelten Tradition viel Fälschung betrieben worden, wobei zahlreiche Handlungen und Aussprüche dem Propheten zugeschrieben wurden, die in keiner Weise auf ihn zurückgeführt werden können. Aus diesem Grunde hat sich schon im mittelalterlichen Islam eine Wissenschaft von der Überprüfung des *Hadith* etabliert. Ein *Hadith* gilt nur dann als einwandfrei/*Sahih*, wenn jeder einzelne aus der Überliefererkette/*Isnad* als zuverlässig und ehrenhaft bekannt war und tatsächlich die Möglichkeit besessen hatte, die nächste Person in dieser Überlieferungskette zu seinen Lebzeiten zu treffen. Der aus Buchara in Zentralasien stammende al-Buchari (gest. 870) gehört zu den prominentesten Gelehrten auf diesem Gebiet. Ein Propheten-Zitat mit dem Zusatz »*Sahih al-Buchari*/ von Buchari überprüft« verleiht auch heute noch Authentizität. Die *Hadith*-Sammlung des al-Buchari besteht aus nicht weniger als 97 Büchern mit 3450 Kapiteln/*Abwab*, von denen jedes einen besonderen Aspekt des religiösen Rituals oder eine zivilrechtliche Frage (z.B. die Waschung vor dem Gebet, Heirat und Scheidung) erörtert.

Wie bereits erwähnt, betrachtet der Islam die Geschichte als eine solche von göttlichen Prophetien, deren Höhepunkt und Abschluß nach islamischem Glauben die an Mohammed ergangene Offenbarung darstellt. Aus diesem Grund gilt Mohammed laut Koran – wie bereits angeführt – als »der Abschluß aller Propheten« (Koran: *al-Ahzab*, 33/40), obgleich vorangegangene Propheten voll anerkannt werden. Im Koran heißt es, Gott habe den Koran »herabgesandt als Bestätigung dessen, was vor ihm vorhanden war. Und er hat die Thora und das Evangelium zuvor herabgesandt als Rechtleitung für die Menschen« (Koran: *Al Imran*, 3/3).

Daraus leitet sich die islamisch-religiöse Vorschrift der Toleranz[34] ab, die jedoch allein für Monotheisten gilt, also nur für Juden und Christen, eben weil diese göttlich offenbarte Religionen befolgen. Alle anderen sind *Kafirun*/Ungläubige. Toleranz bedeutet freilich im Islam auch nur Duldung, nicht Freiheit und gleichberechtigte Respektierung des Andersdenkenden. Daran sieht man, daß das koranische Toleranzgebot für unsere Zeit nicht mehr ausreicht.

Die Basis:
Die fünf Säulen des islamischen Glaubens

Trotz der großen Vielfalt gibt es im Bereich der religiösen, von allen Muslimen anerkannten Basisdogmen[35] die fünf Säulen (*Arkan*), die für alle verbindlich sind. In diesem Sinne ist von einem religiös einheitlichen Islam zu sprechen. Diese fünf *Arkan*/ Säulen, die den Kern des religiösen Glaubens im Islam ausmachen, sind:

- Das Glaubensbekenntnis (*Schahada*), das jeder Muslim aussprechen muß. Es lautet: »*Aschhadu an la Ilaha illa Allah, wa anna Muhammadun rasul Allah*/Ich bezeuge, daß es keinen Gott gibt außer Allah und daß Mohammed sein Gesandter ist.« Allein durch den Ausspruch dieses Satzes im Beisein eines Zeugen ist ein Mensch bereits ein Muslim. Ein Mensch anerkennt durch die *Schahada* die islamische Lehre der *Tauhid* sowie die Prophetie von Mohammed. Im Gegensatz zum Christentum, bei dem die Gewährung der christlichen Taufe ein viel umfassenderes Bekenntnis zum christlichen Glauben voraussetzt, ist die Konversion zum Islam durch Ausspruch der *Schahada* in weniger als einer Minute vollziehbar.

• Dann folgt das Gebet (*al-Salat*), fünfmal am Tag. Im Koran heißt es: »Das Gebet ist für die Gläubigen eine für bestimmte Zeiten festgesetzte Vorschrift« (Koran: *al-Nisa*, 4/103). Kranke und Reisende werden von dieser Pflicht befreit. Vor dem Gebet müssen sich Muslime rituell waschen. Der Koran beschreibt, wie diese rituelle Waschung/*Wudu* zu vollziehen ist:

»Wascht vorher euer Gesicht und eure Hände bis zu den Ellbogen und streicht euch den Kopf und wascht eure Füße bis zu den Knöcheln. Und wenn ihr sexuell verunreinigt seid, dann reinigt euch« (Koran: *al-Ma'ida*, 5/6).

Ein praktizierender Muslim, der sich fünfmal am Tag waschen muß, kann kaum ein schmutziger Mensch sein, wie das Vorurteil vom *dirty muslim* unterstellt. Geschichtlich gesehen, haben die Kreuzzügler die Körperhygiene im Orient gelernt und die Kultur des *Hamam*/Bad von dort nach Europa gebracht, wie die Historiker bestätigen.

• An dritter Stelle folgt die Pflicht zum Fasten (*Siyam*) im Monat Ramadan, und zwar von Sonnenaufgang bis zum Sonnenuntergang. Auf diese Weise nehmen Muslime zwar nur zwei Mahlzeiten am Tag ein: eine nach Sonnenuntergang, wenn sie ihr Fasten abbrechen, und eine mitten in der Nacht vor Sonnenaufgang, bevor sie ihr Fasten wieder aufnehmen und das erste Gebet verrichten.

Gleichwohl verzehren Muslime im Ramadan für gewöhnlich weit mehr als in anderen Monaten. Besonders in dieser Zeit versammeln sich Familie und Freunde gern zu festlichen Mahlzeiten. Den Sinn des Fastens beschreibt der islamische Gelehrte Afif Tabbara in seinem in 26 Auflagen erschienenen Lehrbuch über den Islam als eine Übung in Körperdisziplin:

»Der Zweck des Fastens besteht darin, daß der Fastende glaubt, er ißt nicht, um die Übel seiner Animalität zu unterbinden. Der fastende Muslim sagt sich: Ich bin ein Fastender,

der sich seiner Menschlichkeit gegen die animalischen Triebe besinnt.«[36]

Der Autor des vorliegenden Buches gehört zu den vielen Kultur- und Reform-Muslimen, die nur symbolisch fasten, um die Zugehörigkeit zum Islam zu bewahren. Kritisch erinnere ich mich an meine Jugend in Damaskus, wo es in meinem Elternhaus nie so gut und so viel zu essen gab wie gerade im Fastenmonat Ramadan. Bei der nächtlichen Mahlzeit vor Sonnenaufgang/*Suhur* habe ich wie alle Muslime mehr gegessen als etwa bei dem üblichen Frühstück. Noch schlimmer – oder üppiger, je nachdem, wie man es betrachtet – geht es bei der *Iftar*, der Mahlzeit nach dem Sonnenuntergang zu, wenn das Fasten zu Ende geht. Das *Iftar* ist ein großes Festmahl mit den leckersten Speisen und vielen Getränken, mit dem der alljährliche monotone *Thanksgiving-Turkey* bei den Amerikanern oder das Weihnachtsessen bei den europäischen Christen in keiner Weise Schritt halten kann. Und dieses »Freßgelage« erfolgt täglich einen Monat lang. Da kann man kaum von Körperdisziplin sprechen.

• An vierter Stelle steht die Pflicht, die Armensteuer(*Zakat)* zu zahlen, soweit man hierzu materiell in der Lage ist. Das ist keine Kirchensteuer, wie sie bei den deutschen Christen, im Widerspruch zur Säkularität des Staates, institutionell verankert ist. Der Versuch der Islamisten, *Zakat* wie eine Kirchensteuer nach deutschem christlichen Modell für sich zu beanspruchen, ist eindeutig eine Fälschung des Islam. Sollten orthodoxe oder fundamentalistische Diaspora-Muslime in Deutschland ihr Ziel erreichen, als Sprecher des Islam anerkannt zu werden, und durchsetzen, als Religionsgemeinschaft den Status einer Körperschaft des öffentlichen Rechts zu erlangen, dann wäre ihr Ansinnen, von uns hier lebenden Muslimen die *Zakat*-Steuer über den Staat eintreiben zu lassen, als unislamisch abzulehnen. Die deutschen Behörden würden so den Ghetto-Islam fördern; sie würden im Namen der Unterstützung der Armen in Wirklichkeit nur den Fundamentalisten das nötige Geld für ihre

Aktivitäten, auch außerhalb Deutschlands, verschaffen. Ein Christ, der keine Kirchensteuer entrichten will, kann ohne bedeutende Folgen die Kirche verlassen. Wenn ein Muslim dagegen nicht zahlen will, würde er als *Murtad*/Apostat eingeordnet und ist nach der oben erläuterten *Takfir*-Logik zum Mord freigegeben. Ist das der »deutsche Islam«? Ich meide bewußt diese, Formel und befürworte einen Euro-Islam.

• An fünfter Stelle bleibt noch die Pilgerfahrt (*al-Hadj*) nach Mekka zu nennen, die allerdings auch nur dann verrichtet werden muß, wenn ein Muslim oder eine Muslimin über die nötigen Mittel verfügt. Nach der Erfüllung dieser Pflicht darf ein Muslim den schönen und ehrenvollen Titel *Hadji* und eine Muslimin den Titel *Hadja* vor dem Namen führen. Deutsche Leser von Karl May sind mit diesem Titel vertraut. Im Islam ist hiermit ein hoher Status verbunden.[37] Ebenso wie es mein wissenschaftlicher Lebenstraum war, einmal in Harvard – wo diese Zeilen geschrieben werden – gewesen zu sein, dort Vorlesungen zu halten und Bücher zu schreiben (der in den Jahren 1982, 1988–1993 sowie 1998–2000 bei der Entstehung dieses Buches als Bosch-Fellow erfüllt wurde), ist es mein innigster Wunsch, vor meinem Tod »*Hadji* Bassam« zu heißen. Als ein säkular orientierter Reform-Muslim ist Saudi-Arabien für mich freilich ein gefährliches Pflaster, und so kann ich meine *Hadj*-Pflicht vorerst nicht erfüllen.

Ebenso wie viele andere Araber plädiere ich für die Internationalisierung von Jerusalem, trete aber auch für die Internationalisierung von Mekka und Medina ein, damit Muslime ihre *Hadj*-Pflicht ohne die Einmischung der saudischen Stammesgesellschaft der Banu al-Saud erfüllen können. Der saudische König maßt sich den Titel »*Khadim al-haramein al-scharifein*/Hüter der beiden heiligen Stätten« – Mekka und Medina – an und das Recht, bestimmen zu können, wer dort Zutritt erhält. Obwohl Jerusalem unter israelischer Herrschaft steht, war es mir als Muslim ohne Gefahr für mein Leben möglich, im Januar 1993 – und seitdem wiederholt – in der drittheiligsten islamischen Stätte, der al-Aqsa-Moschee, zu beten; der Zutritt zu den Moscheen von Mekka und Medina blieb mir als Reform-Muslim dagegen bisher verwehrt. Dadurch habe ich gelernt, Israel als demokratischen Staat zu respektieren. Ich kann nur hoffen, daß der arabische Saudi-Arabien-Experte Said Aburish recht hat, wenn er vom »bevorstehenden Niedergang des Hauses Ibn Saud« spricht.[38]

Außer einem gesamt-islamischen Konsens über diese fünf religiösen Säulen gibt es keine weitere Einheit unter den Muslimen im Bereich allgemein anerkannter Basisdoktrinen. Die bereits thematisierte Vielfalt wird allerdings nicht eingestanden oder im Rahmen einer religiösen Pluralität verarbeitet. Stattdessen wird stereotyp die postulierte Einheit beschworen und Intoleranz gegenüber Andersdenkenden gepflegt. Das überträgt sich selbst auf Deutschland, wo jede Gruppe von Muslimen, die im Namen der Religionsfreiheit die Anerkennung als »islamische Religionsgemeinschaft« anstrebt, die Angehörigen anderer konfessioneller Ausrichtungen des Islam ausnimmt, ohne daß die deutschen Politiker dies überhaupt zu verstehen scheinen.

Gehört die Entsprechung von Religion und Politik zum islamischen Glauben?

Die oft behauptete Bindung der Politik an die Religion im Islam ist sehr umstritten. Im Koran gibt es einen Vers, den ich auf Arabisch zitieren muß, weil die Deutung eines einzigen Verbs bei der Klärung dieses jahrzehntelangen Streits entscheidend ist. Der Vers lautet auf Arabisch »*Waman lam yahkum bima anzala Allah fa ula'ika hum al-kafirun*« (*al-Ma'ida*, 5/44).

Das arabische Wort »*Hakama*« (davon abgeleitet ist die konjugierte Form *Yahkum*) bedeutet in Alt-Arabisch »entscheiden« oder »urteilen«, jedoch ganz bestimmt nicht »regieren«. So kann man den angeführten Koran-Vers im Sinne des Koran selbst und nach dem Sprachgebrauch des 7. Jahrhunderts, also der

Zeit der koranischen Offenbarung, wie folgt übersetzen: »Diejenigen, die nicht nach dem urteilen, was Gott herabgesandt hat, das sind die Ungläubigen«.

In der fundamentalistischen Interpretation wird »urteilen« durch »regieren« ersetzt. Wie oft bin ich in Deutschland nach meinen Vorträgen von türkischen, gebrochen Arabisch sprechenden Imamen mit diesem Vers konfrontiert worden, die meine Forderung, Religion von Politik abzukoppeln, mit dem *Kafir*-Vorwurf verfemten. Das ist kein Novum. Denn vor ihnen haben orthodoxe Muslime ebenfalls diese Übersetzung vertreten und das Kalifat als islamische Regierungsform ausgegeben. Reform-Muslime[39] lehnen diese Deutung ab. Im Gegensatz zu den orthodoxen Muslimen sprechen Fundamentalisten nicht mehr vom traditionellen Kalifat, sie verwenden statt dessen den Begriff der islamischen Regierung (*Hukumah Islamiyya*), in der die Gottesherrschaft (*Hakimiyyat Allah*)[40] verwirklicht wird. Diese beiden Ausdrücke kommen weder wörtlich noch dem Inhalt nach im Koran vor, sie sind Erfindungen der Islamisten, die für ihre Neuschöpfungen auch in Europa Geltung beanspruchen.

In den »Gottesstaaten« der Welt des Islam, wie zum Beispiel im Iran, im Sudan oder in Afghanistan, herrscht in Wirklichkeit nicht Gott, sondern ein undemokratisches Regime bzw. eine Mullahkratie. Eine solche Herrschaft läßt sich an keiner Stelle durch den Koran legitimieren. Die Übersetzung des arabischen Wortes »*Yahkum*« in dem angeführten Koran-Zitat ist in der autoritativen deutschen Übersetzung des Koran von Paret mit »entscheiden«, in der neueren von Khoury mit »urteilen«, in der englischen Ausgabe des Muslims N. J. Dawood mit »*judge*/urteilen«, also immer korrekt wiedergegeben, d.h. nicht falsch mit »regieren«. In der Tat bedeutet *Yahkum* im modernen Arabisch »herrschen/regieren«. Und genau das ist es, was die Fundamentalisten wollen. Dennoch ist es nicht das, was der Koran vorschreibt. In der heutigen Welt des Islam ist der Gegenstand dieser Debatte der zentrale Streitpunkt zwischen freiheitsliebenden Muslimen und Gegnern der Freiheit oder – wie ich es nennen würde – zwischen »Feinden und Freunden« des offenen Islam.

Ebenso unterschiedlich werden innerhalb der islamischen Gemeinschaft die religiösen Doktrinen von *Schari'a* und *Djihad* gedeutet. Sie werden oft falsch mit »Gottesgesetz« und »Heiliger Krieg« übersetzt. In bezug auf die erste Doktrin, die erst nach Abschluß der islamischen Offenbarung in den Mittelpunkt des Islam rückte, läßt sich feststellen, daß das Wort *Schari'a*[41] nur ein einziges Mal im Koran vorkommt, und zwar *nicht* im Sinne von Rechtssystem (an zwei anderen Stellen kommen Ableitungen davon vor). Diese Stelle lautet:

»Dann stellten wir für dich eine Richtung (*Schari'a*) in der Angelegenheit (der Religion) fest. So folge ihr und folge nicht den Neigungen derer, die nicht Bescheid wissen« (Koran: *al-Djathia*, 45/18).

Aus diesem Vers geht hervor, daß die *Schari'a* eine Sittenlehre ist; als ein Rechtssystem ist sie von Menschen konstruiert, dennoch wird hierfür ein göttlicher Charakter postuliert.[42] Reform-Muslime wie al-Aschmawi[43] lehnen wie ich die Gültigkeit der *Schari'a* als Rechtssystem ab, gleichermaßen mit Hinweis auf ihren postkoranischen und zugleich menschlichen, also nicht-göttlichen Charakter. Reform-Muslime bemühen sich um eine reformierte *Schari'a*.[44]

Nicht viel anders verhält es sich mit der Doktrin des *Djihad*, worüber ich ein ganzes Buch verfaßt habe. Dort habe ich die religiöse Doktrin des *Djihad* sowie ihre Manifestation in der islamischen Geschichte während der Phase der islamischen Expansion und ihrer *Futuhat*-Eroberungskriege erläutert. Islamisten sprechen revisionistisch von einem friedlichen *Djihad* und meinen damit friedliche Islamisierung. Für die mittelalterlichen religiösen Doktrinen von *Schari'a* und *Djihad* darf es in einem demokratischen Europa keinen Platz geben. Der Euro-Islam muß davon Abstand nehmen.

Abfall vom Glauben im Islam

Zur Faszination des Islam gehört nicht der *Djihad*, sondern die Toleranz von Cordoba und die Barmherzigkeit der Sufi-Muslime. Laut Koran verbietet der Islam Zwang in der Religion (Koran: *Yunus*, 10/99 und *al-Baqara*, 2/256). Dennoch ist es eine Sache der Interpretation, ob es im Islam Glaubensfreiheit gibt. Laut *Schari'a* ist Glauben ein Gottesrecht; somit steht dem Menschen die freie Entscheidung für oder gegen das göttliche Gebot nicht zu. Allerdings darf – nach dem Koran – die Erfüllung dieser Pflichten gegenüber Gott nicht von Menschenhand erzwungen werden. Der Muslim, der vom Glauben abfällt, verstößt zwar gegen Gottesrecht. Der Koran aber sagt hierzu: »Diejenigen unter Euch, die sich von ihrer Religion abwenden, sterben als Ungläubige« (Koran: *al-Baqara*, 2/217). Mit anderen Worten: Die Strafe erfolgt im Jenseits, nicht im Diesseits. Der Koran spricht von »*Yamut*«, das heißt von dem Verb »sterben«, meint also einen normalen Tod; im Koran-Text ist keinesfalls von »Tötung« die Rede. In der islamischen Geschichte und Gegenwart war leider die Praxis der Erklärung zum Ungläubigen (*Takfir*) mit dem damit vermeintlich verbundenen Freibrief zum Töten die gängige Art des Umgangs mit abweichenden Muslimen. Auch hierfür darf es keinen Platz in Europa geben!

Heute gehen islamische Fundamentalisten – wie vergleichsweise vor ihnen schon orthodoxe Muslime[45] – so weit, die Tötung andersdenkender Muslime als »Apostaten« zu fordern. Aber der zitierte Koran-Vers ist eindeutig; er schreibt keine Tötung vor. Der Abfall vom Glauben (*Riddah*) bezieht sich im Islam allein auf den religiösen Glauben und ist nicht so zu verstehen, wie ihn Islamisten unserer Gegenwart deuten, die jeden, der ihre Auffassung vom »Gottesstaat« in Frage stellt, der *Riddah* beschuldigen. Der Koran sagt über Apostaten: »Sie sterben als Ungläubige«. Ihr Leben endet also durch einen natürlichen Tod; sie werden im Jenseits bestraft. Ich finde im Koran keine Stelle, an der von Tötung des Apostaten die Rede ist, wie islamische Orthodoxe und Fundamentalisten sie in unserer Gegenwart fordern. Um es zu betonen wiederhole ich es: Im Koran heißt es »*Yamut*/stirbt« und nicht »*Yuqtal*/wird getötet«. Und selbst wenn der Koran für Tötung wäre, könnte ich dies als Humanist und Demokrat nicht akzeptieren.

In der islamischen Geschichte ist der Begriff der *Riddah*/Apostasie mit einem spezifischen Ereignis, den sogenannten *Riddah*-Kriegen, verbunden, deren Bedeutung mehr politischen Ursprungs und weniger auf den individuellen Glauben bezogen ist. Dies begann unmittelbar nach dem Tod des Propheten. Arabische Beduinen waren und sind, bedingt durch ihre Lebensweise in der Wüste, Menschen der harten Realität, die nicht gerade zur Abstraktion neigen. Gott ist aber eine abstrakte Größe, und der Islam ist eine universelle, auf einer höchst vergeistigten, also abstrakten Gottesvorstellung aufgebaute Religion, die für den einfachen Geist der Beduinen nicht leicht verständlich ist.

Die Islamisierung Arabiens war identisch mit der Unterwerfung der Beduinen unter eine islamische Ordnung. Nach dem Tod des Propheten im Jahre 632, also mit dem Lebensende dieser konkreten Mittlerfigur zwischen Allah und den Anhängern der neuen Botschaft, verlor auch die neue Ordnung an Zustimmung von seiten der Beduinen. Denn der Islam war für sie zuvor durch den Propheten sinnlich und konkret verkörpert worden, so daß dessen Tod ihr Bekenntnis zum Islam – als Loyalität gegenüber der physisch wahrnehmbaren Person des Propheten – beendete. Die arabischen Beduinenstämme kündigten ihre Zugehörigkeit zu der vom Propheten gegründeten islamischen *Umma* auf.

Der nach einem inner-islamischen Machtkampf zum ersten Nachfolger (Kalif) des Propheten aufgestiegen Abu Bakr (er regierte 632–634) war gleich zu Beginn seiner Herrschaft mit diesem Problem des Abfalls der Beduinen vom Islam konfrontiert. Er entschied sich dafür, mit aller Gewalt gegen die abtrünnigen Beduinen vorzugehen, weil sie nur diese klare Sprache der Autorität verstünden. Im Rahmen des *Riddah*-Krieges führte

Abu Bakr die Beduinen mit Gewalt zur islamischen Ordnung zurück. Dieser sehr brutale Krieg gegen die Beduinen fand in den Jahren 632–634 statt, und er lieferte die Vorgeschichte für die unbarmherzige Lehre der islamischen Orthodoxie, für die *Riddah*-Doktrin, die die Tötung der vermeintlich vom Glauben Abgefallenen predigt.

Die Lehre der Sakral-Jurisprudenz/*Fiqh* besagt, daß gegen Apostaten, die vom Glauben abfallen, mit Gewalt vorzugehen sei. Mit anderen Worten: Die Verbreitung des Islam war nicht nur mit der Faszination der neuen Botschaft, sondern auch mit der Warnung verbunden, daß es nicht zulässig sei, den Beitritt zur *Umma* aufzukündigen, weil dies als Abfall gelte, der mit der Todesstrafe geahndet werden könne. Von dieser Position der islamischen Orthodoxie unterscheiden sich die seit dem neunten Jahrhundert auftretenden islamischen Rationalisten, die kraft der *ratio*, und nicht mittels der Androhung des Schwerts vorgehen. Doch gehören die *Fiqh*-Lehren[46], nicht die islamische Aufklärung, zu den religiösen Basisdoktrinen. Der Konflikt zwischen *Fiqh* und Rationalismus wird deutlich. Der islamische Rationalismus läßt Glaubensfreiheit als Vernunftorientierung zu, die Orthodoxie, die dies sehr viel enger auslegt, droht gleich mit der Waffe der *Riddah*, um Abweichungen als *Kufr*/Unglauben zu ahnden.

Über die Bedeutung des *Riddah*-Krieges im Früh-Islam hinaus war es wichtig, das Aggressionspotential der wilden Beduinen zu kanalisieren. Dies erfolgte hauptsächlich durch das Mittel des *Djihad*. Dieser hatte die Funktion, die Gewalt der Beduinen nach außen zu lenken und so zugleich die Einheit der *Umma* gegenüber einem Außenfeind, den *Kafirun*/Ungläubigen, zu gewährleisten. Der große Historiker des Islam, Marshall Hodgson, merkt hierzu an:

»Um die Beduinen zu unterwerfen, wurden muslimische Energien auf die *Riddah*-Kriege konzentriert ... (und) widerspenstige Stämme ... zum Gehorsam gezwungen ... Aber diese Einheit ... war auf die Dauer nur dadurch zu gewährleisten, daß die Eroberungszüge in die umliegenden Länder getragen wurden.«[47]

Der islamische *Djihad* war also nicht nur eine Voraussetzung für die Befriedung der Beduinen dadurch, daß ihre *Ghazu*/Raubüberfälle nun eine neue Stoßrichtung erhielten; der *Djihad* diente auch als islamisch legitimierter Krieg zur weltweiten Verbreitung des Islam, obwohl Muslime die Gleichsetzung von *Djihad* und Krieg (*Harb*) zurückweisen.[48] Ich gehe an dieser Stelle nur deshalb auf den *Djihad* ein, um zu begründen, warum die Einheit von Glaubensgemeinschaft und Expansion Glaubensfreiheit verbietet. Das ist ein realhistorischer Zusammenhang der islamischen Geschichte und keine theologische Angelegenheit. Apostasie gehört in diesen Kontext.

Die Schriftgläubigkeit und das freie Denken

Die orthodoxe Erörterung theologischer Fragen hat im Islam zu einer schriftgläubigen Einstellung hinsichtlich der Autorität des Textes[49] geführt. Damit konnte die geistige Diktatur einer einzig gültigen Gesinnung in der islamischen Tradition Wurzeln schlagen; diese läßt keine Glaubensfreiheit zu. Im Hoch-Islam haben islamische Rationalisten versucht, mit dieser Tradition zu brechen. Diese islamischen vernunftorientierten Philosophen waren bemüht, die orthodox-islamische Denkweise der Schriftgläubigkeit zu überwinden.

Um nicht mißverstanden zu werden: Orthodoxe Schriftgläubigkeit ist eine fest verankerte Tradition im Islam, sie ist nicht mit dem Islamismus unserer Gegenwart gleichzusetzen. Die Alternative *Bi al-aql* oder *Bi al-nas*, d.h. kraft der Vernunft oder kraft des Rückgriffs auf den Text zu denken, läßt sich bis in die klassische islamische Geistesgeschichte zurückverfolgen. Der zeitgenössische marokkanische Philosoph Mohammed Abid al-Djabiri hat im Titel seines Buches den Begriff »*Takwin al-aql al-Arabi*/Beschaffenheit des arabischen Geistes«[50] geprägt; er argumentiert, daß die Textgläubigkeit einer der Hauptzüge des arabischen Geistes sei. Diese bedacht formulierten Äußerungen veröffentlichte al-Djabiri Anfang der achtziger Jahre des 20. Jahrhunderts. Anderthalb Jahrzehnte später führte eine ähnliche, wenngleich sehr offen und weniger zweideutig formulierte Argumentation des Kairoer Linguistik-Professors Nasr Hamid Abu-Zaid zur Mobilisierung eines Bündnisses von Orthodoxen und Fundamentalisten gegen ihn, die ihm das Recht auf Glaubensfreiheit absprachen.

Abu-Zaid[51] hat einen geistigen Zusammenhang zwischen Text, Herrschaft und Wahrheit hergestellt und dabei erkannt, daß die Schriftfixierung der Legitimation der Herrschaft diene, während die Wahrheitssuche zu einem Konflikt mit der Herrschaft führe. Seit dem Früh-Islam gibt es – im Gegensatz zur Tradition islamischer Toleranz gegenüber Juden und Christen – eine solche inner-islamische Intoleranz, die durch die bereits angeführte *Takfir*-Tradition/Erklärung zum Ungläubigen zum Ausdruck kommt. Selbst die letzten beiden der vier rechtgeleiteten Kalifen des Islam, Othman (644–656) und Ali (656–661), blieben hiervon nicht verschont und wurden während der ersten Fitna, das heißt des ersten inner-islamischen Krieges von 656 bis 661, von Muslimen ermordet.[52] Zwischen dem *Riddah*-Krieg 632–634 und der Ermordung Othmans 656 sowie der Erklärung des ägyptischen Professors Abu-Zaid zum *Murtad* durch ein ägyptisches Gericht unserer Gegenwart besteht ein historischer Zusammenhang, in dessen Kern die umkämpfte Glaubensfreiheit im Islam steht.

Abu-Zaid spricht es in einer Schrift, die er nach seiner Flucht aus Kairo – und nach der in Zusammenhang mit seiner *Riddah*/Apostasie-Verurteilung stehenden Zwangsscheidung von seiner Ehefrau durch ein ägyptisches Gericht – verfaßte, offen aus: Denken/*Tafkir* beinhaltet die Gefahr der *Takfir*/Erklärung zum Ungläubigen.[53] Nur im Zeitalter der Hellenisierung des Islam, als islamische Philosophen – lange vor der europäischen Aufklärung – ihre Vernunft als oberste Erkenntnisinstanz anerkannten, gelang es islamischen Rationalisten, sich von der oben erläuterten doktrinären Schriftgläubigkeit zu befreien. Vielleicht war der Islam deshalb die am weitesten entwickelte Zivilisation jener Zeit. Eine Zivilisation, in der das freie Denken als Unglauben inkriminiert wird, kann hingegen nicht gedeihen.

Allerdings muß angemerkt werden, daß die islamischen Rationalisten auch damals schon in Konflikt mit der Schriftgläubigkeit der islamischen Orthodoxie gerieten und deshalb verfolgt wurden; letzten Endes verloren sie die Schlacht gegen die *Fiqh*-Orthodoxie.[54] Dies leitete den Niedergang der islamischen Zivilisation ein.

Die *Fiqh*-Orthodoxie war in der islamischen Geschichte das, was die christliche Inquisition für Giordano Bruno (1548–1600) war; sie verfolgte islamische Rationalisten, da die Philosophie (*Falsafa*) für sie mit Häresie (*Kufr*) identisch war. Ernst Bloch gibt seiner Verwunderung darüber Ausdruck, daß »die islamische Orthodoxie Avicenna wie Averroës verfluchte«[55] und keine Hemmungen hatte, ihre Werke zu verbrennen. Islamische Orthodoxe waren immerhin »zivilisierter« als die christliche Inquisition, die »Giordano Bruno nachher leibhaftig verbrannte« (Bloch, ebd.).

Als aufgeklärter Reform-Muslim und Migrant trete ich dafür ein, daß die orthodoxe Sakralrechtsprechung in Deutschland nicht im Rahmen einer permissiven Toleranz zugelassen wird. *Fiqh* ist ein anti-aufklärerischer Islam. Was bleibt von Bloch und seiner Bewunderung für die »Aristotelische Linke« im Islam übrig? Wie wird Glaubensfreiheit auch gegen den orthodoxen Islam geschützt? Orthodoxie im Islam war stets Sunna-Orthodoxie; wie steht es mit der Schi'a?

Arabozentrismus – Die Spaltung in Sunna und Schi'a

Die Islam-Diaspora in Europa ist kulturell vielfältig und überwiegend nicht-arabisch. Aber der Koran wurde in arabischer Sprache an einen Araber, den Propheten Mohammed herabgesandt. Die beiden ersten islamischen Kalifate (das der Raschidun, 632–661, und der Omaiyyaden, 661–750) wurden vom arabisch-mekkanischen Stamm der Quraisch getragen. Araber leiten daraus die Zentralität des arabischen Elements im Islam ab. Der einflußreiche ägyptische Islamist Mohammed Imara hebt in seinem Buch über »Islam und Arabertum« hervor, es sei »richtig, daß der Islam universell ist, also weder Grenzen noch Schranken anerkennt ... Und doch finden wir in dieser Religion trotz ihrer Universalität ... eine arabische Sonderstellung vor. Hierüber bestehen keine Zweifel, auch gibt es keine Zweideutigkeiten«.[56]

Obwohl diese Aussage sehr aktuell ist und sich auf den Streit islamistischer Ideologen um die Führung des islamischen Erwachens im Übergang zum 21. Jahrhundert bezieht, die eine fundamentalistische Herausforderung[57] darstellt, ist der Streit um die Zentralität der Araber so alt wie der Islam selbst. Dieser Streit ist Bestandteil der islamischen Geschichte und wurde eingebettet in das Schisma von Sunna und Schi'a. Es führte zunächst zur ersten religiösen Binnendifferenzierung im Islam.

Nach der Ermordung des vierten Kalifen Ali im Jahre 661 bildeten seine Anhänger die Partei Alis (*Schi'at-Ali*). Bereits im ersten Jahrhundert der islamischen Religionsstiftung (7. Jahrhundert n. Chr.) wurde also das zentrale Schisma im Islam zwischen Sunna (orthodoxer Islam) und Schi'a (sektiererischer Islam) herbeigeführt. Daraus ist der Schi'a-Islam[58] als selbständige Konfession hervorgegangen. Ali war ein Araber aus Quraisch, zudem Vetter und Schwiegersohn des Propheten. Aber um seinen Erbanspruch gegenüber den extrem arabo-zentrischen Omaiyyaden scharten sich die *Mawalis*, die nicht-arabischen Muslime; sie waren vorwiegend Perser. Der Schi'a-Islam wurde auf diese Weise im Verlaufe seiner Entwicklung zur Sammlungsbewegung der diskriminierten Perser.

Der Sunna-Islam hält die Prophetie von Mohammed für einmalig; der Schi'a-Islam dagegen etabliert den Glauben, daß die prophetische Weisheit durch die Imame, das heißt die rechtmäßigen Führer der Gemeinschaft, fortgesetzt werden kann.

Ein Imam ist im Schi'a-Islam heilig, während im Sunna-Islam jeder Vorbeter ein Imam ist und keine Heiligkeit für sich beanspruchen kann. Schließlich ist im Sunna-Islam noch nicht einmal der Prophet Mohammed ein Heiliger. Die Ordnungsvorstellung der Sunna ist das Kalifat, die der Schi'a das Imamat, das bis auf Ali und seine Söhne Hassan und Hussein zurückgeht.

Im Vergleich zur Schi'a ist der Sunna-Islam numerisch wesentlich weiter verbreitet und wird von mehr als 90 Prozent aller Muslime geteilt. Hingegen umfaßt die schi'itische Konfession nur etwa 110 bis 120 Millionen Anhänger. Mit Ausnahme von vier Ländern bilden die Schi'iten eine Minderheit gegenüber den Sunniten. Eine dieser Ausnahmen ist der Iran[59], wo die Schi'iten ca. 85 Prozent der Bevölkerung ausmachen; der Irak[60] hat einen Anteil von ca. 55 Prozent Schi'iten an der Bevölkerung. Im Irak herrscht aber seit seiner Formierung zu einem künstlichen Staatsgebilde (1922) die arabisch-sunnitische Minderheit über die arabischen Schi'iten und die nicht-arabischen, allerdings sunnitischen Kurden. Somit bleibt unter den 55 islamischen Staaten nur der Iran als ein von den Schi'iten politisch und religiös dominiertes Land.

Wichtig sind auch die Schi'iten des Libanons, die trotz ihres immensen demographischen Wachstums nicht die Mehrheit bilden, jedoch durch ihre vom Iran unterstützte Partei Gottes (*Hizbullah*)[61] ein besonderes Gewicht im Land haben.

Die islamische Schi'a-Konfession ist insofern nicht einheitlich, als aus ihr im Verlaufe ihrer Entwicklung zahlreiche Sekten hervorgegangen sind. Der Zwölfer-Schi'a-Glaube (*Ithna ascha-riyya*) beruht auf der Lehre der zwölf Imame, die anders als im sunnitischen Islam als die einzig legitimen Nachfolger des Propheten Mohammed betrachtet werden, von denen der erste, Ali, als einziger das »Amt« des Kalifen innehatte (656–661), wohingegen der zwölfte Imam, Muhammad al-Mahdi, 878 in die große Verborgenheit/*al-Ghaiba al-kubra* entrückt wurde, um vor dem Ende der Zeit den ungeteilten Ur-Islam wiederherzustellen. Zu den zahlreichen schi'itischen Sekten gehören auch die Ismailiten, also die Siebener-Schi'a, die Drusen und die Aleviten. Die Mehrheit – auch unter den Türken – der in Deutschland lebenden Muslime besteht aus Sunniten. Dennoch leben in Deutschland etwa 700 000 türkische und kurdische Aleviten.

Die Rechtsschulen im Sunna-Islam

Auch der Sunna-Islam ist nicht einheitlich. Die Bildung der als Konfessionen geltenden Rechtsschulen stellt im sunnitischen Islam gewissermaßen eine Parallele zur Sektenbildung innerhalb der Schi'a dar. Unterschiedliche Interpretationen der islamischen *Schari'a* führten zu ihrer Bildung. Die Sunna besteht aus vier Rechtsschulen/*Madhahib*: die Hanafiten, die Malikiten, die Schafi'iten sowie die Hanbaliten.

Die Unterschiede zwischen den vier angeführten Konfessionen im sunnitischen Islam kann man am besten verstehen, wenn man sich vergegenwärtigt, daß der Islam nicht nur eine Religion ist, sondern in der orthodoxen Ausrichtung – in Abgrenzung zum Sufi-Islam – auch beansprucht, ein auf der *Schari'a* basierendes Rechtssystem zu sein. Entsprechend beziehen sich die Unterschiede zwischen den islamischen Konfessionen (auch zwischen Sunna und Schi'a) auf die jeweils unterschiedliche Auslegung des Koran-Textes als Quelle des islamischen Rechts/*Schari'a*.[62] Die Schari'a ist interpretativ, nicht kodifiziert. Es gibt kein Gesetzbuch im Islam namens Schari'a; dies würde dem Charakter der *Schari'a* als Deutung des Willens Allahs widersprechen.

Alle Muslime teilen eine strenge, Allah-zentrierte Weltsicht (Theozentrismus), die dem Individuum wenig Handlungsspielraum einräumt und ihm Pflichten/*Fara'id* gegenüber dem Kollektiv auferlegt.[63] Die im 8. Jahrhundert, also postkoranisch konstruierte und seitdem traditionell überlieferte *Schari'a* ist allerdings ein Zivilrecht zur Regelung von Ehe-, Erbschafts- und ähnlichen Angelegenheiten, kein Staatsrecht. Die Bindung der *Schari'a* an die Forderung nach einem »islamischen Staat« gehört zu den fundamentalistischen Auswüchsen unserer Gegenwart, ist also nicht authentisch islamisch und ist nicht Teil der islamischen Tradition.

Nun ist die Frage zu stellen: Wodurch unterscheiden sich aber die vier Rechtsschulen[64] des sunnitischen Islam? Ich führe sie zunächst kursorisch an und erläutere ihre religiösen Anschauungen, die zu einem Rechtsstandard erhoben werden, wodurch die Unterschiede zwischen ihnen deutlich werden:

• Der *Hanbalismus* ist die konservativste und schriftgläubigste Rechtsschule im sunnitischen Islam. Ihr Begründer Ahmad Ibn Hanbal (780–855) ging davon aus, daß allein Koran und *Hadith* Grundlage der Rechtsfindung im Islam sein dürften. Der Hanbalismus ist eine gegen jeden Wandel und jede auf Anpassung gerichtete Reform orientierte Rechtsschule; in unserer Gegenwart ist er die Grundlage des saudisch-wahhabitischen Islam, der sich dank des Öl-Reichtums Saudi-Arabiens als Petro-Islam eines besonderen Einflusses erfreut und sogar nach Deutschland exportiert wird. Die Fahd-Akademie in Bonn wird von Saudi-Arabien finanziert.

• Die Rechtsschule der *Malikiten* geht auf Malik Ibn Anas (715–795) zurück; sie ist ebenso konservativ wie der Hanbalismus, doch geht ihr Konservatismus auf die Bewahrung von Tradition und Gewohnheitsrecht, nicht – wie bei den Hanbaliten – auf strenge, gegen jeglichen Wandel gerichtete Schriftgläubigkeit zurück. Die Malikiten sind zudem in Einzelfällen darum bemüht, das islamische Recht neuen Verhältnissen anzupassen; sie sind in ihrem Verhältnis zum Text flexibel. Hinzu kommt, daß die Malikiten dem *Idjma*/Konsens der medinensischen Juristen des Frühislam Bedeutung zumessen. Die malikitische Anerkennung des Gewohnheitsrechts läßt eher eine volksislamisch begründete Rechtsfindung zu, wie der nordafrikanische Islam, besonders in Marokko, exemplarisch illustriert. Die absolute Mehrheit der Maghreb-Muslime sind Malikiten.

• Der *Hanafismus* wurde von Abu Hanifa (700–767) als *Madhhab*/Rechtsschule initiiert, aber erst von seinen Schülern

Abu Yusuf (gest. 795) und al-Saybani (gest. 805) weiter entfaltet. Er läßt Billigkeit/*Istihsan* und Analogieschluß/*Qiyas* als Mittel der Rechtsfindung zu. Die hanafitische Rechtsschule war die dominierende Richtung im türkisch-osmanischen Reich – also z.B. auch in Syrien –, sie ist aber auch auf dem indischen Subkontinent verbreitet. Innerhalb des sunnitischen Islam bilden die Hanafiten die Mehrheit. Auch der aus Damaskus stammende Autor gehört dem hanafitischen Islam an.

• Die *Schafi'iten* bemühen sich – dem Namensgeber ihrer Rechtsschule, al-Schafi'i (767–820), folgend – bei der Rechtsfindung um einen Mittelweg zwischen den traditionsstrengen Malikiten und dem Billigkeitsprinzip der Hanafiten. Neben dem *Kitab*/Buch oder der Schrift und der Sunna des Propheten akzeptierte al-Schafi'i *Qiyas*/Analogieschluß und *Idjma*/Konsensus als *Usul al-fiqh*/Prinzipien des Rechts. Entgegen der Anhänger Abu Hanifas argumentieren die Schafi'iten jedoch, daß *Istihsan* nur dann eine zuverlässige Rechtsmethode sei, wenn sie durch einen *Hadith* untermauert würde. Heute ist Indonesien das wichtigste Gebiet, in dem die schafi'itische Rechtsschule vorherrscht.

Die angeführten Rechtsschulen haben sich im Verlauf der islamischen Geschichte – und zwar über die Intentionen ihrer Begründer hinaus – zu Quasi-Konfessionen religiös-ethnischen Charakters innerhalb des sunnitischen Islam entwickelt und sind somit für die ethnisch vielfältige Islam-Diaspora in Deutschland von großer Bedeutung. Augenfällig ist, daß die Verteilung der Sunna-Konfessionen jeweils analog geographischer Regionen erfolgt ist. Ich habe bereits angeführt, daß die nordafrikanischen Muslime im Maghreb fast ausschließlich Malikiten, während die Bewohner der arabischen Halbinsel Hanbaliten und die sunnitischen Syrer – wie meine Person – sowie die Türken Hanafiten sind. Die sunnitischen Kurden sind mehrheitlich schafi'itische Muslime; es gibt aber auch alevitische Kurden, die den Schi'iten zuzuordnen sind. Zudem: nicht alle Kurden sind Muslime. In Israel gibt es eine relativ große Gemeinschaft kurdischer Juden aus dem Irak und Iran.

Für deutsche Leser ist in diesem Zusammenhang der bereits angesprochene organische Charakter des islamischen Religionssystems interessant, dessen Vorschriften sämtliche Lebensbereiche umfassen und regulieren. Diese Feststellung gilt für alle Rechtsschulen des Sunna-Islam. Es versteht sich jedoch von selbst, daß Muslime die strengen, schwer einzuhaltenden Gesetze der *Schari'a* in ihrem Alltag nicht immer befolgen können, obwohl sie sich natürlich verbal zu ihnen bekennen.

Im Gegensatz zum *Schari'a*-Islam der angeführten vier Rechtsschulen ist der Volksislam flexibler; er erlaubt verschiedene Wege/*Tariqa* zur Befolgung der Gebote Allahs und als Ausdruck der Gottesliebe. Neben dem *Tariqa*-Islam des Sufismus ist der islamische Rationalismus des Mittelalters als Gegenkraft zum *Schari'a*-Islam der *Fiqh* zu nennen. Die Spannung zwischen Vernunft (Rationalismus), Schriftgläubigkeit (*Schari'a*-Islam) und Alltagsbrauchtum (*Tariqa*-Volksislam) kennzeichnet den Wettstreit innerhalb des Islam in Geschichte und Gegenwart. Ich möchte diese Spannung im islamischen Glauben näher erläutern, weil sie auch für die Islam-Diaspora in Deutschland von großer Tragweite ist.

Der Islam zwischen Vernunft, Schari'a-Vorschriften und Volksbrauchtum

Nach dem Ideal gibt es im Islam keine Herrschaft der Geistlichkeit. Denn in seiner Doktrin läßt er weder Priester noch irgendeinen Klerus zu. Die Schriftgelehrten (*Ulema*) sind nach orthodox-islamischem Verständnis »Wissenschaftler« oder adäquater »Wissende«, weil sie sich im Islam auskennen, das heißt den Koran und die Überlieferung des Propheten (*Hadith*) studiert haben. Im Islam ist der Koran die Quelle des Wissens; ein Muslim, der sich darauf versteht, ist ein *Alim*/Wissenschaftler oder Wissender (Plur. *Ulema*). Die *Ulema*, also die Schriftgelehrten, vertreten den schriftgläubigen Gesetzes-Islam. Im Verlauf der islamischen Geschichte hat sich dieser Stand, vor allem im

Schi'a-Islam, auch institutionell zu einem Klerus mit entsprechender Hierarchie herausgebildet.

Dieser besondere Aspekt des Islam ist westlichen Lesern sehr schwer verständlich zu machen. Ich will versuchen, es zu erklären: Zu den 99 Namen Allahs gehört die Beschreibung, er sei der Allwissende (*Alim al-Alimin*). Gott hat sein Wissen durch die Offenbarung an seinen Gesandten/*Rasul* Mohammed übermittelt, so daß der Koran sämtliches Wissen enthält. Wer den Koran und die Überlieferung/*Hadith* seines Empfängers Mohammed, also des besten Kenners der göttlichen Offenbarung, studiert, der wird – wie bereits gesagt – zu einem Wissenschaftler/*Alim*. Gewiß, dieses Verständnis ist postkoranisch, es blieb aber in der islamischen Geschichte bis zur Hellenisierung des Islam im 9. Jahrhundert vorherrschend, bis islamische Rationalisten die Vorstellung in den Islam einführen, daß der menschliche *Aql*, die Vernunft ist im Arabischen maskulin, auch eine Quelle des Wissens biete, die sich vom Glauben unterscheidet. Mit anderen Worten: Im Hoch-Islam haben islamische Rationalisten die Trennung zwischen Wissen und Glauben vollzogen.

Islamische Philosophen, an vorderster Stelle al-Kindi (gest. 870), al-Farabi (870–950), Ibn Sina/Avicenna (980–1037) und Ibn Ruschd/Averroës (1126–1198), aber auch der bereits vorgestellte Ibn Khaldun, haben im Islam Vernunft als Quelle des Wissens zugelassen. Ibn Khaldun hat sogar zwischen rationaler und religiöser Begründung des Wissens unterschieden. In seinem Werk *al-Muqaddima*/Prolegomena denkt er über die Notwendigkeit der Erstellung von »unerläßlichen politischen Grundregeln« für die Führung des Gemeinwesens nach. Nach Ibn Khaldun können diese »Grundregeln« von den »Weisen und Notabeln« einer Gemeinschaft kommen, in diesem Falle »handelt es sich um Politik auf rationaler Grundlage«; oder sie stammen von Allah und seinen Propheten, dies ist dann »Politik auf religiöser Grundlage«.[65] In dem zitierten Werk Ibn Khalduns finden wir eine politische und eine Sozialphilosophie »auf rationaler Grundlage«. Das ist ein anderes Wissen als das islamischer *Ulema*/Schriftgelehrter. In unserer Zeit versuchen Islamisten, diese Spannung durch ihren Anspruch auf »*Aslamat al-ilm*/Islamisierung des Wissens«[66] zu vertuschen; europäische Kulturrelativisten, die die Objektivität und Universalität des Wissens zurückweisen, lassen diese Ideologie zu.

Vor Ibn Khaldun lehrte Averroës, daß es eine doppelte Wahrheit gebe: die der Offenbarung und die der Vernunft, und jede von ihnen habe ihre eigene Domäne. Dieser Rationalismus enthielt wichtige Ansätze zu einer islamischen Aufklärung, die auf ihre islamische Art den Primat der Vernunft lehrte[67]; sie konnte sich aber nicht als eine Hauptrichtung im Islam durchsetzen, u.a. weil die islamische Orthodoxie es nicht zugelassen hat, daß die Erkenntnisse des islamischen Rationalismus an islamischen *Medressen*/Hochschulen gelehrt wurden.[68] Aus der Arbeit des Princeton-Soziologen Robert Wuthnow wissen wir, daß neues Wissen (z.B. das Wissen der Aufklärung) nur dann gesellschaftliche Wirkung haben kann, wenn es institutionalisiert wird[69]; ein solcher Prozeß findet vorwiegend im Bildungssektor statt. Der islamische Rationalismus durfte jedoch nicht an islamischen *Medressen* gelehrt werden und so konnte er die theozentrische islamische Weltanschauung nicht ablösen.

Viele Europäer, die den Einfluß des Islam auf die europäische Renaissance[70] würdigen, wissen nicht, daß Muslime stets zwischen zwei Wissenschaftsgattungen unterschieden haben: den sogenannten *Ulum al-qudama*/Wissenschaften der Alten, das heißt der antiken Griechen, und den *Ulum al-Islamiyya*/islamischen Wissenschaften. Letztere sind die schriftgläubigen Wissenszweige wie die Koran-Exegese/*Tafsir* und die der Überlieferungen des Propheten/*Hadith*. Wie ich in einem früheren Buch gezeigt habe (vgl. Anm. 12), bezieht sich der islamische Einfluß auf Europa auf die europäische Rezeption des hellenisierten Islam, nicht auf die Übernahme der auf die Religion bezogenen islamischen Wissenschaften. Am besten lassen sich diese Zusammenhänge am Beispiel der Tagebuch-Eintragung des islamischen Imam Rifa'a Rafi al-Tahtawi, der die erste, im 19. Jahrhundert (1826–31) nach Paris entsandte islamische Studentengruppe betreute, erklären. Tahtawi schreibt:

»Nun sollte man nicht etwa meinen, daß ›Wissenschaftler‹ bei den Franzosen die Priester seien, denn die Geistlichen sind lediglich Gottesgelehrte ... Wenn man allgemein von jemandem als Wissenschaftler spricht, so ist er einer, der sich in den intellektuellen Wissenschaften auskennt ... [W]enn man in Frankreich von jemandem sagt, er sei ein Gelehrter, so versteht man darunter nicht, daß er sich in einer Religion auskennt.«[71]

Nach orthodox islamischem Verständnis sind die islamischen *Fiqh*-Schriftgelehrten die »Wissenschaftler«, für die die *Schari'a* als göttliches Gesetz und Maßstab zur Beurteilung aller weltlichen und religiösen Angelegenheiten gilt. Die *Schari'a* bestimmt, was *Halal*/erlaubt und was *Haram*/verboten ist.[72] Sie vermittelt Anweisungen für alle Bereiche des täglichen Lebens. Hier kommt der organische Charakter des islamischen Religionssystems zum Ausdruck.

Der *Schari'a*-Islam ist der schriftgläubige Islam, der in den städtischen Zentren dominiert, wo sich die institutionelle Basis der *Ulema*/Schriftgelehrten befindet, wohingegen der Volksislam auf den Volksbräuchen basiert und in den ländlichen Gebieten sowie in den Bergen (z.B. im Atlasgebirge in Marokko) verbreitet ist. Dieser Tatbestand hängt zum Teil damit zusammen, daß sich die dort ansässigen, überwiegend nicht-alphabetisierten Muslime in erster Linie an mündlichen religiösen Überlieferungen und den Volkssitten orientieren müssen – eben weil sie Analphabeten sind; deshalb können sie sich kaum nach dem schriftlich tradierten *Schari'a*-Islam richten. Geschichtlich hat natürlich auch der Volksislam entwickelte Formen angenommen, so in der Türkei, wo die *Tariqats* in hohem Maße institutionalisiert und bisweilen Voraussetzung des sozialen Aufstiegs sind.

Für den Volksislam verwenden Experten in ihren Islam-Studien den Begriff des *Tariqa*-Islam, in dem die in der Realität bestehende Vielfalt zum Ausdruck kommt. *Tariqa* kommt sprachlich von *al-Tariq* und heißt hier »der Weg«. Der Begriff bringt die Anschauung zum Ausdruck, daß viele Pfade zu Allah führen, also nicht nur das von den Schriftgelehrten/*Ulema* zum Maßstab erhobene und von ihnen monopolisierte Gesetz. Der *Tariqa*-Islam mag als kulturell rückständig (wie z.B. der Aberglaube an Heilige/*Walis*) gelten, weil Heiligenverehrung nach islamischen Verständnis zum Aberglauben gehört. Durch sein Einräumen kultureller Vielfalt ist der *Tariqa*-Islam aber offener gegenüber dem Geist des politischen Pluralismus und auf diese Weise relevant für die islamische Reform.

Enstehungsgeschichtlich ist der *Tariqa*-Islam aus dem *Sufi*-Islam hervorgegangen; *Sufi* bedeutet hier Mystik. Der Begriff *Sufi* kommt von *Suf*/Wolle und bezieht sich auf das Wollgewand der Asketen, die die islamische Mystik entwickelt haben. Der *Sufi*-Islam wird vorwiegend in den islamischen Orden (Bruderschaften) praktiziert. Im Gegensatz zum *Schari'a*-Islam predigen die islamischen Mystiker, die jedoch – anders als die einfachen, den Volksislam praktizierenden Muslime – hochgebildet sind, daß eine unmittelbare Beziehung zwischen Gott und den Gläubigen bestehe, ja, daß *Iman*/Glaube Liebe/*Mahabba* zu Allah bedeute.[73] Dagegen deuten die islamischen *Ulema* die Gott-Mensch-Beziehung als Unterwerfung unter die absolute Autorität des göttlichen Gesetzes.

Der *Sufi*-Islam ist heute aus zweifacher Sicht wichtig: Zum einen ist die islamische Mystik – etwa im Gegensatz zum untergegangenen islamischen Rationalismus – noch in den islamischen Gesellschaften präsent. Somit kann die *Sufi*-Tradition (z.B. *Tariket* in der Türkei/arab. *Tariqat*) in unserer Gegenwart als ein Gegengewicht sowohl zum Fundamentalismus als auch zum rigiden *Schari'a*-Islam wirken. Es gibt aber bedauerliche Ausnahmen. Hierzu gehört die Tatsache, daß es den Islamisten in der Türkei gelungen ist, die *Tariket* zu unterwandern[74], wodurch die Unterscheidung von *Schari'a*- und *Tariqa*-Islam verwässert wird. Zum anderen bietet der *Sufi*-Islam angesichts seiner Flexibilität und allgemeinen Akzeptanz viele Ansatzpunkte für eine erforderliche Reform des Islam.

Meine Aussagen können beispielhaft an zwei Gegenständen verdeutlicht werden:

• Im Gegensatz zum *Schari'a*-Islam, der jede Subjektivität des Menschen verleugnet und ihn lediglich zum empfangenden Objekt des göttlichen Willens herabstuft, predigt der *Sufi*-Islam – wie angeführt – die Liebe zu Allah, die auf gegenseitiger Anerkennung basiert. Ich möchte diese Leistung der islamischen Mystik anhand des von dem islamischen Mystiker al-Halladj (auch: al-Halladsch, 857–922) entwickelten Begriffs der »Gottesliebe« illustrieren.

Für die islamischen Rechtsgelehrten bedeutet Liebe zu Gott »nichts anderes als Gehorsam des Menschen«, weshalb sie »eine echte Liebesbeziehung zwischen dem göttlichen Herrn und dem menschlichen Sklaven nicht zuließen«.[75] Der Mensch wird im Koran als Sklave oder Diener Gottes/*Abd Allah* bestimmt, der sich uneingeschränkt den göttlichen Anweisungen zu unterwerfen hat. In der Geschichte kamen Anweisungen jedoch vor allem von Menschen, die den Koran in ihrem Sinne deuteten. Gegen Herrscher zu rebellieren, galt dennoch als Verweigerung gegenüber Gott.

Gegen dieses Menschenbild erhoben sich die islamischen Mystiker, indem sie das Zusammenwirken der menschlichen Person und des Göttlichen predigten. Diese Aufwertung des Menschen bei al-Halladj finden wir ebenso bei dem großen *Sufi*-Muslim Ibn al-Arabi (1165–1240). In seiner Lehre von *Wihdat al-wudjud*/Einheit des Seienden vertrat dieser die Vorstellung, daß der Mensch, der von Gott im Sinne theophanischer Emanation und eben deshalb nach dem Bild Gottes erschaffen worden ist, mit dessen Essenz identisch sei; er ist also nicht nur das unterwürfige *Makhluq*/Geschöpf des *Khaliq*/Schöpfers, sondern er trägt selbst vollkommene Züge, also modern ausgedrückt: Subjektivität. Für die islamische Orthodoxie sind solche Anschauungen Häresie/*Kufr*. Es wundert nicht, daß der große Mystiker al-Halladj sein Ende am Galgen fand, und daß die wertvollen Bücher von Ibn al-Arabi, u.a. die Liebeslieder *Turdjuman al-*

aschwaq/Deuter der Sehnsüchte, öffentlich verbrannt wurden. Das ist die Toleranz der islamischen Orthodoxie!

• Daß die islamischen Mystiker – anders als im *Schari'a*-Islam, in dem der Glaube durch die absolute Geltung des göttlichen Gesetzes einen streng schriftgläubigen Charakter erhält – den Glauben als Liebe (*Mahabba*) deuten, führt den großen Ibn al-Arabi darüber hinaus zu dem Ergebnis, daß alle Religionen gleich seien. Er gibt somit die Vorstellung auf, daß Muslime allen anderen überlegen sind. Ibn al-Arabi schreibt:

»Mein Herz ist jeder Form offen: es ist Weide für die Gazelle, ein Kloster für die christlichen Mönche, ein Tempel für die Idole, eine *Ka'ba* für die Pilger (von Mekka), eine Tafel für die Thora und für den Koran. Ich praktiziere die Religion der Liebe.«[76]

Auch das ist eines der vielen positiven Gesichter des offenen Islam, wenngleich die Offenheit dieses *Sufi*-Islam anders ist als die des islamischen Rationalismus: Sie beruht auf dem Herzen und der Liebe, nicht auf der Vernunft. Aber beide sind sympathischer als die Peitsche des *Schari'a*-Islam. In meinem Band über den islamischen Fundamentalismus argumentiere ich mit dem Herzen des *Sufi*, der Vernunft des islamischen Rationalisten und dem Historisieren von Ibn Khaldun gegen den politischen Islam.[77]

Resümee: Kulturelle Vielfalt und zivilisatorische Einheit

Bei der in diesem Kapitel vorgenommenen Einführung in die Glaubensgrundlagen und religiösen Anschauungen des Islam wurde gezeigt, daß sich die meisten Muslime in ihrem Bekenntnis zu den religiösen Basislehren gleichen. Und doch unterscheiden sie sich im Rahmen der religiösen und kulturellen Vielfalt und darüber hinaus durch ihre Zugehörigkeit zu *Schari'a*, Volks- oder Vernunfts-Islam. Jedoch bilden Muslime trotz dieser Vielfalt eine zivilisatorische Einheit im Hinblick auf das Verhältnis des Islam zur nicht-islamischen Welt sowie in bezug auf die hiermit korrespondierenden Weltbilder.

Das Einräumen islamischer Einheitlichkeit in bezug auf die Weltanschauung ist jedoch von der Vorstellung einer einheitlichen »islamischen Kirche« zu unterscheiden. Diese kann nur in den Köpfen von Nicht-Kennern des Islam, wie Bundesinnenminister Schily und christlichen Kirchenfunktionären, existieren. Real ist die Vielfalt, die nicht in eine Kirche hineingepreßt werden darf. Die Einheit betrifft die universelle *Umma*-Weltanschauung des Islam, die säkularen europäischen Verfassungen widerspricht. Läßt man diese zu, dann gibt es keine Integration! Diese Weltanschauung wäre die Legitimation einer islamischen *Umma*-Enklave in Europa mit allen dazugehörigen Implikationen.

Zur islamischen Weltanschauung gehört die manichäische Zweiteilung der Welt in Gut (Gläubige/Frieden) und Böse (Ungläubige/Krieg). So gibt es das Haus des Islam/*Dar al-Islam* als nach den Bestimmungen des *Schari'a*-Islam friedlichen Teil der Welt, während das Haus des Krieges/*Dar al-harb* die außerhalb des Islam liegende Welt bezeichnet. Diese jeglichen Bezug zur modernen Welt entbehrende klassische Lehre – so merkt der islamische Jurist Nadjib Armanazi an – ist bis in unsere Gegenwart unverändert geblieben.[78] Die islamische *Schari'a* gibt strenge Anweisungen für den Umgang der Muslime mit der »Welt der Ungläubigen«, mit der sie einen Waffenstillstand/*Hudna* nur temporär, nämlich nur dann, wenn die Muslime schwach sind, schließen dürfen. *Dar al-ahd*/Haus des Vertrages ist eine dritte Kategorie für eine nicht-muslimische, durch Friedenskonventionen neutralisierte Welt.

Alle orthodox-islamischen, an der *Schari'a* orientierten Völkerrechtler gehen Armanazi zufolge davon aus, daß die islamische Offenbarung/*al-Wahi* als Quelle des Rechts keinem Wandel unterworfen sei. Aus diesem Grunde haben Muslime nie eine eigene rationale Rechtsphilosophie entwickelt, wenngleich sich alle islamischen Staaten in ihrer Rechtspraxis realpolitisch und pragmatisch an die veränderten Bedingungen angepaßt haben. Diese *praktische* Anpassung korrespondiert jedoch *nicht* mit einer Revision des islamischen Rechtsdenkens, das im Widerspruch zu den Normen und Werten des auf Nationalstaatlichkeit und Volkssouveränität aufgebauten internationalen Systems der Neuzeit steht, da seine Quelle – wie gesagt – als von überzeitlicher Gültigkeit angenommen wird. In bezug auf islamische Migranten ergibt sich die Parallele einer pragmatischen Anpassung an die Gesetze des Aufnahmelandes bei gleichzeitiger weltanschaulicher Ablehnung europäischer Verfassungen. Eine rein praktische, nicht normative Zustimmung aber ist fragil und in Krisenzeiten kündbar. Daher gehört zur Integration ein Reform-Islam. Ich nenne ihn Euro-Islam. Kurz: Weder die Zulassung der *Schari'a* noch ein Rechts-Konformismus sind eine dauerhafte Lösung!

In der islamischen Zivilisation werden Reformen generell benötigt. Das Werk des großen muslimischen Reformers Mohammed Abduh (1849–1905) etwa müßte aber auf eine solidere Basis gestellt werden. Denn zur Reform gehört das Überdenken islamischer Weltbilder, nach denen der Mensch lediglich das *Makhluq*/Geschöpf des *Khaliq*/Schöpfers ist, welches sich dem göttlichen Willen durch die Befolgung der verbal inspirierten Offenbarung Gottes als einem Gesetz unterwirft. Es hat Einbrüche in diese von der Mehrheit der Muslime geteilte Weltanschauung gegeben. Geschichtlich ist dies in der islamischen Mystik und im islamischen Rationalismus geschehen. Doch das sind Randerscheinungen. Dominierend bleibt ein Weltbild der Muslime, das eine auf schöpferischer Tätigkeit basierende Weiterentwicklung behindert. Auf dieses Wagnis hat sich der islamische Reformismus nicht eingelassen. Doch kann die Reform durchaus anhand einer neuen Lektüre und in Übereinstimmung und auf der Grundlage des Koran erfolgen. Dennoch muß sie die Schranken der kontextfreien Text-Dogmatik überwinden. Andernfalls ist eine Integration des Islam in Europa nicht zu verwirklichen.

Im Islam ist es erforderlich, Grundlagen für die Akzeptanz der Subjektivität aufzubauen, die dem Menschen eigene Verantwortung zubilligen und damit über das schriftgläubige Befolgen der Offenbarung hinausgehen. Der Koran erlaubt dies, wo es heißt: »Wenn dir etwas Gutes widerfährt, dann kommt dies von Allah. Wenn dir jedoch etwas Böses zustößt, dann suche die Schuld bei dir selbst« (Koran: *An-Nisa*, 4/79).

Dieser Koran-Vers zeigt deutlich, daß Muslime – völlig im Einklang mit dem Koran – ihre wirtschaftlichen und sozialen Probleme nicht als einen Ausdruck des Willens Gottes deuten dürfen und somit in Eigenverantwortung solche Mißstände beseitigen sollen. Nach der zitierten Stelle ruft der Koran geradezu zur Selbständigkeit auf. Natürlich gibt auch die Wahl der Koran-Zitate Auskunft darüber, ob der zitierende Muslim ein Traditionalist, Fundamentalist, Reformer oder Säkularist ist; festzuhalten bleibt aber, daß der Koran keineswegs die rigide Unterwerfung unter das Schicksal fordert, wie das von orthodoxen *Fiqh*-Muslimen oder westlichen Orientalisten immer behauptet wird. Die »Verkündung an die Menschheit/*Bayan li al-nas*«[79] durch den 1997 verstorbenen konservativen Scheich von al-Azhar, Ali Djadul-Haq, war nicht die erwartete Reform, die die religiösen Basislehren des Islam in Einklang mit den Erfordernissen unseres Zeitalters bringt. Solange die nötigen Reformen ausbleiben, behält der Islam als kulturelles System in un-serer globalisierten Welt seinen defensiv-kulturellen Charakter, der in Aggressivität gegenüber dem Westen zum Ausdruck kommt. Eine solche Persistenz gegen Religions-Reformen und kulturelle Erneuerung wäre für die Islam-Diaspora katastrophal; sie verhindert die Integration und zwingt die Muslime mit allen damit verbundenen Folgen dazu, Fremde in Europa zu bleiben, statt *citoyen* zu werden.

Kapitel III

Zwischen Aufklärung und Wilhelminismus: Deutsch-islamische Freundschaft von Lessing bis Kaiser Wilhelm

Die islamische Herausforderung an Europa ist nicht neu; beide sind alte Kontrahenten in der Weltgeschichte. In meinem letzten Buch *Kreuzzug und Djihad*[1] habe ich im Rahmen einer historischen Darstellung nachzuweisen versucht, daß Europa seine Identität im Zeitalter Karls des Großen, des Begründers Europas, in der Auseinandersetzung mit dem Islam gefunden hat.[2] Hier nun möchte ich einen ketzerischen Gedanken zur Diskussion stellen, nämlich daß Europa im neuen Millennium herausgefordert ist, seine Identität unter den Bedingungen der Masseneinwanderung aus nicht-europäischen Kulturen[3] – vor allem aus der Welt des Islam – neu zu bestimmen. Dabei steht der Islam nicht nur wegen der Größe der inzwischen entstandenen Islam-Diaspora in Europa[4] (15 Millionen) im Mittelpunkt, sondern auch und vor allem aufgrund der Tatsache, daß die im vorangegangenen Kapitel vorgestellte islamische Weltanschauung in krassem Gegensatz zur säkularen europäischen Identität steht. Multikulturalismus impliziert, diese Anschauung kommunitär gelten zu lassen. Die kulturelle Moderne bestimmt dagegen die europäische Identität eindeutig; zu ihr gehören nicht nur die Errungenschaften der Renaissance und der Reformation, sondern auch die an der Vernunft statt an göttlicher Offenbarung orientierte Aufklärung.[5] Daraus folgt, daß all diese identitätsstiftenden historischen Epochen – wenngleich in unterschiedlicher Ausprägung – von einem konstitutiven Prozeß der Säkularisierung begleitet wurden.[6] Muslime in Europa behaupten, eine solche säkulare Bestimmung stehe im Widerspruch zu ihrer Identität; sie lehnen deshalb eine Integration in

Form der Annahme der europäischen Identität ab und fordern vielmehr im Namen der Toleranz die Duldung einer multi-kulturellen Ghetto-Existenz in Europa. Somit wird eine Leitkultur, die nur säkular sein kann, verleugnet! Es gilt also, die unumgängliche Anerkennung des Islam als Faktor in Europa mit der Bewahrung der europäischen Identität zu verbinden. Das ist ein zentrales Dilemma.

Um einen Ausweg aus diesem Dilemma zu finden, ist die Kenntnis der Geschichte eine unabdingbare Voraussetzung. Europäer, besonders Deutsche, haben den Beitrag des Islam zur Renaissance[7] stets bewundert. Es war insbesondere der Beitrag des islamischen Rationalismus von Avicenna und Averroës, der die Trennung zwischen Religion und Politik ohne Abkehr vom religiösen Glauben ermöglicht hat. Daraus ließe sich eine islamische Identität ableiten, die mit Europa vereinbar wäre und in unserer Gegenwart aktualisiert werden kann. Von dem aufgeklärten Imam der Moschee von Paris, Dalil Boubakir, und ähnlichen Ausnahmen abgesehen, stoßen wir bei der Führung der Islam-Diaspora in Europa freilich vorwiegend auf Islamisten oder orthodoxe Muslime, die keine Freunde des Erbes von Avicenna oder Averroës sind.

Von der Aufklärung zum rassenpsychologischen Orientalismus

Im 12. Jahrhundert hat Averroës den Primat der Vernunft im Rahmen der Hellenisierung des Islam eingeräumt und hierbei vernunftorientiertes Wissen vom religiösen Glauben im Islam abgekoppelt. Deutsche Aufklärer, vor allem Kant, räumten ebenfalls der Religion einen gewissen Stellenwert ein, ohne die Lehre vom Primat der Vernunft in Frage zu stellen. In bezug auf ihr Verhältnis zur Religion bildeten große Deutsche des 18. und 19. Jahrhunderts deshalb eine hervorzuhebende Ausnahme gegenüber den eher anti-religiösen französischen Aufklärern, die zu dem Extrem des »Entweder-Oder« neigten. Dagegen zeigte sich die deutsche Spielart der Aufklärung im Sinne Lessings, Goethes oder Herders durchaus vom Islam fasziniert.

In diesem Kapitel würdige ich die positive Islam-Deutung der deutschen Denker der Aufklärung. Hier haben große Europäer und speziell die Deutschen versucht, die leider oft grobe europäische Ignoranz gegenüber dem Islam zu verringern. In der europäischen Wissenschaft, die nicht frei von Ideologie oder Vorurteil ist, bestanden zwei unterschiedliche Wege des Umgangs mit dem Islam: Entweder Aufklärung oder Fortsetzung der Ressentiments des aus dem Mittelalter tradierten Islam-Bildes als Feind der Welt der Christenheit. Die Arbeit von Goethe, Lessing und Herder, die anhand des autoritativen Urteils der Fachleute dargestellt wird, steht für die Aufklärung, wohingegen das Islam-Bild des Wilhelminismus die Ressentiments zum Ausdruck bringt.

Im grundlegenden Werk über das Verhältnis Goethes zum Islam von Katharina Mommsen erfahren wir, wie charakteristisch »für die Epochen, die der Goethe-Zeit vorausgingen, eine feindselige Einstellung gegenüber den Anhängern der islamischen Lehre (war), die ihren Grund vor allem in der weitverbreiteten Türkenfurcht hatte«.[8]

Das Verhältnis zwischen Deutschland und dem Islam war durch das Osmanische Reich und die damit einhergehende Bedrohung Europas belastet. Doch die Anlehnung Europas an den Islam während der Renaissance rief unter einigen Bildungsbürgern eine Faszination hervor, die die Türkenfurcht verringerte. Goethe gehört zu den großen Deutschen, die sich nicht von dieser Furcht leiten ließen. Er ging zu den Quellen, also zum arabischen Islam, zurück und entwickelte hierbei – nach Katharina Mommsen – »eine ganz besondere Anteilnahme für die Religion der Muslime«, woraus, wie sie weiter ausführt, seine »außerordentlich positive Einstellung gegenüber dem Islam« (ebd., S. 159f.) folgt.

Katharina Mommsen weist nach, daß sich auch Herder in seinen *Ideen zur Philosophie einer Geschichte der Menschheit* vom Islam ähnlich fasziniert zeigt wie Goethe. Nach ihren Erkenntnissen »rühmt Herder den hohen Grad der Kultur, den die Muslime erreicht hätten und der sie den Pöbel der Christen in seinen groben Ausschweifungen und verwilderten Sitten tief verachten lasse« (ebd., S. 164).

Mommsen zitiert aus dem soeben angeführten großen Werk Herders die Passage:

»Wenn die germanischen Überwinder Europas ein klassisches Buch ihrer Sprache, wie die Araber den Koran, gehabt hätten, nie wäre die lateinische eine Oberherrin ihrer Sprache geworden, auch hätten sich viele ihrer Stämme nicht so ganz in der Irre verloren« (Herder nach Mommsen, ebd., S. 165).

Spuren der deutschen Romantik sind bei diesem Islam-Bild nicht zu übersehen. Ehe ich zu Lessing übergehe, möchte ich anmerken, daß Herder und seine Romantik – dank dem Werk Sati al-Husris (hierüber mehr in Kapitel IV) – eine große Bekanntheit in der arabischen Welt genießen. Die Germanophilie, die Husri verbreitet hat, basierte auf der Rezeption von Herder und Fichte, die wir im Rahmen der Beleuchtung der Problematik »Deutschland und der Islam« näher kennenlernen werden.

Nicht so schwärmerisch wie Herder, doch mit ebensoviel Faszination äußerte sich Lessing über den Islam. Dem renommierten Tübinger Theologen Kuschel gebührt das Verdienst, eine großartige Monographie vorgelegt zu haben, in der Lessing aus der Perspektive eines inter-zivilisatorischen Dialogs zwischen Christen und Muslimen diskutiert wird. Wie Goethe steht auch Lessing in seiner »Neubewertung des Islam ... in völligem Gegensatz zu einer in der Christenheit jahrhundertelang üblichen Abwertung des Islam als einer illegitimen anti-christlichen Religion. Solche Stereotypen waren auch in der Theologie der Lessing-Zeit, sowohl auf katholischer als auf protestantischer Seite, gang und gäbe. Sie hatten sich in einem jahrhundertelangen Abwehrprozeß gegen den Islam fortgesetzt.«[9]

Goethe, Herder und Lessing waren große deutsche Aufklärer und offen für andere Kulturen. Im Rahmen der Versuche, die

Schuld der Zeit zwischen 1933 und 1945 zu büßen, läßt sich heute in Deutschland eine Öffnung für andere Kulturen beobachten. In bezug auf den Islam vollzieht sich diese Öffnung jedoch verkrampft und oft ohne fundiertes Wissen. Besonders bedauerlich ist, daß sie häufig die Form eines Streits unter den deutschen »Feinden und Freunden des Islam«[10] annimmt.

Es geht darum, den Islam zu verstehen, nicht darum, ihn zu lieben oder zu hassen. Im Geiste von Lessings »Nathan« trafen sich Anfang Februar 1998 auf Initiative von Lord George Weidenfeld Christen, Juden und Muslime in Cordoba zu einem Trialog. Als islamischer Trialog-Partner eröffnete ich meine Rede mit der Wiedergabe eines persönlichen Gesprächs mit Lord Weidenfeld, in dem er mir gegenüber die Ignoranz als das größte Hindernis der Verständigung und Quelle der Feindschaft bezeichnete. Meine unerfreulichen Erfahrungen in der deutschen Islam-Diskussion, in der es nur Feinde und Freunde gibt, ließen mich diese Erkenntnis bestätigen. Ich hoffe, dieses Buch trägt zu einem besseren Verständnis bei.

Nach dieser Ausführung über Goethe, Herder und Lessing sowie die zeitgenössischen Feinde und Freunde des Islam, möchte ich zur Islamkunde überleiten und hervorheben, daß sie in Europa aus dem Bedarf nach einer auf der modernen Wissenschaft basierenden Erkenntnis über den Islam entstanden ist. Im Sinne von Lord Weidenfeld ist zu fragen: Hat die deutsche Islamkunde bisher geholfen, die Ignoranz als Hindernis der Verständigung und Quelle der Feindschaft zu beseitigen?

Um eine Antwort auf diese Frage zu finden, empfiehlt es sich, mit dem Begründer der deutschen Islamkunde, Carl Heinrich Becker, zu beginnen und nach seinen Ansichten zu fragen. Dieser räumt »großzügig« ein, daß es im Orient »Ansätze zu einer dem Abendland ähnlichen Entwicklung« gegeben habe. Allerdings behauptet er auch, die Nicht-Entfaltung dieser Ansätze sei geschichtlich determiniert, sozusagen das *Qismet*/Schicksal der Muslime gewesen, weil »eben schließlich doch in letzter Linie ein anderer Geist dahinter steckt als in Europa«.[11]

Dieser Versuch, die Ursachen für die ausgebliebene Entfaltung einer bürgerlichen Gesellschaft in der islamischen Zivilisation – wie er schreibt – »in rassenpsychologischen Tatsachen zu suchen« (ebd.) anstatt in der Sozialgeschichte, gehört schlicht zu den rassistischen Mystifikationen der dunkelsten Tage deutscher Geschichte. Darin kommt ein anderer Geist als der Goethes, Herders und Lessings zum Ausdruck. Die Versuche heutiger Islamkundler, die zitierte Islamophobie in eine Islamophilie zu verwandeln, ähneln indes dem Verhältnis des Antisemitismus zum Philosemitismus. Sie bringt uns zudem in jene unerfreuliche, von den »Feinden und Freunden des Islam« geführte »Debatte« über den Fremden, den anderen. Hierdurch wird jedenfalls alles andere als eine Bewältigung der Vergangenheit geleistet.

Aus diesem geistesgeschichtlichen Exkurs über »den Islam und Deutschland« kann eine vorläufige Schlußfolgerung formuliert werden: Nicht Aufklärung, nicht Überwindung der Ignoranz gegenüber dem Islam, sondern die angeführte Rassenlehre hat die frühe deutsche Islamkunde neben anderen Formen des Orientalismus verbreitet. Mit Orientalismus meine ich die eurozentrische Sicht des Islam, mit der Tendenz, den Islam als minderwertig einzustufen. Diese Sichtweise findet sich an deutschen Universitäten auch noch nach 1945 in subtileren Formen des Orientalismus. So bleiben die deutschen Orientalisten nach wie vor dem alten Geist verhaftet; sie lehnen es ab, eine Diskussion über den Orientalismus zuzulassen, sprechen sich selbst von dem Makel der eurozentrischen Überheblichkeit der englischen und französischen Islamkunde/Orientalistik frei und verleugnen jede Form des Euro-Rassismus.[12]

Diese Problematik läßt sich konkret am historischen Gegenstand veranschaulichen. Wie schon erwähnt, war das Verhältnis Deutschlands zum Islam vom 19. Jahrhundert bis zum Ersten Weltkrieg durch die deutschen Beziehungen zu den Türken geprägt. Türken sprechen heute gerne von der traditionellen deutsch-türkischen Freundschaft. Worin bestand diese?

Deutsche Offiziere im Osmanischen Reich: Von Moltke zu Admiral Souchon – Osmanischer Djihad an der Seite der Deutschen

Die türkisch-osmanischen Sultane waren zugleich die Kalifen aller Muslime. Nach islamischer Doktrin darf ein Kalif sich nicht mit Christen verbünden. Im Ersten Weltkrieg entstand trotz dieser Doktrin ein deutsch-osmanisches Bündnis, bei dem der türkisch-islamische Kalif auf deutscher Seite den gemeinsamen Gegnern den *Djihad* erklärte. Dieses Bündnis gehörte zu den politischen Allianzen, die ganz Europa umspannten und auch auf das Osmanische Reich erweitert wurden. Jenes Reich wurde jedoch von den Europäern nicht als Partner anerkannt, es wurde herabwürdigend lediglich als der »kranke Mann am Bosporus« bezeichnet. Im 19. Jahrhundert sollte seine Fortexistenz künstlich verlängert werden, um Störungen im europäischen Machtgleichgewicht zu vermeiden.

Im Rahmen dieses Machtgleichgewichts wurde dem Osmanischen Reich zunächst geringe Bedeutung eingeräumt. Der Meister dieses Systems, Otto von Bismarck, verfolgte daher keine Bündnispolitik mit dem osmanischen Sultan. Bismarck gehört jener europäischen Geistesrichtung an, nach der das Osmanische Reich trotz massiver Präsenz in Europa nicht zum europäischen Staatenkonzert gehörte. Eine systematische deutsche Orientpolitik hat es deshalb erst nach dem Abgang Bismarcks von der politischen Bühne gegeben. Der 1888 auf den Thron gelangte Kaiser Wilhelm II. dachte anders als Bismarck. Er war vom Orient fasziniert, verfolgte in erster Linie jedoch deutsche Großmachtpolitik in jener Region. Deutsche Militärinstrukteure waren schon vor Wilhelms Zeit ins Osmanische Reich entsandt worden. Zu ihnen gehörte Helmuth von Moltke als junger Offizier, der 1836–1839 als Militärinstrukteur im Dienste Sultan Mahmuds II. stand.

Gleich nach der Thronbesteigung verfolgte Kaiser Wilhelm deutsche Interessen im Orient. Schon ein Jahr nach der Thronbesteigung, 1889, reiste Kaiser Wilhelm II. nach Istanbul; neun Jahre später unternahm er seine legendäre Reise nach Jerusalem und Damaskus. Deutschland, erklärte er bei seinem Besuch des Grabes von Saladin in Damaskus, sei ein Freund und Verbündeter des Islam! Dies war die Vorgeschichte der osmanischen Erklärung des islamischen *Djihad* auf deutscher Seite im Ersten Weltkrieg, eines einmaligen Aktes in der euro-islamischen Geschichte – sieht man einmal vom Bündnis der *Djihad*-Afghanen mit der amerikanischen CIA in ihrem Kampf gegen die Sowjetunion[13] ab. Kaiser Wilhelm als Freund des Islam erinnert an die bereits zitierte aktuelle Formel von Kohlhammer »die Feinde und die Freunde des Islam« (vgl. Anm. 10); beide sind suspekt!

Parallel zum Kaiser-Sultan-Bündnis entstanden nicht-staatliche Kontakte: deutsche Bankiers und Offiziere strömten in das Reich der Osmanen. Die Deutsche Bank gab Kredite zum Bau der damals berühmten Bagdad-Bahn, und das osmanische Heer kam unter das Kommando deutscher Generäle wie Limon von Sanders und Erich von Falkenhayn, während Admiräle wie Wilhelm Souchon in die Befehlsstruktur der osmanischen Flotte integriert waren. Das kaiserliche Deutschland wurde ein »Freund des Islam«, und so konnte der islamische Kalif Mehmed V. im Oktober 1914 den christlichen Briten und Franzosen den *Djihad*-Krieg erklären. Die neue Machtlogik war, daß dieser *Djihad* nicht der Verbreitung des Islam[14], sondern deutschen Machtinteressen diente.[15] Diese Spielart des *Djihad* ähnelt der des Afghanistan-Krieges, als islamische *Djihad*-Kämpfer nach 1979 im Dienste der USA gegen den Kommunismus Krieg führten.

Am Anfang dieses Kapitels verwies ich auf mein früheres Buch *Kreuzzug und Djihad* über die Geschichte von Islam und der christlichen Welt, worin ich zeige, daß »heilige Kriege« das Verhältnis beider Zivilisationen bestimmt haben. Die historische Tatsache, daß der Kalif der Muslime als ihr Imam[16] 1914 an deutscher Seite den islamischen *Djihad* erklärt hatte, veranlaßt zu der Frage, ob die *Djihad*-Kreuzzug-Konfrontation seinerzeit durch die deutsch-türkische Freundschaft beendet wurde und ob diese »Freundschaft« eine Bedeutung für unsere Gegenwart hat.

Die Beziehungen Englands und Frankreichs zum Osmanischen Reich waren historisch sehr wechselhaft. Zunächst zeigten sich diese europäischen Mächte als indirekte Verbündete der Osmanen gegen das zaristische Rußland. Als der abtrünnige Statthalter von Ägypten, Mohammed Ali, mit dem Rückhalt seiner aus Europa »importierten« Armee so vermessen war, das osmanische Syrien zu besetzen und gegen Istanbul zu marschieren, wurde er von England und Frankreich daran gehindert. Die Europäer hatten kein Interesse an einer neuen Großmacht im Orient; sie schützten deshalb den Sultan gegen seinen Statthalter von Ägypten. Doch als die beiden Kolonialmächte begannen, auch im Territorialbereich des Osmanischen Reiches ihre koloniale Expansion zu betreiben und Frankreich 1881 Tunis, England 1882 Ägypten (wie zuvor 1878 Zypern) einnahm – alle gehörten zuvor zum osmanischen Imperium –, kam bei dem damaligen Sultan Abdülhamid II. Unmut auf, der zu einer Hinwendung zu Deutschland führte. Damals und bis zur Zeit des Dritten Reiches verfielen Muslime der Illusion, daß Deutschland keine Kolonialpolitik im *Dar al-Islam* betreibe, weshalb sie entsprechend Kaiser Wilhelm und später Hitler als »Freunde des Islam« und als Beschützer einstuften.

Unter Bedingungen der europäischen kolonialen Expansion läßt sich im 19. Jahrhundert ein entscheidender Wandel in der islamischen Doktrin des *Djihad* beobachten. Bereits der Sultan-Kalif Abdülhamid II. übernahm die Ideen des islamischen Erneuerers Afghani, der den Djihad als Antikolonialismus[17] neu definierte, für seine Politik des Panislamismus. Diese Politik stellte eine politisch-religiöse Bedrohung für den britischen und den französischen Kolonialbesitz in der islamischen Welt dar. Dagegen konnte Deutschland, das als »verspätete Nation« keine islamischen Kolonien besaß, sich als »Freund des Islam«

präsentieren. Kaiser Wilhelm II. wurde hinsichtlich seiner Orient-Phantasien von einem deutschen Offizier, der zuvor ebenfalls in Istanbul in Dienst stand und nun zum Marschall aufgestiegen war, Colmar von der Goltz, ermuntert. Dieser war eine äußerst euro-arrogante und unangenehme, zudem alles andere als integre, ja sogar zwielichtige Person: In Istanbul spielte er den Türken Loyalität vor, in Berlin aber intrigierte er gegen sie und ließ seiner Verachtung freien Lauf. Der Junker-Marschall von der Goltz war sicherlich kein Freund des Islam.

Vor Ausbruch des Ersten Weltkrieges unterlagen 1913 erneut osmanische Truppen bei Kämpfen auf dem Balkan. Daraufhin wurde der Ruf nach einer »Germanisierung des osmanischen Heeres« sowie nach weiteren »militärischen Reformen unter Kontrolle der deutschen Generalität«[18] laut. Die untergehenden Osmanen sahen darin einen Hoffnungsschimmer. Zwischen 1889 und 1914 hatte die deutsche Präsenz aus der Perspektive der Westmächte ein beängstigendes Ausmaß angenommen. Der Historiker Macfie schreibt:

»Von Briten, Franzosen und Russen wurde das Eindringen der Deutschen in das Osmanische Reich nicht begrüßt, weil sie hiervon ihre Handels- und Militärinteressen in diesem Gebiet bedroht sahen ... Deutscher Einfluß im Osmanischen Reich ... war erheblich ... Der militärische und politische Einfluß auf das Osmanische Reich ging im allgemeinen Hand in Hand mit wirtschaftlichen Investitionen.«[19]

Die *Ulema*, also die Schriftgelehrten, obwohl sie schon seit Sultan Mahmud II. geschwächt waren, hatten immer noch Einfluß und meldeten Bedenken an, daß Kreuzzügler wie die »ungläubigen Deutschen« islamische Truppen ausbildeten. Gegen diesen Widerstand gelang es Freiherr von der Goltz, den Sultan zu überzeugen, osmanische Elite-Offiziere zur Fortbildung nach Potsdam zu entsenden.

»Die von Goltz aufgebaute deutsche ›Connection‹ war gründlicher durchorganisiert als die früheren planlosen Experimente. Dieses Netz hielt sich bis zum Ersten Weltkrieg ... Die Beschäftigung ausländischer Spezialisten zur Modernisierung des Heeres war natürlich ein vertrautes Mittel, wie es von allen Reformer-Sultanen favorisiert wurde.«[20]

Deutsche Offiziere und Bankiers gehörten zu den bevorzugten Gästen von Sultan Abdülhamid II., der für sie sogar ein kleines Schlößchen neben seinem Yildiz-Palast errichten ließ.[21]

Als Deutschland am 2. August 1914 Rußland den Krieg erklärte, war das Osmanische Reich zum Spielfeld deutscher Offiziere geworden, die sich schon lange nicht mehr damit begnügt hatten, lediglich als Ausbilder zu dienen. Inzwischen hatten sie mehrfach Kommandoposten im osmanischen Heer übernommen. Das Osmanische Reich trat dem Krieg erst Monate später, im Oktober 1914, auf deutscher Seite bei, nachdem der deutsche Admiral Wilhelm Souchon vom Schwarzen Meer aus Odessa, Sewastopol und Noworossisk mit seiner Flotte attakkiert und unter heftigen Beschuß genommen hatte.

Im vom Kalifen erklärten *Djihad* vom Oktober 1914 waren die Befehlshaber der islamischen Streitkräfte deutsche Christen. Admiral Wilhelm Souchon und General von Sanders waren zu *Djihad*-Offizieren geworden. Im Vorfeld des osmanischen Kriegsbeitritts wurden zwei deutsche Kriegsschiffe in die Dardanellen entsandt: die Schiffe »Goeben« und »Breslau«. Die »Goeben« war das größte Kriegsschiff, das bis dahin jemals diese Gewässer befahren hatte. Am 12. August wurden beide Schiffe formal an die Osmanen übergeben, die »Goeben« in »Jawaz« und die »Breslau« in »Midilli« umbenannt und somit turkisiert bzw. islamisiert. Trotz der islamisch-osmanischen Flagge war jedoch Admiral Wilhelm Souchon Oberbefehlshaber der osmanischen Flotte, zu der beide Schiffe mit ihrer deutschen Besatzung gehörten. Die Übergabe der *Djihad*-Führung im Ersten Weltkrieg konnte freilich eine Niederlage nicht verhindern, die das Osmanische Reich seine Existenz kostete.

Germanophilie trotz Geringschätzung der Muslime

Die islamisch/osmanisch-deutsche »Waffenbruderschaft« bietet Lehrstoff für den inter-kulturellen Kontakt. Deutsche Offiziere – von Moltke bis Goltz – haben für meinen Geschmack als Muslim nach ihrer Rückkehr nach Deutschland in impertinenter Weise öffentlich ihre Verachtung gegenüber den Türken und deren Sultan sowie ihre Geringschätzung für deren Kompetenz geäußert. In meinem Europa-Buch (vgl. Anm. 3) bezeichne ich diese Einstellung als Euro-Arroganz. Es mag zwar sachliche Gründe für ein fehlendes gegenseitiges Verständnis gegeben haben, diese rechtfertigen aber solche Einlassungen nicht.

Sachlich richtig war es zum Beispiel, daß osmanische Offiziere den Erfordernissen einer modernen Armee nicht gewachsen waren und die hohen Standards der deutschen Militärs nicht erfüllen konnten. Aber ebenso richtig ist die Feststellung, daß sich die deutschen Barone in Militäruniform unfähig erwiesen, den Stolz der muslimischen Türken zu berücksichtigen, wie letztere wiederum mit der Sturheit und Inflexibilität der deutschen Junker-Offiziere nicht umgehen konnten. Dessenungeachtet haben sich beide Seiten gegenseitig instrumentalisiert. Sultan Abdülhamid II. hat die Deutschen für seinen Pan-Islamismus eingespannt, Kaiser Wilhelm II. sowie seine Generalität haben die osmanischen Muslime für deutsche Großmachtpolitik benutzt. Von »deutsch-islamischer Freundschaft« in diesem Zusammenhang zu sprechen, wäre nichts anderes, als Hof-Geschichtsschreibung zu betreiben und Mythen zu verbreiten. Schwerwiegender als Mythenbildung ist für mich jedoch die deutsche Geringschätzung der türkischen Muslime, die bis heute im Bild vom Muslim als Gastarbeiter fortlebt. Dennoch pflegten die Muslime lange Zeit ihre Germanophilie, ohne zu merken, daß deutsche Junker wie von der Goltz nur Geringschätzung für sie übrig hatten.

Während des Bündnisses zwischen Osmanen und Deutschem Reich war die Germanophilie der Muslime vorwiegend politischer Natur. Die geistigen Einwirkungen wurden erst später durch den Einfluß des romantischen deutschen Volksbegriffs eingeleitet. Das Ergebnis war ein völkischer Nationalismus (vgl. Kapitel IV). Das Osmanische Reich besaß eine übernational-religiöse, islamische Legitimität, in der es noch keinen Platz für Nationalismus gab. Fälschlich wird dieses Reich oft analog zu Habsburg als ein Vielvölkerstaat beschrieben, welcher er nach seinem Selbstverständnis nicht war. Erst die germanophilen »Jungtürken« haben in ihrer frühen Phase diese Idee als Basis für eine neue Legitimität für das osmanische Reich entdeckt. Für die Jungtürken sowie vor ihnen die Jungosmanen diente das Habsburger Reich von Österreich-Ungarn als Modell für die Lösung der langsam im Reich entstehenden »nationalen Frage«. Die Jungtürken wandten sich später der Idee des völkischen Nationalstaats zu.[22]

Im Osmanischen Reich gab es nach der seinerzeit geltenden Weltanschauung zwischen Arabern und Türken keinen Unterschied, weil beide sunnitische Muslime waren; nationale Unterscheidungen hatten keine Bedeutung, nur solche der Religion, wie sie im Rahmen des *Millet*(Religionsgemeinschaft)-Systems zum Ausdruck kamen. Erst die Reformen des 19. Jahrhunderts haben diese islamische Legitimität ausgehöhlt, weil sie durch die Hintertür den modernen Nationalismus einführten, dessen Quellen deutsch waren.

In ihren Anfängen war die Germanophilie im Osmanischen Reich noch unberührt von den Spannungen zwischen den unterschiedlichen Ordnungsprinzipien von Sultan-Kalifat und Nationalstaat. Germanophilie bedeutete zunächst nicht mehr als die Faszination der Muslime für deutsche Perfektion und Effizienz in Organisation und Militärwesen – gepaart natürlich mit der Begeisterung für das wilhelminische Deutschland. Erst später kam die politische Illusion hinzu, daß die Deutschen, im Gegensatz zu Engländern und Franzosen, keine Kolonialpolitik im Orient betrieben, also »Freunde des Islam« seien. Kaiser Wilhelm hat sich in Istanbul, Jerusalem und Damaskus entsprechend propagandistisch und mit viel Erfolg präsentiert. Diese Form der Begeisterung ging der arabischen Faszination für die politische deutsche Romantik voraus.

Der Einbruch des Nationalismus in die Welt des Islam hat an den dortigen Realitäten vieles verändert und sie seitdem in Unordnung gebracht. Die später ebenfalls eingeführten europäischen Institutionen des Nationalstaats scheinen allerdings bis heute nicht zu funktionieren[23], obwohl die gegenwärtige Welt des Islam durch die Existenz von 55 – jedoch nur nominellen – Nationalstaaten gekennzeichnet ist. Das erste europäische Modell eines Nationalstaats in der Geschichte war der französische *nation état*, der im Gefolge der Französischen Revolution entstanden war. Die frühen modernen, vorwiegend in Paris ausgebildeten islamischen Eliten haben dieses Modell bereits in seinen Anfängen kennengelernt und waren fasziniert davon.[24]

Für die Thematik dieses Buches ist der Unterschied zwischen der französischen und der deutschen Idee des Nationalstaats von großer Bedeutung.[25] Die Franzosen verstehen unter Nationalstaat ein demokratisches Gemeinwesen, zu dem der Mensch als *citoyen* durch freie Entscheidung im Sinne eines Wahlaktes gehören kann (*nationalité élective* als Ausdruck eines stets erneuerten Plebiszits). Dagegen ist für die Deutschen der Nationalstaat organisch; somit sind seine Angehörigen durch gemeinsame Sprache und Geschichte organisch miteinander verbunden. Dies aber ist eine Kulturgemeinschaft, kein politisch definiertes Gemeinwesen. Dieser Unterschied ist für die hier geführte Diskussion über den »Islam und Deutschland« von großer Bedeutung. Er bildet den Hintergrund für den Übergang von der muslimischen Faszination für Frankreich (Frankophilie) zur Begeisterung für Deutschland: der Germanophilie. Die Gründe waren allerdings nicht allein geistiger Art. Kulturell-geistige Einflüsse wurden in politische und historische Zusammenhänge eingebettet, wie ich noch näher erklären werde.

Nach der Auflösung des Osmanischen Reiches und der Abschaffung des Kalifats 1924 im Gefolge der kemalistischen Revolution fühlten sich die Araber von Franzosen und Briten betrogen; sie sahen sich als Opfer einer Verschwörung. Die beiden Kolonialmächte hatten den muslimischen Arabern für den Fall eines separatistischen Aufstands gegen den mit Deutschland verbündeten Sultan-Kalifen Unterstützung bei der Bildung eines arabischen Nationalstaats aus den *vorder-*, also den west-asiatischen arabischen Provinzen des Osmanischen Reiches versprochen. Die arabische Revolte fand 1916 statt, der versprochene Staat aber fiel einem kolonial dominierten Nahen Osten zum Opfer.[26] Britische und französische Diplomaten hatten bereits zuvor im Rahmen des Sykes-Picot-Abkommens beschlossen, diese arabischen Gebiete – bis auf das Heilige Land (Mekka und Medina, seit 1932 Saudi-Arabien) – zu Kolonien, völkerrechtlich in Protektorate und Mandatsgebiete unterteilt, zu machen. Diese Politik, die Araber Verschwörung (*Mu'amarah*) nennen, ist zu einem anhaltenden Trauma geworden.[27]

Nach dem Ersten Weltkrieg löste sich also die islamische Ordnung, das Kalifat, auf. Der erhoffte gesamtarabische Nationalstaat auf der Basis der arabischen Provinzen des Osmanischen Reiches kam dennoch nicht zustande. Engländer und Franzosen, denen die arabischen Muslime bei ihrem Aufstand 1916 gegen den eigenen Kalifen von Istanbul vertrauten, erwiesen sich als »Betrüger«. Auch fehlte der Bildung eines Nationalstaats nach französischem Muster die notwendige Basis. Diese historische Situation war die Ausgangslage für die Übernahme des deutschen Nationsmodells (Nation als Kulturgemeinschaft) anstatt des Nationalstaatsmodells. Als Kulturgemeinschaft mit gemeinsamer Sprache, Sitten und Gebräuchen erfüllten die Araber die grundlegenden Voraussetzungen für das deutsche Nationsmodell. Dies ist die ideengeschichtliche Grundlage des germanophilen Panarabismus, den ich im folgenden Kapitel darstellen werde. Der Schwerpunkt der Germanophilie verlagerte sich sowohl inhaltlich als auch geopolitisch: von einer politischen und militärischen zu einer geistigen Orientierung und von den türkischen zu den arabischen Gebieten des *Dar al-Islam*.

Für die arabisch-islamische Germanophilie war der Antikolonialismus, der in der historischen Situation nach dem Ersten Weltkrieg anti-britisch und anti-französisch sein mußte, von zentraler Bedeutung. Zwischen den beiden Weltkriegen bieten sich arabische Nationalisten deshalb auch in tragischer Weise für eine Zusammenarbeit mit Deutschland gegen die britischen und französischen Kolonialmächte an. Ich bestreite nicht, daß es eine Faschismus-freundliche Strömung innerhalb der arabisch-nationalistischen Bewegung gab; es ist aber historisch falsch, dem arabischen Nationalismus insgesamt diesen Stempel aufzudrücken. Germanophile arabische Nationalisten wie Michel Aflaq (1910–1989, Begründer der Ba'th-Partei) und Antun Sa'ada (Begründer der Syrischen Sozialnationalen Partei/SSNP), neigten zwar faschistischem Gedankengut zu, sie waren aber arabische Christen, keine Muslime. Bei den arabischen Muslimen herrschte ganz klar die Illusion vor, die Deutschen würden sie von der Kolonialherrschaft befreien.

Die tragische Seite des arabischen Nationalismus und antikolonialistisch eingestellter Muslime war dennoch die Zusammenarbeit mit dem Dritten Reich. Der Besuch von Amin al-Hussaini[28], dem Mufti von Jerusalem und zugleich Vorsitzenden des Obersten Islamischen Rats, in Berlin beim »Führer« gehört zweifellos zu den dunklen Kapiteln der Geschichte des arabischen Nationalismus. Es folgte der Pro-Achsen-Aufstand von 1941, der von Ali Kailani (in der Literatur falsch transkribiert: Gailani) in Bagdad in enger Zusammenarbeit mit Berlin durchgeführt wurde.[29] Der deutsche Historiker Schröder schreibt dazu:

»Die deutsche Politik folgte selbstverständlich den deutschen Interessen. Für Hitler war dies ... der entscheidende Maßstab seines Verhältnisses zur antikolonialen Bewegung ... Die nationalsozialistische Außenpolitik – in diesem Fall nicht unbedingt zu identtfizieren mit Hitler – hat auch schon vor dem Krieg Kontakte zum arabischen Nationalismus gesucht und ist dessen Annäherung an Deutschland entgegengekommen ... Hitler hatte jedoch wenig Sinn für die eigentlichen Anliegen der mittelöstlichen Nationalbewegung.«[30]

Uns liegen die veröffentlichten Memoiren des in jener Zeit als deutscher Botschafter in Bagdad dienenden Diplomaten Fritz Grobba[31] vor, die anschauliches Material für diese Einstellung bieten. Die arabischen Nationalisten – selbst der intelligente Mufti von Jerusalem – waren so naiv, den Rassismus der Nazis, der sie als Semiten doch einschloß, nicht wahrgenommen zu haben.

Für heutige Deutsche ist diese muslimisch-arabische Deutschlandfreundlichkeit wenig schmeichelhaft. Hitler-Begeisterung kann niemals irgendeine Basis für Verständigung bieten. Sie geht auf den Zweiten Weltkrieg zurück, als eine enge Zusammenarbeit arabischer Nationalisten mit den Nationalsozialisten des Dritten Reiches entstand, die in der Literatur einwandfrei dokumentiert worden ist.[32] Eine arabisch-muslimische Aufarbeitung dieser Vergangenheit läßt im übrigen auf sich warten.

Aus der Retrospektive ist es als Glücksfall zu bezeichnen, daß die Nazis die geopolitische Bedeutung des islamischen Südens und Ostens des Mittelmeerraumes falsch einschätzten und erst verspätet erkannten. Das Schlachtfeld des Zweiten Weltkriegs war Europa, und erst nach 1940 – besonders in den Monaten Juli und August – wurde deutlich, daß das »Schwergewicht des Krieges in den Mittelmeerraum hätte verlegt werden können«, wie der Historiker Bernd-Philipp Schröder hervorhebt. Diese Erkenntnis änderte die Sicht der Nationalsozialisten – aber zu spät. Die Schlachten, die in Nordafrika geführt wurden, waren deshalb verloren. Das Urteil des Historikers lautet:

»Die Möglichkeiten einer Zusammenarbeit mit den Befreiungsbewegungen des Orients drangen erst dann in das Bewußtsein der nationalsozialistischen Politik, als für eine ordnungsgemäße Vorbereitung gemeinsamer Aktionen keine Zeit mehr geblieben war.«[33]

Die Sicht der deutschen Nationalsozialisten war auch geschichtlich rückständig. Seit dem 7. Jahrhundert ist das Mittelmeer der Ort islamisch-europäischer Begegnungen. Dies verstanden die blutrünstigen Nazi-Strategen nicht, und somit entging ihnen der hohe Stellenwert des Mittelmeers für Europa; als sie seine Bedeutung erkannten, war glücklicherweise der Krieg für sie politisch und militärisch schon verloren. Aber die aus der ersten Hälfte des 20. Jahrhunderts stammende arabo-islamische Germanophilie, die für das neue Millennium kaum als Vorbild dienen kann, ist leider auch heute noch nicht überwunden.

Historische Bestimmungsfaktoren der Germanophilie in der arabisch-islamischen Welt

Nicht jeder Historiker ist ein der Wahrheit verpflichteter Wissenschaftler; es gibt unter ihnen auch solche, die Mythen und Legenden pflegen. Diese Aussage gilt gleichermaßen für bestimmte islamische und europäische Historiker. Wissenschaftlich denkende Historiker unterscheiden sich von denjenigen, die auf Geschichte im Rahmen der *Invention of Tradition*[34] zurückgreifen, dadurch, daß sie Mythen nicht kultivieren, ja manchmal sogar liebgewonnene Mythen zerstören müssen, um ihrem historischen Gegenstand treu zu bleiben – Entmystifizierung gehört zur Arbeit des aufklärerischen Historikers. Als ein solcher, zudem arabischer Herkunft, aber mit deutscher Bildung und Staatsangehörigkeit, bin ich in der wenig glücklichen Lage, hier den seit Wilhelm II. gepflegten, sehr populären Mythos einer deutsch-islamischen Freundschaft zu entzaubern! Auch die Deutschen betrieben Kolonialpolitik im Vorderen Orient, und es war nicht die »Liebe zum Islam«, die sie in diese Region gebracht hat.

Seit den letzten Jahrzehnten des 19. Jahrhunderts gehört, wie ich darzustellen versucht habe, Germanophilie zur neueren Geschichte des Mittelmeer-Islam. Ich möchte hierfür folgende Bestimmungsfaktoren nennen:

1. Die Ausbildung von modernem Militär im Osmanischen Reich durch preußische bzw. reichsdeutsche Offiziere läßt sich

als entscheidender Faktor angeben, der spätere Entwicklungen bestimmt hat. Sowohl auf türkischer als auch auf arabischer Seite ist nachgewiesen worden, daß osmanische Offiziere in den letzten drei Jahrzehnten des Osmanischen Reiches durch preußische und reichsdeutsche Offiziere im deutschen Geiste ausgebildet wurden.[35] Die arabischen Offiziere, die mit den Nazis 1941 die Machtergreifung in Bagdad betrieben, waren ehemals osmanische Kadetten mit reichsdeutscher Ausbildung.

2. Der Einfluß der deutschen Nationsidee auf die Araber im Rahmen des geistigen, erzieherischen und politischen Wirkens des Begründers des säkularen panarabischen Nationalismus, Sati al-Husri[36], ist ein entscheidender Faktor bei der Entstehung arabisch-islamischer Germanophilie. Unter der Wirkung Sati al-Husris vollzog sich eine historische Entwicklung, die als solche »vom Osmanismus zum Arabismus« umschrieben werden kann.[37]

3. Germanophilie ist jedoch nicht nur eine geistesgeschichtliche Erscheinung, sondern geht auch auf politisch-historische Zusammenhänge zurück. Der Historiker Bernd-Philipp Schröder beschreibt dies so: Der Grund der »Hinwendung zu Deutschland war der Kampf gegen die durch den Völkerbund saktionierte Vorherrschaft Englands und Frankreichs im Orient«[38]. Es gehört zur Naivität der germanophilen arabischen Nationalisten, geglaubt zu haben, die Deutschen würden sie von der anglo-französischen kolonialen Bevormundung befreien!

Nach der Auflösung des Osmanischen Reiches war der Irak das Zentrum der arabischen Germanophilie. Zunächst war dieser britisches Mandatsgebiet, das seit 1922 aber innere Autonomie besaß. Nach Erlangung der politischen Unabhängigkeit 1932 wurde er zum Hort der arabischen Nationalbewegung. Politiker und ehemalige osmanische Offiziere aus Syrien und Palästina betätigten sich im irakischen Exil. Der Kern der irakischen Armee bestand ohnehin aus ehemaligen osmanischen Kadetten mit deutscher Ausbildung; zudem waren viele von ihnen frühere Mitglieder des arabisch-nationalen Geheimbundes

»*al-Ahd*«. Die Geheimbünde der osmanischen Zeit waren die Pioniere des arabischen Nationalismus.

Im Jahr 1940 versammelten sich irakische Politiker und Offiziere sowie im Irak lebende arabische Nationalisten der benachbarten Länder, um die vorläufige Gründung einer arabisch-nationalen Partei zu beschließen. Obwohl diese Nationalisten in ihrer Orientierung säkular waren, ließen sie sich auf ein verhängnisvolles Bündnis mit feudal-religiösen Kräften ein. Nach der arabischen Revolte von 1916 unter Scherif Hussein von Mekka war dies das zweite Mal, daß arabische Nationalisten eine vormoderne Führung annahmen. Diesmal war der Führer der »Groß«-Mufti von Jerusalem, Amin al-Hussaini; er konnte nicht nur in der neugegründeten arabisch-nationalen Partei, sondern in der arabischen Nationalbewegung allgemein seit den vierziger Jahren eine einflußreiche Position einnehmen. Unter seiner Ägide wurden Kontakte zum Dritten Reich aufgenommen und gepflegt; sein Privatsekretär Othman Kamal Haddad (vgl. Anm. 29) war der Kontaktmann zwischen Bagdad und Berlin.

Es gibt keine Belege dafür, daß der Begründer der geistigen Germanophilie, Husri, mit der Gruppe um die arabisch-nationale Partei im Irak zusammengearbeitet hat; weder wird sie in Husris Memoiren erwähnt, noch bringt Haddad in seinen Memoiren die Gruppe in Zusammenhang mit Husri. Wie aber konnte es Husri gelingen, zugleich die Ideologie des Panarabismus zu entwickeln und die Germanophilie zu begründen?

Die arabischen Nationalisten waren zweifellos durch die Ideen Husris, die damals in Tageszeitungen und Zeitschriften, aber noch nicht in Buchform verbreitet wurden, beeinflußt. Kein anderer politischer arabischer Schriftsteller jener Periode war so vertraut mit der deutschen Nationsidee wie er. Die Nationalisten nach 1924 haben dann durch sein umfangreiches Werk die deutschen Ideen rezipiert. Es ist allerdings skurril, daß ein dermaßen von der deutschen Volksromantik beeinflußter Araber kein Deutsch konnte; er las die Texte von Herder oder Fichte in der *lingua franca* der frühen arabischen Eliten: auf Französisch.

Der Vater der arabischen Germanophilie Husri kannte die Sprache seiner Lehrmeister nicht!

Im April 1941 unternahm die um Ali Kailani gebildete Gruppe von arabischen Nationalisten mit Unterstützung des Dritten Reiches und des faschistischen Italiens einen Staatsstreich.[39] Es waren arabische Nationalisten, die über Husri von deutschen Ideen beeinflußt und voller Begeisterung für Deutschland waren. Raschid Ali Kailani wurde der neue Ministerpräsidenten des Irak, der nunmehr auf seiten der Achsenmächte Deutschland und Italien stand.[40]

Doch schon im Mai 1941 kehrte der nach dem Staatsstreich der arabischen Nationalisten geflohene Regent des Irak, Abdulilah, zurück und stürzte seinerseits mit Hilfe englischer Truppen das achsenfreundliche Regime Kailani; diesem nahestehende Personen wurden entweder ins Exil geschickt oder inhaftiert. Kailani floh nach Italien, wo er bis Kriegsende blieb. Husri wurde seiner Ämter enthoben, ausgebürgert und nach Syrien ausgewiesen, wo er zunächst als Lehrer arbeitete. Nachdem das Land 1945 politisch unabhängig wurde, konnte er dort höhere pädagogische Ämter bekleiden; zudem spielte er eine entscheidende Rolle bei der Bestimmung von Lehrplänen, in denen wiederum die germanophile Nationalerziehung Bestandteil der Ausbildung war.

Im Jahre 1947 ging Husri nach Ägypten; dort arbeitete er in der Kulturabteilung der Arabischen Liga und sorgte dafür, daß eine einheitliche Zielsetzung der Schulpolitik in allen arabischen Ländern erfolgte: die Nationalerziehung. An der Arabischen Liga gründete Husri 1953 das Institut für Höhere Arabische Studien, an dem Postgraduierte im panarabisch-nationalistischen Geiste zu Professoren und hohen Staatsbeamten ausgebildet wurden. An diesem Institut bekleidete er den eigens für ihn errichteten Lehrstuhl für »Arabischen Nationalismus«. Zugleich hatte er permanent das Amt des Rektors inne. Seine in dieser Zeit und zuvor entstandenen Arbeiten wurden in den Folgejahren zu den einflußreichsten Schriften in allen arabischen Ländern. Sie waren Pflichtlektüre an Schulen und Universitäten. Dies weiß ich noch aus meiner Schulzeit in Damaskus und der mir dort bis 1962 vermittelten germanophilen Erziehung. Auch Mitglieder nationalistischer Parteien wurden in Husris Schriften geschult.

Husri wurde zum »Philosophen des arabischen Nationalismus«, zum arabischen Herder erklärt und entsprechend vielseits geehrt. Einen anderen Vergleich nahm ein führender arabischer politischer Schriftsteller, Aisami, vor; er nannte Husri sogar den »arabischen Fichte«.[41] Husri selbst rief nach einem »arabischen Bismarck«.[42] In den zwanziger Jahren gab es einen solchen aber noch nicht, er tauchte erst 1952 in Ägypten auf; sein Name war Gamal Abdel Nasser. Dieser »arabische Bismarck« verstarb nach einer zwei Jahrzehnte währenden panarabischen Tragödie im September 1970. Seit den achtziger Jahren beansprucht Saddam Hussein, Nassers Nachfolger in dieser Eigenschaft zu sein. Die Tragödie des »arabischen Bismarck« wiederholte sich, aber diesmal als Farce.

Husri verließ Ägypten 1966, um nach vielen Jahren des Exils in den Irak zurückzukehren. Dort verstarb er am 24. Dezember 1968 im Alter von 86 Jahren. Das prunkvolle Begräbnis und die angeordnete Staatstrauer vermitteln eine Ahnung von Husris Bedeutung für die Geschichte des germanophilen panarabischen Nationalismus.

Wenn Husri in seinen Schriften von der »arabischen Nation« spricht, dann meint er nicht nur, wie die frühen arabischen Nationalisten, den arabischen Teil Asiens (Westasien), sondern ebenso das gesamte Arabisch sprechende Nordafrika (Ägypten plus Maghreb). Diese »arabische Nation« hoffte Husri über die Nationalerziehung im Rahmen des Schulsystems verwirklichen zu können. Erst bei dem syrischen Christen Michel Aflaq, dem »arabischen Mazzini«, der im Banne Husris stand, wird die Idee einer so gefaßten arabischen Nation zum verbindlichen und obersten Leitsatz aller politischen Organisationen panarabischer Nationalisten.

Im folgenden Kapitel werde ich Husris historisch bedeutende geistige Germanophilie darstellen. Sie resultiert im Konzept eines völkischen, panarabischen Nationalismus, dessen ideengeschichtlichen Quellen deutsch sind. Die politische Geschichte dieser Ideologie ist die der arabischen Nationalbewegung seit Ausgang des Ersten Weltkrieges.

Ich gehe hier auf die arabische Faszination für die Volksidee der deutschen Romantik als Kulturgemeinschaft ein, weil dies zur geschichtlichen Aufarbeitung gehört. Ich verwende jedoch keine literaturwissenschaftliche Bestimmung der deutschen Romantik. Ich weiß bestens, daß in der Germanistik unter der »deutschen Romantik« etwas anderes verstanden wird. Ich folge hier der Begrifflichkeit des Ideenhistorikers Isaiah Berlin[43], wonach die Volksidee von Herder und Fichte als Kulturgemeinschaft, so wie sie Husri rezipierte, die politisch-geistige Romantik ausmacht. Um Husri zu verstehen, muß ich nicht nur auf den Islam, sondern eben auf diese deutsche Romantik als Anti-Aufklärung zurückgreifen. Dies führt uns in das folgende Kapitel.

Kapitel IV

Arabisch-islamische Germanophilie zwischen Herder und Hitler. Die Übernahme völkischen Denkens durch arabische Muslime

Jede Debatte über »Islam und Deutschland«, also die Thematik des ersten Teils dieses Buches, muß eine Entmystifizierung enthalten. Dies gilt insbesondere für den bis heute weit verbreiteten Mythos einer deutsch-islamischen Freundschaft. Diese Entmystifizierung ist deshalb wichtig, weil sie eine unabdingbare Voraussetzung für den aufrichtigen Dialog zwischen beiden Gesprächspartnern als Vertretern historisch verfeindeter Zivilisationen darstellt. Die romantische »Liebe zum Islam« (A. Schimmel) vernebelt die Geschichte der Beziehungen beider Parteien.

Arabisch-islamische Deutschland-Begeisterung als historische Belastung

Ein Bestandteil der erfolgreichen Entmystifizierung auf islamischer Seite ist die Aufarbeitung der Germanophilie, die bis auf die Ausbildung moderner Militärs im Osmanischen Reich durch preußische bzw. reichsdeutsche Offiziere zurückgeht. Es darf nicht mehr verschwiegen werden, daß zur Germanophilie der Araber auch die Hitlerbegeisterung gehört, welche bis heute gleichermaßen bei den türkischen wie auch den arabischen »Freunden Deutschlands« anzutreffen ist. Mit diesem Kapitel möchte ich meinen Beitrag zu dieser Aufarbeitung leisten. Zu den dunklen Seiten der Geschichte muslimischer Germanophilie gehört, daß arabische Nationalisten unter Mithilfe der Nazis 1941 in Bagdad die Macht ergriffen. Unabhängig von diesen unrühmlichen Geschehnissen aber ist der Einfluß der deutschen Nationsidee auf die Araber anzuführen.

Im vorangegangenen Kapitel verwies ich auf das geistige, erzieherische und politische Wirken des Begründers des säkularen panarabischen Nationalismus, Sati al-Husri. Im Ergebnis hat dieses Wirken eine arabisch-islamische Germanophilie im kulturell-politischen Bereich hervorgebracht. In diesen Zusammenhängen ist die Entstehung eines völkischen Arabismus einzubetten. Hierbei galt die deutsche Idee der Kulturgemeinschaft als Vorbild für die *Maschreq*-Araber; die Naivität der germanophilen arabisch-muslimischen Nationalisten gegenüber den deutschen Nazis hat sie zu dem Glauben verleitet, diese würden sie von der anglo-französischen Kolonialherrschaft befreien. Sind die arabischen Nationalisten hierdurch auch zu Antisemiten geworden?

Weil die arabisch-islamische Germanophilie einen dunklen Schatten wirft, ist es wichtig, auf die Arbeit des großen jüdischen Historikers Bernard Lewis aufmerksam zu machen, der in einer bedeutenden Arbeit[1] nachgewiesen hat, daß es keinen Antisemitismus im Islam gegeben hat. Als erste Anzeichen des Antisemitismus in der islamischen Welt in der 2. Hälfte des 20. Jahrhunderts auftraten, handelte es sich hierbei, so Lewis, um einen Import aus Europa. Dieser fand über die germanophilen Teile der arabischen Nationalbewegung statt. Der aus Deutschland eingeführte Antisemitismus nahm etwa in der irakischen Armee, die aus ehemaligen Kadetten mit deutscher Ausbildung bestand, äußerlich die Form des Antizionismus an. Dieser Kreis spricht sich zwar von Antisemitismus frei, ist dies aber nicht. Denn *Yahudi*/Jude und *Sahyuni*/Zionist wurden gleichgesetzt und mit antisemitischen Stereotypen überladen. Doch selbst dieser Antisemitismus, bei dem »Jude« und »Zionist« identifiziert werden, entspricht keinem herkömmlichen Rassismus, wie er in der nationalsozialistischen Ideologie des Antisemitismus vorkommt. Die »Feindschaft gegenüber Juden« ist verwerflich, bedient sich aber noch nicht rassischer Kategorien.

Dennoch mutet diese Einstellung, vor allem angesichts der Tatsache, daß die Araber selbst zu den semitischen Völkern zählen, paradox an. Dieser tragische Widerspruch lebt heute bei den im obigen Sinne ebenfalls antisemitisch gesinnten islamischen Fundamentalisten fort, obwohl es im Islam – ich wiederhole es – vom 7. Jahrhundert bis zur Entstehung der Germanophilie keinerlei Formen des Antisemitismus gegeben hat. Kurz: der Islam ist eindeutig frei von Antisemitismus! Dieser gehört zu den historischen Belastungen der arabisch-islamischen Germanophilie als Ausdruck der auf die NS-Zeit zurückgehenden, auch heute noch vorzufindenden Deutschland-Begeisterung.

Zu den unangenehmen Figuren der arabischen Germanophilie gehört der »Groß«-Mufti von Jerusalem, Amin al-Hussaini, der den »Führer« in Berlin im Namen der arabischen Nationalbewegung aufsuchte. Wie der deutsche Diplomat Grobba[2] berichtet, wollte Hitler ihn als Muslim zunächst nicht treffen. Erst als dem »Führer« die geopolitischen Interessen des Dritten Reiches in der nahöstlichen Region verdeutlicht worden waren, stimmte er einer Begegnung aus Opportunität zu. Der Privatsekretär des Muftis und Kontaktmann zwischen Bagdad und Berlin, Othman Kamal Haddad[3], schreibt ausführlich hierüber. Der Begründer der geistigen Germanophilie, Sati al-Husri, hat Hitler – weder in Wort noch in Schrift – jemals bewundert, wenngleich er Kontakt zur Gruppe um die arabisch-nationale Partei hatte, die Beziehungen zum Dritten Reich unterhielt.[4] In seinen Memoiren übergeht Husri jedoch diese Zusammenhänge der Zusammenarbeit seiner Anhänger mit dem Dritten Reich.

Die Lebenssituation von Sati al-Husri sowie seine entscheidende Rolle bei der Bestimmung einer panarabischen germanophilen Nationalerziehung sind dem Leser aus dem Schluß des vorangegangen Kapitels bekannt. Seinen Höhepunkt erreichte Husris Laufbahn im Jahre 1947, als er nach Ägypten ging, um die Kulturabteilung der Arabischen Liga zu übernehmen. Der deutschen Nationsidee anhängend, konzentrierte sich Husri zum Zwecke der Nationalerziehung auf die Schulpolitik in den arabischen Ländern. Parallel dazu gründete er 1953 das Institut für Höhere Arabische Studien, an dem Postgraduierte zu Nationalerziehern ausgebildet wurden, um dann die Laufbahn zum hohen Staatsbeamten einzuschlagen.

Husris Wirkung auf zwei zentrale Figuren in der Geschichte des Panarabismus, Gamal Abdel Nasser und Michel Aflaq, ist nachweisbar. Letzterer war der Begründer der heute in Syrien und dem Irak herrschenden Ba'ath-Partei und Ziehvater von Saddam Hussein.[5] Husri verstarb am 24. Dezember 1968 im Alter von 86 Jahren in Bagdad. Das prunkvolle Staatsbegräbnis veranschaulicht seine Bedeutung für die Geschichte des germanophilen panarabischen Nationalismus. Unter Hussein wurde er als geistige Leitfigur mit einer Briefmarke geehrt.

Es ist für mich wichtig, meinen Lesern klar zu machen, warum ich in diesem Buch über den Islam auf den panarabischen Nationalismus, der wesentlich auf die von Husri begründete Germanophilie zurückgeht, eingehe. Der Islam verschwindet nicht in dieser Ideologie, die nur äußerlich säkular ist. Bei einem näheren Hinsehen wird deutlich, wie sehr der organische *Umma*-Begriff des Islam bei den säkularen Panarabisten nur von seiner Universalität, d.h. seiner Geltung auch für Nicht-Araber, losgelöst wird. Inhalt der *Umma* ist im Arabismus die Nation. Der Unterschied zur traditionellen *Umma*-Deutung besteht darin, daß ihr nunmehr nur die Araber angehören. Die anderen Muslime werden ausgegrenzt. Die arabische Rezeption der deutschen Romantik ist hierbei zentral. Damit will ich zeigen, daß beide – der islamische *Umma*-Begriff und das deutsch-völkische Verständnis von Gemeinschaft – nicht in Einklang mit einem demokratischen Pluralismus stehen. Der deutsche Volksbegriff fiel bei den Panarabisten auf fruchtbaren Boden.

Die Faszination der deutschen Romantik auf arabische Nationalisten

Volk und Nation sind keine islamischen Begriffe; im romantischen politischen Denken des 19. Jahrhunderts in Europa hingegen gehörten sie zu den zentralen Begriffen. In Abgrenzung zur Nation geht die politische Bedeutung vom Volk als Kulturgemeinschaft auf Herder zurück; sein Einfluß auf die Väter des Nationalismus im 19. Jahrhundert – Michelet, Mazzini, Fichte – sowie auf die slawischen Nationalisten ist in der Fachliteratur gebührend nachgewiesen worden.[6] Aber sein Einfluß auf die islamischen Völker ist in Deutschland kaum bekannt.

Obwohl der romantische Nationalismus völkisch wird, muß Herder von letzterem freigesprochen werden. Ich räume ein, daß der explizit unpolitische Volksbegriff Herders[7] Momente enthält, die seine Politisierung – besonders durch die deutschen Nationalisten nach 1806 – ermöglichten[8]; gleichwohl unterscheidet sich Herders Volksbegriff qualitativ von dem der völkischen Nationalisten des 19. Jahrhunderts, zumal er ein zentraler Bestandteil der Herderschen Humanitätsidee ist.[9] Herder bleibt der abendländischen Aufklärung zutiefst verpflichtet. Dies gilt auch – und in Abgrenzung zu den völkischen Nationalisten – für Herders Polemik gegen die Aufklärung, insbesondere in seiner »Anti-Aufklärungs«-Schrift mit dem ironischen Titel *Auch eine Philosophie der Geschichte zur Bildung der Menschheit.*[10] Seine Philosophie der Geschichte enthält sowohl Momente, durch die sie sich in die Aufklärung einreihen läßt, als auch solche, auf die sich durchaus völkische Nationalisten berufen konnten, auch wenn Herder dies nicht beabsichtigt hatte.[11] Mit anderen Worten: Ich teile Isaiah Berlins Deutung der deutschen Romantik als Anti-Aufklärung, folge ihm aber auch dahingehend, Herder von dieser Klassifizierung auszunehmen.[12]

Ähnlich wie vor ihm im 14. Jahrhundert der islamische Philosoph und Rationalist Ibn Khaldun geht Herder bei der Unterteilung der Menschheit in Völker von Klima und Geographie aus. Herder zufolge bildeten sich auf dem Erdball im Verlauf eines naturgeschichtlichen Prozesses voneinander verschiedene klimatische Zonen. Diese prägen die Völker, die in ihnen aufwuchsen und seither leben. Auf diese Weise sind Völker in jeder Hinsicht von ihrer physischen Umwelt vorbestimmt.[13] Herder glaubt, daß jeder Mensch »den Charakter seines Erdstriches und seiner Lebensweise mit sich« trägt.[14]

Der Begriff »Volkscharakter« dient Herder dazu zu erklären, weshalb Menschen unterschiedlich sind: Sie gehören verschiedenen Volkscharakteren an, unter denen es – bei Herder – dennoch keine Hierarchie gibt. Die Kulturgüter, welche jeweils für die bestimmte klimatische Zone, in der ein Volk existiert, spezifisch sind, resultieren aus diesen Unterschieden. Herder richtet seinen Blick auf die Kulturen der Völker, auf ihre tradierten Sitten und Bräuche, die ihren Volkscharakter manifestieren. Für ihn sind die Menschen also im Rahmen einer Pluralität verschieden. Dies bedeutet zugleich, daß das Denken von der rassischen Andersartigkeit der Völker dem Aufklärer Herder fremd ist. Er macht unmißverständlich klar: »Endlich wünsche ich auch die Unterscheidungen, die man aus rühmlichem Eifer für überschauende Wissenschaft dem Menschengeschlecht zwischengeschoben hat, nicht über ihre Grenzen erweitert« (ebd., S. 156).

Herder lehnt die Unterteilung der Menschheit in Rassen grundsätzlich ab; er beschränkt seine Ausführungen über die kulturellen Differenzen auf Sprache und Kultur. Weil die Araber eine gemeinsame Sprache, Kultur und Geschichte haben, wirkt diese Herdersche Idee faszinierend auf sie. Die arabischen Nationalisten entwickeln eine Synthese aus Herders Volksbegriff und dem islamischen *Umma*-Begriff. Natürlich ist dies eine sehr unzulängliche Säkularisierung.

Arabische Muslime, die unter Herders Einfluß zu säkularen Nationalisten werden, stehen auch unter der Wirkung seines Konzepts von Erziehung. Erziehung begreift Herder als Nachahmung, als Fortpflanzung der Tradition. Hierfür dient die Sprache als ein Instrumentarium, mit dessen Hilfe die Tradition bewahrt und überliefert wird. Arabische Nationalisten sind aber Modernisten, keine Traditionalisten. Daher koppeln sie die arabische Sprache vom Islam ab und übernehmen von Herder das Verständnis von Sprache als Vehikel zur Pflege der Kulturgüter im Rahmen von Erziehung. Für Herder ist die Philosophie der Geschichte, die sich mit diesen Traditionen befaßt und die die Geschichte als »Kette der Traditionen verfolgt ..., eigentlich die wahre Menschengeschichte« (ebd., S. 242). Ähnlich ist auch die Argumentation bei Ibn Khaldun, der jedoch andere Akzente setzt. Husri verbindet deshalb Herder mit Ibn Khaldun. Vom deutschen Philosophen Herder übernimmt der Vater des Panarabismus, Husri, im besonderen die Idee, daß es ein Volk ohne Nationalsprache nicht geben kann, denn – so Herder: »Ein Volk hat keine Idee, zu der es kein Wort hat, die lebhafteste Anschauung bleibt dunkles Gefühl, bis die Seele ein Merkmal findet und es durchs Wort dem Gedächtnis, der Rückerinnerung, dem Verstande, ja endlich dem Verstande der Menschen, der Tradition einverleibt; eine reine Vernunft ohne Sprache ist auf Erden ein utopisches Land.«[15]

So begreift Herder Sprache als Ausdruck des Erkenntnisvermögens eines jeden Volkes: »Denn in jede derselben ist der Verstand eines Volkes und sein Charakter geprägt.«[16]

Zum Grundverständnis des Islam gehört die sprachliche Bedeutung des Koran. Wenn wir mit Herder die Sprache nicht nur als ein Werkzeug der Artikulation deuten, sondern darüber hinaus auch als »Behältnis und Inhalt« der Ausdrucksformen eines Volkes, seiner Literatur[17], erkennen, verstehen wir den Rückgriff auf Herder zur Nationalisierung der Sprache des Islam – des Arabischen. Jede Nation habe ihre eigene Nationalsprache, die sie am Leben hält. Diese Idee nehmen die arabischen Nationalisten auf, um Unterscheidungen innerhalb der islamischen *Umma* vorzunehmen und anschließend zu argumentieren, daß die Araber anders als die Türken sind, die bis 1924 das Kalifat in Istanbul innehatten. Hierbei diente ihnen die Neubelebung der arabischen Sprache als ein wichtiges Instrument. Von Herder lernten sie, »daß diese Sprache nicht nur daure, solange die Nation dauert, sondern sich auch erkläre, läutere und befestige, wie sich die Nation in ihrer Verfassung befestigt und aufklärt.«[18]

Auch haben die Panarabisten in Anschluß an Herder erkannt, daß die Sprache nicht nur als Mittel der eigenen Identitätspflege, sondern auch als Instrument politischer Herrschaft über andere dienen kann. Indem mächtige Völker die Sprachen der von ihnen geknechteten Völker unterdrücken und systematisch bekämpfen, sie durch die eigene ersetzen, arbeiten sie an der Auslöschung der Identität dieser Völker. Dieses Herdersche Argument wandten die arabischen Nationalisten gegen die türkischen Osmanen und gegen die Türkisierung der Araber. Für Herder waren Griechisch, Latein und Arabisch in der klassischen Geschichte ebenso wie Französisch und Spanisch in der modernen Geschichte Mittel nationaler Herrschaft.[19]

Das Gedankengut von Herder haben Panarabisten einseitig benutzt; genau genommen, kann das Argument umgedreht werden: Die Islamisierung nicht-arabischer Völker erfolgte im Rahmen der Verbreitung der arabischen Sprache und Durchsetzung ihrer Schrift. Die Europäer haben ihrerseits im Kontext des Kolonialismus auch in der islamischen Welt den Versuch unternommen, europäische Sprachen auf Kosten des Arabischen zu verbreiten. Aber ähnliches taten die arabischen Muslime im Rahmen der Verbreitung des Islam in bezug auf die Sprachen anderer Völker.

Generell läßt sich feststellen: Das Sprachargument ist für den arabischen Nationalismus sehr zentral, und entsprechend groß ist Herders Einfluß. Unabhängig davon ist das Problem selbst von großer geschichtlicher Bedeutung, wie der Fall Algerien zeigt. Die Assimilationspolitik des französischen Kolonialsystems mittels der Verbreitung der französischen Sprache ist ein prominentes Beispiel hierfür.[20] Auch der Fundamentalismus im heutigen Algerien ist ein Ausdruck des Kampfes der Arabophonie gegen die Frankophonie[21]: also Arabisch gegen Französisch als Ausdruck des politischen Konflikts.

Der arabische Nationalismus war besonders von dem organischen Kulturbegriff Herders beeinflußt, der von Sprachgemeinschaften als kollektiven Kulturgebilden ausgeht. Bei Herder ist dies noch unpolitisch, und der betont kulturelle Charakter des romantischen Herderschen Volksbegriffs schützt diesen vor nationaler Arroganz und Chauvinismus[22], wie sie den romantischen Volksbegriff nach seiner Politisierung dann auszeichnen. Die Humanität[23] ist zentral bei Herder, der die Einheit der Menschheit als Einheit der Völker versteht. Negativ daran ist die Saat des Kollektivismus: Völker, nicht Individuen stehen im Mittelpunkt. Dies fällt im arabischen Teil der Welt des Islam im frühen 20. Jahrhundert auf fruchtbaren Boden. In seiner Mitte erwächst der ebenso am Kollektiv orientierte arabische Nationalismus.

Humanismus ist für gewöhnlich ein Ausdruck der Individualität. Nicht so bei Herder oder den arabischen Muslimen. Herder glaubt, Humanität werde nicht von Individuen getragen, denn schöpferisch wirken könne der Mensch nur im Rahmen eines Kollektivwerks der Nation, in welcher sich der Volkscharakter manifestiert. Ganz gewiß ist die Selbstwahrnehmung der Araber als Kollektiv älter als der Herdersche Einfluß auf sie, ja älter als der Islam selbst. Aber im Rahmen der Ideologie des germanophilen arabischen Nationalismus ist Herder präsent.

Der verschwommene Begriff des Volkscharakters macht den zentralen Bestandteil des Herderschen Denkens aus. Hieraus leitet sich – aber erst nach Herders Tod – auch der völkische Nationalismus ab. Das wirft die Frage auf, wie sich Herder in dieser Hinsicht verorten läßt. Hans Reiss schreibt dazu:

»In einer Hinsicht steht Herder der Aufklärung nahe; sein Denken ist kosmopolitisch, europäisch. Zwar schafft er die Grundlagen des deutschen Nationalismus, wenn er eine deutsche Nationalliteratur fordert, wenn er die Bedeutung der gemeinschaftlichen Bande einer gemeinsamen Sprache wie auch der Nationalkultur betont, aber in der Politik selbst ist er nie Nationalist.«[24]

In der Kulturanthropologie wird der Begriff des Volkscharakters von einigen Vertretern dieser Disziplin in die Gegenwart herübergerettet. Dennoch ist er, trotz aller wissenschaftlichen Retuschen, für eine stringente Analyse unbrauchbar. Geschichtlich war der Begriff vom Volkscharakter jedoch bei der Entstehung von Ideologien, die vom Volk als einem Kollektiv ausgehen, sehr wirksam. Auch hier ist der Einfluß Herders auf den arabischene Nationalismus unübersehbar.

Obwohl säkularer Nationalismus und religiöser Fundamentalismus im islamischen Orient einander widersprechen, haben beide gemeinsam, das Individuum zugunsten des Kollektivs zu opfern. Die Integration der Muslime in Europa ist aber nur auf individueller, nicht auf kollektiver Basis möglich, woraus sich die Relevanz dieser Problematik für unser Thema erklärt.

Sowohl in der deutschen als auch in der islamischen Tradition fehlt ein Verständnis vom Menschen als *citoyen*. Bei den Deutschen war Herder, obwohl auf seine Weise ein Aufklärer, der Vater des romantischen Volksbegriffs. Darin kommt eine defensiv-kulturelle Erwiderung auf die französischen »Modebücher« (Herder) der Aufklärung zum Ausdruck. Ähnlich im modernen Islam. Das philosophische Denken, das in die Kultursphäre flüchtete, wie es der romantische Volksbegriff dokumentiert, transzendierte die durch die damalige sozio-ökonomische und politische Rückständigkeit bedingte Fesselung der Emanzipationsbestrebungen des deutschen Bürgertums. Herders Kritik an den fortgeschrittenen westlichen Ländern war indes noch nicht, wie bei seinen Nachfolgern, mit Xenophobie durchwoben. Seine Betonung des Andersseins der Deutschen erfolgte im Rahmen der Konzeption einer pluralistischen Welt der Völker, deren umfassende Bestimmung die Realisierung von Humanität ist. Auch die Träger des frühen modernen Nationalismus waren von Xenophobie frei; doch auch hier trat diese später auf.

Interessant bei der Diskussion der arabischen Germanophilie und ihrer Quellen ist ein Vergleich der Einstellung gegenüber Frankreich. Die Tradition des deutschen bürgerlichen Konservatismus hatte schon vor der Französischen Revolution existiert. Sie entstand also nicht als Reaktion auf sie, wie Klaus Epstein dies gegen die geläufige Auffassung nachgewiesen hat. So fand Herders potentiell konservative Kritik an der Aufklärung und sein Romantizismus dennoch keine große Resonanz bei breiten Teilen des deutschen Bildungsbürgertums, das seinen Blick bereits nach Frankreich gewandt hatte.[25] Jenen der Aufklärung verpflichteten deutschen Denkern erschien die Französische Revolution als Konkretion ihrer theoretischen Anstrengungen. Erst mit dem Beginn des Eroberungskrieges als außenpolitisches Mittel der Französischen Revolution gewann die militante und emotionale Kritik an ihr in Deutschland eine zunehmend breite Basis, vor deren Hintergrund sich der deutsche Nationalismus entfaltete, der sich zunächst in Frankophobie, also Franzosenhaß äußerte. Hier liegt die Parallele, die den angesprochenen Vergleich zum arabischen Nationalismus und seiner Abwendung von Frankreich in Reaktion auf den Einmarsch französischer Kolonialtruppen in Syrien nach dem Ersten Weltkrieg untermauert. Der kulturelle Nationalismus bei Herder ist eine Transzendierung der verhinderten Emanzipation, eine Flucht aus der Misere der damaligen deutschen Verhältnisse. Der auf der Politisierung des romantischen Volksbegriffs basierende Nationalismus der »Befreiungskriege« ist eine ideologische Waffe gegen die Fremdherrschaft. Die Geschichte des französischen und anglo-amerikanischen Nationalismus war – im Gegensatz zu Deutschland – die ideelle Komponente der bürgerlich-demokratischen Revolution gegen das Feudalsystem. Das Bürgertum, der dritte Stand, war die Nation, zu der die Feudalherren nicht gerechnet wurden. Die muslimischen Modernisten des 19. Jahrhunderts (z.B. Tahtawi) sowie arabische Nationalisten vor 1913 bewunderten z.B. Frankreich.[26] Husri hat dagegen die Abneigung gegenüber Frankreich gepredigt, nachdem französische Truppen in Syrien einmarschiert waren, ähnlich wie Fichte nach dem Einmarsch Napoleons in Deutschland seine Gesinnung geändert hatte.

Das Antiwestliche in der deutschen Romantik und die islamische Welt

Aufgrund ihrer Geschichte assoziieren Deutsche mit Nationalismus stets ein Übel. Es gibt aber auch das Modell eines »*civic nationalism*« demokratischer Völker, der auf Freiheit und die Realisierung national- und rechtsstaatlicher, liberaler Einrichtungen abzielt. Anders ist der Inhalt des organischen Nationalismus. Seine unterschiedlichen Spielarten – deutsch, slawisch, aber auch arabisch – waren nicht ideologischer Ausdruck einer inneren historischen Entwicklung, sondern entstanden als ideologische Reaktion auf eine von außen kommende, zunächst geistige, dann aber militärische Herausforderung einer fortgeschrittenen Gesellschaft. Die Stoßrichtung dieser Nationalismus-Variante war daher nicht nach innen (soziale und politische Veränderungen), sondern nach außen, auf einen äußeren Feind, bestimmt. Seine Natur entspricht der einer Defensiv-Kultur!

Der romantische Nationalismus verfolgt also nicht die Schaffung und Etablierung liberal-demokratischer Institutionen als Ziel; vielmehr ist er auf die Beseitigung von Fremdherrschaft und die Herbeiführung der nationalen Unabhängigkeit gerichtet. Es ist also ein »Konter-Nationalismus«. Aus der vergleichbaren historischen Situation erklärt sich, warum der deutsche »Konter-Nationalismus« in Europa solche Anziehungskraft auf die nicht-westlichen Spielarten des Nationalismus, etwa in den arabo-islamischen Ländern der Kolonialzeit, besaß.

In meinen Überlegungen ersetze ich den Begriff »Konter-Nationalismus« mit »defensiv-kulturellem Nationalismus«. Der arabische Nationalismus ist ein Beispiel hierfür. Arabische Germanophilie ist antiwestlich orientiert; der Westen steht für das fortgeschrittene Europa, England und Frankreich.[27] So haben Nationalismus und Islamismus neben dem organischen Charakter eine weitere Gemeinsamkeit: antiwestlich zu sein! Das Antiwestliche der deutschen Romantik zog die Araber an. Heute spricht man davon, daß Deutschland nach 1945 verwestlicht worden ist. Ein islamischer Herrscher wie Ghaddafi betrachtet die Bundesrepublik deshalb als eine Kolonie der Vereinigten Staaten.

Es ist zwar richtig, wenn Hermann Simon feststellt, daß die deutsche nationalistische Romantik in der Phase der »Befreiungskriege« nicht nur »zur Stärkung der konservativen, sondern auch reaktionären, autoritär-monarchischen, aufklärungs- und vernunftsfeindlichen Kräfte führte«[28]; dies ist jedoch nur eine Dimension in der politischen Bedeutung der deutschen Romantik.[29] Denn obwohl diese Romantik in der Konsequenz auf seiten der Kräfte der Reaktion stand, hatte sie doch eine legitime historische Forderung aufgestellt: die nach Befreiung von Fremdherrschaft. Auch hierin liegt ihre Attraktion für die Araber und Muslime der Kolonialära und bis heute, im Zeitalter der vom Westen dominierten Globalisierung. Der Antrieb zur Veränderung mußte allerdings verloren gehen, da er sich im romantischen Protest erschöpfte und versandete. Romantik wird in unserer Gegenwart zu einer Revolte gegen den Westen deformiert[30], die gleichermaßen in islamischer wie grün-europäischer Spielart existiert.

Zentral ist in diesem Zusammenhang die schillernde Person Napoleon Bonapartes. Napoleon war 1798 als Besatzer nach Ägypten und einige Jahre später, 1806, nach Deutschland gekommen. Der Vergleich des reaktiven Nationalismus in Deutschland und der arabischen Welt bekommt in diesem Rahmen eine historische Begründung. Zwischen der Ägypten-Expedition Napoleons 1798[31] und der Napoleonischen Eroberung Deutschlands lassen sich formale Parallelen ziehen. Napoleon war in beiden Ländern zugleich ein Vorreiter der Revolution. In Deutschland ebenso wie zuvor in Ägypten führte er, welthistorisch gesehen, auf den Weg des Fortschritts; er war – wie Hegel es bildhaft formulierte – ein »Weltgeist zu Pferde«. Aus einer nationalen Perspektive aber erscheint er als Unterdrücker der nationalen Freiheiten anderer Völker. Der Napoleonhaß und die Frankophobie[32] der deutschen Romantik waren in dieser

Hinsicht ein in politisch verbrämter Form artikulierter nationaler Emanzipationswillen, ebenso wie der Nationalismus in den islamischen Ländern eine politisch verbrämte Form des Antikolonialismus war.

Das legitime Verlangen der deutschen Romantiker nach nationaler Emanzipation machte sie zu Gegnern des Status quo, sie waren dies jedoch auf der Ebene kultureller Verklärungen. Hierzu gehört ihre Eigenart, in die Vergangenheit zu flüchten und Mythen zu schaffen, was Eric Hobsbawn *invention of tradition* nennt. Bei solchen Vorgängen ist das eigentliche Ziel, die Gegenwart zu verändern. Auch hier finden wir eine Parallele zum arabischen Nationalismus. Hans Reiss weist mit Recht darauf hin, daß es falsch ist, die deutschen Romantiker in der herkömmlichen Weise pauschal als Traditionalisten und Konservative zu bezeichnen. Denn »sie forderten radikale gesellschaftliche Veränderungen. So sind sie tatsächlich oft nicht konservativ, sondern revolutionär, obwohl sie es sich selbst nicht eingestehen. Der revolutionäre Aspekt ihres Denkens erklärt, warum sie sich leicht mit dem Nationalismus verbündeten, einer wahrhaft revolutionären Bewegung, denn der Nationalismus veränderte die tatsächliche Gesellschaftsordnung völlig.«[33]

Dieselbe Aussage gilt heute für die Islamisten. Aber ähnlich wie die deutschen Romantiker streben Islamisten und vor ihnen arabische Nationalisten eine Gesellschaft nach dem Modell der Vergangenheit an. Sie pflegen also eine rückwärts gewandte Utopie. Islamisten sprechen vom Medina-Modell des Propheten und bis zum Aufstieg des Fundamentalismus nach 1967 wollten panarabische Nationalisten die glorreiche arabische Vergangenheit neu beleben.

Die neue Ordnung, die die Franzosen in der Französischen Revolution hervorgebracht hatten, betrachteten die deutschen Romantiker »als ein System, das der deutschen Tradition und dem deutschen Charakter fremd war, und hielten es deshalb für wahrscheinlich, daß diese neue Ordnung den deutschen Lebensstil zerstören würde.«[34] Ähnlich sprechen heute Islamisten und vor ihnen romantische arabische Nationalisten von der Modernisierung als Verwestlichung, die die arabisch-islamische *Asala*/Authentizität zerstört.

»Aus Angst verlieren sie dann jeglichen Sinn für Maß und suchen Zuflucht in einer Phantasiewelt. So wollen sie sogar nicht nur die Gesellschaftsordnung des Heiligen Römischen Reiches restaurieren, sondern sehnen sich nach einer völlig utopischen Gesellschaft. Sie schaffen eine jenseits der Grenzen des Möglichen liegende Traumwelt ...«. Gleiches gilt für die arabischen Nationalisten, die die »glorreiche arabische Vergangenheit« restaurieren wollen; und ihre Widersacher, die Fundamentalisten, haben sich in eine ähnliche Nostalgie verstrickt, doch sprechen sie von der islamischen, nicht der arabischen Vergangenheit.

Eine der Gemeinsamkeiten im Denken der politischen deutschen Romantik und der arabischen Nationalisten besteht darin, daß beide die Notwendigkeit empfinden, eine in der Geschichte nicht manifestierte, aber ursprünglich verankerte Identität nachzuweisen. Bereits in der späten Abbasiden-Zeit befanden sich die Araber in einer ähnlichen Situation. Denn war der Islam in seinen Anfängen exklusiv arabisch (vgl. Kapitel II), änderte sich dies später. Rudolf Sellheim hat gezeigt, wie die Araber während der Abbasidenepoche (750–1258), in der nichtarabische Muslime im Staatsapparat herrschende Positionen einnahmen, sich gezwungen sahen, diesen, insbesondere den Persern unter ihnen, gegenüber eine kulturelle Identität vorzuweisen. Die Perser verunglimpften die Araber als »kulturlose Beduinen«, so daß die arabischen Abbasiden Historiker und Philosophen engagierten, die die vorislamische und frühislamische Kulturgeschichte aufarbeiten sollten.[35]

Die Vergleichbarkeit der Situation rechtfertigt diesen Sprung zur späten Abbasiden-Zeit; ich hoffe, daß er den Leser nicht verwirrt, aber diese historischen Parallelen sind von zentraler Bedeutung. Neben dem Streit zwischen den drei großen Völkern des Islam[36], d.h. Arabern, Persern und Türken, will ich die

Kontinuität des Problems aufzeigen und im folgenden noch auf einen anderen deutschen Denker eingehen, nämlich Fichte, der in der arabischen Welt ebenso einflußreich wie Herder war und dort einen großen Bekanntheitsgrad genoß.

Fichte und die arabische Germanophilie

Fichte genoß bei den Arabern eine noch größere Popularität als Herder. Doch sie übersahen, daß der junge Fichte ein Jakobiner war, der erst im historischen Kontext der französischen Besatzung in Deutschland seinen Wandel von der Begeisterung für die Französische Revolution zur Frankophobie vollzog. Sein Denken hat dadurch eine neue Richtung angenommen. Sein Einfluß auf den arabischen Nationalismus hat hier seinen Ursprung.

Auf der Suche nach den Quellen der arabischen Germanophilie wird man nur bei einer einzigen Fichteschen Schrift fündig: den berühmten *Reden an die deutsche Nation*. Arabische Nationalisten greifen allein auf diese zurück. Es erscheint jedoch angebracht, zuvor – wenn auch nur kursorisch – auf die Probleme des späten politischen Denkens Fichtes einzugehen, um die größeren Zusammenhänge angemessen darzustellen.

Fichtes Wende zum Nationalismus[37] ist im Rahmen des Dualismus Subjektivität-Staat erfolgt. Die späte politische Theorie Fichtes ergibt sich nach der Interpretation von Bernhard Willms »einerseits aus der Konkretion der Theorie auf die historische Staatenwelt, andererseits reaktiv auf das geschichtliche Auftreten Napoleons«.[38] Daraus resultiert zugleich ein inhaltlicher Wandel in der Fichteschen Theorie, den Willms folgendermaßen zusammenfaßt:

»Wie Fichte aber in der ersten Phase seines Denkens die Revolution dachte, so dachte er in der späten Phase den Befreiungskrieg gegen Napoleon – die Selbstbehauptung seiner Nation. Aber die französische Revolution ist ein weltgeschichtliches Ereignis, der Befreiungskrieg ein nationales« (ebd., S. 138f.).

Im Wandel des Fichteschen Denkens wird die Nation, die einst als das Partikulare in Fichtes Theorie galt, zum Allgemeinen erhoben. Die germanophilen arabischen Nationalisten folgen ihrem Vorbild Fichte in einer Weise, die Willms so beschreibt: »Fichte wird zum Denker der Menschheit in der Nation und der nationalisierten Menschheit« (ebd., S. 144).

Dabei spricht Fichte stets von der »Deutschen Nation«, so daß beim späten Fichte nicht mehr von einem Pluralismus der Völker – wie etwa bei Herder – die Rede sein kann. »Die Tendenz des Begriffes der Nation auf ›Deutsche Nation‹ ist ... bei Fichte so hervorstechend, daß sich Aussagen über ›Nation im allgemeinen‹ kaum finden« (ebd., S. 146).

Die historische Situation Deutschlands, von der Fichte in seinen »Reden« ausgeht, zeigt ein zersplittertes Territorium, in dem ein Volk lebt, zu dessen politischer Homogenisierung die Fremdherrschaft der Napoleonischen Armee entscheidend beitrug. Nach Fichte ist »der allgemeine Zweck dieser Reden, Mut und Hoffnung zu bringen in die Zerschlagenen, Freude zu verkünden in die tiefe Trauer ...«[39]; daraus erklärt sich der pathetische Stil der »Reden« Fichtes. Darin denkt er praktisch über Wege für die Überwindung des Zustands der Fremdherrschaft. Fichte merkt an: »Keine Nation, die in diesem Zustand der Abhängigkeit herabgesunken, kann durch die gewöhnlichen und bisher gebrauchten Mittel sich aus demselben erheben ... Sollte eine so gesunkene Nation dennoch sich retten können, so müßte dies durch ein ganz neues, bisher noch niemals gebrauchtes Mittel, vermittels der Erschaffung einer ganz neuen Ordnung der Dinge, geschehen« (ebd., S. 18f.).

Ein nationales Selbstbewußtsein scheint Fichte in dieser Situation das geeignete »Rettungsmittel« zu sein. Es besteht »in der Bildung zu einem durchaus neuen, und bisher vielleicht als Ausnahme bei einzelnen, niemals aber als allgemeines und nationales Selbst, dagewesenen Selbst, und in der Erziehung der Nation, deren bisheriges Leben erloschen, und Zugabe eines fremden Lebens geworden, zu einem ganz neuen Leben, das entweder ihr ausschließendes Besitztum bleibt, oder, falls es auch von ihr aus an andere kommen sollte, ganz und unverringert bleibt bei unendlicher Teilung, mit einem Worte, eine gänzliche Veränderung des bisherigen Erziehungswesens ist es, was ich, als das einzige Mittel, die deutsche Nation im Dasein zu erhalten, in Vorschlag bringe« (ebd., S. 21).

Der geistige Vater der arabischen Germanophilie, Sati al-Husri, übernimmt dieses Pathos, um in Anlehnung daran die Erörterung der neuen Nationalerziehung im allgemeinen und der arabischen im besonderen zum zentralen Thema seines Werkes zu erheben. In seinem gesamten Leben ahmte Husri sein Vorbild Fichte dadurch nach, daß er sich nur in der Eigenschaft des Nationalerziehers und der Gallionsfigur des Nationalismus sah, also nicht als Politiker begriff.

Fichtes *Reden an die Deutsche Nation* waren die Bibel der arabischen Nationalisten und wurden zu den »Reden an die arabische Nation«. Fichte formuliert in seiner aus vierzehn Reden bestehenden Schrift eine Strategie gegen Napoleon. Fichte hat dabei aber nicht eine »Zusammenfassung und Belebung der Kräfte des Volkes zur politischen Tat« zum Zweck, sondern vielmehr eine politische Erziehungsstrategie.[40] Ebenso tritt Husri auf. Der politische Plan beider ist ein Nationalerziehungsplan.[41] Es ist daher keineswegs zufällig, daß die Väter des germanophilen arabischen Nationalismus, Husri und Aflaq, niemals beanspruchten, als Politiker aufzutreten, und sich stets gleich Fichte als »Erzieher der arabischen Nation« verstanden.

In seinen Memoiren betont Husri wiederholt, daß er sich in die Tagespolitik nicht einzumischen wünschte.[42] Und Aflaq, der sogar Generalsekretär einer politischen Organisation, der Ba'th-Partei, war, lehnte es strikt ab, je ein mit Machtfülle ausgestatteter Minister zu werden, auch dann noch, als seine Partei Machtträger war. Das einzige politische Amt, das er je innehatte, war das des Erziehungsministers.[43]

Am meisten waren die arabischen Nationalisten von Fichtes Versuch beeindruckt, in seinen *Reden an die deutsche Nation* nachzuweisen, daß es trotz des Fehlens eines entsprechenden Nationalstaats stets eine »Deutsche Nation« gegeben habe. Für diese beansprucht Fichte eine besondere Existenzberechtigung, weil sie den anderen überlegen sei. In einer ähnlichen Lage und unter vergleichbarer Beweislast befanden sich die arabischen Nationalisten nach 1924: es gab keinen arabischen Nationalstaat. So entlehnten sie in germanophiler Manier Fichtes Argumente und übertrugen sie nach dem Ende der islamischen Ordnung durch die Auflösung des Kalifats 1924 auf die Araber.

Ein anderer Einflußbereich war Fichtes Vergleich zwischen den »Deutschen« und »den übrigen Völkern germanischer Abkunft«. Während die Deutschen in den »ursprünglichen« Wohnsitzen des Stammvolkes blieben und die »ursprüngliche« Sprache ihres Stammvolkes beibehielten, wanderten die anderen Völker in benachbarte Gebiete ab und übernahmen eine andere Sprache, die sie dann nach ihrer Weise umgestalteten.[44] Der Sprache räumt Fichte deshalb einen so zentralen Platz ein, weil nicht der Mensch rede: »In ihm redet die menschliche Natur, und verkündigt sich andern seinesgleichen. Und so müßte man sagen: die Sprache ist eine einzige, und durchaus notwendige« (ebd., S. 61).

Sprache ist für Fichte ein Bestandteil der Identität eines jeden Volkes. Unter Volk versteht er »die unter denselben äußern Einflüssen auf das Sprachwerkzeug stehenden, zusammenlebenden, und in fortgesetzter Mitteilung ihrer Sprache fortbildenden Menschen« (ebd., S. 62).

Das Verständnis der Sprache bei Fichte in unhistorisch, denn es »bleibt ... die Sprache immer dieselbe Sprache« (ebd., S. 63). Dieses Verständnis basiert auf dem Glauben, daß die Sprache »ein sinnliches Bild des Übersinnlichen« gibt; aus diesem Grund kann nur jene eine lebendige, »ursprüngliche« Sprache sein, »die von dem ersten Laute an, der in demselben Volk ausbrach, ununterbrochen aus dem wirklichen gemeinsamen Leben dieses Volkes sich entwickelt hat, und in die niemals ein Bestandteil gekommen, der nicht eine wirklich erlebte Anschauung dieses

Volkes, und eine mit allen übrigen Anschauungen desselben Volkes im allseitig eingreifenden Zusammenhang stehende Anschauung ausdrückte« (ebd., S. 66).

Sprachen, die fremde Bestandteile enthalten, sind »tote und unverständliche« Sprachen, weil sie nur das Sinnliche vermitteln, nicht aber das Übersinnliche, das die Sprache als sinnliches Bild gibt. Diese Sprachen erlangen somit »die flache und tote Geschichte einer fremden Bildung, keineswegs aber eigene Bildung« (ebd., S. 68).

Sprache für Fichte ist Deutsch, weil alleine diese Sprache die Voraussetzungen einer »ursprünglichen« Sprache erfüllt, so daß allein »der Deutsche eine bis zu ihrem ersten Ausströmen aus der Naturkraft lebendige Sprache redet, die übrigen germanischen Stämme eine nur auf der Oberfläche sich regende, in der Wurzel aber tote Sprache« (ebd., S. 72).

Arabisch[45] ist mehr als ein Jahrtausend älter als Deutsch, aber die germanophilen arabischen Nationalisten setzen die Sprache des Islam, Arabisch, und Deutsch auf dieselbe Stufe und argumentieren, daß Arabisch die einzige orientalische »ursprüngliche Sprache« sei. Persisch, Türkisch, Urdu u.a. seien abgeleitete Sprachen. Bei Fichte ist die deutsche Sprache als einzig »ursprüngliche« das Lebendige; da die übrigen Sprachen das Tote verkörpern, kann kein Vergleich zwischen ihnen unternommen werden.

»Zwischen Leben und Tod findet gar keine Vergleichung statt, und das erste hat vor dem letzten unendlichen Wert; darum sind alle unmittelbaren Vergleichungen der deutschen und der neulateinischen Sprachen durchaus nichtig ...« (ebd., vgl. auch S. 106 und 125).

Die germanophilen arabischen Nationalisten lassen entsprechend die Deutschen neben sich – den Arabern – gelten, obwohl ihr Vorbild Fichte niemanden neben den Deutschen zuließ. Aufgrund seiner Bestimmung der Sprache als elementaren Bestandteil der Existenz eines jeden Volkes und der deutschen Sprache als der einzigen »ursprünglichen« erklärt Fichte das deutsche

Volk zum einzigen »Urvolk«. Daß die gebildeten Deutschen zu Fichtes Zeit zumeist eine französische Bildung hatten, reduziert Fichte auf die in sie »verflossenen Erscheinungen der Ausländerei« (ebd., S. 107). Im Arabischen gibt es parallel zur Kontrastierung »deutsch« vs. »undeutsch« die Unterscheidung von »*Uruba*/Arabertum« vs. »*Schu'ubiyya*/Ausländerei«, die sich jedoch nicht auf verschiedene Bildungsinhalte bezieht, sondern ethnischer Natur ist.

Das Wort *Schu'ubiyya* hat im Arabischen dieselbe Bedeutung wie »Ausländerei« bei Fichte, jedoch ist es mit einem Vorwurf an nicht-arabische Muslime (vor allem Türken und Perser), die die arabische Führung des Islam beanstanden (vgl. Anm. 36 oben), verbunden. Der Unterschied besteht darin, daß Ausländerei bei Fichte Deutsche mit »undeutschen« Zügen bezeichnet, *Schu'ubiyya* dagegen sowohl im Falle der Perser als auch der Türken Angehörige derselben Religion, jedoch einer anderen Ethnie verfemt. In der Ausländerei liegt für Fichte begründet, warum die deutschen Fürsten bislang weniger deutsch und ihrem Volk entfremdet waren. Nur aus »Ausländerei und aus Sucht, vornehm zu sein und zu glänzen«, sonderten sich die deutschen Fürsten von der »Deutschen Nation« ab (ebd., S. 96). Ausländerei bezeichnet im Islam dagegen die ablehnende Haltung nicht-arabischer gegenüber arabischen Muslimen.

Fichte hoffte in seinen Reden, daß die deutschen Fürsten sich nunmehr besinnen und jegliche »Ausländerei« aufgeben würden. In seiner ersten Rede bereits sagt er, daß er »für Deutsche schlechtweg, von Deutschen schlechtweg« (ebd., S. 13) spreche. Dies wiederholt Fichte ständig, besonders emphatisch in seiner letzten Rede: »Euch Deutsche insgesamt, welchen Platz in der Gesellschaft ihr einnehmen möget, beschwören diese Reden ...« (ebd., S. 242).

Vergleichbar – jedoch mit völlig anderen Akzenten – wollen arabische Nationalisten die »Puritát« des Arabertums dadurch bewahren, daß sie die universelle islamische *Umma* in eine exklusiv arabische Nation verwandeln und die anderen, also die nicht-arabischen Muslime, von ihr ausschließen wollen. Arabische Nationalisten wollen nach deutschem Vorbild die Nation vom Staat abkoppeln. Der Staatsbegriff der französischen Aufklärung ist für sie mechanisch. Für sie kann Kulturgemeinschaft als Nation ohne den Staat bestehen. Immer wieder betont Fichte – wie vor ihm Herder – daß Volk und Vaterland »Träger der irdischen Ewigkeit« sind; sie ragen somit weit »über den Staat, ... über die gesellschaftliche Ordnung« (ebd., S. 131) hinaus. Nach der Auflösung des islamischen Kalifats 1924 und dem Ausbleiben des von Großbritannien und Frankreich versprochenen arabischen Staates scheint den arabischen Nationalisten nur dieses deutsche Verständnis von Nation, das nicht den *nation état* meint, auf ihren Fall zuzutreffen. Die »deutsche Nation« – und nicht mehr das Modell der islamischen *Umma* – wird zum Vorbild der »arabischen Nation«.

Wie der zunächst liberale arabische Nationalismus durch zunehmende Germanophilie seine frühen freiheitsliebenden Impulse einbüßte, gab – mehr als ein Jahrhundert zuvor – der nun zum Vorbild avancierte Fichte durch die Nationalisierung seiner politischen Philosophie seine frühen, der Aufklärung und der Französischen Revolution verpflichteten Positionen auf. Ein Jahrhundert später griffen die Nazis auf sein Erbe zurück und machten vollen Gebrauch von Fichtes Reden an die Deutsche Nation als deutsch-nationalem Gedankengut.[46] Die germanophilen arabischen Nationalisten hatten keine Hemmungen, mit eben diesen Nazis zusammenzuarbeiten.[47]

Sati al-Husri und die Begründung des germanophilen panarabischen Nationalismus

In der germanophilen arabischen Tradition gilt Husri, wie erwähnt, als der arabische Fichte, so wie Nasser als der arabische Bismarck bezeichnet wird. Husri verkündet an die Araber eine Herder und Fichte verpflichtete politische Botschaft. Die Person Husris habe ich bereits vorgestellt. Im folgenden will ich daher sein politisches Denken und seine Germanophilie näher erläutern. Menschen aus dem Orient mögen kein abstraktes Denken und veranschaulichen lieber. Auch Husri greift auf das Beispiel der griechischen Sage von der Büchse der Pandora zurück, um sein eigenes Denken zu illustrieren. Auf die Araber übertragen nimmt diese Sage folgende Version an[48]: Die Lage der arabischen Länder ähnelte nach Husri jener der Welt nach Öffnung der Büchse der Pandora. Die Araber leiden unter allen Übeln der Welt, weil sie ihre Einheit einbüßten und nun national zersplittert und daher schwach sind; ihre Rückständigkeit sei hierauf zurückzuführen. Die Araber hätten alles verloren und einzig die Hoffnung sei ihnen geblieben.

Ähnlich wie bei Fichte richtet sich das politische Interesse Husris auf die nationale Vereinigung der Araber. Nur diese biete ihnen in ihrer Verzweiflung Hoffnung. Hierfür will er die geistige Vorarbeit leisten und als Erzieher agieren. Nationale Vereinigung heißt analog zur deutschen Einheit von 1871 panarabische Einheit.

Um dies zu begründen, befaßt sich Husri ausschließlich mit der Problematik der Nationsidee, ihrer Entstehung und Entwicklung. Er stellt dabei eine Synthese aus der deutschen Nationsidee und den Vorstellungen von Ibn Khaldun[49] her, dem größten islamischen Denker des 14. Jahrhunderts und Begründer der Geschichtsphilosophie im Islam.

Während der zwanziger Jahre des 20. Jahrhunderts veröffentlichte Husri seine ersten Aufsätze. 1944 hat er dann seinen ersten im engen Sinne politischen Beitrag in Buchform vorgelegt.[50] Das gesamte umfangreiche und politisch außerordentlich einflußreiche Werk Husris[51] enthält Wiederholungen der in den zwanziger Jahren formulierten germanophilen Nationsidee. Und dennoch gehen diese Texte in der arabischen Welt in die Schulbücher und zugleich in die Schulungskurse politischer Parteien ein. Gemessen an seinem Einfluß – nicht an der Qualität seines Denkens – war Husri der bedeutendste arabische Denker der ersten zwei Drittel des 20. Jahrhunderts.[52] Nach dem Niedergang des Arabismus wird er in unserer Gegenwart von Sayyid Qutb und seinem Islamismus übertroffen.

Husris germanophiler Panarabismus gründete auf seiner Sicht des 19. Jahrhunderts als dem Zeitalter des Nationalismus. Die multinationalen Reiche (Österreich, zaristisches Rußland, Osmanisches Reich) lösen sich auf, und selbständige Nationalstaaten gehen aus ihnen hervor. Ein weiteres signifikantes Merkmal des 19. Jahrhunderts sieht Husri in der deutschen bzw. italienischen Irredenta-Bewegung, die zur Bildung eines großen deutschen bzw. italienischen Nationalstaates aus der vorangegangenen Kleinstaaterei geführt hat. In seiner 1948 in Kairo gehaltenen Vorlesungsreihe, die später in Buchform erschien[53], gibt Husri eine bis in kleinste Details gehende Darstellung der Entstehung von Nationalstaaten in Mittel-, Ost- und Südeuropa. Dabei vermittelt er seinen arabischen Lesern hier keine andere konzeptuelle Deutung des Nationsphänomens als jene, die er schon in seinen ersten politischen Arbeiten in den zwanziger Jahren vorgelegt hat. Seinerzeit hatte er bereits unterstrichen, daß »die Nationsidee zum wichtigsten Faktor geworden ist, der seit dem 19. Jahrhundert zur Bildung von Nationalstaaten führte«.[54]

Daß dieser Prozeß der Nationsbildung erst im 19. Jahrhundert beginnt und nicht schon zuvor, erklärt Husri wie folgt: »Vor dem 19. Jahrhundert bedeutete Patriotismus Loyalität zu König und Königreich ... Jedes Mal, wenn ein Territorium einem fremden Königtum angeschlossen wurde ..., mußten die Bewohner dieses Territoriums ihren Patriotismus wechseln ... Daß sie dies vermochten, hat seine Ursache in dem Glauben, die Könige herrschten im Auftrag Gottes und ihre Willkür sei Gottes Wille. Als dieser Glaube erschüttert wurde und schließlich ganz verschwand, war selbstverständlich eine völlig neue Situation gegeben. Die Nationsidee begann nunmehr, eine außerordentlich wichtige Rolle in der Nationalstaatenbildung zu spielen.«[55]

Es fällt auf, daß Husri keinen Zusammenhang zwischen sozio-ökonomischer und historischer Entwicklung gelten läßt. Er erklärt den Prozeß der Nationsbildung in Europa als geistige, völkerpsychologische Erscheinung und glaubt daher, daß er durch seine geistige Wirkung zur arabischen Einheit nach deutschem Vorbild beitragen kann. Nach seiner Auffassung trug die Lehre von der Volkssouveränität, deren historische Bedingtheit er nicht näher reflektiert, wesentlich zur Schwächung des Glaubens an die göttliche Vorsehung der königlichen Herrschaft bei. Diese Dimension der Volkssouveränitätslehre bringt Husri in Zusammenhang mit der Entstehung des Nationsgedankens. Fortan, so führt er aus, wurde die Herrschaft aus dem Volk – und somit nicht von Allah – abgeleitet. Dieses Denken kommt einer Revolution in der Welt des Islam gleich, die erst seit dem Aufstieg des Islamismus in den siebziger Jahren des 20. Jahrhunderts rückgängig gemacht wird. Islamisten erklären nämlich entgegen der panarabischen Germanophilie, daß nur Allah, niemals das Volk Souveränität besitzt![56]

Wie sein Vorbild Fichte essentialisiert Husri die Nationen. Er tut dies, indem er die Nationen nicht in den historischen Prozeß der Nationsbildung im 19. Jahrhundert einbettet, sondern als seit jeher existent betrachtet. Für ihn sind Nationen zwar keine historische Erscheinung, aber doch sind sie ein weltliches Phänomen. Mit dieser Denkweise leitete Husri in der Welt des Islam eine geistige Revolution ein. Ihr Inhalt war die Abkoppelung des Islam von der Politik und die säkulare Bestimmung der Nation. Wenn man nicht an evolutionären gesellschaftlichen Determinismus glaubt, muß man Husri die Frage stellen, warum das, was in Europa geschehen war, sich in der Welt des Islam zwangsläufig wiederholen solle? Husris Antwort lautet lapidar: »War das 19. Jahrhundert das Zeitalter des Nationalismus: beschränkt auf Europa, so ist und wird das 20. Jahrhundert das Zeitalter des Nationalismus für alle übrigen Völker sein«.[57]

Die Araber treten wie die Deutschen, als »verspätete Nation« in das Zeitalter des Nationalismus ein. Ohne Plessner, der diese Formel geprägt hat, zu kennen, läßt Husri die Araber nach deutschem Vorbild, allerdings noch »verspäteter« als Nation auftreten, jedoch läßt Husri den kritischen Geist Plessners vermissen. Husri will den »verspätet« eingetretenen Prozeß »puschen«, nicht analysieren!

Bereits in seiner ersten politischen Schrift führt Husri die deutsche Nationsidee nach Herder und Fichte in die arabische Welt ein. Er behauptet, sie stelle den einzig richtigen Ansatz dar, und plädiert für ihre Übernahme durch die Araber. Die französische Nationsidee bezeichnet er schlicht und einfach als falsch. Später legt Husri seine Monographie über die verschiedenen Nationsideen vor, in der er zwischen vier Nationsideen unterscheidet: der *deutschen*, der die Nation als Kulturnation gilt und die nationale Sprache als Gerüst der nationalen Kultur; der *französischen*, der zufolge die Nation ohne Nationalstaat undenkbar und die nationale Zugehörigkeit nicht determiniert ist, sondern durch einen voluntaristischen Akt entschieden wird; der *marxistischen*, die das Phänomen der Nation mit dem Aufstieg des Kapitalismus in Zusammenhang bringt; und schließlich der *religiösen* Nationsidee, vertreten von den islamischen Modernisten, die die Religionszugehörigkeit mit der nationalen Zugehörigkeit gleichsetzten und damit dem säkularen Nationalismus Einhalt zu gebieten hofften.[58]

Die Differenz zwischen der deutschen und der französischen Nationsidee geht auf politische und historische Rahmenbedingungen zurück und ist nicht bloß ein geistiges Phänomen. Husri kann nicht erklären, warum Frankreich sich früh zur Nation formierte und warum dort die Nation zur Herrschaftslegitimität des bürgerlichen Staates früh entfaltet wurde, während in dem noch bis 1871 zersplitterten Deutschland die sozio-ökonomische und politische Rückständigkeit durch eine Transzendierung des Nationalen in den Bereich der Kultur kompensiert wurde, so wie dies bei Herder geschieht. Dieser Unterschied ist dem amerikanischen Forscher Rogers Brubaker zufolge auch von größter Bedeutung für jedwede Politik in bezug auf muslimische Einwanderer in Europa. In seinem bedeutenden Buch erklärt Brubaker zudem die grundsätzlich unterschiedliche Situation im Verhältnis von Staat und Bürger in Deutschland und Frankreich.[59]

Ohne die historischen Voraussetzungen der deutschen und der französischen Nationsidee näher zu untersuchen, ist Husri von Anbeginn vom deutschen Denken fasziniert, für das er mit allem Enthusiasmus stets und ohne Vorbehalte Partei ergreift. Seine Faszination erfährt derartige Steigerungen, daß er bisweilen aus den Augen zu verlieren scheint, wofür er eigentlich eintritt, nämlich die Forderung nach einer Überwindung der nationalen Zersplitterung der Araber in einem panarabischen Nationalstaat. Seine Ausführungen erwecken beinahe den Eindruck, als ginge es ihm schließlich nur noch darum, die deutsche Nationsidee als universal richtige herauszustellen und die französische als allgemein falsch auszuweisen. Dies entspricht seiner schwärmerischen Germanophilie, die eine Frankophobie einschließt; ihre Spuren sind bis heute vorhanden. Dennoch bleibt selbst im Rahmen dieser Germanophilie islamisches Denken fest verankert!

Islamischer Tradition und den Philosophen der deutschen Romantik folgend, erkennt auch Husri das Individuum nicht an. Für ihn gehört jedes Individuum mehreren Gruppen mit qualitativ unterschiedlichen Formen sozialer Verbindlichkeit an. Die »stärkste und effektivste Bindung ist allerdings die nationale, die aus der Gemeinsamkeit der Sprache und der Geschichte resultiert«.[60]

Die Nation ist die Materialisierung dieser höchsten Stufe eines Kollektivs. Dabei »bildet jede Nation einen eigenen moralischen Charakter heraus, führt ein Eigenleben, besitzt Bewußtsein und ist spezifisch geartet«.[61]

Nur in einem solchen Kollektiv hat das Individuum Platz. Im Anschluß an Herder will Husri die Nation als Ausdruck einer nationalen Persönlichkeit bestimmen. Die Mitglieder einer Nation vergleicht er mit den Zellen eines Organismus, wobei jedoch »der Aufbau eines biologischen Organismus materiell ist und den Gesetzen der Materie ... gehorcht, während der soziale Organismus immateriell ist und den Gesetzen der Materie nicht unterliegt« (ebd., S. 20).

Es fällt auf, daß dies eine modernistische Interpretation des islamischen *Umma*-Begriffs ist. *Umma* wird bei Husri zum als Organismus verstandenes Volk. Die Sprache ist für Husri das wesentlichste Band, das die Mitglieder des sozialen Organismus als Volk zusammenhält. »Das Leben der Nation/*Umma* beruht im allgemeinen auf der Sprache ... Der Tod einer Nation ist nichts anderes als der Verlust ihrer Sprache« (ebd., S. 109).

Denn die Sprache ist »die Seele der Nation und deren wichtigstes Element« (ebd., S. 32), ja sie ist »die wichtigste immaterielle Bindung des Individuums an die übrigen Mitglieder einer sozialen Gruppe, weil sie das Instrument der Kommunikation, ... des Denkens ... und nicht zuletzt der Überlieferung von Ideen und kulturellen Errungenschaften ist« (ebd., S. 34).

Daher ist die Nation nichts als eine Gruppe von Menschen, die dieselbe Sprache sprechen: Volk, *Umma*, Nation, werden zu Synonymen. Analog zu Herder denkt Husri, diese »unterscheiden sich in erster Linie dadurch, daß sie verschiedene Sprachen sprechen und daß ihr jeweiliges Dasein auf dieser ihnen eigenen Sprache beruht« (ebd., S. 31).

Bei Husri ist der soziale Organismus der Nation durch die Sprache bestimmt; jede Nation, die ihre Sprache pflegt, behält ihre Persönlichkeit. Gerät eine Nation unter Fremdherrschaft, so hängt ihre Fortdauer ausschließlich von ihrer Fähigkeit ab, ihre Sprache zu bewahren und weiter zu pflegen. Vermag eine Nation ihre Sprache unter fremder Herrschaft lebendig zu halten, »dann kann sie ihre Freiheit und Autonomie eines Tages wiedergewinnen, weil sie dadurch, daß sie ihre Sprache beibehält, lebendig bleibt und ihr Dasein als Nation nicht verliert, wenngleich sie mit der Fremdherrschaft ihren staatlichen Charakter eingebüßt hat. Jene Nation aber ..., die mit der Zeit ihre eigene Sprache aufgegeben und die Sprache der fremden Macht übernommen hat, ist eine tote Nation ...« (ebd., S. 32).

Die enge Verwandtschaft mit Herder leugnet Husri nicht. Er bringt eine Reihe von Zitaten aus Herders Schriften, um anschließend festzuhalten, daß Herder der Pionier der von ihm adoptierten Nationsidee sei.[62]

Diese Nationsidee stelle eine »Korrektur« der französischen dar, die zwischen Nationalität und Nation unterscheide und die Nation nur im Rahmen eines Nationalstaates existieren lasse.[63] Husri bemängelt an Herder lediglich, daß dieser seine Nationsidee formuliert habe, ohne politische Handlungsanweisungen zu geben.

Die germanophilen arabischen Nationalisten übernehmen Herders Begriff der Kulturnation, fügen jedoch hinzu, daß diese einen Nationalstaat benötige. Auf diese Weise übernimmt Husri von Herder die Kultur und von Fichte die Politik als entscheidende Träger der nationalen Entwicklung. Er rühmt Fichte als Nachfolger Herders, der sich nicht mit der Feststellung einer deutschen Kulturnation begnügte, sondern auch einen deutschen Nationalstaat forderte.

Husri führt lange Passagen aus Fichtes »Reden« an und schmückt sie mit Auszügen aus Gedichten von E. M. Arndt. Während Fichte, so merkt Husri an, der deutschen Nationsidee ihre eindeutige philosophische Form verlieh, gab Arndt ihr eine »faszinierende« und »künstlerisch attraktive« Gestalt.[64] Dann greift er wieder auf Herder zurück und betont, daß die Sprache zwar die Seele einer Nation bilde, die Geschichte aber ihr Bewußtsein sei.

»Die Nation, die ihre Sprache beibehält und ihre Geschichte vergißt, ist wie ein Mensch, der zwar lebt, aber in Bewußtlosigkeit. Sein Leben wird erst sinnvoll, wenn er wieder erwacht und sein verschüttetes Bewußtsein zurückerlangt.«[65]

Husri versucht, das Denken des großen islamischen Geschichtsphilosophen Ibn Khaldun in die Debatte einzubringen, um den ausschließlich kulturellen Charakter der Nation gegen »Rassentheorien« zu schützen. Bei Ibn Khaldun enthält jede gemeinsame Abstammung ein Bewußtsein von Zusammengehörigkeit, welches aber nicht unbedingt real vorhanden sein muß. Hier folgt Husri Ibn Khaldun, ebenso wie in der Ansicht, daß die Religion nicht als Basis einer sozialen Verbindlichkeit des Kollektiv dienen kann. Selbst die Religionspflege geschehe stets in einer bestimmten Sprache, so daß der enge Kontext zwischen Sprache und Religion nur die Möglichkeit einer Nationalreligion zulasse.

Mit dem Hinweis auf Fichtes Interpretation der Reformationsbewegung als deutsch-nationalem Ereignis untermauert Husri seine These. Der Mißerfolg der universalistischen Religionen (Islam, Christentum) und der Erfolg der nationalen Religionen (Judentum), ein solidarisches Kollektiv aufzubauen und zu konsolidieren, scheint Husri ein historischer Beleg für die Richtigkeit seiner Position zu sein. Dieses Argument bringt er gegen die Panislamisten vor, die im Panislamismus eine Alternative zum säkularen Panarabismus sehen. Der Panislamismus war – abweichend vom *Umma*-Universalismus – ein Versuch, Islam und Nation in Einklang zu bringen. Die Säkularität aber ist für Husri ein Bestandteil des nationalen Gedankens.

Nachdem Husri gemeinsame Sprache und Geschichte als essentiell für die Bestimmung der Nation benannt hat, wird er poetisch und schreibt, daß die »Sprache die Seele und das Leben der Nation ist, die Geschichte aber ihre Erinnerung und ihr Bewußtsein«[66] als Behälter bewahre. Um ein nationales Erwachen der unterdrückten Völker zu initiieren, biete der Geschichtsunterricht den Rahmen für eine Nationalerziehung: »Der Kampf für das nationale Erwachen erfordert viel Aufwand und Mühe zur Verbreitung des Nationalglaubens, und zur Stärkung dieses Glaubens müssen alle verfügbaren Mittel aufgeboten werden.«[67]

Für Husri war das Leitbild der Erziehung nicht mehr ausschließlich der Islam, sondern national-panarabisch geprägt.[68] Der Realisierung dieses Ziels widmete er sein Leben, sowohl in offizieller Funktion, in welcher er die verschiedensten Ämter im Bildungswesen bekleidete, als auch inhaltlich in seiner Eigenschaft als Erzieher. Daß er zur Verwirklichung dieses panarabischen Traums eine Verbindung von Nationalerziehung und Soldatentum vornimmt, speist sich bei dem sunnitischen Muslim Husri ganz gewiß nicht aus der islamischen *Djihad*-Doktrin und ihrer Geschichte. Eher hat dies einen germanophilen Hintergrund. Der Säkularismus geht bei dem christlichen Araber und Begründer der *Ba'th*-Partei, Aflaq, aber noch ein Stück weiter: seine gesammelten Reden tragen den Titel *Fi sabil al-Ba'th*[69]. Muslime sprechen sonst die Formel *Fi sabil Allah*. Der Arabismus wird auf diese Weise zur nationalen Ersatzreligion. Von Säkularisierung ist wenig zu spüren!

Zurück zum islamischen Universalismus: Entwestlichung und die Abwendung von Europa

Der Begriff »arabische Nation« beruht auf einer Erfindung von Tradition.[70] Denn der arabische Nationalismus geht nachweisbar auf geistige Einflüsse des Westens zurück. Die arabische Germanophilie war zwischen den beiden Weltkriegen und danach bis 1967 ein Bestandteil der zweiten, nunmehr völkischen, also nicht mehr liberalen Phase des arabischen Nationalismus. Im »liberalen Zeitalter«[71] war der arabische Nationalismus vorwiegend frankophil und von liberalen Zügen gekennzeichnet; er stellte insgesamt einen Teil der Verwestlichung der islamischen Welt dar. Der Islam wurde während dieses historischen Zeitabschnitts entpolitisiert, wenngleich er als kulturelles System und religiöser Glaube weiterhin Einfluß ausübte. Nach der arabischen Niederlage im Sechstagekrieg 1967 änderte sich die Situation als Folge der Delegitimierung der säkularen und panarabischen politischen Systeme, die den Krieg verloren hatten.[72] Seitdem beobachten wir den Aufstieg des Islamismus, und die einander ausschließenden Alternativen lauten von nun an: »Zwischen Islam und dem säkularen Nationalstaat«.[73]

Es gibt westliche Islam-Experten, die diese Zusammenhänge nicht verstehen und mit erstaunlicher Ignoranz behaupten, zwischen Islam und dem Nationalstaat bestünden keine Spannungen.[74] Offenbar kennen – oder verstehen – sie die militante Kritik der Islamisten am Nationalstaat nicht.[75] Der politische Islam ist eine Revolte gegen den westlichen Nationalstaat und gegen seine Übertragung auf die Welt des Islam.[76] Mit dieser Entwicklung vom säkularen Nationalismus zum Islamismus betritt die Welt des Islam – ihrem arabischen Kern folgend – eine neue Epoche ihrer Geschichte. Auch die europäische Islam-Diaspora wird von dieser Entwicklung betroffen.

Auch für den zweiten Teil dieses Buches, *Muslime in Deutschland*, ist die Frage, ob ein Muslim einer fremden Nation (*Umma*) angehören kann, von zentraler Bedeutung. *Umma* ist im Islam die Gemeinschaft aller Muslime, also eine *Umma Islamiyya*. Im panarabischen Nationalismus ist die *Umma* eine viel kleinere Einheit; sie ist das Volk als Kulturgemeinschaft mit gemeinsamer Sprache und Geschichte, also so wie Herder sie definiert hat. Im arabischen Fall wird sie ethnisiert und so zur *Umma Arabiyya*/arabischen Nation, von der aus gesehen die nicht-arabischen Muslime – wie z.B. Perser und Türken, also die anderen Kernvölker des Islam – Ausländer sind. Umgekehrt sind die Araber für die türkischen bzw. persischen Nationalisten Ausländer.

Die traditionelle, allumfassende *Umma*-Verbindung hatte im Zeitalter der Nation keinen Bestand mehr. Dagegen waren nach dem neuen Verständnis arabische Christen und Juden für Panarabisten keine Fremden mehr, sondern gehörten derselben arabischen Nation an, in der die Religion nur von zweitrangiger Bedeutung ist. Jedenfalls dient sie nicht mehr der Definition der Identität der arabischen, türkischen, persischen und anderen Muslime. Diese Unterteilung der islamischen *Umma* in ethnisch definierte Nationen war eine Folge des Zeitalters des Nationalismus in der Welt des Islam. Wenn Nation nicht ethnisch gedeutet wird, kann auch ein Muslim als *citoyen* seine Nation/*Umma* wechseln. Die islamische *Umma* hingegen kann er nicht verlassen!

Das zeithistorische Phänomen des islamischen Erwachens belebt weder den religiösen Glauben noch den Islam als kulturelles System. Dafür enthält die neue Erscheinung des Islamismus als »islamisches Erwachen« auch in Deutschland eine Islamisierung des Nationbegriffes und steht der Integration im Wege, eben weil nach dieser Interpretation ein Muslim nur der islamischen *Umma* angehören kann.

Aus der Perspektive euro-islamischer Beziehungen bedeutet der Aufstieg des Islamismus eine Abwendung von Europa, eine Ablehnung der Nationalstaatlichkeit und den Hang zur Zurückweisung alles Westlichen. Für diese Entwicklung habe ich den Begriff der Entwestlichung geprägt, der das Gegenextrem zur Verwestlichung darstellt. Eine gesunde euro-islamische Beziehung müßte auf Austausch, nicht aber auf einseitigem Einwirken basieren, ganz gleich, ob dieses nun Verwestlichung oder Islamisierung zum Inhalt hat. Im neuen Millennium wird das Verhältnis Europas zur Welt des Islam komplizierter und dies schließt die Islam-Diaspora ein. Das Zeitalter des säkularen Nationalismus geht zu Ende und wird in der Welt des Islam von einer Epoche des Islamismus abgelöst, in der die Politisierung der Religion sich auch eine Entsäkularisierung zum Ziel setzt.

Kapitel V

Vom Kalten Krieg zum Zivilisationskonflikt. Gute und schlechte Muslime

Die Geschichte der in den beiden vorangegangenen Kapiteln dargestellten deutsch-islamischen Beziehungen, die eine osmanisch-türkische und eine arabische Dimension hat, mag noch in der anti-westlich motivierten »Hitler-Begeisterung« einiger Kreise im islamischen Orient fortleben. Doch herrschen im 3. Millennium neue Muster der Koexistenz vor, dessen wichtigstes der Zivilisationskonflikt ist. In der Türkei z.B., wo der Islam politisch die Form des Islamismus annimmt, unterscheiden Islamisten nicht länger zwischen Deutschland und Europa; sie verwenden die herkömmlichen Formeln von »den bösen britischen und französischen Kolonialherren« in Kontrast zu den »guten Deutschen« nicht mehr, sondern richten sich gegen Europa als Ganzes. Für die gegenwärtige Situation des Aufbruchs am Bosporus habe ich die Formel: *Zwischen Europa und dem Islamismus*[1] geprägt.

Nach dem Ende der Zeit der Aufteilung der Welt in zwei verfeindete ideologische Blöcke treten wir in eine neue Phase des Konflikts ein: Weltpolitische Ideologien werden nun von zivilisatorischen Weltanschauungen abgelöst.[2] Das Verhältnis des Westens zum Islam ändert sich geopolitisch entsprechend.[3] Während sich islamische Fundamentalisten im Kalten Krieg noch als treue Verbündete gegen das kommunistische Weltlager eigneten (z.B. in Afghanistan[4]), werden sie heute zu »Terroristen«[5] in einem neuen heiligen Krieg der Zivilisation abgestempelt. Was ist geschehen?

Das islamische Erwachen

Die Muslime erheben sich gegen die Verwestlichung ihrer Zivilisation. Hierfür wurde der Begriff *al-Sahwa al-Islamiyya* geprägt; er bedeutet »das islamische Erwachen«. Dieser Prozeß betrifft heute auch die deutsche Islam-Diaspora. Was sind seine historischen Wurzeln?

Im Jahre 1924 wurde in der Türkei als Konsequenz aus Erstem Weltkrieg und kemalistischer Revolution das islamische Kalifat aufgelöst. Das Kalifat war die politische Ordnung im Islam. Der Begriff kommt von Kalif/Nachfolger und unterstellt, daß der politische Herrscher ein Nachfolger des Propheten Mohammed ist. Schon 1924, aber besonders seit dem Zweiten Weltkrieg und dem sich anschließenden Ost-West-Konflikt mit seinen beiden Polen USA und Sowjetunion schien der Islam seine geschichtliche Bedeutung verloren zu haben. In jenem halben Jahrhundert bis zur iranischen Revolution 1979 stellte der Islam nicht länger einen politischen Faktor dar. Heute haben einige Muslime das Kalifat jedoch neu ins Leben gerufen. Merkwürdig daran ist nur, daß ihre selbsternannten Kalifen namens Kaplan (erst der inzwischen verstorbene Vater, dann sein Sohn) in einer deutschen Stadt, nämlich in Köln, residieren.

In der vom Westen dominierten, globalisierten Welt und ihrer säkularen Ordnung schien die islamische Zivilisation ihre historische Besonderheit eingebüßt zu haben. Zwar existieren 55 islamische Nationalstaaten nach westlichem Muster, gleichzeitig aber keine islamische Einheit mehr. Wird das islamische Erwachen, also die *Sahwa al-Islamiyya*, diese auf Weltzeit bezogene Situation ändern? Früher hatte die islamische Zivilisation ihre eigene Zeit, heute gibt es – auch für die Muslime – nur noch Weltzeit.

Der Prozeß des islamischen Erwachens ist älter als die »islamische Revolution« des Ayatollah Khomeini im Iran. Dennoch leitete diese Revolution eine neue historische Epoche in der Welt des Islam ein.[6] Besonders für deutsche Islamkundler, deren einstiger Doyen Carl Heinrich Becker den Islam Anfang dieses Jahrhunderts als moribund einschätzte, setzte das islamische Erwachen unerwartet ein. Becker hatte in Berlin gelehrt, daß die Rückständigkeit der Muslime in »rassenpsychologischen Tatsachen zu suchen« sei. Auch verkündete er noch während der Weimarer Zeit in seinen Islam-Studien: »Die Zukunft des Islam kann nur in einer Anpassung an das europäische Geistesleben bestehen; sonst sind seine Tage gezählt.«[7] Doch Becker war nicht nur dem Rassenwahn verfallen, sondern auch ein schlechter Historiker, weil der Gang der Geschichte anders verlaufen ist, als er es vermutet hatte; seine Prognose war falsch. Die Tage des Islam waren nicht »gezählt«. Heute ist er ein geopolitisch mächtiger Faktor.

Zu den Leistungen der islamischen Revolution im Iran gehört, daß nun auch im Westen ins Bewußtsein gedrungen ist, wie sehr der Islam in den Mittelpunkt der zeitgeschichtlichen Ereignisse gerückt ist. In unserer Zeit hat der Islamismus[8] als eine Spielart des religiösen Fundamentalismus die Bühne der Geschichte betreten. Inwiefern ist dieser ein Ausdruck des islamischen Erwachens? Und bringt er tatsächlich einen Zivilisationskonflikt in der Tradition von *Kreuzzug und Djihad*[9] zum Ausdruck?

Die Suche nach Antworten führt uns zum Zivilisationskonflikt, der auch den zentralen Inhalt dieses Kapitels ausmacht. Obwohl von manchen Kreisen in Deutschland angegriffen, bietet die entsprechende These ein wichtiges Interpretationsmuster für die deutsch-islamischen Beziehungen. Im Zivilisationskonflikt prallen unterschiedliche Weltanschauungen aufeinander.

Der Konflikt beginnt mit dem Zusammenstoß von westlicher Säkularität und islamisch-religiöser Weltsicht. Jenseits des Rassendünkels eines Carl Heinrich Becker haben westliche, vor allem amerikanische Historiker und Sozialwissenschaftler im Zeitalter des Nationalismus und der Entkolonisation angenommen, daß Säkularisierung ein globaler Prozeß ist. Dieser würde parallel zur Modernisierung auch vor den Toren der Welt des

Islam nicht Halt machen. Es war die Rede von der weltweiten Modernisierung[10], unter der beim näheren Hinsehen nichts anderes als eine Verwestlichung verstanden wurde. Seit den siebziger Jahren beobachten wir aber, ganz im Gegenteil, eine De-Säkularisierung und eine damit zusammenhängende Entwestlichung.[11] Es muß hier en passant angemerkt werden, daß diese Erscheinung nicht auf die Welt des Islam beschränkt ist. In unserem Fall, in der islamischen Zivilisation, heißt sie Islamismus; dieser ist aber nur eine der zahlreichen Spielarten des religiösen Fundamentalismus. Bezogen auf unsere Thematik und auf die historische Perspektive dieses Bandes ist der Islamismus das Gegenmodell zu einem euro-mediterranen friedlichen Zusammenleben, das auch Deutschland einbezieht.

Der als morbide diagnostizierte Islam kehrt also in Form des Islamismus in die Geschichte zurück. Das »Ende der Geschichte« (Fukuyama) auf der Basis eines selbstherrlich angenommenen Sieges des westlichen Modells hat sich als US-amerikanisches Wunschdenken herausgestellt. Statt Verwestlichung, Säkularisierung und Akkulturation haben wir es mit Entwestlichung, De-Säkularisierung und Gegen-Akkulturation zu tun. Das islamische Erwachen steht in diesem Zusammenhang.

Die Bipolarität hat sich nach dem Ende des Kalten Krieges aufgelöst. Im Anschluß daran nahm die von Raymond Aron schon vor langem erkannte Erscheinung der »Heterogenität der Zivilisationen« politische Formen an und ist heute mit ganzer Kraft am Werke. Schon 1962, also auf dem Höhepunkt des Kalten Krieges, schrieb der große jüdisch-französische Gelehrte Aron in seinem Hauptwerk *Paix et guerre entre les nations*, daß die wahre Konfliktquelle der Weltgeschichte nicht in der Bipolarität, sondern in der »Heterogenität der Zivilisationen« begründet sei. Aron prophezeite bereits in jenem Jahr, diese werde »vielleicht auf lange Sicht schwerwiegendere Folgen nach sich ziehen als die feindliche Gegenüberstellung zweier Blöcke«[12] je hervorgebracht habe. Nach Aron war aber die »Heterogenität (der Zivilisationen) vorläufig durch die Bildung zweier Blöcke ...

verschleiert«. Das Ende des Kalten Krieges hat diesen Schleier gelüftet, wodurch die Unterschiede zwischen den Zivilisationen zum Vorschein treten. Die Bipolarität, die die Geschichte der zweiten Hälfte des 20. Jahrhunderts auf allen Ebenen bestimmte, wird zu Beginn des 3. Millenniums vom Zivilisationskonflikt abgelöst. Diese Entwicklung bleibt nicht ohne Auswirkung auf die Islam-Diaspora in Europa im allgemeinen und in Deutschland im besonderen.

In unserer Zeit spricht man anstelle des politisch inkorrekten Begriffs der Verwestlichung von unaufhaltsamer Globalisierung. Dieser neue Begriff wird im Sinne der Gestaltung der Welt nach einer Mc-Kultur, d. h. auf globaler Ebene standardisierter Lebensweise amerikanischer Provenienz verwendet. Und doch ist dies nichts anderes als eine amerikanische Spielart der Verwestlichung. Somit kommt Globalisierung einer Amerikanisierung gleich. Der in der Gestalt des islamischen Erwachens auftretende Islamismus ist eindeutig eine der Gegenkräfte dazu. Der amerikanische Professor Mark Juergensmeyer spricht in diesem Zusammenhang von einem »neuen Kalten Krieg«, also von einem Krieg zwischen dem säkularen Nationalstaat und seinen sich religiös legitimierenden Gegnern. Das ist ein zivilisatorischer Kalter Krieg[13], der auch heiße Formen (Tschetschenien, Kaschmir, Kosovo u.a.) annehmen kann und sogar mitten in Europa, getragen von Teilen der Islam-Diaspora, stattfindet.

Geschichtswissenschaftlich bedeutet die angesprochene Entwicklung eine Wiederkehr der Zivilisationen als historische Problematik. Arnold Toynbee[14] wird zwar als ein großer Historiker geehrt, aber sein Geschichtsverständnis als solches der Zirkulation von Zivilisationen heftig kritisiert, oft ohne sein Werk richtig zu kennen. Der Kenner des Toynbeeschen Werkes weiß, wie sehr dieser dem großen islamischen Philosophen des 14. Jahrhunderts, Ibn Khaldun[15], verpflichtet ist; Toynbee verschweigt diesen Einfluß auch nicht; er sieht in ihm »die herausragendste Persönlichkeit in der Zivilisationsgeschichte«.[16]

Was haben Toynbee und Ibn Khaldun mit der Thematik dieses Buches über den Islam und Deutschland zu tun? Die Antwort lautet: Die Tatsache, daß es ein islamisches Erwachen gibt, deutet auf den defensiv-kulturellen Charakter des politischen Islam hin; diese Erscheinung ist ein Bestandteil des Zivilisationskonflikts unserer Zeit.

Die deutsche Debatte über diesen Gegenstand wird leider sehr unsachlich und unter dem falschen Titel »Kampf der Kulturen« geführt. Zivilisatorische Konflikte werden nicht analysiert, um herauszufinden, wie ein Zusammenprall der Zivilisationen verhindert werden kann; eher wird der neue Konflikt in die begriffliche Nähe von »Mein Kampf« und »Klassenkampf« gerückt und somit einer Sachdiskussion entzogen.

In Deutschland sind Gesinnungsethiker blind gegenüber der geschichtlichen Kraft des politisierten und an einen religiösen Glauben gebundenen Zivilisationsbewußtseins. Gegen diese Ignoranz gilt es, die neue historische Erscheinung des Islamismus zu verstehen und ihre Rahmenbedingungen zu erklären. Fachlich und in bezug auf die hier anstehende Thematik betrachte ich mich als einen Historiker, der zugleich ein Wissenschaftler der Disziplin Internationale Beziehungen ist und somit weiß, daß trotz des transnationalen Auftretens der Zivilisationen auf der Bühne der Geschichte der Nationalstaat[18] auch in unserer Zeit zentral bleibt. Bei Zivilisationskonflikten begegnet uns ein Gemisch von politischen Religionen, regionalen Zivilisationen und mit entsprechender Souveränität ausgestatteter Nationalstaatlichkeit. Hinter dem Ganzen steht die Erhebung nicht-westlicher Zivilisationen gegen eine vom Westen dominierte Weltordnung. An vorderster Stelle findet sich hierbei die islamische Zivilisa-tion, deren Vertreter die parallel zur europäischen Expansion eingetretene Verwestlichung der Welt durch Entwestlichung und De-Säkularisierung rückgängig machen wollen.

Von der muslimischen Bewunderung Europas zur Revolte gegen den Westen

Wir können bei der Diskussion über den Islam und Deutschland sowie über Muslime in Deutschland nicht an der Frage vorbeigehen, welche Auswirkungen die Rückkehr der Zivilisationen, als weltpolitischer Faktor wie im Bewußtsein der Menschen, für das Entwicklungsgefüge der Geschichte hat. Zivilisationen befinden sich, im Guten und Schlechten, in fortwährender Interaktion: Ihnen zuzurechnende Staaten oder anders zu definierende Gruppen von Menschen führen Krieg gegeneinander, pflegen aber auch den geistigen Austausch. Kulturelle Anleihen sind immer Bestandteil zivilisatorischer Begegnung gewesen und haben auch die euro-islamischen Beziehungen zwischen dem 7. und 20. Jahrhundert geprägt.[19] Wird sich dieses Muster im Zeitalter der Zivilisationskonflikte ändern? Nehmen die Beziehungen zwischen Europa, speziell Deutschland, und dem Islam in unserer Gegenwart eine neue Qualität an? Dies sind zentrale Fragen im 3. Millennium, wobei zwischen Globalisierung und Zivilisationskonflikt eine Wechselwirkung entsteht.

Es besteht eine enge Verbindung zwischen der europäischen Expansion, Globalisierung und der Revolte gegen den Westen. Historiker deuten das 19. Jahrhundert als Jahrhundert des Nationalismus. Die zuvor begonnene europäische Expansion überträgt im Rahmen der von ihr ausgelösten strukturellen Globalisierung europäische Standards auf den Rest der Welt in dem Bemühen, europäisch-westliche Zivilisation zu universalisieren. Der Nationalstaat als ein europäisches Modell wird zum Weltmodell der Entwicklung gemacht. Genau dies ist mit Verwestlichung gemeint.[20] In den Anfängen sah es so aus, als würde der europäische Nationalstaat im Rahmen dieser historischen Entwicklung, aus der das bestehende internationale System souveräner Nationalstaaten hervorging, zum universellen Modell. Das ist aber nur insofern eingetreten, als die Institution des Nationalstaats formal globalisiert worden ist. Ihre kulturellen Grundlagen konnten jedoch nicht universalisiert werden. Warum?

Um diese Frage angemessen beantworten zu können, ist es zunächst wichtig, folgenden Unterschied nicht zu übersehen: Globalisierung bezieht sich auf Strukturen und Institutionen, Universalisierung auf Normen und Werte. Der Nationalstaat ist heute in aller Welt institutionelle Realität, nicht aber seine politische Kultur. Ein Staatsmuster kann globalisiert werden, seine politische Kultur wird dabei aber nicht zwangsläufig universalisiert. In diesem Zusammenhang richtet sich die Revolte gegen den Westen als solche gegen den säkularen Nationalstaat, gegen die Institution und gegen ihre säkulare Kultur gleichermaßen. Die Globalisierung des Nationalstaats ist gelungen, die Universalisierung seiner politischen Kultur ist gescheitert.

In der Welt des Islam zerbrechen die nach westlichem Muster errichteten Nationalstaaten einer nach dem anderen. Die Fälle Afghanistan, Algerien und Somalia sind nur die dramatischsten Beispiele für diese Entwicklung der Entwestlichung und des Zerfalls des säkularen Nationalstaats. Dahinter steht nicht allein die Religion – besonders in ihrer politisierten Form –, sondern auch die Ethnizität. Ein Muslim ist loyal gegenüber der islamischen *Umma*, nicht gegenüber dem Staat. Konkret gehört er aber auch einer ethnischen Wir-Gruppe an, der er ebenfalls Loyalität schuldet. Gilt das auch in der Diaspora?

Jenseits des beschriebenen Loyalitätsmusters haben islamische und andere nichteuropäische politische Eliten lange Zeit europäische Ideen angenommen und sie vor allem mit dem geistigen Gerüst der Französischen Revolution – im arabischen Fall der deutschen politischen Romantik – verbunden. Sie haben die europäisch-koloniale Hegemonie, nicht aber die Normen und Werte Europas beanstandet, waren also nicht gegen Europa. Ganz im Gegenteil: westliche Normen und Werte lieferten ihnen das Modell.[21] Es war für sie daher kein Widerspruch, ihre Faszination für Europa zu bewahren – etwa dadurch, daß sie sich auf europäische Ideen wie Volkssouveränität und Parlamentarismus beriefen –, sich aber gleichzeitig gegen das europäische Kolonialsystem zu wenden.

Das arabo-islamische Denken in der liberalen Epoche des Orients[22] war von dieser Ausrichtung geprägt. Für den Islamismus im Zeitalter des Zivilisationskonflikts gilt dies nicht mehr: Er hat die bisher bestehenden Einstellungen radikal verändert. Eine allgemein antiwestliche Grundorientierung entfaltet sich zunehmend und bezieht sich seit den späten sechziger Jahren nicht mehr allein auf eine Revolte gegen die westliche Hegemonie. Wir haben es nun mit einer Revolte gegen westliche Werte und Normen zu tun[23], ja gegen alles – außer Wissenschaft und Technologie[24] –, was aus dem Westen kommt. Der neue Vertreter des islamischen Widerstands gegenüber dem Westen ist der Islamist, sein Bezugsrahmen heißt die islamische Lösung (*al-Hall al-Islami*).[25] Die vom Westen ausgehende Faszination gilt nun nicht länger. In historischer Perspektive stand diese in gewisser Kontinuität der Hellenisierung des Islam und der islamischen Wirkung auf Europa in der Vorrenaissance, als in Europa lateinische Averroisten die Bühne betraten. Diese Europäer waren Anhänger des islamischen Rationalisten Ibn Ruschd/Averroës.

Die historische Wende zugunsten des Islamismus trat mit dem dritten arabisch-israelischen Krieg[26], dem Sechs-Tage-Krieg von 1967 ein, bei dem Israel als einzelner Staat die Armeen aller benachbarten Länder nicht nur in zerstörerischer Weise besiegte, sondern darüber hinaus auch nach Clausewitzschen Maßstäben in einem völlig unnötigen Ausmaß demütigte. Die Folge war sowohl eine politische Legitimitätskrise als auch eine sozio-kulturelle Identitätskrise in den arabischen Staaten sowie parallel dazu ein langsamer Niedergang des säkularen Panarabismus. Die Geburt des Islamismus war der politische Ausdruck dieser doppelten Krise.

Damit begann auch eine neue historische Epoche in den euro-islamischen Beziehungen, in der die Faszination für das europäische Modell der Nation und des Nationalstaats zu Ende ging. Anleihen bei Europa werden fortan als *Hulul mustau-*

radah/importierte Lösungen verfemt. Die Welt des Islam will sich seitdem nicht länger zu einer politisch – also nicht religiös – definierten »Dritten Welt« zugehörig fühlen: Sie tritt mit einem neuen Zivilisationsbewußtsein als eigenständige zivilisatorische Größe auf. Zentral ist hier die Bewegung der Muslim-Bruderschaft[27], die auch in der Islam-Diaspora – in Aachen – eine Hochburg hat.

Vor dem Aufstieg des Islamismus waren fast alle islamischen Staaten in die afro-asiatische »Dritte-Welt«-Bewegung der Blockfreien eingebunden, so wie diese auf der Bandung-Konferenz 1955 in Jakarta ins Leben gerufen worden war. Die Tradition des Antikolonialismus wurde in jener Bewegung ohne zivilisatorische, anti-westliche Töne gepflegt. Die ihre Ansichten vorwiegend politisch artikulierenden Wortführer der Blockfreien-Bewegung waren Staatschefs der entkolonisierten Länder Asiens und Afrikas, die sich bewußt als souveräne Nationalstaaten nach europäischen Vorbild formiert haben. Die Blockfreiheit war Ausdruck einer politischen Staatenbewegung, die lediglich dazu dienen sollte, gegenüber dem dominanten Westen und Osten mehr Handlungsspielraum für ihre Mitglieder zu erlangen. Anders formuliert: Die Blockfreiheit der »Dritten Welt« war weder in der Realität noch in der Vision ihrer Gründer eine zivilisatorische Herausforderung; sie umfaßte gleichermaßen Islam, Christentum und Hinduismus. Zwei ihrer Begründer waren Muslime, Nasser und Sukarno, der dritte war ein Hindu, Nehru. Ein Nebenspieler – der Jugoslawe Tito – war ein Christ.

Mit dem Aufstieg des Islamismus – parallel zur Auflösung des Ost-West-Konflikts und somit dem Ende der »Dritten Welt« – war ein hinduistisch-muslimisches Bündnis, das den Realitäten der blockfreien Bandung-Staatenbewegung entsprechend eine Trennung von Religion und Politik einschloß, nicht mehr möglich. Hindu-Fundamentalisten erstürmten beispielsweise im Dezember 1992 die Moschee in Ayodya und machten sie dem Erdboden gleich.[28] Die Islamisten reagierten entsprechend mit anti-hinduistischen und anti-christlichen Parolen. In

Indonesien, im ehemaligen Jugoslawien sowie im Kaukasus bringen sich Christen und Muslime gegenseitig um. Politik und Religion bilden seit der Wende zum 21. Jahrhundert wieder eine bedrohliche Einheit. Ebenso wie der politische Hinduismus eine Herausforderung an den Islam im überwiegend hinduistischen Südasien darstellt, wird der Islamismus eine zivilisatorische Herausforderung an Europa. Dies gilt besonders für Deutschland, wo eine mehr als drei Millionen Menschen umfassende Islam-Diaspora lebt.

Der Universalismus des Islam – Herausforderung auch für Deutschland?

Blickt man zurück auf die Berührungspunkte islamischer und europäischer Geschichte, wird man erkennen, daß der Islam und seine Zivilisation mehr als jede andere nichtchristliche Religion für Europa als Zentrum der westlichen Zivilisation stets von erheblicher Bedeutung war und nach wie vor ist.[29] Dies gilt auch für Deutschland. Denn der Islam ist nicht nur ein religiöser Glaube. Ähnlich wie das Christentum, aber im Unterschied zu anderen Weltreligionen stellt der Islam zugleich eine universalistische Weltanschauung dar. Durch Migration von Muslimen nach Europa hat sich der Islam von einem äußeren Nachbarn im Mittelmeerraum zu einem religiösen und politischen Faktor in Deutschland selbst entwickelt. Im Zeitalter des Islamismus ist diese Koexistenz nicht unproblematisch, denn der Islamismus kann das deutsche Grundgesetz nicht bejahen! Der Konfliktstoff liegt darin, daß der Islamismus den islamischen Universalismus politisiert.

Der Durchschnitts-Deutsche fühlt sich vom Konfuzianismus, Buddhismus oder Hinduismus[30], die Deutschland fern sind, kaum angesprochen. Anders steht es mit dem Islam. Sowohl die christliche Religion als auch die aus ihrem Hauptverbreitungsgebiet zwischen 1500 und 1800 militärisch expandierende westliche Zivilisation teilen mit dem Islam und der aus ihm hervorgegangenen Zivilisation die Gemeinsamkeit, uneingeschränkte Universalität für sich zu beanspruchen. Weltanschauliche Universalismen schließen einander aber aus. Aus diesem Grunde ist der Islam für Deutschland als Teil der westlichen Zivilisation gleichermaßen eine weltanschauliche, d.h. auf anderen Weltbildern fußende, wie eine religiöse, also von einer anderen Religion ausgehende Herausforderung.

Dadurch, daß in Deutschland Muslime leben, betreffen Wandlungen innerhalb des Islam Deutschland im Inneren. Hier geht es vor allem um die Wandlung vom säkularen Nationalismus zum Islamismus. Die Ideologie der zeithistorischen Erscheinung des politischen Islam deute ich als eine Spielart des Fundamentalismus. Seine Forderung nach einem islamischen Gottesstaat ist auch in einigen Kreisen der Islam-Diaspora zu vernehmen. Diesen »Staat« gibt es aber weder im Koran noch im *Hadith* des Propheten. Die Implikation für die Islam-Diaspora ist dennoch folgende: Teile der muslimischen Migranten können sich mit einem säkularen Verfassungsstaat weder identifizieren noch seiner Ordnung gegenüber loyal sein.

Seit dem Ende des Ost-West-Konflikts werden Zivilisationskonflikte offensichtlich und virulent. Sie sind zwar nicht neu, aber der Kalte Krieg hat sie ein halbes Jahrhundert lang verdrängt, wie Raymond Aron richtig festgestellt hat. Das Verhältnis zwischen dem Islam und dem Westen reiht sich in diesen Zusammenhang der Zivilisationskonflikte als weltanschauliche Konflikte ein. Erschwerend kommt hinzu, daß mit dem Ende des Ost-West-Konflikts die alten Grenzen der bisherigen Weltlager durchlässig werden. Die Folge sind große Migrationsschübe.

Ehe man über die Heilung eines Symptoms reden kann, muß man über die zugrundeliegende Krankheit selbst sprechen. Ich bin der Auffassung, daß durch Kulturdialoge ein Zusammenprall der Zivilisationen verhindert werden kann und sehe darin eine wünschenswerte Friedensstrategie. Zunächst müssen wir jedoch darüber sprechen, was durch einen Dialog zu verhindern ist, nämlich die Politisierung von weltanschaulichen Konflikten. Und hier sind wir schon beim Thema. Der Islamismus ist in der Welt des Islam von heute, aber auch in der Islam-Diaspora die dominante weltanschauliche Strömung, wenngleich ich der Ansicht bin, daß sie auf der organisierten Ebene nur von einer, allerdings straff geordneten, Minderheit repräsentiert wird. Die Europäer können daran nicht länger vorbeisehen. Der Bezug des Islam zu Deutschland ähnelt dem zu Europa. In Stockholm habe ich die für dieses Buch modifizierte Formel geprägt »Der Islam und Europa – der Islam in Europa«.[31] Mit ihr spreche ich das Phänomen der islamischen Migration nach Europa und die Konfliktpotentiale, die damit zusammenhängen, an. Denn mit einem Teil der Migranten kommt auch der Islamismus nach Europa, der den Zivilisationskonflikt offensiv ins europäische Haus hineinträgt. Wenn Sittenwächter der *political correctness* verbieten, über dieses Thema zu reden, dann müssen sie folgerichtig auch verbieten, darüber nachzudenken, wie Demokratie gegen ihre Feinde zu schützen ist.

Der Rahmen für die Auseinandersetzung mit der für Deutsche schwer zu verstehenden islamischen Zivilisation ist heute ein anderer als in den Zeiten Goethes und seines West-Östlichen-Diwan, als sich aufgeschlossene und hochgebildete deutsche Bürger für eine Beschäftigung mit dem Islam öffneten. Ich habe Goethes Begeisterung für den Islam schon in Kapitel III gewürdigt. Der Grund für die Offenheit jener großen Deutschen wie Goethe und Lessing war häufig Bildungsneugier und Wißbegierde – Eigenschaften, die im Zeitalter der elektronischen Massenmedien im Schwinden sind.

In unserer Gegenwart zu Beginn des 21. Jahrhunderts hängt das Interesse am Islam nicht nur mit dem durch Globalisierung bedingten Schrumpfen der Welt zu einem globalen Dorf zusammen; es wird auch durch die schon angesprochene Migration von Muslimen nach Europa und damit auch nach Deutschland verstärkt. Im Jahre 2000 leben etwa 15 Millionen muslimische Zuwanderer in Westeuropa, davon rund 3,3 Millionen in

Deutschland. Und diese Zahl nimmt tagtäglich durch Flucht, den Mißbrauch des Asylrechts und illegale Migration zu. Die Beschäftigung mit dem Islam ist deshalb in unserem Zeitalter des Zivilisationskonflikts kein bildungsbürgerlicher Luxus, sondern Friedensarbeit im Sinne von Konfliktbewältigung. Zeithistorisch ist der Islamismus eine Ideologie der offenen oder – durch *Iham*/Täuschung der Ungläubigen – verdeckten Konfrontation. Um so mehr wächst die Notwendigkeit eines auf Werte-Gemeinsamkeit basierenden Friedens mit dem Islam, der zugleich ein innerer Frieden Europas bzw. Deutschlands und ebenso ein Frieden mit der südlichen Mittelmeerregion und Südosteuropa ist. Wir müssen uns stets vergegenwärtigen, daß das Mittelmeer immer die Grenze – oft sogar die Kriegsgrenze von Kreuzzug und *Djihad* – zwischen Europa und dem Islam war. Durch Migration verwischen sich diese Grenzen. Mein Eindruck ist, daß die meisten Deutschen nicht nur über den Islamismus als eine weltanschauliche Herausforderung wenig informiert sind; leider gebricht es ihnen auch an Grundkenntnissen über den Islam. Vielleicht kann dieses Buch ein wenig Hilfestellung geben, indem es Informationen über Islam und Islamismus bietet, die die Medien kaum verbreiten.

Woran liegt die Unkenntnis über den politischen Islam?

Islamkunde und Orientalistik haben eine sehr lange Tradition an der deutschen Universität. Dennoch ist das Wissen über den Islam in diesem Land erstaunlich gering. Zunächst stellt sich auch hier wieder die Frage, die ich bereits in Kapitel II aufgeworfen habe, nämlich, ob der Islam eine derart monolithische Einheit darstellt, daß es gerechtfertigt ist, über *den* Islam zu sprechen? Ist es möglich, durch Aufklärung allgemein für alle Muslime gültige Kenntnisse über den Islam zu unterbreiten?

Die an den Universitäten der Bundesrepublik lehrenden Islamkundler sind für gewöhnlich klassische Philologen. Unter Berücksichtigung der Tatsache, daß Sprachen aber ständigem

Wandel unterworfen sind, verlangt ihr Erlernen und ihre Beherrschung einen fortwährenden Anpassungsprozeß, den die Mehrzahl der Orientalisten – obwohl dies zu ihrem Handwerk gehören sollte – nicht mitvollziehen. Die modernen Sprachen des islamischen Orients lassen sich daher für sie nicht vollständig erschließen. Darüber hinaus interessieren sie sich wenig für die dortigen sozialen und politischen Verhältnisse.

Was ist nun Islamismus und warum ist es falsch, ihn mit dem Islam gleichzusetzen? Und am wichtigsten für unser Thema: Warum ist er als eine Konfliktpotentiale bergende Herausforderung anzusehen? Politisch und geschichtlich interessierte Deutsche sollten sich diesen Fragen stellen!

Zunächst ist es sehr zentral zu wissen, daß der Islamismus eine Weltanschauung ist, die über Ordnungsvorstellungen verfügt. Mit anderen Worten: Der Islamismus ist nicht als Extremismus oder Terrorismus abzutun. Islamisten wollen einen islamischen Staat, der eine Alternative zum säkularen Nationalstaat darstellen soll. Es ist wahr: Der Islam ist nicht nur eine Religion im Sinne eines spirituellen Glaubens an Gott und der damit verbundenen religiösen Rituale. Auch im traditionellen Islam gibt es religiös begründete weltanschauliche Ordnungsvorstellungen. Doch ist die Idee des islamischen Staats neu und birgt Konfliktstoff, den die Islamisten bewußt herbeiführen. Kurz: Islam und Islamismus sind zweierlei. Der Islam ist eine Religion und die Basis einer Zivilisation, der Islamismus hingegen eine zeitgeschichtliche, also neue und konstruierte politische Ideologie, die mit universellen Ansprüchen verbunden ist und entsprechende Geltung beansprucht. Daher ist ein Predigen von Toleranz gegenüber dem Islamismus in der deutschen Islam-Diaspora eine Gefahr für die Demokratie.

Der Islam ist ein spiritueller, der Islamismus ein politisierter Universalismus. Bei den anderen großen Religionen, wie etwa dem Hinduismus, dem Buddhismus oder dem Konfuzianismus, finden wir einen solchen Universalismus nicht vor. Aus dem Umstand, daß Islam und Christentum Weltreligionen sind, die eine universelle Ausrichtung vertreten, erklärt sich der jahrhundertealte Wettkampf zwischen den beiden auf Religionen basierenden Zivilisationen. Kreuzzüge und *Djihad* waren historische Momente dieses Wettkampfs (vgl. Anm. 9). Sie waren in der Tat Auslöser einer gegenseitigen Bedrohung. In der Geschichte dieser beiden Zivilisationen gibt es jedoch nicht nur den islamischen *Djihad* und die christlichen Kreuzzüge, sondern auch positive Begegnungen: die erwähnte Hellenisierung des Islam und die europäische Renaissance gehören dazu.

Aus der Geschichte lernen wir, daß nur die Trennung von Religion und Politik Islam und Europa einander näherbringen kann. In diesem Sinne trete ich für eine Säkularisierung ein. Im Übergang zur kulturellen Moderne[32] wurde das Christentum säkularisiert. Seit der Renaissance ist es historisch richtiger, von einer westlichen Zivilisation als von einem christlichen Abendland zu sprechen. Dagegen ist die islamische Weltanschauung immer noch vorwiegend religiös bestimmt. Obwohl es natürlich vielfältige Berührungspunkte zwischen islamischer Orthodoxie und Islamismus[33] gibt, sind beide auseinander zu halten. Denn es handelt sich um Erscheinungen, die zu unterschiedlichen historischen Epochen gehören, in der Islam-Diaspora aber ineinander übergehen.

Der Westen und die islamische Zivilisation hatten stets die besten Beziehungen zueinander, wenn sie versuchten, einander zu verstehen, und die schlechtesten, wenn sie bestrebt waren, einander zu beherrschen. Brücken zwischen der Welt des Islam und Europa gab es in der Geschichte aber nur auf der Basis von Vernunft und Rationalität, nicht auf der Basis der Religion in ihrer Verbindung zur Politik. Der Islamismus steht nicht in dieser Tradition.[34]

Die muslimische Migration in die Bundesrepublik eröffnet eine neue Dimension in den deutsch-islamischen Beziehungen und fordert gleichermaßen zu neuem Nachdenken und Handeln auf. Durch sie werden Fragen aufgeworfen, die Deutschlands Zukunft angehen und nach Antworten für ganz Europa rufen.

Werden beide Zivilisationen im 3. Jahrtausend Muster des friedlichen Zusammenlebens, eines Friedens der Zivilisationen, entwickeln? Die Alternative ist ein weltanschaulicher Krieg der Zivilisationen im Sinne eines Wettkampfs von einander ausschließenden universellen Weltanschauungen in der alten Tradition von *Djihad* und Kreuzzügen. Für die Leser, die dieses Buch lediglich durchblättern, weise ich noch einmal deutlich darauf hin, daß es dabei nicht um einen Krieg zwischen Armeen geht. Im folgenden möchte ich jedoch zunächst noch beim Aufstieg des Islamismus als Hauptströmung einer bedrohlichen politischen Entwicklung in der Welt des Islam bleiben. Ich deute diese Erscheinung im Rahmen meines auf Zivilisationen fokussierten Ansatzes. Die deutsch-islamischen Beziehungen ordne ich in diese Debatte ein.

Islamismus und die Diskussion über den Zivilisationskonflikt

Anders als am Beginn des 3. Millenniums wurden in Zeiten des Ost-West-Konflikts Blöcke militärisch und politisch, nicht aber zivilisatorisch definiert. Daß unter dem Schleier der Bipolarität Zivilisationskonflikte gärten, die heute mehr und mehr zutage treten, wurde damals schlicht verdrängt. Konflikte wurden einzig und allein im Rahmen der Zweiteilung der Welt in die Lager des »Kommunismus« und der »Freien Welt« interpretiert.

Heute, nach dem Ende des Kalten Krieges, werden Zivilisationskonflikte in die Diskussion der Internationalen Beziehungen aufgenommen, obwohl es immer noch Geister von gestern gibt, die dies nicht einsehen wollen. Den Anstoß zu der Diskussion verdanken wir vor allem Samuel Huntington, dessen These vom *Clash of Civilizations*[35] über die Grenzen der akademischen Welt hinaus große Beachtung fand. In vorschnellen Zurückweisungen Huntingtons wurde der Verdacht geäußert, NATO-Strategen hätten einen Ersatz für das verlorengegangene Feindbild des Kommunismus gesucht und nun im Islam den Gegner gefunden, der die brüchig gewordene politische Einheit des Westens wiederherzustellen helfen könne.

Die Fakten sehen anders aus: Seit den siebziger Jahren gibt es überall in der Welt des Islam politische Bewegungen, die unter Rückgriff auf den Islam zum Zwecke der Legitimation ihren Anspruch auf die Eroberung der Macht erheben. Die Argumentation in den meisten Schriften des politischen Islam[36] bezieht sich auf die Zivilisationsproblematik. Diese ist keine Erfindung Huntingtons. Unter den Islamisten gibt es solche, die mit friedlichen Mitteln an die Macht kommen wollen, andere greifen auf Gewalt zurück und enden in der Szene des Terrorismus. Es ist zwar falsch, Islamismus und Terrorismus von vornherein gleichzusetzen. Gleichwohl ist der islamischen Zivilisation die Legitimierung der Gewaltanwendung als *Djihad* nicht fremd.

Es handelt sich um einen Allgemeinplatz, wenn man feststellt, daß jede Zivilisation ihr eigenes Weltbild und unterschiedliche Auffassungen von Staat, Recht, Gesellschaft, Religion und Wissen sowie von Krieg und Frieden hat. Diese Unterschiede sind nicht neu und bestehen seit Beginn der menschlichen Zivilisationsgeschichte. Geschichtlich war die Mittelmeerregion immer auch Becken des Zusammenpralls der islamischen und der westlichen Zivilisation. Unter Ignorierung dieser historischen Tatsachen behauptete der stellvertretende holländische Ministerpräsident Dijkstal bei einem EU-Treffen im März 1997, als die Niederlande den EU-Vorsitz hatten, es habe im Mittelmeerraum stets nur Harmonie, nie Zwietracht gegeben.[37] Das Gegenteil ist die Wahrheit, und dies hängt damit zusammen, daß beide Zivilisationen – wie erwähnt – universelle Ansprüche haben, die eine friedliche Koexistenz erschweren. Der Islamismus belebt diese für begraben gehaltene Spannung im Mittelmeerraum. Seine Konfrontationspolitik geht auch Deutschland an, weil die meisten in Deutschland lebenden Muslime aus der Mittelmeerregion stammen.

Zum Verständnis der These vom Zivilisationskonflikt scheint es mir wichtig, sich die Unterschiede zwischen Kultur und Zivilisation zu vergegenwärtigen. Im alltäglichen Sprachgebrauch, aber auch in der Debatte über die Bedeutung von Zivilisationen in Weltpolitik und Weltwirtschaft läßt sich oft eine Verwechslung von Kultur und Zivilisation beobachten. Beide sind nicht identisch. Eine Kultur ist immer räumlich begrenzt, und sie bezieht sich auf sozial bedingte Sinnstiftung, die sich stets in einem lokalen Rahmen vollzieht. Ähnlich gelagerte Kulturen können sich jedoch zu einer einheitlichen Zivilisation gruppieren. Mit anderen Worten: Kulturen sind die kleineren, Zivilsationen die übergeordneten Einheiten.

Nach diesem Vorverständnis gibt es nur eine islamische Zivilisation, die sich aus zahlreichen islamischen Lokalkulturen zusammensetzt und dennoch eine einheitliche Geschichte hat. Diese Aussage gilt auch für die westliche Zivilisation, die ebenfalls aus zahlreichen Lokalkulturen besteht. Heute kommen durch ethnische Konflikte nicht nur diese Lokalkulturen zum Vorschein; von zunehmender Bedeutung sind vor allem ihre Gruppierungen zu Zivilisationen. In diesem Sinne ist es inhaltlich falsch, auf globaler Ebene von einem »internationalen Kulturkonflikt« oder »Kampf der Kulturen« zu reden, wie man dies in Deutschland gerne tut. Der Grund hierfür ist, daß die Einheiten, die international vor allem weltanschaulich konkurrieren, die Zivilisationen sind; diese bestehen aus lokalen Kulturen, die sich zivilisatorisch gruppieren. So ist die deutsche Übersetzung des zum Bestseller gewordenen Buches *Clash of Civilizations* mit *Kampf der Kulturen* sowohl sprachlich als auch inhaltlich falsch und hat überflüssige Polemiken hervorgerufen. Hinzu kommt die Tatsache, daß »Kampf« ein häßliches Wort der deutschen Sprache ist, das eine unrühmliche Geschichte hat, die vom Klassenkampf des Kommunismus bis zu Hitlers »Mein Kampf« reicht. Die Übertragung dieses Begriffes durch den Neologismus »Kampf der Kulturen« auf Zivilisationskonflikte bringt letztere in zweifelhafte Gesellschaft.

Durch meine Arbeit über Zivilisationskonflikte bin ich oft voreilig in die Nähe von Samuel P. Huntington gerückt worden, der die weltweite Diskussion über Zivilisation angestoßen hat. In ihr hat Huntington eine wichtige Problematik angesprochen und zutreffend auf die mit dieser verbundenen Konfliktpotentiale hingewiesen. Bis dahin bin ich mit ihm einig. Aber im Gegensatz zu Huntington verfolge ich keine sicherheitspolitischen Interessen und bestimme keine »Frontlinien des Konflikts«, sondern strebe den Brückenbau und die Vermittlung zwischen den Zivilisationen an. Es geht um eine gute Nachbarschaft in Wirtschaft und Politik und um gegenseitige kulturelle Befruchtung. Der Dialog zwischen den Kulturen und Zivilisationen wird zu einer zentralen Aufgabe der internationalen Friedenspolitik.

Die Zugehörigkeit zu einer lokalen Kultur ist eine andere als die zu einer Zivilisation, obwohl beide komplementär sind. Man denke z.B. an Afghanistan, wo Paschtunen, Tadschiken und Usbeken als Vertreter von ethnischen Lokalkulturen gegeneinander kämpfen, obwohl sie alle Muslime sind. Als Muslime waren sie aber alle einig gegen die einstigen sowjetischen Besatzer, die zu einer anderen Zivilisation gehören. Auf unser Thema bezogen: Das Bewußtsein der Menschen von ihrer Zugehörigkeit zu Lokalkulturen und zu einer Zivilisation birgt in sich Konfliktpotentiale. Das Zivilisationsbewußtsein wächst und trägt dazu bei, daß sich Menschen unterschiedlicher Zivilisationen voneinander abgrenzen. Es ist eine Illusion zu glauben, daß die Verbreitung der Produkte von »McWorld« zivilisationsbezogene Differenzen beseitigen wird.

Bei der Substantiierung der These vom Zivilisationskonflikt habe ich die Hypothese vom Vorhandensein globaler Strukturen und partikularem Zivilisationsbewußtsein aufgestellt und sie am Gegenstand der »Gleichzeitigkeit von struktureller Globalisierung (im Bereich von Politik, Ökonomie, Kommunikation und Transport) und kultureller Fragmentation« getestet.[38] Mit dieser Formel versuche ich, das Phänomen zu erklären, daß die Menschheit, obgleich zu einem in der Weltgeschichte beispiellosen Grad einander nähergerückt, trotzdem zivilisatorisch und kulturell in viele Einzelgruppen zerfällt. Die Politisierung der weltanschaulichen Unterschiede zwischen den Zivilisationen führt zum Aufstieg der zahlreichen religiösen Fundamentalismen. Im Islam geschieht dies offensichtlich.[39]

Auf der Basis der bisherigen Ausführungen kann ich feststellen, daß wir in der westlich-islamischen Nachbarschaft parallel zur wirtschaftlichen Vernetzung vom Auftauchen politischer Gefahren sprechen können, die hier unter dem Stichwort »Fundamentalismus« zusammengefaßt werden. Der Islamismus ist die islamische Spielart dieses Phänomens. Trotz der auf globaler Ebene sich entfaltenden wirtschaftlichen Vernetzungen kommt es nicht zu einer kulturellen Annäherung, im Gegenteil: Die Vernetzung wird von einer kulturellen Fragmentierung, vom Konsensverlust in bezug auf Normen und Werte begleitet. Die Diaspora der Migranten ist keine Ausnahme. Wir können diese Erscheinungen auch in der deutschen Islam-Gemeinde beobachten.

Die Entwestlichung der Welt – auch in Deutschland?

Zivilisationskonflikte entspringen nicht nur materiellen Interessen, weil sie mit zivilisatorischen Weltanschauungen verbunden sind. In unserem globalen Zeitalter scheinen äußerlich keine zivilisatorischen Grenzen mehr zu bestehen. Doch Globalisierung wird oft mit Universalisierung gleichgesetzt und dann mit Verwestlichung verwechselt. In der Folge wird die universelle Geltung westlicher Werte und Dominanz westlicher Weltanschauung unterstellt. Diese Vorstellung wird von Islamisten, die den Anspruch auf eine Entwestlichung der Welt erheben, herausgefordert. Es läuft auf die Ablehnung einer auf westlichen Normen und Werten basierenden Universalität hinaus. Hier wird allerdings nicht zwischen der Welt des Islam und der europäischen Islam-Diaspora unterschieden. Wie denken die Deutschen darüber?

Wir haben es hier nicht nur mit politisch brisanten Fragen, sondern auch mit Problemen zu tun, die einen hohen Grad an

Sensibilität verlangen. In der gegenwärtig dominierenden politischen Kultur der Bundesrepublik Deutschland gilt es als politisch inkorrekt, über Fragen, die die Unterschiede zwischen Kulturen und Zivilisationen betreffen, zu sprechen. Dies ist eine weitere Stufe in der Übernahme der schlechten Seiten Amerikas in Deutschlands. Es entstehen gleichsam gesellschaftliche »Vorschriften«, die der Realität, daß jede Zivilisation ihre eigene Weltsicht besitzt, die sie nicht nur von den anderen unterscheidet, sondern auch trennt und somit Konfliktpotential birgt, nicht gerecht werden. Wir können nicht über Frieden sprechen, ohne diese Problematik kritisch zu beleuchten. Ich habe schon die Frage gestellt, wie man Konflikte friedlich lösen soll, wenn man nicht über sie reden darf.

Unsere Zeit zu Beginn des neuen Millenniums ist gekennzeichnet von Konflikten zwischen den Zivilisationen. Die Menschheit tritt in eine neue historische Epoche, die Herausforderungen mit sich bringt. Entgegen der Ansicht Huntingtons argumentiere ich zwar, daß Zivilisationen keine militärischen Kriege gegeneinander führen können, so wie dies einst während der islamischen *Djihad*-Expansion gegen Europa und gegen asiatische Zivilisationen möglich war. Doch bin ich der Meinung – ich habe sie in meinem Buch *Krieg der Zivilisationen* erläutert –, daß Zivilisationskonflikte unserer Zeit real und ein Krieg der religiös definierten Weltanschauungen sind. Nur durch eine dialogische Friedenspolitik zur Lösung dieser Konflikte kann ein Zusammenprall der Zivilisationen vermieden werden.

Der Hauptkonflikt zwischen den Zivilisationen ist aus den einleitend angeführten Gründen jener zwischen Islam und dem Westen. Noch repräsentiert der Westen die von Wissenschaft und Technologie getragene, militärisch stärkste Zivilisation. Parallel zur derzeit zu beobachtenden inneren Schwächung des Westens und des Erwachens nichtwestlicher Zivilisationen läßt sich aber ein globaler *Prozeß der Entwestlichung* feststellen. Allen voran die islamische Zivilisation bietet ihre Werte als Alternative zu westlichen Werten an. Wenn Islamisten diesen Anspruch auf Entwestlichung in ihrer Ideologie artikulieren, hat der Westen dem wenig entgegenzusetzen. Denn westliche Normen und Werte sind im Zeitalter des Kulturrelativismus sogar im europäischen Haus selbst brüchig geworden. Während die islamischen Normen und Werte mit frischem missionarischen Elan vertreten und von ihren Anhängern aggressiv vorgetragen werden, relativieren Europäer ihre Werte, ja verleugnen sie zuweilen sogar. Selbstverleugnung ist jedoch hinderlich für einen den Frieden fördernden Kulturdialog. Islamische Migranten lehnen die Geltung westlicher Werte für sich nun nicht etwa in der Welt des Islam, sondern mitten in Europa ab. Wird eine Entwestlichung Europas die Folge sein? Die Deutschen dürfen keinesfalls, auch nicht im Namen der Toleranz, erlauben, daß auch Deutschland eine Arena dieses Prozesses wird.

Eine Alternative zu Verwestlichung und Entwestlichung ist eine kulturübergreifende Einigung auf Werte-Gemeinsamkeiten. Diese kann den Konflikt entschärfen. Den höchsten Rang der Gemeinsamkeiten muß hierbei die Demokratie einnehmen. Bisher haben westliche Beobachter an eine Demokratisierung der Welt des Islam im Zusammenhang mit einer universellen Verwestlichung geglaubt. Wir müssen heute über andere Wege nachdenken. Ich habe dieser Euphorie von einer dritten Welle der Demokratisierung[40] stets mit dem Hinweis auf die unterschiedlichen Weltanschauungen der Zivilisationen sowie mit der Begründung, der erstarkende islamische Fundamentalismus wirke diesem Prozeß entgegen, widersprochen. Demokratie und individuelle Menschenrechte, so habe ich in meinen Schriften mehrfach ausgeführt, beruhen auf einer westlichen Weltanschauung, deren Verbreitung in der Welt des Islam eindeutig an zivilisatorisch-weltanschauliche Barrieren stößt. Diese Problematik ist dabei auf folgenden zwei Ebenen besonders relevant:

- innerhalb Europas aufgrund islamischer Migranten;
- im Mittelmeerraum.

Für einen angemessenen Umgang mit dem Konflikt zwischen den Zivilisationen ist es unabdingbar, Wissen über andere Zivilisationen zu erwerben. Dies ist eine Grundvoraussetzung für friedliche Nachbarschaft – und auch für den benötigten Dialog. Denn andere Zivilisationen kennenzulernen heißt, sich mit ihren Weltanschauungen vertraut zu machen und so in der Lage zu sein, mit ihnen zusammenzuleben.

Für Deutschland, das eine starke Migration von Menschen aus anderen Kontinenten erlebt, ist die Beschäftigung mit dem Islam nicht mehr nur ein außenpolitisches Erfordernis, sondern auch im Interesse des inneren Friedens notwendig. Der Islam nimmt dabei eine Schlüsselstellung ein, weil er mit das größte religiöse Kollektiv unter den Migranten bildet.

Als Mittler zwischen den Zivilisationen weiß ich aus eigener Erfahrung, daß ein Muslim – wie ich selbst auch – nicht Europäer werden kann, ohne Grundsätzliches an seiner Weltanschauung aufzugeben oder zumindest zu revidieren. Wie also können Muslime als Migranten in Frieden mit Europäern leben?

Bei der Suche nach einer Antwort muß ich auf die zwei unterschiedlichen Ebenen des Umgangs mit dem Islam zurückkommen: außenpolitisch und im eigenen Haus, mit den Migranten. Mein Konzept vom Euro-Islam ist eine Strategie für die in Europa lebenden Muslime, nicht für die Welt des Islam selbst. Unter Euro-Islam verstehe ich einen Islam, der offen ist und im Zeichen des islamischen Rationalismus steht. Ein Euro-Islam ist vereinbar mit fünf europäischen Verfassungsnormen: Laizität (Trennung zwischen Religion und Politik), säkulare Toleranz (Freiheit Andersdenkender und des Glaubens), individuelle Menschenrechte, Zivilgesellschaft und schließlich religiöser Pluralismus. Muslimische Migranten müssen lernen, daß ihre Glaubensgemeinschaft nur eine unter anderen ist, nicht über diesen steht und daß Muslime kein Monopol auf die Wahrheit haben.

Toleranz gegenüber den Muslimen erfordert auch islamische Toleranz gegenüber anderen, einschließlich Offenheit und Pluralität innerhalb des Islam selbst. Zudem müssen die in Europa lebenden Muslime auch im Interesse des inneren Friedens auf die Verbindung von Migration und missionarischer Verbreitung des Islam verzichten. Die Alternative zum Euro-Islam ist der Fundamentalismus in seiner Spielart des Islamismus. Euro-Islam ist die eigene Leistung der Muslime. Die Leistung der Europäer muß in der Entfaltung einer Integrationspolitik bestehen, die es den muslimischen Migranten ermöglicht, sich mit Europa zu identifizieren. Beide fehlen in unserer Gegenwart. Gelingt es nicht, diese Vorleistungen zu erbringen, dann ist gegenseitige Ablehnung zwischen den Vertretern der unterschiedlichen Zivilisationen die Folge.

Es wäre falsch, dies voreilig als »Rassismus« einzustufen. Denn diese zivilisationsbedingte gegenseitige Ablehnung, die auf der Unvereinbarkeit der weltanschaulichen Normen und Werte der jeweiligen Zivilisationen beruht, hat mit »Rassen«[41], die es ohnehin nicht gibt, nichts zu tun. Vielmehr hat dies mit Fundamentalismus auf seiten der Muslime und mit Euro-Arroganz auf seiten der Europäer zu tun. Das Scheitern der Integrationspolitik fördert den Islamismus.[42] Dieser baut auf der Ghettoisierung auf.

Auf der anderen Ebene, im Mittelmeerraum, müssen wir einen Rückblick auf die Vergangenheit vornehmen, der uns allerdings nicht von der Erkenntnis entbindet, daß der zeithistorische Kontext unserer Gegenwart ein anderer ist und folglich andere Lösungen erfordert. Die Außenbeziehungen Europas zu den islamischen Ländern in Wirtschaft und Politik sind wichtig. Wir müssen jedoch zwischen Wirtschaftsgeschäften oder politischen Verhandlungen und kulturellem Dialog unterscheiden.

Im Gegensatz zur Praxis der gegenseitigen Anfeindungen kann der Kulturdialog als Friedensdialog helfen, eine neue Form der Bewältigung von Konflikten zu finden. Man kann nicht oft genug wiederholen, daß inter-zivilisatorischer Dialog nur mit jenen durchführbar ist, die dialogbereit sind. Islamisten verfolgen hier eine Doppelstrategie: Zwar lehnen sie innerlich den Dialog mit dem »kreuzzüglerischen Westen« ab, äußerlich aber gehen sie aus Opportunität darauf ein, wollen hierbei jedoch »die Ungläubigen täuschen«. Daher ist äußerste Vorsicht geboten, wenn Islamisten in Deutschland vom Dialog sprechen. Als Reform-Muslim muß ich mich über die Naivität vor allem der Protestanten auf ihren Kirchentagen, die auf diese *Iham*/Täuschung hereinfallen, wundern.

Friedliche Koexistenz zwischen dem Islam und dem Westen?

In meinen Arbeiten und in der Praxis meiner Tätigkeit deute ich den Dialog als friedliche Konfliktaustragung. Das akademische Fach der Internationalen Beziehungen spricht hier von *conflict resolution*, d.h. von einem Weg zur Konfliktlösung. Es versteht sich von selbst, daß durch reine Versöhnungs-Rhetorik und gegenseitige Beweihräucherung keine Konflikte gelöst werden können. Sich in Deutschland mit Zivilisationskonflikten zu beschäftigen, bedeutet, ein heißes Eisen anzupacken. Gesinnungsethiker unserer Zeit leugnen Konfliktpotentiale zwischen den Zivilisationen und verdächtigen den laut über diese Thematik nachdenkenden Menschen der Errichtung von Feindbildern. Ich halte dagegen, daß der Konflikt der Zivilisationen längst Realität ist und von den Strukturen des Ost-West-Konflikts bisher nur verschleiert wurde.

Dieses Buch ist von einem kulturellen Grenzgänger geschrieben, der einen Kulturdialog als *conflict resolution* anstrebt. Dies setzt voraus, daß die Tabuzonen der politischen Kultur Deutschlands nicht anerkannt werden.[43] In der Friedensforschung heißt Dialog, über ein *shared problem* (H. Kelman) zu sprechen.

Wenn ich – im Gegensatz zu Huntington – den Schwerpunkt auf die dialogischen Möglichkeiten für eine Konfliktbewältigung und nicht auf die »Frontlinien des Konflikts« lege, dann schließe ich freilich einen offensiven, wehrhaften Einsatz für

Demokratie und Säkularität nicht aus. Beim Dialog zwischen den Zivilisationen[44] geht es nicht um einen schöngeistigen Diskurs und Austausch, sondern um einen Werte-Konflikt auf der Suche nach einem Werte-Konsens als Basis für eine friedliche Koexistenz.

Bei diesem Werte-Konflikt wirkt der Kulturrelativismus, der den Anspruch auf die Universalität von Normen und Werten (z.B. die der Menschenrechte) deshalb zurückweist,[45] weil diese im Ursprung westlich sind, selbstzerstörerisch, da hierdurch die Selbstaufgabe gegenüber anderen Zivilisationen erfolgt. Im Gegensatz zum Kulturrelativismus entwickeln Islamisten eine Form von Neo-Absolutismus, die ich Fundamentalismus nenne. Es ist wichtig zu wissen, daß Neo-Absolutisten kulturrelativistische Einstellungen als Ausdruck der Schwäche deuten und deren Träger verachten.

Nach meiner Ansicht erfordert der Dialog zwischen den Zivilsationen nicht nur Respekt vor *dem anderen*, also etwa den Abbau des Euro-Zentrismus, sondern auch Respekt vor sich selbst. Wer sich nicht selbst respektiert, kann auch nicht erwarten, von anderen respektiert zu werden. Westliche Werte wie Demokratie und individuelle Menschenrechte müssen auch im Dialog gegen jeden Neo-Absolutismus – zum Beispiel gegen den Islamismus – verteidigt werden. Die Werte und Normen der Aufklärung kulturrelativistisch zu beschneiden, bedeutet eine »Niederlage des Denkens« (Alain Finkielkraut) im Zivilisationskonflikt. Eine Alternative hierzu werde ich in Kapitel X bieten.

Im 3. Jahrtausend ist der Frieden zwischen den Zivilisationen auf deutschem Territorium ohne die Bewahrung der europäischen Identität Deutschlands nicht möglich. Mein in diesem Kapitel kurz vorgestelltes Konzept des Euro-Islam, der eine mit den europäischen Verfassungen vereinbare Deutung des Islam ermöglicht, werde ich zum Abschluß dieses Buches (Kapitel XI) näher erläutern. Diese Islam-Interpretation kann als Plattform für einen Frieden der Zivilisationen dienen. Der Fundamentalismus dagegen ist eine Ideologie des Krieges der Weltanschauungen und gegen die europäische Identität Deutschlands gerichtet. Die Deutschen können sich nicht ewig vor der Bestimmung ihre Identität drücken. Mary Fulbrook fordert mit Recht eine Lösung für die *German National Identity after the Holocaust*.[46] Diese Aufgabe kann in der Auseinandersetzung mit dem Islam tolerant geleistet werden.

Kapitel VI

Formen der Koexistenz: Zwischen technisch-wissenschaftlicher Kooperation und Kulturdialog

Im Zeitalter der Globalisierung sind der Westen – also auch die Deutschen – und die Welt des Islam aneinandergerückt wie noch nie in der Weltgeschichte zuvor. Können sie sich über den Rahmen reiner Koexistenz und einer auf den technisch-wissenschaftlichen Bereich beschränkten Zusammenarbeit hinaus gegenseitig kulturell bereichern, oder sind sie dazu verdammt, nur instrumentell miteinander zu kooperieren? Westliche Wissenschaft und Technologie werden von Islamisten, die die westliche Zivilisation ablehnen, als Instrumente, die sie von ihren zugrunde liegenden Normen und Werten abgekoppelt haben, durchaus geschätzt. Eine rein instrumentelle Zusammenarbeit aber ist ein schwaches Fundament für das Zusammenleben.

Kritische Nachbarschaft: Statt Faszination Zwang zur Pragmatik

In Kapitel III, in dem ich auf Lessing und Goethe einging, habe ich eine Faszination für den Islam unter deutschen Denkern aufzeigen können. Unter den Bedingungen des islamischen Fundamentalismus hat sich die Situation verändert. Heute scheinen Orient und Okzident einander nicht mehr anzuziehen. Selbst als der Islam durch die mittels des *Djihad* ausgetragenen *Futuhat*-Kriege den Mittelmeerraum bedrohte, war die Bedrohung mit der Faszination der neuen religiösen Botschaft an die Menschheit verbunden.[1] Als die Europäer die Situation umkehrten und als Kolonialherren in den südlichen Mittelmeerraum zogen, waren die arabischen Muslime zwar eingeschüchtert, aber dennoch von den Europäern fasziniert. Ihre Historiker, wie der große Abd al-Rahman al-Djabarti (1756-1825), der die Ankunft Napoleons 1798 in Kairo beobachtete und in seiner vierbändigen Chronik darüber berichtete, beschrieben die europäische Überlegenheit als Wunder (*al-Adja'ib*).[2]

Wenn aber heute Islamisten nach Europa kommen und dort als Asylanten politischen Schutz erhalten, geht von ihnen keinerlei Faszination aus. Als ein Beispiel möchte ich den in Köln angesiedelten Kaplan-Clan anführen: Zunächst ernannte sich der Vater, Cemalettin Kaplan, selbst zum Kalifen aller Muslime, nach dessen Tode trat sein Sohn, Metin Kaplan, seine Nachfolge an; er versteht sich als Exil-»Staatsoberhaupt und Kalifenregent« einer »Islamischen Republik Türkei«. Wenn ihre gewalttätige Entourage die ihr Schutz gewährenden Deutschen als »dekadente Europäer« verfemt und ihren Gottesstaat anstelle der Demokratie verkündet, dann kann man wohl kaum noch von Faszination sprechen.

Für Deutschland ist ein Kalif aus Köln kaum eine Bedrohung, eher eine lächerliche Karikatur, wenngleich er – weil gewalttätig – ernst genommen werden sollte. In der Welt des Islam dagegen haben selbst Muslime Angst vor den Islamisten der Taliban in Afghanistan, der *Groupe Islamique Armée* (GIA) in Algerien oder der *Djama'at* in Ägypten, weil sie Kehlen durchschneiden und Frauen vergewaltigen, Dinge, die die Religion des Islam selbstverständlich kategorisch verbietet und zu deren Ahndung sie harte Strafen vorsieht.

Von staatlicher Seite verfolgt, kommen solche Islamisten dann nach Deutschland, an dem sie allerdings ihrerseits keinen Gefallen finden. Die Islamisten fordern mit ihren Philippika die Demokratie heraus, aber die von ihnen ausgehende Bedrohung erschöpft sich in Rhetorik. Islamisten können Individuen in Angst versetzen, aber nicht ihre »Gottesordnung« realisieren. Viele Deutsche können ihre Furcht vor ihnen nicht zum Ausdruck bringen, weil dies politisch nicht korrekt ist. Die Folge davon ist, daß Fremdenfeindlichkeit anschwillt.

In der Welt des Islam gibt es nur drei fundamentalistische Staaten unter den 55 Mitgliedern der Organisation der Islamischen Konferenz (OIK): Iran, Sudan und Afghanistan. Insgesamt sind organisierte Islamisten überall eine Minderheit, aber sie agieren doch – wie einst Lenins Kaderpartei – als Gruppen mit großer Effizienz; sie verfügen über eine Infrastruktur, Logistik, und ihnen stehen ergiebige Geldquellen zur Verfügung. Die einzige Schwäche der Islamisten besteht darin, daß ihre zahlreichen Gruppen untereinander zerstritten sind und keine Koordinationszentrale haben. Hätten sie eine solche Kommandozentrale, wären sie eine große Bedrohung für Muslime, aber auch für die bestehende Weltordnung. Die bisherigen Versuche der Islamisten – vergleichbar mit Lenins Komintern –, eine Islamistische Internationale im westlichen Ausland, etwa in London, zu gründen, sind bisher gescheitert, und ein Erfolg ist nicht in Sicht.

In diesem Buch unterscheide ich zwischen zwei Ebenen der Interaktion zwischen Deutschland und dem Islam: einmal auf der außenpolitischen Ebene im Mittelmeerraum, andererseits mitten in Deutschland selbst, also im Zusammenhang mit der Islam-Diaspora. Auf der ersten Ebene bemüht sich Deutschland im Rahmen der EU um eine euro-mediterrane Gemeinschaft, auf der zweiten Ebene sind die Deutschen herausgefordert, muslimische Migranten einzugliedern, weil andernfalls ein ethnisches Islam-Ghetto mit allen Implikationen entsteht.

Eine weitere Unterscheidung ist die zwischen politisch organisierten und nichtorganisierten Fundamentalisten: Die ersteren verfügen über politische Apparate, die letzteren sind eine amorphe Masse von Weltsicht-Fundamentalisten. Damit meine ich, daß sie eine Sicht der Welt haben, die der Weltanschauung des Islamismus ähnelt. Dennoch sind sie politisch apathisch und den politischen Ereignissen gegenüber eher unbeteiligt; sie können allerdings mobilisiert werden. Organisierte Fundamentalisten als Aktivisten sind, wie gesagt, eine Minderheit; es ist aber nicht zu übersehen, daß der Islamismus dem Zeitgeist in der

Welt des Islam entspricht. Ich bin gegen eine unspezifische Zurückführung des Islamismus auf sozio-ökonomische Faktoren. Dennoch räume ich ein, daß Islamisten in wirtschaftlichen Krisenzeiten Weltsicht-Islamisten mobilisieren können.

Es ist eine Täuschung, wenn bestimmte Muslime gegenüber Europäern den Islamismus – das Problem herunterspielend – als eine vorübergehende, periphere Erscheinung darstellen. In meiner Geschichte der europäisch-islamischen Beziehungen (vgl. Anm. 1) spreche ich vom Zeitalter des religiösen Fundamentalismus. Anders formuliert: Der Islamismus kennzeichnet unsere Zeit und er darf bei einer Diskussion über die Formen der Koexistenz nicht übersehen werden. Es gilt hier, über die Nachbarschaft sowie das Zusammenleben in diesem Zeitalter nachzudenken. Ich nenne diese Nachbarschaft in unserer Zeit »kritisch« – ohne zu übersehen, daß sie von Anbeginn durch gegenseitige Bedrohung belastet war.

Die letzten drei Jahrzehnte des 20. Jahrhunderts sind aus meiner Sicht gleichermaßen als Zeitalter der Zivilisationskonflikte sowie des religiösen Fundamentalismus zu beschreiben. Trotz dieser ausgeprägten Konfliktpotentiale gibt es Kooperationsmöglichkeiten und entsprechende Ansätze. Hier unterscheide ich zwischen zwei voneinander unabhängigen Strategien: Zunächst gibt es die pragmatische Zusammenarbeit in Wirtschaft und Politik sowie in Wissenschaft und Technologie. Davon ist der auf Substanz bezogene Kulturdialog zu unterscheiden. Schön wäre es, wenn beide miteinander verbunden werden könnten. In der Mittelmeerpolitik der Europäischen Union, aber auch in der deutschen Politik werden aus unverständlichen Gründen beide entweder gleichgesetzt oder in einer verworrenen Weise durcheinandergebracht. In strikter Unterscheidung zwischen beiden Ebenen werde ich in diesem Kapitel näher auf die Potentiale und Grenzen der pragmatischen Zusammenarbeit eingehen.

Von Kulturen und Zivilisationen und vom Fundamentalismus als Politisierung der Unterschiede

Wir leben im Zeitalter der globalen Erscheinung des religiösen Fundamentalismus – am Mittelmeer tritt sie in Form von Islamismus und jüdischem Fundamentalismus in Erscheinung. Anders in Westeuropa. Hier gibt es keine signifikante Politisierung des Christentums.

Die Eliten außerwestlicher Lokalkulturen und regionaler Zivilisationen sehen keinen Widerspruch darin, wissenschaftliche und technische Errungenschaften des Westens anzunehmen und zugleich seine kulturellen Werte und Normen abzulehnen. Damit ist die rein instrumentelle Zusammenarbeit angesprochen, die von zivilisatorischer Ablehnung begleitet wird. Fortschrittsgläubig wird diese Ablehnung im Westen – sei es in Europa, sei es in den USA – mit dem Hinweis auf die Dominanz von Wissenschaft und Technologie sowie einer Mc-Kultur, ja manchmal schlicht mit dem Satz »die Parabolantenne ist unbesiegbar« heruntergespielt.

Mit Mc-Kultur ist die McDonaldisierung sämtlicher Lebensbereiche als Vorherrschaft des Konsums gemeint, die den Sinn des Lebens ersetzt. Doch der Glaube an eine Mc-Kultur übersieht, daß sich die Menschheit in unterschiedliche Zivilisationen scheidet, die ihre jeweils eigenen Weltanschauungen haben. Eine Weltzivilisation gibt es nicht und hat es in der Geschichte noch nie gegeben. Neu ist, daß der religiöse Fundamentalismus diese Weltanschauungen politisiert. Islamismus ist eine zeitgenössische Erscheinung der Welt des Islam, die durch Migration auch nach Deutschland gelangt.

Die durch die Zivilisationen gesetzten Grenzen können auch nicht von der Wissenschaft gesprengt werden. Mit dieser Feststellung will ich jedoch nicht behaupten, daß es nur Grenzen zwischen den Zivilisationen[3] gibt; historisch gesehen hat immer auch ein Austausch zwischen ihnen stattgefunden. In meinem Buch *Kreuzzug und Djihad* habe ich belegt, wie philosophische Strömungen in der Vergangenheit (z.B. die Hellenisierung des Islam) eine Brücke bildeten. Ähnlich könnten Wissenschaft und Technologie in unserer Zeit durch Brückenbildung Verbindungen und Vernetzungen zwischen regionalen Zivilisationen schaffen. Doch können sie die bestehenden, durch weltanschauliche Unterschiede gezogenen Grenzen nicht beseitigen. Ich unterscheide zwischen Grenzen und Schranken im philosophischen Sinne. Ernst Bloch erläuterte einmal, daß sich Schranken, nicht aber Grenzen beseitigen lassen. Brücken aber können zumindest helfen, die Grenzen zu überwinden. Die Geschichte der mehrere tausend lokale Kulturen umfassenden islamischen Zivilisation bietet überwältigende Beispiele für den inter-zivilisatorischen Austausch. Dieser fungiert somit als Brücke. Dennoch bleiben die Grenzen bestehen.

Im islamischen Mittelalter haben die seinerzeit kulturell hochentwickelten Muslime Wissen von anderen Kulturen und Zivilisationen übernommen und integriert. Die erwähnte Hellenisierung des Islam und die Weitergabe des islamischen Rationalismus an Europa am Vorabend der Renaissance sind prägnante Beispiele hierfür. Im Gegensatz zu den positiven Begegnungen im Rahmen der Renaissance vertritt der Islamismus in unserer Gegenwart einen Geist, der die Unterschiede zwischen den Zivilisationen politisiert. Dies führt zu Abgrenzungen und zur Entstehung von Feindbildern, was die Islamisten jedoch nicht daran hindert, Wissenschaft und Technologie aus dem Westen zu übernehmen. Ich möchte diese Einstellung in diesem Kapitel näher beleuchten und die Möglichkeiten zu der in ihrem Rahmen möglichen instrumentellen Zusammenarbeit erörtern.[4]

Die schon eingeführte Differenzierung zwischen dem Islam als Religion und Zivilisation und dem islamischen Fundamentalismus als einer politischen Ideologie führt zu der Frage: Worin liegen die Unterschiede zwischen Islam und Fundamentalismus? Diese Frage bezieht sich sowohl auf die Thematik des Wissenschafts- und Technologietransfers als auch auf die Beziehungen der Welt des Islam zu Europa. Der Fall des Kairoer Sprachwissenschaftlers Nasr Hamid Abu-Zaid kann helfen, die Schwierigkeiten zu veranschaulichen. Dieser islamische Denker hat in seinem Buch *Naqd al-khitab al-dini*[5] versucht, neue wissenschaftliche Methoden auf das Studium der islamischen Quellen anzuwenden und mußte dafür im vorgeblich säkularen Ägypten die Verurteilung als *Murtad*/Abtrünniger erfahren, in deren Folge er gerichtlich von seiner Frau zwangsgeschieden und nach Europa vertrieben wurde. Wenn Wissenschaft als Diskurs, dessen Substanz die Reflexion ist und nicht nur instrumentell – z.B. zur Entwicklung technologischer Produkte wie Computer – betrieben wird, dann ergeben sich daraus Grenzen zwischen Europa und dem Islam. Weder die islamische Orthodoxie noch der Islamismus lassen den wissenschaftlichen Diskurs nach westlichen Standards gelten.

Will man die hier angesprochenen Themen verstehen, bedarf es einer Rekonstruktion der zugrundeliegenden Problematik und ihrer Einbettung in den historischen Kontext. Die folgende Darstellung zielt auf die Annäherungmöglichkeiten zwischen der westlichen und der islamischen Zivilisation im Rahmen technisch-wissenschaftlicher Zusammenarbeit im Zeitalter des Islamismus.

Erinnern wir uns: Zwischen dem 9. und 12. Jahrhundert hatten Muslime das griechische Erbe übernommen und hierbei Aristoteles als »*al-Mu'allim al-auwal*/den ersten Lehrer« geehrt. Dem größten islamischen Philosophen, al-Farabi, haben jene aufgeschlossenen Muslime lediglich den zweiten Rang, den des »*al-Mu'allim al-thani*« zuerkannt.[6] Am Vorabend der Renaissance haben Muslime ihre seinerzeit unter dem Einfluß des Hellenismus entfalteten Errungenschaften an Europa weitergegeben. In ihren Werken über die Renaissance heben große europäische Historiker, wie Jacob Burckhardt und Will Durant,[7] die islamische Befruchtung anerkennend hervor und würdigen sie angemessen.

Der Hinweis auf die früheren positiven Begegnungen darf heute nicht dazu mißbraucht werden, allgemein vom islamischen Einfluß auf Europa zu sprechen. Dies geschieht oft ohne Kenntnisse von den Unterschieden zwischen dem islamischen Rationalismus und der islamischen Orthodoxie. Die *Fiqh*-Orthodoxie hat die weitere Entfaltung der Wissenschaftskultur im Islam behindert und ihren Niedergang verursacht. Islamisten übersehen heute dieses Faktum; sie sind bemüht, Islam, islamische Orthodoxie und Islamismus gleichzusetzen, um in Europa Legitimität für sich zu beanspruchen, indem sie Europa seine Schulden gegenüber dem Islam vorhalten. In der Realität waren die Islamisten und vor ihnen die *Fiqh*-Orthodoxie immer militante Gegner des islamischen Rationalismus, bei dem Europa Anleihen gemacht hat.

Selbst in der seriösen deutschen Presse werden muslimische Philosophen des Hoch-Islam mit den Sakraljuristen der *Fiqh*-Orthodoxie gleichsetzt, ohne zu wissen, daß diese islamischen Denker und Philosophen von letzteren verfolgt und ihre Bücher stellvertretend für sie verbrannt wurden.[8] Dabei haben die Europäer die Impulse zur Renaissance dem islamischen Rationalismus und nicht der islamischen *Schari'a* zu verdanken.[9] Zu diesem Rationalismus gehört der islamische Beitrag zur Philosophie, zur Mathematik und zu den Naturwissenschaften, nicht aber die islamischen *Fiqh*-Wissenschaften als Orthodoxie der islamischen Sakraljurisprudenz.[10] Der Islamismus ist eine spezifische zeitgenössische Erscheinung, aber seine Grenzen zu der traditionellen, vernunftfeindlichen Orthodoxie sind fließend. Politisch gibt es Unterschiede zwischen Islamismus und islamischer Orthodoxie, nicht jedoch in der Ablehnung des Primats der Vernunft.[11]

Im Gegensatz zum Rationalismus des Hoch-Islam bestehen Fundamentalisten unserer Zeit auf der »Islamisierung der Wissenschaften«; darunter verstehen sie die Übernahme der instrumentellen Errungenschaften der Wissenschaft und Technologie bei gleichzeitiger Ablehnung des ihnen zugrunde liegenden rationalen Weltbildes.[12] Ich umschreibe diese Orientierung in meinen Buch über das Verhältnis der Fundamentalisten zur modernen Wissenschaft (Anm. 2) mit dem Begriff »Traum von der halben Moderne«. Damit meine ich die Teilung der Moderne in technisch-wissenschaftliche Instrumente und in ein von ihnen abgekoppeltes rationales Weltbild.

Islamische Fundamentalisten sind keine »patriarchalischen Neo-Traditionalisten«,[13] wie sie von einem deutschen Soziologen – allerdings ohne vor Ort erworbene Sach- und Sprachkenntnisse und ohne Verständnis für die jeweiligen lokalen Kulturen – sogar in einer soziologischen Habilitationsschrift bezeichnet werden. Ganz im Gegenteil: Islamische Fundamentalisten bejahen die Übernahme techno-wissenschaftlicher Modernität, sind also keine Neo-Traditionalisten; sie lehnen jedoch eine gleichzeitige Aneignung der »kulturellen Moderne« ab. Im Islamismus verbindet sich der Konservatismus der Tradition mit dem instrumentellen Geist der Modernität. Daraus ergibt sich die Möglichkeit der intrumentellen Zusammenarbeit, nicht aber des Austausches und der diskursiven Kommunikation. Im Gegensatz dazu haben Muslime im Hoch-Islam griechisches Wissen erworben und in ihre eigene Zivilisation integriert, ohne sie zu islamisieren, weil Wissen sich auf die menschliche Vernunft bezieht, die allen Menschen gemein ist.

Max Weber hat der modernen Wissenschaft »die Entzauberung der Welt« zugeschrieben und hierbei unterstrichen: »Nur im Okzident gibt es Wissenschaft in dem Entwicklungsstadium, welches wir heute als gültig anerkennen.«[14] Er räumt ein, daß im alten Griechenland, in China und der Welt des Islam die Quellen der modernen Wissenschaften zu suchen sind, die jedoch ihre Entfaltung erst in der modernen Welt des okzidentalen Europas erfahren haben. Auf einem internationalen Kongreß in Washington habe ich 1990 anläßlich eines von Islam- und Nahostexperten getragenen Workshops unter Rückgriff auf diese Webersche Position das fundamentalistische Projekt der »Entwestlichung des Wissens« mit dem Ziel seiner Islamisierung erläutert. Der islamistische Widerspruch ließ nicht lange auf sich warten. Eine durch saudische Petro-Dollars finanzierte fundamentalistische Zeitschrift für »Islamische Sozialwissenschaften« hat einen Kommentar zu dem angeführten Washingtoner Referat von einem ägyptischen, fundamentalistisch orientierten Professor veröffentlicht, in dem sich dieser mit der angeblich im 17. Jahrhundert (sic!) von Max Weber entfalteten Deutung der »Entzauberung der Welt« auseinandersetzt und meinen Ausführungen korrigierend hinzufügt, daß diese Leistung schon lange zuvor, nämlich bereits im siebten Jahrhundert im Koran erfüllt worden ist.

Für Islamisten, die die Islamisierung der Wissenschaft anstreben, ist der Koran nicht nur als heiliges Buch göttlicher Offenbarung für die Muslime, sondern als Enzyklopädie aller Wissenschaften maßgeblich; wissenschaftliche Aussagen und Ergebnisse seien allein an der koranischen Offenbarung zu messen.[15] Der verstorbene Scheich von al-Azhar, Ali Djadul-Haq, sagte mir in einem mehrstündigen Interview im September 1989, daß der Koran ein »*Kitab hidaya*/ein Buch der ethischen Orientierung«, nicht aber eine Enzyklopädie der Wissenschaften sei. Fundamentalisten lehnen diese Deutung ab und verwechseln religiöse Schriftgläubigkeit sowie politische Ideologie mit wissenschaftlicher und technologischer Forschung. Hier liegen die Konfliktpotentiale begründet, die auch Grenzen für technisch-wissenschaftliche Zusammenarbeit setzen. Ich will hierauf im folgenden Abschnitt eingehen, ehe ich die Bereiche pragmatischer Zusammenarbeit näher bestimme.

Fundamentalismus zwischen Defensiv-Kultur und Aneignung der Moderne

Im Gegensatz zu einer weitverbreiteten, aber absolut falschen Auffassung ist der Fundamentalismus keine Renaissance des Religiösen. Vielmehr ist der Fundamentalismus – wie bereits angeführt – eine auf die Re-Politisierung der entsprechenden Religion bezogene Ideologie, die neben ihren signifikanten politischen Zügen der Abgrenzung beansprucht, eine soziale Bewegung hervorzubringen und eine politische Ordnung zu gründen, die als Gottesherrschaft definiert wird.[16] Mit anderen Worten: Der religiöse Fundamentalismus ist eher ein politisch-soziales Produkt einer Krisensituation als ein spirituell-religiöses Phänomen. Daher kann man inzwischen auch von einer globalen, fast in allen Weltreligionen anzutreffenden, also nicht allein auf den Islam beschränkten Erscheinung sprechen. Von neuem ist es wichtig hervorzuheben, daß der islamische Fundamentalismus eine Novität im Islam ist. Der Islam selbst ist vierzehn Jahrhunderte alt, während der islamische Fundamentalismus auf die siebziger Jahre des 20. Jahrhunderts zurückgeht. Seine geschichtlichen Rahmenbedingungen sind jedoch etwas älter und lassen sich auf den Nenner »Islam und Modernität« bringen.

Historisch gesehen, entspringt dieses Phänomen im Islam einer doppelten Krise: Zum einen ist der Islam als eine Zivilisation durch die Konfrontation mit der globalisierten techno-wissenschaftlichen Modernität in eine strukturelle Krise geraten. Zum anderen führt die Begegnung zwischen dem Islam als einem kulturellen System und der kulturellen Moderne des neuzeitlichen Westens zu einer Sinnkrise. Der islamische Fundamentalismus ist eine defensiv-kulturelle Antwort auf diese doppelte Krise. Hier wird strikt zwischen kultureller Moderne und instrumenteller Modernität unterschieden. Die kulturelle Moderne bezieht sich auf die Entfaltung eines rationalen Weltbildes. Die instrumentelle Modernität bezieht sich dagegen auf die technischen Errungenschaften der industriellen Entwicklung im Kontext der Entfaltung moderner Wissenschaft und Technologie.[17]

Lange vor dem Aufstieg des Fundamentalismus haben Muslime die Auffassung vertreten, daß islamische Erneuerung erreichbar ist, wenn es ihrer Zivilisation gelingt, sich an moderne Standards von Wissenschaft und Technologie anzupassen.[18] Im Gegensatz zu den Fundamentalisten unserer Gegenwart haben islamische Reformer des 19. und des frühen 20. Jahrhunderts nicht vorausgesetzt, daß diese zivilisatorischen Aufgaben mit der Begründung gerechtfertigt werden müßten, daß Wissenschaft und Technologie dem Wissen Gottes entstammten, wie es wörtlich im Koran als verbale Inspiration geoffenbart wurde. Ägypten unter Mohammed Ali und das Osmanische Reich des 19. Jahrhunderts sind die historischen Beispiele einer leider nicht gelungenen Modernisierung auf der Basis der Übernahme moderner Wissenschaft und Technologie.

Trotz ihrer Offenheit sowie ihrer positiven Einstellung zur Modernität wiesen islamische Reformer des 19. Jahrhunderts, ebenso wie Traditionalisten bzw. Fundamentalisten unserer Gegenwart, die anthropozentrische Interpretation der Welt, d.h. das auf den Menschen ausgerichtete Weltbild der kulturellen Moderne zurück; sie blieben in der theozentrischen islamischen Weltsicht gefangen, wollten den Islam aber zugleich an die Modernität anpassen. Tahtawis Tagebuch aus Paris und Mohammed Abduhs Schrift über die Zivilisationen sind bleibende Belege hierfür.[19]

Islamische Fundamentalisten sind von anderem Kaliber, aber auch sie möchten die techno-wissenschaftliche Modernität übernehmen und zugleich alle säkularen Implikationen des Projekts der kulturellen Moderne zurückweisen.[20] Das ist der Traum, den ich einer früheren Schrift den »Traum von der halben Moderne« genannt habe.

Zwar ist der Islamismus primär eine politische Ideologie und eine Ordnungsvorstellung, dennoch enthält er als ein religiöser Fundamentalismus zugleich einen Ruf nach dem Spirituellen und mobilisiert hierfür religiöse Systeme. Die religiöse Weltanschauung verleiht ihm eine besondere Aura. Religion ist elementarer Bestandteil der *conditio humana*; der religiöse Fundamentalismus greift darauf zurück, ist aber ein Produkt unserer krisenhaften Gegenwart. Der Fundamentalismus verbindet Religion mit Politik und spitzt diese Kombination zu, indem er ihr den Charakter einer zivilisatorischen Weltanschauung verleiht, die die Vorstellung einer politischen Ordnung einschließt. Darüber hinaus ist der religiöse Fundamentalismus eine Mißgeburt der Moderne, hervorgegangen aus der Unfähigkeit, sie zu bewältigen. Nur in diesem Sinne ist der religiöse Fundamentalismus als eine Revolte gegen die kulturelle Moderne im Namen der »Verteidigung Gottes«[21] zu interpretieren. Islamische Fundamentalisten predigen – im Mantel des Propheten – profane, nämlich politische Programme.

Der Islam ist – wie jede andere Religion – auch ein kulturelles System, das ein Modell für die Realität, beispielsweise einen Leitfaden für die Erneuerung der Welt, bietet.[22] Somit ist Wissen für Muslime kosmologisch bestimmtes Wissen, und Wissenschaft und Technologie sind keine sozialen Konstruktionen durch den Menschen, sondern das Werk Gottes. Anders war es beim islamischen Rationalismus des Mittelalters. Zwar wird an den Universitäten der zeitgenössischen islamischen Gesellschaften die positive, vom Menschen produzierte moderne Wissenschaft und Technologie gelehrt; diese sind jedoch bislang an keinem Ort in der Welt des Islam als Basis einer Wissenschaftskultur institutionalisiert worden. Allein die Forderung, den wissenschaftlichen, vernunftorientierten Diskurs auf den Islam anzuwenden, so wie im Falle des erwähnten ägyptischen Professors Nasr Hamid Abu-Zaid[23], führte zur strafrechtlichen Verfolgung; um sein Leben zu retten, ist er ins europäische Exil nach Leiden geflohen.

Der Kontext der anstehenden Thematik in der Welt des Islam unterscheidet sich von den Problemen in industriellen Gesellschaften. Die Krise der zweckrational techno-wissenschaftlichen Zivilisation ist eine andere als die Krise islamischer Gesellschaften. Islamische Fundamentalisten lenken ab, indem sie ihre Vorbehalte gegenüber dem Menschenbild der modernen Wissenschaft mit der westlichen, postmodernen Wissenschaftskritik auf dieselbe Stufe stellen. Dabei ist nicht zu verkennen, daß das Problem in der zeitgenössischen islamischen Welt zunächst die Aneignung von Wissenschaftskultur als solcher und längst noch nicht Grundlage einer postmodernen Wissenschaftskritik ist. Während die Frage nach den sozialen Grenzen gesellschaftlicher Rationalisierung den Gegenstand der westlichen Wissenschaftskritik bildet, richtet sich der fundamentalistische Angriff auf die Rationalität der Wissenschaft gerade auf ihren Diskurs. Dabei stehen die säkularen Implikationen, die Stellung des Menschen und seines »Könnens-Bewußtseins«[24], im Mittelpunkt des Angriffes. »Könnens-Bewußtsein« ist nach dem Münchener Historiker Christian Meier ein Produkt der griechischen Antike: Der Mensch, der entdeckt, daß er durch die Verbindung von *episteme* (Erkenntnis) und *techne* (technische Fertigkeit) die Welt verändern kann, entwickelt ein »Könnens-Bewußtsein« und die entsprechende Weltsicht. Das ist auch der Hintergrund der Entstehung der modernen Wissenschaft: die Verbindung der wissenschaftlichen Methode des Humanismus mit dem Handwerk.[25]

In der arabischen Sprache heißt Wissenschaft *Ilm*. »Säkularismus« wurde in das moderne Arabisch analog mit dem verwandten Wort *Ilmaniyya* übersetzt und ist zu einem selbständigen Begriff geworden. Im Islam, wie er soeben als ein kulturelles System bestimmt worden ist, gibt es in unserer Gegenwart erheblichen Widerstand gegen die Säkularität und die hiermit verbundene Mensch-zentrierte Weltsicht; er ist nicht nur in den Schriften von Fundamentalisten, sondern auch in denen des religiösen Establishments, der Orthodoxie, zu finden.[26] Denselben Widerstand gegen die Trennung zwischen Religion und Politik finden wir in der deutschen Islam-Diaspora. Wird er im Namen der Toleranz zugelassen?

In einem der bekanntesten und weit verbreiteten Beiträge der ständig wachsenden islamisch-fundamentalistischen Literatur zu diesem Thema, der von zwei Professoren der saudischen Universität von Medina verfaßt, jedoch zwecks größerer Verbreitung in Kairo veröffentlicht wurde, behaupten die Autoren Djarischa und Zaibaq, daß die zitierte Übersetzung ins Arabische falsch sei: denn Säkularismus, übersetzt als *Ilmaniyya*, »... könnte den Eindruck vermitteln, daß die Förderung der Wissenschaft das erklärte Ziel ist. Zudem könnte Säkularismus in dieser Übersetzung als eines der Instrumente des Islam angesehen werden«.[27]

Die Autoren diskutieren die Bedeutung von Säkularismus, um zu »enthüllen«, daß dieses Konzept insofern eine »Verschwörung (*Mu'amara*)«[28] gegen den Islam darstelle, als es die Trennung der Religion von weltlichen Fragen zum Ziel habe. In diesem Sinne, so führen Djarischa und Zaibaq aus, solle »Säkularismus« besser mit *al-Ladiniyya* (das Antireligiöse) ins Arabische übertragen werden. Damit wird unterstellt, daß Diesseits und Jenseits im Islam untrennbar sind.

Die frühere arabische Übersetzung von Säkularismus mit *Alamaniyya* (*Alam = saeculum*) wird von zeitgenössischen Fundamentalisten ebenso abgelehnt, da der Islam als eine diesseitsbezogene, weltliche Religion die Trennung von Geistlichem und Weltlichem nicht zuläßt. In bezug auf die Fragestellung dieses Kapitels nach rein pragmatischer Kooperation oder substantiellem Dialog läßt sich hier festhalten, daß die Spannung zwischen dem säkularen Weltbild des Westens und der Gott-zentrierten islamischen Weltsicht von entscheidender Tragweite ist. Eine Annäherung ist in diesem Bereich unter den gegenwärtigen Bedingungen, die durch das Fehlen einer Wissenschaftskultur und eines rationalen Diskurses im Schatten des Islamismus charakterisiert sind, kaum zu erlangen. Da bleibt nur Raum für eine rein instrumentelle Zusammenarbeit.

Der Begriff Islamismus verrät eine wissenschaftsfeindliche Denkweise, also *Anti-Science*[29]; er bezieht sich auf die Wiederbelebung der islamischen *Usul*/Fundamente, die in einer *Usuliyya*/Fundamentalismus-Bewegung gipfelt. Tatsächlich lassen sich in der islamischen fundamentalistischen Ideologie nur wenige *Usul*/Fundamente, sondern vielmehr Projektionen aus der instrumentellen Modernität finden. Der islamische Reformer Mohammed al-Aschmawi hat vorgeschlagen, vom »politischen Islam«[30] statt von Fundamentalismus zu sprechen, weil dies angemessener sei. Im wesentlichen geht es den Anhängern des politischen Islam darum, gegen alle »westlichen Verschwörungen«

(vgl. Anm. 28) vorzugehen, auch wenn es meist schwerfällt, diese projizierten »Verschwörungen« nachzuvollziehen. »Säkularität« im Sinne der Trennung von Religion und Politik, von Geistlichem und Weltlichem ist keine »westliche Verschwörung«, sondern ein Ergebnis sozialen Wandels. In Anbetracht der Tatsache, daß der westliche, einen gesellschaftlichen Zustand von »Säkularität« beschreibende Begriff sich von dem lateinischen *saeculum* (Generation, Zeitalter) ableitet und »weltlich« oder »die weltlichen Angelegenheiten betreffend« bedeutet, ist die bereits angeführte frühe arabische Übersetzung dieses Begriffs durch die arabischen Christen des 19. Jahrhunderts: *Alamaniyya*/Weltlichkeit treffender als der heute in Arabisch etablierte Begriff *Ilmaniyya*/Wissensorientierung.

Nach der fundamentalistischen Ideologie kann es per definitionem eine *Alamaniyya*, die zwischen Weltlichem und Religiösem trennt, im Islam nicht geben. Der Grund hierfür sei, daß der Islam »*Din wa dunya*/Einheit von Religion und Welt« sei; daraus wird heute der Begriff »*Din wa daula*/Religion und Staat« abgeleitet. In keiner der autoritativen islamischen Quellen, vor allem nicht im Koran und in der Überlieferung des Propheten, wird man diese neo-arabische Sprachformel finden; sie ist völlig neu – eine fundamentalistische Erfindung. Türkische Islamisten haben diesen Begriff als *Din-ü-devlet* turkisiert.

In diesem Kapitel geht es um Bereiche der pragmatischen Zusammenarbeit zwischen Islam und Westen in Wissenschaft und Technologie. Die bisherigen Ausführungen über die Einstellung der Islamisten zur modernen Wissenschaft kennzeichnen die gegenwärtige Atmosphäre der wissenschaftsfeindlichen Kultur in den meisten islamischen Ländern. Pragmatische Kooperation kann daher nur instrumentell erfolgen. Wissenschaftsaustausch, der den entsprechenden Diskurs einschließt, ist mit großen Gefahren und Konflikten verbunden. Die Deutschen dürfen sich in Angelegenheiten der islamischen Länder nicht einmischen und müssen sich wohl mit einer solchen instrumentellen Zusammenarbeit begnügen. Anders muß der Umgang mit der deutschen Islam-Diaspora sein; hier darf Wissenschaftsfeindlichkeit im Namen der Toleranz nicht zugelassen werden.

Bereiche der Annäherung

Islamische Rationalisten des Hoch-Islam haben zwischen religiöser und politischer Wahrheit (*al-Haqiqa al-musdawadja*/die doppelte Wahrheit) unterschieden, um den Weg für den Primat der Vernunft zu ebnen und somit eine rationale Sicht der Welt zu ermöglichen. Doch haben sie sich nicht durchsetzen können.[31] Die Realisierung einer radikalen und institutionell abgesicherten Trennung zwischen Religion und Politik, Wissen und Glauben blieb dem westlichen Kartesianismus vorbehalten. Wenn – wie Franz Borkenau es formuliert – »... die Entstehung der modernen Naturwissenschaft ... den vielleicht wichtigsten Teil der Entstehung des modernen Weltbilds (bildet)«[32], dann ist es wichtig, die unauflösbare Bindung des modernen wissenschaftlichen »mathematisch-mechanistischen« Weltbildes an die kartesianische Epistemologie hervorzuheben. Der Wissenschaftshistoriker Zilsel hat diese für die Entstehung der modernen Wissenschaft unverzichtbaren Zusammenhänge rekonstruiert (vgl. Anm. 25). Bei aller Anerkennung islamischer Wissenschaftsleistungen muß ich einräumen, daß eine solche Entwicklung im Islam nicht stattgefunden hat. Heute versteht man weltweit unter Wissenschaft westliche Wissenschaft. Hieraus darf aber kein Anspruch auf westliche Überlegenheit abgeleitet werden.

Wie angeführt, waren rationalistische Philosophen im klassischen Islam bemüht, Wissen vom Glauben – jedoch ohne eine konsequente Religionskritik – abzukoppeln. In der hellenisierten rationalen islamischen Philosophie war die Epistemologie vom religiösen Glauben losgelöst: parallel zu einer religiösen Wahrheit, die auf Offenbarung basierte, bestand eine auf menschliche Vernunft bezogene epistemologische Wahrheit. In diesem Zusammenhang ragt der islamische Philosoph Ibn Ruschd/Averroës besonders hervor. Der bis zu seiner Emeritierung in

Harvard lehrende Ideenhistoriker des Islam Muhsen Mahdi hat die Emanzipation der islamischen Philosophie des Mittelalters von der islamischen Theologie hervorgehoben.[33] Rationalistische muslimische Philosophen ebneten damit einer Menschzentrierten Weltsicht den Weg. Ähnlich argumentiert der syrische Philosoph Tayib Tisini in seinem Plädoyer für eine erneute Lektüre der arabisch-muslimischen Philosophie des Mittelalters. Hierbei stellt er fest, daß diese arabischen Philosophen das menschliche Gemeinwesen sowie die Natur erfolgreich der angestrebten Rationalisierung des Kosmos, d.h. der menschlichen Vernunft, unterworfen hätten.[34]

In unserer Zeit haben intellektuelle Muslime – auf den islamischen Philosophen Ibn Ruschd/Averroës zurückgreifend – versucht, eine arabische Moderne zu entfalten.[35] Im Gegensatz zu den muslimischen Philosophen des Mittelalters haben es die europäisch gebildeten muslimischen Intellektuellen des liberalen Zeitalters jedoch nicht vermocht, solche Differenzierungen substantiell zu verfolgen. Der bekannte, an der Sorbonne promovierte liberale ägyptische Schriftsteller und spätere Kultusminister Taha Husayn (1889–1973), verschrieb sich – wie auch Kemal Atatürk – dem damals vorherrschenden Comteschen Positivismus; er argumentierte während jenes liberalen Zeitalters: »... das Ziel menschlichen Lebens ist Zivilisation, und das heißt die Beherrschung der Natur, und Leben durch Vernunft. Dies wird in einem abgestuften Prozeß, der sich in mehrere Phasen gliedert, erreicht. In den ersten Phasen dominieren Religion und blinder Glaube das gesamte Leben des Menschen; später setzt die Vernunft ihre Unabhängigkeit von der Religion durch«.[36] Aus diesem Grunde war der ägyptische Muslim Taha Husayn überzeugt, daß in Ägypten »... die Religion ... nicht der Leitfaden des politischen Lebens oder der Prüfstein nationaler Politik sein (kann)« (ebd.). Der von Auguste Comte übernommene evolutionistische Unterton in der Argumentation Husayns ist unüberhörbar; er war in jener Zeit typisch für europäisch gebildete muslimische Säkularisten.

In unserer Gegenwart käme es einem Selbstmord gleich, wenn ein Muslim eine Geisteshaltung wie die Taha Husayns öffentlich bekunden würde. Es wäre heute unmöglich, mit einer solchen Geisteshaltung zum Kultusminister zu avancieren, wie Husayn es seinerzeit schaffte. In jenem liberalen Zeitalter galt Husayns Werk als höchster Ausdruck der arabischen Literatur. Die heutige Situation in Ägypten zeigt jedoch, daß sich seine Einschätzung nicht bewahrheitet hat. Der einst hochgeschätzte liberale Denker und Schriftsteller Husayn ist zu einem zentralen Objekt der hitzigen Anklagen zeitgenössischer muslimischer Fundamentalisten geworden.[37]

Die Abkehr heutiger muslimischer Intellektueller von einer säkularen Orientierung muß im Kontext früher erfolgter Akkulturationsprozesse gesehen werden, in deren Rahmen ein muslimisch-säkularer Kompromiß mit den westlichen Einflüssen, die mit diesen Prozessen verbunden waren, angestrebt wurde. Europäisch gebildete Muslime übernahmen die in der Kolonialzeit vorherrschenden westlichen Verhaltensweisen gegenüber moderner Wissenschaft und Technologie.

Dieser Kompromiß war in zweifacher Hinsicht unbefriedigend: Auf der einen Seite unternahmen diese Intellektuellen keine wesentlichen Versuche, parallel dazu kulturelle Innovationen in den Islam einzuführen, die etwa mit der christlichen Reformation vergleichbar gewesen wären. Statt dessen ließen sie die Religion einfach fallen. Ihre Akkulturation war zumeist imitativ, nicht innovativ.[38]

Auf der anderen Seite realisierten sie nicht, daß Säkularismus als normative Geisteshaltung sich nicht verankern kann, wenn er nicht von der Säkularisierung gesellschaftlicher Strukturen und Institutionen begleitet wird. Kultureller und sozioökonomischer Wandel bedingen einander. Ausgehend von dieser Betrachtungsweise war die Verwestlichung im frühen Akkulturationsprozeß ein erfolgloser und unbefriedigender, weil oberflächlicher Versuch, moderne Wissenschaft oder Technologie zu übernehmen, aber kein Beitrag zur Entfaltung einer eigenen gesellschaftlich verankerten Wissenschaftskultur. Ein konkretes historisches Beispiel dafür ist der Kemalismus in der Türkei. Dieser ist eine säkularistische Ideologie, die Laizität per Dekret – ohne eine entsprechende Säkularisierung der Gesellschaft – durchsetzen wollte. Das Erbe des Kemalismus ist eine stark vom Islamismus durchdrungene Türkei. Der Kemalismus bestimmt die formale Rechtsstruktur, der Islamismus aber die Gesellschaft.[39]

Der gegenwärtige islamische Fundamentalismus verkörpert eine Gegen-Akkulturation, einen Aufstand gegen die Verwestlichung und ein Bestreben zur Entwestlichung. Dies ist der Versuch, die eigene »islamische Wissenschaft« gegen die als fremd perzipierte Wissenschaft neu zu beleben. Wohlgemerkt: »Islamische Wissenschaft« heißt hier nicht islamischer Rationalismus, sondern religiöse Wissenschaft der Interpretation religiöser Quellen. Der erläuterte Zusammenhang ist der historische Sinn-Kontext des islamischen Fundamentalismus. Er macht deutlich, daß islamische Fundamentalisten durchaus nicht religiöse Traditionalisten sind, wenngleich sie ihre eigene Auffassung von Modernität ebenso wie ihre Probleme mit dem kulturellen Projekt der Moderne haben, dessen Bewältigung sie bisher nicht vollzogen haben. Aus diesem Grund ist der auf Inhalte bezogene, auf rationalem Diskurs basierende Dialog mit Islamisten undurchführbar.

Fundamentalismus – eine Alternative zur islamischen Aufklärung?

Es stellt sich die Frage, ob zeitgenössische muslimische Fundamentalisten die Leistung erbringen können, zu der muslimische Liberale und Reformer des späten 19. und frühen 20. Jahrhunderts nicht fähig waren. Oder wird die Welt des Islam unter dem Schatten des Fundamentalismus in ein dunkles Zeitalter eintreten, in dem der Glaube vorherrscht, die Erde sei eine Scheibe?

Das Verhältnis islamischer Fundamentalisten zur Modernität ist problematisch. Dennoch stehen sie ihr nicht so kategorisch ablehnend gegenüber wie die islamischen Traditionalisten, sondern bejahen sie prinzipiell – wenn auch ohne »kulturelle Bewältigung«. Der Princeton-Soziologe Robert Wuthnow hat beobachtet, daß »... Fundamentalismus, obwohl er in traditionellen Gemeinschaften wurzelt, sich schnell an Modernität selbst anpaßt, indem er Ressourcen in dem Prozeß gewinnt, aber viele seiner kennzeichnenden Eigenschaften verliert«.[40] Auch im Falle des Islam liegt die Erklärung für die Fähigkeit der Fundamentalisten, traditionelle Religion mit Modernität zu verbinden, in der relativ geringen Entsprechung von fundamentalistischen Glaubenssätzen und realen Verhaltensweisen sowie in der Vielfalt der Formen, in denen sich die Kerngedanken des Fundamentalismus mit anderen Überzeugungen und Verhaltensweisen überlagern. So hat der islamische Fundamentalismus beispielsweise gegenüber Prozessen wie Urbanisierung und Industrialisierung eine erstaunliche Elastizität im Sinne der Anpassung und der Übernahme bewiesen. Dagegen zeigt er sich in bezug auf die »kulturellen Prozesse der Rationalisierung« (Wuthnow), ebenso wie Varianten dieses Phänomens aus anderen Kulturen und Zivilisationen, in keiner Weise kompromißbereit; dies erfordert eine neue Weltsicht.

Die Spannung zwischen einer Anpassung an real veränderte Bedingungen in der sozio-politischen Umwelt und der mangelnden kulturellen Bewältigung der neuen Gegebenheiten charakterisiert den Grundzug des islamischen Fundamentalismus. Zur Illustration möchte ich ein Beispiel anführen, auch wenn es nicht aus dem Bereich der Wissenschaft und Technologie stammt. Es geht hier um die Diskrepanz zwischen dem klassischen islamischen Universalismus als einem Modell für die Wirklichkeit und der Realität der nationalstaatlich zersplitterten, also nicht-universalen Ordnung in der islamischen Welt. Muslime erleben diese Spannung tagtäglich; sie drückt sich darin aus, daß die religiöse Doktrin den Muslim als Glied einer universellen islamischen Gemeinschaft (*Umma*), als Bestandteil eines Kollektivs definiert und ihm Pflichten/*Fara'id* auferlegt, während dieser Muslim in Wirklichkeit – wenn auch nur nominell – als ein Staatsbürger eines nationalstaatlich organisierten Gemeinwesens leben muß, das ihm Loyalität zu einer partikularen, in Konflikt mit der universellen *Umma* stehenden säkularen Nation abverlangt.[41]

Unter der jüngeren Generation deutscher Islamkundler gibt es islamophile Orientalisten, die die islamfeindliche Haltung ihrer geistigen Vorväter – nach dem Modell Anti- und Philosemitismus – in ihr Gegenteil umkehren; sie leugnen die angegebene Spannung. Diese Islamophilie ist unter Europäern weitverbreitet. Damit ist die positive Umkehrung der Islamfeindbilder in eine Huldigung des Islam gemeint. So schreibt James Piscatori schlicht, es gebe keinen Konflikt zwischen islamischem Universalismus und Nationalstaatlichkeit, da sich territoriale islamische Staaten in ihrer Praxis an die vorhandenen Gegebenheiten anpaßten, auch wenn hierbei der Universalismus nicht aufgegeben werde. Der Denkfehler, dem Piscatori und andere – gleich ob westliche islamophile oder authentisch islamische – Autoren verfallen, liegt darin, daß eine Anpassung des Verhaltens an bestimmte Gegebenheiten, ohne sie zu verarbeiten, nicht gleichzusetzen ist mit einer »kulturellen Bewältigung des sozialen Wandels«. Die Gleichzeitigkeit von islamischem Universalismus und säkularer nationalstaatlicher Ordnung[42] ist – wie die Gleichzeitigkeit von kosmologischer islamischer Weltsicht und Mensch-zentrierter kultureller Moderne – eine von heutigen Muslimen unbewältigte Gleichzeitigkeit von Ungleichzeitigem; sie bildet den historischen Sinn-Kontext des islamischen Fundamentalismus.

Diejenigen unter den Europäern, die an die Allmacht der Globalisierung von Wissenschaft und Technologie als Mittel der Standardisierung glauben, tun sich schwer, diese historischen Zusammenhänge zu akzeptieren.

Pragmatische Zusammenarbeit und Koexistenz ohne Werte-Konsens

Es gibt extremistische Fundamentalisten, die die Konfrontation mit dem Westen bewußt suchen und zur Gewalt greifen.[43] In bezug auf die technische Übernahme moderner Wissenschaft und Technologie sind Islamisten jedoch, wie erwähnt, für eine – allerdings instrumentelle – Kooperation offen.

Es erstaunt deutsche Politiker immer wieder, wenn sie Iraner nach einem Dialog der Zivilisationen rufen hören und herausfinden, daß dann nur instrumentelle Zusammenarbeit gemeint ist. Diese »Elastizität des Fundamentalismus« ermöglicht, aus welchen Gründen auch immer, daß zivilisatorische Anleihen zugelassen werden. So werden einzelne Elemente der Modernität, einschließlich westlicher Wissenschaft und Technologie, instrumentell angewendet. Dieser Aneignungsprozeß wird jedoch durch das Fehlen begleitender kultureller Bewältigung, die als kultureller »Prozess der Rationalisierung« umschrieben werden kann, behindert. Dieser von mir als ein »Problem der kulturellen Bewältigung sozialen Wandels« (vgl. Anm. 22) bezeichnete Gegenstand ist die Quelle der zentralen Dilemmata in der gesamten islamischen Welt.

Ein Beispiel hierfür: Die freie Marktwirtschaft wird ohne Demokratisierung im Sinne der Entfaltung einer Zivilgesellschaft zugelassen. Im Bereich der Wissenschaft werden nichtislamische Ansätze unter dem Banner einer authentischen islamischen Wissenschaft eingeführt. Insbesondere die moderne Technologie wird allgemein bloß instrumentell als wertfreie Technik begriffen, nicht aber als ein inhärentes und tragendes Merkmal einer ebenso fremden wie neuen und potentiell mit dem Islam kollidierenden Weltsicht. Einige islamische Fundamentalisten fordern in diesem Sinne die Entfaltung einer »*Teknologia Islamiyya*/islamischen Technologie«,[44] die jedoch nichts anderes ist als die in »den Dienst des Islam« gestellte, instrumentell aus dem Westen übernommene Technologie.

Islamische Fundamentalisten haben in von mir in Kairo durchgeführten Interviews diese Islamisierungs-Formel verwendet, um ihre Übernahmen kulturell zu rechtfertigen. So werde ein Computer erst dann »islamisch«, erklärte mir der Fundamentalist Adel Hussain in Kairo, wenn seine »*Istikhdam*/Anwendung« im »Dienste des Islam« stehe. Aber seine Produktion erfolgt andernorts. Muslimen bleibt – durch eigene Entscheidung – in der Konsequenz vorenthalten, wie ein Computer und seine Software hergestellt werden. Die Zusammenarbeit bleibt auf den Kauf und die Anwendung moderner Technologie beschränkt, ohne die Fähigkeit, mit ihr schöpferisch umgehen zu können. Das Resultat zementiert rassistische Vorurteile über den essentialisierten »Orientalen«, der den Europäern unterlegen sein soll!

Schlußfolgerungen und Zukunftsperspektiven

Die Formel »Islamismus gleich politisierte Religion plus Modernität minus kulturelle Moderne« malt ein düsteres Bild von der Zukunft der Muslime! Der fundamentalistische Glaube an die Autorität des religiösen Textes als *sola scriptura* ist der Leitfaden. Ein Beispiel: Der bereits zitierte ägyptische Fundamentalist Imaduldin Khalil lenkt die Aufmerksamkeit seiner Mit-Muslime auf die *Surat al-Hadid* (Koran, Sure 57), in der Gott das Eisen als »den wichtigsten und einflußreichsten Rohstoff der Erde« preist. Sein Argument lautet dann: »Eisen ist die Grundlage für Rüstung und militärisches Gerät ... In unserem Zeitalter ist Eisen das wichtigste Instrument der internationalen Kräfte in Krieg und Frieden. Jene Staaten, die über den Rohstoff zur Stahlproduktion verfügen, sind angesichts der Tatsache, daß Eisen *den Weg für schweres Kriegsmaterial ebnet*, in der Lage, ihre Feinde zu bedrohen« (ebd.). Diese Worte illustrieren die militärische Bedeutung moderner Technologie für islamische Fundamentalisten. Der Verweis auf die koranische Sure »Das Eisen« dient Khalil als Grundlage für seine zentrale

Feststellung: »Der Ruf nach einer auf Technologie gründenden, modernen islamischen Gesellschaft steht im Einklang mit den Kernaussagen des Islam und mit seiner Aufgeschlossenheit gegenüber allen Errungenschaften der Wissenschaften auf allen Gebieten« (ebd., S. 41). Das sind die Bereiche der technisch-instrumentellen Zusammenarbeit. An die einleitend unterstrichene Unterscheidung zwischen Islam als Weltreligion und Fundamentalismus als eine politische Ideologie erinnernd, muß hier hervorgehoben werden, daß die Kriegsbegeisterung islamischer Fundamentalisten, die ihre Einstellung zu Wissenschaft und Technologie beeinflußt, nicht aus dem Text des Koran abgeleitet werden kann. Das Hauptargument Khalils im Kontext der Forderung nach einer islamischen Technologie lautet:

»... moderne Wissenschaft ist ein neutrales Instrument. Die *moderne Wissenschaft ist nicht ein häretischer Gigant*, von dem wir uns distanzieren und gegen den wir Krieg führen sollten, sondern vielmehr ein *neutrales Instrument, das wir in den Dienst unserer Religion* zur Unterstützung unseres Glaubens *stellen können*. Denn moderne Wissenschaft ist nicht eine Errungenschaft ausschließlich der westlichen Zivilisation ... Die Zivilisation des Islam hat zu der Entwicklung ihrer Grundlagen entscheidend beigetragen ...« (ebd., S. 45).

Dies scheint die Bedeutung der Formel »Islamisierung der Technologie« zu sein, aus der sich der Wille herleitet, mit dem Westen im technisch-instrumentellen Bereich zu kooperieren.

Islamische Fundamentalisten sind der Ansicht, moderne Technologie müsse von den ihr zugrunde liegenden Normen und Werten abgekoppelt werden, um sie so als instrumentelle westliche Technik mit östlichem Geist zu handhaben. Die Formel des »östlichen Geistes« bleibt in den Schriften und den Äußerungen der Fundamentalisten ein extrem vager Begriff bar jeder Substanz. Aber die instrumentelle Bedeutung der zu erwerbenden Technologie ist weit weniger vage: Muslime müssen erstarken und bedürfen deshalb der Technologie der Industrienationen, um Krieg gegen ihre westlichen Feinde führen zu können.

Bei der Lektüre der Schriften islamischer Fundamentalisten[45] fällt eine ungeheure Gewaltlüsternheit auf, die für einen Europäer schwer nachzuvollziehen ist.

In dem autoritativen Geschichtswerk über Krieg und Frieden von Kalevi Holsti lesen wir, daß die beiden Weltkriege eine allgemeine Anti-Kriegsstimmung in Industrieländern »hervorgerufen haben, von der man kein Äquivalent in Ländern der Dritten Welt findet«.[46] Dort haben nach Holsti »nationalistische, ethnische und religiöse Belange ... den Krieg zu einem populären Anliegen gemacht ... Einige Dritte-Welt-Regierungen waren in der Lage, diese Einstellungen für sich auszunutzen, um Kriege mit geringen Aussichten auf einen Sieg, jedoch mit hohen Raten an Opfern zu führen ... In dieser heutigen Welt haben wir wirklich zwei separate, aber sich überschneidende internationale Systeme ... Denn die Neigung, in Kriege verwickelt zu werden, ... hängt mit entsprechenden Einstellungen zusammen. Diese sind in Teilen der Dritten Welt in einem signifikanten Maße von denen verschieden, die in Industrieländern seit den großen Kriegen vorherrschen« (ebd., S. 304).

Diese Sätze, die aus der Zeit vor dem Golf-Krieg stammen, erinnern an die hitzigen Appelle Saddam Husseins, mit denen er die Muslime zum Heiligen Krieg/*Djihad* aufrief, sowie an die Gewaltverherrlichung islamischer Fundamentalisten unserer Zeit. Während diese Kriegsaufrufe Hunderttausende von Muslimen auf die Straßen der großen nahöstlichen Städte brachten, demonstrierten – umgekehrt – Hunderttausende von Europäern gegen den Krieg. Der diesen Einstellungen zugrunde liegende Unterschied ist *nicht* ein solcher zwischen Europäern und Muslimen, sondern zwischen einer aufgeklärten, friedliebenden Ablehnung des Krieges und einer fundamentalistischen Orientierung. Es ist für aufgeklärte Muslime bedauerlich zu sehen, wie islamische Fundamentalisten irrtümlich den Koran als »ein Kriegsbuch« anführen. Das ist falsch. Der Koran ist unser heiliges Buch und dient der moralischen Orientierung für eine islamische Lebensweise; er ist weder eine Enzyklopädie der Wissenschaft noch ein Leitfaden für politische Aktivisten. Besonders besorgniserregend ist die innerislamische, also nicht nach außen vorgetragene Begründung der technisch-instrumentellen Zusammenarbeit. Der Islamist Mohammed al-Scharqawi sagt, die Muslime müßten aus dem Westen westliche Waffen einführen, um diesen mit seinen eigenen Instrumenten zu besiegen!

Wenn ich nun das zentrale Argument dieses Kapitels zusammenfasse, dann lautet es, daß Annäherung zwischen zwei der wichtigsten Weltzivilisationen nicht ohne die Erörterung der Konfliktpotentiale möglich ist. Vor dem Tod des jordanischen Königs Hussein im Februar 1999 war zunächst sein Bruder Hassan als Thronfolger designiert. Anläßlich der Gründung des in seinen Anfängen von mir geleiteten Instituts für islamisch-westlichen Dialog an der Europäischen Akademie der Wissenschaften und Künste hielt dieser Prinz, der aus der Familie des Propheten Mohammed stammt, die Inauguralrede, deren wichtigste Passage die folgende war:

»Die historischen Beziehungen zwischen Europa und der islamischen Welt sind vielfältig und umfassen gleichermaßen Herzlichkeiten und Brutalitäten; sie waren aber stets für beide signifikant bei der jeweiligen Bestimmung der eigenen Identität ... Die Muslime und die Europäer hatten die schlechtesten Beziehungen zueinander, als sie versuchten, einander zu beherrschen, aber die besten, als sie danach strebten, voneinander zu lernen.«[47]

Auf die historische Bilanz zurückblickend, waren die Begegnungen zwischen dem Islam und dem Hellenismus, dem islamischen Rationalismus und Renaissance-Europäern sowie der Islam-Reform und europäischer Aufklärung fruchtbar, weil hier beide Seiten offen waren, voneinander zu lernen. Islamische *Djihad*-Eroberungen und christliche Kreuzzüge[48] in alter sowie die Kolonisation in neuerer Zeit waren dagegen dunkle Kapitel der gegenseitigen Bedrohung für beide Zivilisationen.[49]

Im Zeitalter des Zivilisationskonflikts ist der Dialog zwischen der islamischen und der westlichen Zivilisation ein Instrument des Friedens. In diesem Sinne muß der Dialog ohne die Bestrebung verfolgt werden, sich gegenseitig zu dominieren. Das fundamentalistische Programm der Entwestlichung der Welt zielt jedoch auf eine Umkehrung der Dominanz, nicht auf ihre Abschaffung. Daraus folgt, daß ein Dialog nur mit den Vertretern eines liberalen und offenen Islam im Sinne des Friedens fruchtbar sein kann.

Instrumentelle Zusammenarbeit mag wirtschaftlich und politisch von Nutzen sein, ist aber kein Dialog. Pragmatische Kooperation ist auch mit Fundamentalisten im Bereich von Wissenschaft und Technologie möglich, muß aber in den entsprechenden Kontext eingeordnet werden. In der gegenwärtigen Werte-Krise der westlichen Zivilisation gibt es leider Europäer, die nur noch ihren ökonomischen Vorteil im Sinn haben. Europäer müssen lernen, zwischen Dialog unter den Zivilisationen und Staatsverhandlungen sowie wirtschaftlicher Zusammenarbeit zu unterscheiden.[50] Die Kooperation im Bereich von Wissenschaft und Technologie ist ein Grenzgebiet zwischen beiden Domänen. Diese Aussage gilt für die Beziehungen zwischen Staaten. In bezug auf die deutsche Islam-Diaspora müssen andere Muster gelten.

Kapitel VII

Hidjra nach Europa. Muslime in Deutschland

Bereits in der historischen Widmung dieses Buches habe ich zwei Gegensätze innerhalb des Islam angeführt, von denen der eine mit einer absoluten und expansiven Einstellung korrespondiert: Der Islam sei die überlegene Religion, und es bestehe eine religiöse Pflicht, ihn weltweit zu verbreiten. Überall dort, wo Muslime leben, beansprucht der Islam unbedingte Geltung für sich. Diese Weltsicht hat nichts mit Fundamentalismus zu tun; vielmehr geht ihr Inhalt auf die Doktrin von der Verbreitung des Islam als Politik der Islamisierung zurück, zu der die *Hidjra*, also die Migration, gehört. Als ein liberaler Kultur-Muslim, der jede Form der Missionierung, auch die islamische, ablehnt, weigere ich mich, hierüber zu schweigen und finde es angebracht, von den muslimischen Migranten, ehe es zu spät dafür ist, unmißverständlich zu verlangen, dieser Doktrin abzuschwören. Andernfalls kann es keinen inneren Frieden in Deutschland geben. Es geht darum, die Religion des Islam nur im Rahmen eines religiösen Pluralismus zuzulassen. Religiöser Absolutismus und missionarische Einstellungen müssen zugunsten von Loyalität gegenüber der säkularen Zivilgesellschaft und pluralistischen Demokratie aufgegeben werden. Auf dem VIII. Internationalen Bonhoeffer-Kongreß in Berlin (August 2000) wurde der Problematik des religiösen Pluralismus ein ganzer Tag gewidmet: Deutsche Christen setzten sich für die Zulassung des Islam in Deutschland im Rahmen von Religionsfreiheit ein, gaben mir jedoch als einem deutschen Muslim die Gelegenheit, in einem Referat über die Grenzen der religiösen Toleranz zu sprechen; keine Religion darf Toleranz für sich beanspruchen, wenn sie die Gleichberechtigung anderer Religionen in Frage stellt. Das sind die Grenzen der Toleranz und der Inhalt des religiösen Pluralismus.

Wenn ich das Emblem des von der rechtsradikalen Milli Görüs beherrschten Islam-Rats Deutschlands betrachte, auf dem der Koran-Vers zu lesen ist, daß »die Religion bei Allah der Islam« sei (Sure 3, Vers 19), frage ich mich, ob religiöser Pluralismus und Glaubensfreiheit, wie sie das Grundgesetz fordert, in diesen Kreisen Achtung erfahren. Wenn ich die Aufstellung über Gruppen des organisierten Islam in Deutschland in der autoritativen Arbeit von Ursula Spuler-Stegemann[1] lese, dann finde ich dort keinen liberalen, sondern fast ausschließlich einen orthodoxen oder fundamentalistischen Islam. Der demokratische Staat und die Institutionen der Zivilgesellschaft haben das Recht, in bezug auf die Gestalt des Islam in Europa mitzureden, machen davon bisher aber keinen Gebrauch. Wird die *Hidjra* nach Europa deshalb fortgesetzt? Wird der beabsichtigte Islam-Unterricht für hier geborene Kinder muslimischer Migranten der Rahmen für die Erziehung in dieser *Hidjra*-Weltsicht?

Muslime in Deutschland – Wahleuropäer oder Muhadjirun?

Muslime kamen zweimal als Eroberer[2] nach Europa: im 8. Jahrhundert von Südwesten (Eroberung Spaniens) und im 14./15. Jahrhundert von Südosten (Eroberung des Balkans). Während der zweiten Hälfte des 20. Jahrhunderts hat eine dritte Welle des Vordringens des Islam nach Europa begonnen. Diese ist bisher friedlich verlaufen, doch nur eine erfolgreiche Integrationspolitik kann gewährleisten, daß sie auch in Zukunft friedlich bleibt.

Seit dem Zweiten Weltkrieg kommen Muslime als Migranten nach Europa und haben sich hier dauerhaft angesiedelt. Für Europa ist der Islam ein alter Bekannter, den es im Rahmen der islamischen Expansion und ihrer *Djihad*-Eroberungen kennengelernt hat. Die Erscheinung der Migration aber ist für Europäer neu. Kann Europa die islamischen Migranten derart integrieren, daß sie Europäer werden, ohne sie, wie es einst die Rückeroberer Spaniens während der Reconquista mit den verbliebenen Muslimen und Juden taten, als Morisken[3] zu behandeln? Ist es möglich, eine islamische Identität und europäische *citoyennité* zu vereinbaren? Multiple Identität kennt Grenzen; so kann man zum Beispiel nicht zwei Religionen angehören. Aber europäische Gesellschaften sind säkulare Gemeinwesen. Gibt das Anlaß zur Hoffnung?

Afrikaner haben nach dem Übertritt zum Islam dieser Religion einen afrikanischen Charakter gegeben. Sie waren in der Lage, den Islam auf ihrem Kontinent kulturell dadurch zu integrieren, daß sie ihn in einen Afro-Islam verwandelten. In ähnlicher Weise haben die Südasiaten einen Indo-Islam entfaltet, der auf dem indischen Subkontinent einheimisch ist. Können Europäer in Zusammenarbeit mit muslimischen Migranten zu einem Euro-Islam beitragen? Oder werden sie diese Option in rassistischer Weise weiterhin als »Ein-Mann-Sekte«[4] belächeln, wie durch einen deutschen Orientalisten in der *Süddeutschen Zeitung* geschehen? Die Alternative zum Euro-Islam ist ein Ghetto-Islam, der ein Pulverfaß mitten in Europa darstellen würde. Als islamischer Aufklärer finde ich mich zwischen den Stühlen: hier islamische Fundamentalisten, dort euro-arrogante deutsche Nationalisten. Aufklärung war aber nie eine bequeme Aufgabe!

Islamische Migranten sind *Muhadjirun*, und dies hat im Islam eine religiöse Bedeutung, die wir nur in ihren historischen Zusammenhängen verstehen. Die *Hidjra*-Geschichte im Islam geht auf das 7. Jahrhundert zurück, beginnt also in der Zeit der islamischen Religionsstiftung. Die islamische Offenbarung beginnt im Jahre 610, die islamische Zeitrechnung dagegen erst zwölf Jahre später, im Jahre 622. Die islamische Geschichte beginnt also nicht mit der Offenbarung, sondern erst mit der *Hidjra*, der Migration des Propheten Mohammed von Mekka nach Medina. Die Jahreszahl 622 bezieht sich wiederum – wie der Leser bereits erfahren hat – auf eine christliche Zeitrechnung, auf das Jahr 622 nach Christi Geburt. Die Muslime haben jedoch ihre eigene Zeitrechnung. 622 entspricht nach islamischer Rechnung dem ersten *Hidjra*-Jahr und steht symbolisch für die erfolgreiche Verbreitung des Islam durch Einwanderung. Bereits in der Vorrede habe ich erläutert, daß das Jahr 2000 für Muslime das Jahr 1420 ist.

Aus den bisherigen Ausführungen wird deutlich, daß Migration im Islam nicht bloß die Wanderung von einem Ort zu einem anderen ist; sie birgt zugleich eine weitreichende religiöse Implikation. Mit *Hidjra* wird der Gang des Propheten im Rahmen der Verkündung des Islam von Mekka nach Medina umschrieben.[5] *Hidjra* ist ein Symbol für eine offensive Vorgehensweise, eben weil sie der Verbreitung des Islam diente. Nach dem Tod des Propheten 632 haben seine unmittelbaren Nachfolger, die Raschidun-/rechtgeleiteten Kalifen, vor allem Omar und Othman, sowie nach ihnen die Omaiyyaden die islamischen *Futuhat*/Eroberungen mit dem Umzug ganzer Stämme von der arabischen Halbinsel in die eroberten – islamisch ausgedrückt: »geöffneten« – Gebiete fortgesetzt.[6] Die Ferne, *al-Amsar*, bedeutete im Altarabischen »das Ausland«, aber *Amsar* (Sg. *Misr*) sind im Altarabischen zugleich die Siedlungsgebiete der islamischen Einwanderer/*Muhadjirun* (abgeleitet von dem Wort *Hidjra*).

Zu migrieren wurde zur religiösen Vorschrift für die Muslime, um den Islam zu verbreiten. Im islamischen Mittelalter kam es zu einer Synthese von *Djihad* und *Hidjra*.[7] In unserer Gegenwart wird diese klassische religiöse Vorschrift der Migration angesichts der islamischen Einwanderung nach Europa in mehrfacher Hinsicht relevant und aktuell. Denn *Djihad* zur Verbreitung des Islam kann auch friedlich erfolgen.

Ein islamischer Scheich, Abd al-Aziz al-Siddiq, hat eine *Fetwa*, also ein religiös verbindliches Gutachten, ausgestellt, in der er zur Migration nach Europa aufruft, um den Islam durch diesen friedlichen *Djihad* zu verbreiten: »Die Migration nach Europa und nach Amerika (als *bilad al-kufr*/Land des Unglaubens, B.T.) ist für Muslime nicht nur erlaubt, sondern obligatorisch ... In der Tat, die Rahmenbedingungen für die Ausübung des sowie für den Aufruf zum Islam sind in Europa und Amerika besser als in den meisten islamischen Ländern.«[8]

Angesichts der historischen Kontinuität des islamischen Drangs nach Europa ist es gerechtfertigt, von der dritten Welle des Islam in Europa zu sprechen: Ich habe bereits einleitend angeführt, daß der Islam im Rahmen islamischer *Futuhat*-Kriege erstmals im 8. Jahrhundert von Südwesten durch die Eroberung Spaniens[9] nach Europa kam, dann ein zweites Mal von Südosten durch das Vordringen des Osmanischen Reiches bei der erneut aufgenommenen islamischen Expansion. In der zeitgenössischen *Hidjra* nach Europa[10] sehe ich eine dritte Phase islamischer Präsenz auf diesem Kontinent, wenngleich ihr Kontext heute ein ganz anderer ist und Europäer auf ihre Auswirkungen noch immer Einfluß nehmen können. So versuchen beispielsweise die Franzosen, dem Islam eine französische Prägung zu geben. Vom Verständnis unserer Gegenwart als der Geschichte von morgen ausgehend, vertrete ich die Auffassung, daß Menschen ihre Geschichte bestimmen können. Es ist demnach von den Europäern abhängig, ob das Modell Cordoba oder das Modell Kosovo[11] den Sieg davonträgt.

Seit der zweiten Hälfte des 20. Jahrhunderts und vermehrt im Übergang zum neuen Millennium kommen Muslime – im Gegensatz zu früher – auf friedlichem Wege, also nicht mehr als Eroberer und zudem mit dem untergeordneten sozialen Status des Proletariers nach Europa. In Deutschland kennt man sie entsprechend als die sozial periphere Gruppe der »Gastarbeiter«. Die vormalige Türken-Furcht der Europäer hat sich entsprechend zur Türken-Geringschätzung gewandelt, die in Deutschland leider auf alle anderen Muslime übertragen wird. Die Gleichsetzung des Islam mit den Türken ist ein altbekanntes Muster, dem wir seit der Eroberung Konstantinopels 1453 und der Belagerung Wiens 1683 begegnen. Diese Einstellung, die im Mittelalter alle Europäer teilten, gilt in unserer Gegenwart nur noch für Deutschland. Der »*musulman*« in Frankreich ist heute ein Maghrebiner, und »*muslim people*« auf der britischen Insel sind vorwiegend Südasiaten.

Trotz aller Spezifizierungen in bezug auf die europäische Islam-Diaspora beherrschen die Mittelmeer-Muslime das Islam-Bild in Europa weitgehend. Die Geringschätzung der Muslime als »Gastarbeiter« ist keine ausschließlich deutsche Eigenheit: Im demokratischeren Frankreich etwa nennt man eine ungelernte Putzfrau »Fatima«. Wenn man in Frankreich – politisch korrekt ausgedrückt – eine Raumpflegerin benötigt, fragt man politisch inkorrekt: »Kennen Sie eine Fatima?«

Die in diesem Kapitel angesprochene dritte Welle des Vordringens des Islam nach Europa und somit auch nach Deutschland kann im zeitgeschichtlichen Rahmen ambivalent als *Hidjra* bezeichnet werden; sie resultiert aus Armut und Elend. Die Verbindung von Zugehörigkeit zu einer bestimmten Religion und zur sozialen Peripherie hat die Abschottung der Migranten zur Folge. In der Diaspora wird der Islam so zu einer Quelle der ethnischen Bestimmung.

Genau diese beiden Faktoren, die religiösen Implikationen der *Hidjra* und die Ethnisierung des Islam, belasten die gegenwärtige Migration von Muslimen nach Europa. Aus ihnen erwachsen Herausforderungen an beide Parteien: Migranten und Aufnahmegesellschaft. Dies hängt mit folgendem Problemkomplex zusammen:

• Erstens: Die Muslime kommen nicht wie in ihrer Geschichte als Eroberer nach Europa, die eine gezielte Siedlungspolitik betreiben und schnell zur Mehrheit werden; vielmehr sind sie eine sozial schwache Minderheit. In den USA nennt man solche Migranten eine ethnische *underclass*. Eine weitere Komplikation besteht darin, daß sich nach der religiösen Doktrin des Islam ein Muslim im Land der Ungläubigen (*Dar al-kuffar*) nur zeitlich begrenzt und zu einem bestimmten Zweck aufhalten, sich auf Dauer aber nicht einer nicht-islamischen Ordnung unterwerfen darf. Die heutige Situation ist genau umgekehrt. Türken und andere Muslime in Deutschland beispielsweise sind auf Dauer hier; sie müssen unter einer nicht-islamischen Regierung leben und sich einer säkularen, also nicht-islamischen Verfassung unterwerfen. Wie verhalten sich nun die Muslime unter diesen Bedingungen, die nicht im Einklang mit der islamischen Doktrin stehen? Unternehmen sie Reformen, um die religiöse Doktrin an diese Bedingungen anzupassen? Oder bilden sie Ghettos, in die sie sich zurückziehen? Bereits an dieser Stelle muß ich leider feststellen, daß es in Deutschland – etwa im Gegensatz zu Frankreich – keinen Reform-Islam gibt.

• Zweitens: Islamische Migration ist *Hidjra* als eine religiöse Vorschrift zur Verbreitung des Islam. Europäer nehmen Muslime aber aus wirtschaftlichem Bedarf als »Gastarbeiter« oder aus humanitärer Verpflichtung als Asylanten und Flüchtlinge auf. Impliziert diese Aufnahme und die im Idealfall mit ihr verbundene Anerkennung des anderen auch eine Anerkennung der islamischen *Da'wa* (Missionierung) als Instrument der Islamisierung? Wo liegen die Grenzen des Pluralismus? Gebührt Toleranz Wahleuropäern oder *Muhadjirun* mit religiöser Mission?

Die gestellten Fragen sind nicht akademischer Natur, sie betreffen die Identität Europas und den Status der Muslime als Migranten gleichermaßen. Ich nenne die einander ausschließenden Optionen: *citoyens* oder *Muhadjirun*! Das sind nicht bloß Fremdwörter, sondern entscheidende, einander ausschließende Optionen für Europa in unserer Zeit. Nach meinem Dafürhalten haben weder die Muslime noch die Europäer auf diese Fragen und Herausforderungen eine für beide Seiten akzeptable Antwort. Auch über die angeführte Option eines Euro-Islam scheint in der Politik keine Kenntnis zu bestehen. Das Problem wird stets in die Schublade »umstritten« in der negativen Bedeutung von »nicht allgemein anerkannt« eingeordnet. Diese Problematik wird aber den Charakter der euro-islamischen Beziehungen im neuen Jahrtausend bestimmen. In Deutschland werden diese Probleme als zu heiße Eisen betrachtet und lieber unter den Teppich gekehrt.[12] Seit Jahren weise ich darauf hin, daß Muslime durch politische Integration als *citoyens* (das ist keine Assimilation) eine europäische Identität annehmen können; andernsfalls entstehen Islam-Ghettos, und diese wären – dem Mittelmeer in vergangenen Jahrhunderten vergleichbar – eine *Grenze*, nicht eine Brücke zwischen der Welt des Islam und Europa. Beugt man dem nicht vor, könnte uns Muslimen in einer Krisensituation dann das Schicksal der Morisken widerfahren. Ich denke, ein »Euro-Islam ist die Lösung«,[13] so der Titel meines Essays im *Spiegel-Special* über den Islam.

In diesem Kapitel möchte ich – nachdem die zeitgeschichtlich relevante Fragestellung formuliert wurde – unter Anwendung des historischen Materials eine aktuelle und aus den unterschiedlichsten Kreisen vorgeschlagene Lösung für den »Islam in Europa« diskutieren, nämlich, daß es der Integration der Muslime dienlich sei, wenn sich der Islam in Deutschland nach dem nicht-säkularen Modell der protestantischen und katholischen Kirche als eine Körperschaft des öffentlichen Rechts formieren würde. Nicht nur bestreite ich diese Anschauung, ich halte auch ein Akzeptieren der von ihr präsentierten Lösung in der absehbaren Zukunft Europas für Sprengstoff.[14] Ich bin aus Erfahrung auf den Vorwurf vorbereitet: *umstritten.* Selbst in positiven Rezensionen werden meine Arbeiten als »*umstrittene* Islam-Bücher« bezeichnet. »Jeder weiß, ›umstritten‹ ist in Deutschland ein Vernichtungswort. Wer mit diesem Etikett versehen wird, hat keine Chance mehr, gehört zu werden. Nur wenige haben die innere Freiheit, so zu reagieren wie Ernst Jünger: ›der Titel steht mir zu.‹ ... Es ist Zeit zur Zivilcourage.«[15]

Der historische Ausgangspunkt: Islamische Migration nach Europa

Die islamische Einwanderung nach Deutschland ist ein junges Phänomen; älter ist sie in Großbritannien und Frankreich, wo sie ein Produkt der französischen und britischen Kolonialpolitik in der Welt des Islam ist. Auch in Frankreich gab und gibt es Rassismus. Aber im Land der großen Französischen Revolution wird das Verhältnis zu muslimischen Migranten nicht von Rassismus, sondern vom Modell des *citoyen* bestimmt. Dennoch ist es bedauerlich – auch wenn es einen positiven Nebeneffekt mit sich bringt –, daß französische Kolonialinteressen mit der Vorstellung eines französischen *citoyen* islamischen Glaubens im Dienst Frankreichs verbunden wurden. Nicht so demokratisch, aber quasi-egalitär war die britische Commonwealth-Idee, die einem »*Muslim subject of the Empire*« das Tragen eines britischen Commonwealth-Passes zugestand. Diese Möglichkeit ist allerdings seit 1962 weitgehend eingeschränkt worden.

Im Kontrast zum französischen *citoyen* und zum britischen *citizen* wird in Deutschland der Staatsbürger ethnisch-exklusiv bestimmt. Das neue Staatsangehörigkeitsgesetz hat diese Situation nur formalrechtlich modifiziert. Das kulturelle Verständnis bleibt dasselbe und prägt nicht nur das Recht, sondern auch die politische Kultur Deutschlands. Die ersten Muslime kamen als Diener des Kaisers nach Deutschland: eine Palastwache als Geschenk des osmanischen Sultans. Auch die späteren Muslime, die nach den sechziger Jahren in Massen ins Land wanderten, kamen als Diener, diesmal »Gastarbeiter« genannt. Dieser Begriff veranlaßt zu der Frage: Gehört es in Deutschland zu den Verpflichtungen eines »Gastes«, die Tätigkeiten von Hilfsarbeitern zu verrichten? Bei einem Vortrag im Rhein-Main-Kreis sprach mir ein Hörer ab, ein Ausländer zu sein, weil ich Professor und kein Gastarbeiter sei – eine bemerkenswerte Logik!

Vieles hat sich in den vergangenen vierzig Jahren in Deutschland geändert, aber aus meinem eigenen Schicksal und der Post, die ich regelmäßig – gleichermaßen anonym und offen – erhalte, weiß ich, daß die Kombination Muslim/Professor/deutscher Staatsbürger, die ich in meiner Person vereinige, für viele Deutsche schwer zu verdauen ist. Helmuth Plessner hat beklagt: »Wir Deutsche kennen kein Mittelmaß.«[16] Früher war das Erlangen eines deutschen Passes für einen Muslim eine nahezu unlösbare Aufgabe (meine Einbürgerung hat fünf Jahre gedauert; es war vergleichsweise leichter, auf dem Ausnahmeweg deutscher Beamter auf Lebenszeit zu werden). Mit dem Gesetzesvorhaben einer doppelten Staatsangehörigkeit gehen demokratisch gewählte deutsche Politiker zum Gegenextrem der quasi-freien und beliebigen Verteilung von Pässen auch an Islamisten über. Man überwindet den Rassismus nicht, wenn man ausreichende Deutsch-Kenntnisse als Kriterium für die Einbürgerung ablehnt – ganz im Gegenteil: Die latente Fremdenfeindlichkeit nimmt zu. Ich verstehe etwas anderes unter Aufgeschlossenheit! Blauäugigkeit und die rechte Gesinnung sind kein Ersatz für fehlende Integrationspolitik.[17]

Noch 1945, also am Ende des Zweiten Weltkriegs, lebten in ganz Westeuropa weniger als eine Million Muslime. Die südosteuropäischen Muslime (Bosniaken, Albaner etc.) müssen gesondert betrachtet werden, weil sie keine Einwanderer sind, sondern zum historischen Erbe des Osmanischen Reiches[18] gehören. Sie betreffen somit nicht die Thematik dieses Kapitels, nämlich die islamische *Hidjra* nach Deutschland als Teil des okzidentalen Europas, d.h. des Westens. Dieses westliche Europa unterscheidet sich vom christlichen Abendland dadurch, daß es potentiell seit der Renaissance und entschieden seit der Aufklärung *säkular* geworden ist.

Ein halbes Jahrhundert später, zu Beginn des 3. Millenniums, hat sich die islamische Präsenz erheblich verändert: In Westeuropa, überwiegend in Frankreich, Großbritannien und Deutschland, leben zur Zeit mehr als 15 Millionen Muslime. Nach Hochrechnungen wird ihre Zahl um das Jahr 2025 auf etwa 30 bis 40 Millionen angewachsen sein. Ihre Verteilung ist ethnisch: in Deutschland wohnen überwiegend Türken, in Frankreich in der Mehrzahl Maghrebiner und in Großbritannien vorwiegend Südasiaten (Inder, Pakistani, Bangladeschis). Gegenüber Europa bilden sie jedoch eine Einheit der islamischen *Umma* in der Diaspora. Im folgenden werde ich alle drei Gemeinschaften kurz vorstellen.[19]

Das französische Modell: Ein Vorbild für Deutschland

Der Islam in Frankreich hat seinen Ursprung in der Geschichte der französischen Kolonisation des Maghreb. Abgesehen von diesem kolonialen Hintergrund können Deutsche viel von Frankreichs Umgang mit der Islam-Diaspora lernen. Wie einst im Falle der Französischen Revolution liegt auch hier ein Modell für Deutschland vor!

Im Gegensatz zu den nach Deutschland geholten muslimischen Gastarbeitern ist die Islam-Diaspora in Frankreich ein Bestandteil der französischen Kolonialgeschichte. Dennoch scheint dieses europäische Land besser als andere mit dem Islam umgehen zu können. Nicht nur wegen seines Erbes der Aufklärung und der beinahe als »*religion civile*« verankerten Kultur der Französischen Revolution, sondern auch wegen des ausbalancierten Umgangs mit Muslimen bietet sich Frankreich als Modell für andere europäische Länder in bezug auf die Integration des Islam an. Frankreich hat auch die längste Erfahrung mit der aus der Migration hervorgegangenen islamischen Präsenz in Europa; sie reicht bis in das 19. Jahrhundert zurück.

Die ersten Maghrebiner, die als Einwanderer nach Frankreich kamen, hatten keine großen Probleme, sich zu integrieren und französische *citoyens* zu werden. Anders in unserer Gegenwart: Im Zeitalter des Islamismus entsteht eine brisante Kombination aus politischem Islam und großer Zunahme der Migration. In der Folge trägt fehlende Integration zur Entstehung einer Mischung aus dem Bewußtsein der Ausgrenzung und des Andersseins bei den Migranten bei. Die *beurs*, die muslimischen Jugendlichen der Vorstädte, die während des Golfkrieges 1991 eine Intifada-Erhebung gegen die französische Ordnung mitten in Paris wagten, und die jungen Mädchen, die durch den Schleier als Emblem des Islamismus die heilige Kuh der Französischen Revolution, die *laïcité*, zu schlachten versuchten, gehören zu den Begleiterscheinungen der veränderten Situation. Der französische Islam-Experte Remi Leveau unterteilt die Muslime Frankreichs in drei Gruppen: die französischen Muslime (*Musulmans françaises*), die Muslime Frankreichs (*Musulmans de France*) und schließlich die *Musulmans en France*/Muslime in Frankreich. Die ersten sind integrierte Franzosen, die zweiten sind dabei, sich zu integrieren, und die letzte Gruppe ist nicht integrierbar.

Der französische Staat versucht mit allen demokratischen Mitteln zu verhindern, daß die Muslime nicht als Individuen, sondern als Kollektiv auftreten. Sein Umgang mit neuen, weniger integrationswilligen Muslimen zeigt aber Augenmaß und setzt nicht die Identität Frankreichs aufs Spiel. Ein Kollege Leveaus, Gilles Kepel, schreibt hierüber »Die Kopftuch-Affäre hatte für die staatlichen Behörden ein kompliziertes Problem geschaffen ... Die Anerkennung der islamischen Gemeinschaft wurde zum Einsatz in einem politischen Spiel, ohne daß klar war, wer eigentlich die Mitspieler waren. Die Pariser Moschee, die an sich den Islam in Frankreich vertreten sollte, war von anderen Bewegungen überholt worden, die die Kontrolle über die islamischen Gemeinschaften anstrebten.«[20]

Diese neuen islamischen Gruppen sind Auswüchse des Islamismus, der seine Fahne gegen die säkulare Republik hißt. Kepel zitiert den französische Politiker Pierre Joxe:

»Den Gesprächspartner, den ich suchte, habe ich nicht gefunden, also habe ich versucht, mir einen solchen zu schaffen« (ebd., S. 274).

Von dieser Strategie können deutsche Politiker viel lernen. Der große Unterschied zwischen Frankreich und Deutschland in dieser Angelegenheit besteht nämlich darin, daß deutsche Politiker in Ermangelung adäquater Gesprächspartner Islamisten für solche halten und mit ihnen reden. Die Franzosen dagegen bestimmen ihre Partner selbst und verlangen von ihnen ungeteilte Loyalität gegenüber der Republik. Deutsche Politiker und Kirchenfunktionäre nehmen jeden auf, einschließlich der Verfassungsfeinde, soweit diese Migranten sind. Die Angst, der

Fremdenfeindlichkeit verdächtigt zu werden, ist größer als die Angst um die demokratische Verfassung. Die französische Regierung sieht keine Fremdenfeindlichkeit in der Bekämpfung der Islamisten. Dafür fördert sie den laizistischen Imam der Moschee von Paris, Dalil Boubakir, und den islamischen Gelehrten Mohammed Arkoun, die dafür eintreten, daß »Geistliche des islamischen Kultus auf französischem Territorium (ausgebildet werden); sie sollten Französisch sprechen, mit den Gegebenheiten in Frankreich vertraut und begeisterte Humanisten sein. Auf diese Weise sollte dem Zustrom unkontrollierbarer Imame aus Nordafrika oder dem Nahen Osten, die eine obskurantistische Interpretation des Islam predigen, Einhalt geboten werden« (ebd., S. 289).

In Deutschland predigen dagegen importierte Imame, die kein Wort Deutsch können und die Integration selbst der hier Geborenen behindern, während sich parallel deutsche Islam-»Experten« in großen Zeitungen über das Konzept des Euro-Islam lustig machen. In Europa gibt es – wie zu Zeiten der Französischen Revolution – große Unterschiede. Deutschland bleibt auch hier eine »verspätete Nation«, wie Helmuth Plessner es einmal formulierte!

Es gibt zwar eine Europäische Union, die darum bemüht ist, ein in sich integriertes Europa aufzubauen, aber eine koordinierte europäische Einwanderungs- und Integrationspolitik gibt es nicht. Frankreich bietet nicht nur für Deutschland ein Modell für die benötigte Politik:

»Im Gegensatz zu den USA und Großbritannien übt der französische Staat starken Druck auf das Gemeinwesen aus, um zu vermeiden, daß sich innerhalb der Republik und unter den Staatsbürgern Gemeinschaften herausbilden, die sich auf die Religion berufen. Andererseits setzt der Staat sich dafür ein, daß sich der muslimische Kultus in Frankreich organisiert und ein Gesprächspartner auf den Plan tritt, um die damit einhergehenden Probleme zu diskutieren« (ebd., S. 313).

Die Briten bieten kein Modell für Deutschland

Der Islam in Großbritannien stammt, wie gesagt, vorwiegend vom indischen Subkontinent. Anders als in Frankreich ist die Politik Großbritanniens von einer Laissez-faire-Haltung gegenüber der Islam-Diaspora gekennzeichnet. Doch auch diese hat ihre Grenzen erreicht. Heute gibt es keine fundamentalistische Bewegung in der Welt des Islam, die nicht auch ein Büro in London hat. Auch das ist Globalisierung.

In den alten Zeiten des Commonwealth galten Angehörige ehemaliger Kolonien als »Untertanen der Krone« und hatten Zugang zu einem Commonwealth-Paß, mit dem sie in das »Mutterland« einreisen durften. Als die Zuwanderung der ehemaligen »Untertanen«, zu denen die Muslime des indischen Subkontinents gehören, massiv zunahm, griff der Staat reglementierend ein. Die 1962 verabschiedete »Commonwealth Immigrants Bill« begrenzte den Zustrom von Staatsbürgern aus dem Commonwealth und somit die islamische Einwanderung. Die Umgehung durch Eheschließung und Familienzusammenführung minderten den Erfolg jedoch.

Die südasiatischen Muslime versuchen nun, die Situation der islamischen Minderheit in Indien nach Großbritannien hineinzutragen. Kepel schreibt dazu:

»Binnen eines knappen Jahrhunderts hatte der Islam gelernt, seine Situation auf dem indischen Subkontinent als die einer der politischen Macht beraubten Minderheit zu sehen ... Aus diesem Grund entstand (in Großbritannien, B.T.) bereits in den 50er Jahren ein ganzes Netz von Moscheen, während in Frankreich erst in der 2. Hälfte der 70er Jahre Gebetsstätten und islamische Vereinigungen aus dem Boden schossen« (ebd., S. 150).

Die Frage, die sich nun stellt, lautet, ob diese religiösen Einrichtungen Teil des demokratischen Gemeinwesens sind oder als multikultureller Untergrund – man kann es auch Multi-Kulti-Kommunitarismus[21] nennen – existieren, also zum religiösen und ethnischen Konfliktpotential in der Diaspora gehören.

Frankreich versucht, auf diese Entwicklung Einfluß zu nehmen, der britische Staat hält sich völlig zurück. Aus diesem Grunde bietet Frankreich, nicht Großbritannien ein Modell für die Situation in Deutschland.

In Deutschland ist die Entwicklung durch teilnahmslose Duldung bereits weit fortgeschritten. Die Moscheevereine führen – ganz im Zeichen des Multikulturalismus – bereits ein jenseits der Demokratie stehendes kommunitäres Eigenleben.

Muslime als Gastarbeiter Deutschlands

Die islamische Migration nach Deutschland wurde bewußt als »Einfuhr von Arbeitskräften« definiert, die keine Einwanderung sein sollte. Sie begann 1961 mit dem Abkommen zwischen der Bundesrepublik und der Türkei über die organisierte Anwerbung türkischer Arbeitskräfte. 1964 lag die Zahl in Deutschland lebender Türken nicht höher als 69 000. Zehn Jahre später war sie auf 1,082 Millionen gestiegen. Heute beträgt sie 2,3 Millionen – Türken und türkische Kurden. Hinzu kommt eine Million Muslime aus der ganzen Welt des Islam, besonders dem Mittelmeerraum. Im Jahre 1973 wurde ein Anwerbestopp anberaumt, der jedoch dem türkischen Migrantenzustrom nicht Einhalt gebieten konnte. Über das Hilfsmittel der Familienzusammenführung wurde die Zuwanderung fortgesetzt. Heute erfolgt die Zuwanderung im Rahmen der Asylgesuche und befindet sich nach wie vor auf hohem Niveau. Bei seinem Vergleich zwischen Frankreich und Deutschland stellt Klaus Manfrass fest, der »Nachzug von Familienmitgliedern (hat) z.T. zur zusätzlichen Existenzsicherung«[22] beigetragen. Der Grund hierfür ist, daß die aus den ländlichen Gebieten der Türkei eingewanderten kinderreichen Familien selbst bei Arbeitslosigkeit allein von Sozialhilfe und Kindergeld ein höheres Einkommen als Erwerbstätige erzielen können. Diese Tatsache ist in der Türkei allgemein bekannt, wie ich bei längeren Aufenthalten dort 1995 und 1998 vor Ort bemerkt habe.[23]

Uns interessiert in diesem zeithistorischen Teil über Europa und die Welt des Islam primär die islamische Dimension der Migration und ihre Bedeutung für Deutschland. In diesem Rahmen gilt es erneut, zwischen Islam und Islamismus zu unterscheiden. Zu den wenigen Ausnahmen in der deutschen Islamkunde, denen diese Unterscheidung vertraut ist, gehört Ursula Spuler-Stegemann. In bezug auf Integration der muslimischen Migranten in Deutschland führt sie richtig aus »Muslime, die Religion als bloße Privatsache oder gar nur als ... Kulturbestandteil ansehen, sind den Islamisten unerträglich ... Die Islamisten sind der Überzeugung ... der ursprüngliche Islam ... (ist die) einzig wahre Religion ... Der Islam wird mit der ihm innewohnenden Kraft die ganze Welt mit Frieden und sozialer Gerechtigkeit beglücken ... Der Islamismus ... ist universell orientiert.«[24]

In diesem Geist wollen die Islamisten in Deutschland – u.a. mittels des Islam-Unterrichts – die Muslime in der deutschen Diaspora erziehen. Vor allem aber wollen sie dies unter Nutzung von Freiräumen im Namen von Toleranz und Religionsfreiheit, d.h. ohne Kontrolle tun. Es ist erstaunlich, daß die protestantische Kirche sich – blind gegenüber den Tatsachen – mit ähnlichen Forderungen hervortut und falsch verstandene Toleranz höher wertet als die Treue zum Grundgesetz. Sie wird dadurch zum Bündnispartner der Islamisten. Diese Kreise scheint es nicht zu stören, daß die »Ghetto-Bildung in Deutschland nicht ungefährlich (ist)«,[25] wie die deutsche Islamkundlerin Spuler-Stegemann anführt.

Bei jeder Kritik an den demokratiefeindlichen Potentialen des Islamismus kommt von seiten der Kirche sofort der Einwand: durch Dialog lasse sich alles regeln. Auch hier fehlt das nötige Sachwissen. Ursula Spuler-Stegemann führt die Doktrin der schi'itischen *Taqiyya*/Verstellung gegenüber anderen an, die Sunni-Fundamentalisten in einer ähnlichen Bedeutung unter dem Begriff *Iham*/Täuschung der Ungläubigen nicht fremd ist. Die angeführte Islam-Expertin Spuler-Stegemann führt aus:

»Wenn es dem Islam und der eigenen Organisation nützt, die man ja für den besten Vertreter des Islam in Deutschland hält, ist es unter Umständen keine Sünde, seine eigentlichen Absichten zu verbergen ... Gegenüber Deutschen und in deutscher Sprache betont man unablässig, auf dem Boden des Grundgesetzes zu stehen und den Dialog zu wollen ... (im eigenen Kreis) überwiegen Hetzparolen gegen Demokratie, den Pluralismus und die angeblich sittlich verrottete deutsche Gesellschaft« (ebd., S. 67f.).

Solche religiös-kulturell legitimierten Unehrlichkeiten in der Islam-Diaspora machen den Umgang mit ihr schwer und veranlassen zu kompromißlos säkularen Grundlagen der Integration.

Obwohl die Türken nach wie vor das Bild des Islam in Deutschland prägen (von 3,3 Millionen Muslimen sind 2,3 Millionen Türken), ist die von Islamisten angestrebte, gleichermaßen von den Kirchen und dem derzeitigen Bundesinnenminister Otto Schily unterstützte islamische Religionsgemeinschaft als Körperschaft des öffentlichen Rechts nicht mehr exklusiv türkisch. Auch ein Saudi, der enge Verbindungen zur Muslimbruderschaft besitzt, Nadeem Elyas, tritt als Führer der Diaspora-Gemeinschaft auf, die die Islamisten kontrollieren wollen.

Die Islamisten beanspruchen, alle Muslime zu vertreten, d.h. das Monopol auf die Vertretung des Islam zu bekommen und durch Kirchensteuer und paritätische Gremienbeteiligung eine aufgrund der geringen Zahl ihrer tatsächlichen Anhänger ungerechtfertigt große politische Macht zu erlangen. Wenn der Islamismus seinen Weg in die Institutionen als Träger einer Körperschaft des öffentlichen Rechts findet, bekommen die Islamisten das Monopol auf die Vertretung der Interessen aller Muslime in Deutschland und agieren als Vehikel der Islamisierung Europas. Die indifferente Toleranz der Deutschen wird dann in massive Fremdenfeindlichkeit umschlagen.

Als Vertreter des Euro-Islam bekomme ich nicht nur regelmäßig fremdenfeindliche Post mit Sätzen wie »Ihre Professur in Göttingen fehlt irgendeinem aus ursprünglich deutscher Familie«

oder »Der Islam, Sie können es drehen und wenden wie Sie wollen, bleibt ein Fremdkörper in Europa«, also dem Aufruf: Muslimische Migranten raus!

Zu diesen »Raus-Rufen« kommen auch die Anpöbelungen in großen Zeitungen wie z.B. die Rezension eines Turkologen aus Bamberg mit folgendem Wortlaut: »Fußkranke ... und ein zu einer ominösen Ein-Mann-Sekte namens Euro-Islam übergetretener Politikprofessor ... Bassam Tibi«.[26]

Kapitel VIII

Die christliche Kirche als Modell für eine islamische Religionsgemeinschaft in Deutschland?

Statistisch gesehen ist der Islam unter der Wohnbevölkerung der Bundesrepublik die zweitstärkste Religion. Wenn in Deutschland von dieser Religion die Rede ist, muß stets an den Unterschied zwischen Islam, Islamismus und islamischer Orthodoxie erinnert werden, um klarzustellen, worum es sich bei der Diskussion handelt. Unter den Verbänden des organisierten Islam in Deutschland finde ich leider wenig Islam als Religion, dafür viel Islamismus als politische Ideologie und islamische Orthodoxie als religiöse Dogmatik. Was geschieht aber, wenn diesen Gruppierungen eingeräumt wird, was den christlichen Kirchen in Deutschland bereits zugestanden wird, nämlich als Körperschaft des öffentlichen Rechts ein Machtfaktor zu werden?

Zwei Gruppierungen ragen unter den zahlreichen islamischen Vertretungen in Deutschland heraus: der Islam-Rat und der Zentralrat der Muslime. Über den ersten »Rat« schreibt Ursula Spuler-Stegemann[1]: »In seinem Wappen führt der Islamrat den halben Reichsadler ... In dem Schriftband oberhalb des Wappens steht in arabischer Sprache der Koran-Vers: ›Es gibt bei Gott keine andere Religion als den Islam (Sure 3,19)‹.«

Dieser Islam-Rat wird von der rechtsradikalen Milli Görüs dominiert. Das Wappen zeigt es klar und deutlich: Ablehnung des religiösen Pluralismus. Christen und Juden gelten bestenfalls als *Dhimmi*, als geschützte Minderheiten, jedoch unter islamischem Banner.

Der zweite »Rat« soll – nach den Angaben von Spuler-Stegemann – »angeblich von Saudi Arabien aus über die Islamische Weltliga finanziert sein. Er vertritt die ... strengste Auslegung der *Schari'a.*«[2] Die Islamische Weltliga hat in einem Dokument, das ich im Motto zu meinem Buch *Im Schatten Allahs* zitiere, die Verbreitung der *Schari'a* als verbindliche Richtlinie für die Islam-Diaspora in Europa verlangt. Der Vorsitzende des Zentralrates, Nadeem Elyas, ist ein Saudi. Soll also im Namen der Toleranz der Wahhabismus – die rückständigste und intoleranteste Deutung des Islam – in Deutschland eingeführt werden? Es ist bedauerlich, daß die Forderungen des wahhabitischen Islamisten offenbar sogar von deutschen Protestanten geteilt werden! Das bringt mich auf die zentrale Fragestellung dieses Kapitels, nämlich ob die Kirche als Modell für die Bildung einer islamischen Religionsgemeinschaft als Körperschaft des öffentlichen Rechts gelten kann.

Kirchlich organisierte Religion in Deutschland als Modell für eine islamische Religionsgemeinschaft?

Bei der Suche nach einer Antwort auf diese Frage wird deutlich, daß in Deutschland objektiv großer Bedarf nach mehr Wissen über den Islam besteht. Ob dies aber auch subjektiv so empfunden wird, ist eine andere Frage. Bischof Wolfgang Huber sagte im Juli 2000 in Berlin auf dem Bonhoeffer-Kongreß, daß die deutsche Diskussion über den Islam daran krankt, daß nicht klar wird, um welche Richtung des Islam es sich handelt. Es gibt viele. Es geht hier nicht nur um die Erfüllung bildungspolitischer Aufgaben; vielmehr geht es darum, die Personen, die die politischen Entscheidungen in bezug auf den Islam und Deutschland und die Muslime in Deutschland treffen, mit den notwendigen Informationen zu versorgen. Sowohl in Hinblick auf den Islam als auch auf Einwanderung und Integration wird in der deutschen Politik nur zu oft ohne das erforderliche Sachwissen geredet und entschieden.

In bestimmten Kreisen der Islam-Gemeinde Deutschlands wird gefordert, daß selbsternannte Vertreter des Islam als Träger einer Körperschaft des öffentlichen Rechts anerkannt werden. Der Bundesinnenminister ist ihnen in einem *Focus*-Interview mit einer grundsätzlich ähnlichen Forderung in diesem Punkt entgegengekommen. Er forderte, daß der Islam eine einheitliche Vertretung bekommt, die dann als ein Gesprächspartner für den Staat fungiert. Dabei wird deutlich, daß es in der deutschen Öffentlichkeit nicht klar ist, worum es geht und welche Bedeutung solche Forderungen haben können! Denn die Muslime in Deutschland sind weder konfessionell noch kulturell einheitlich. Die bestehende große Vielfalt macht eine Gesamtvertretung unmöglich!

Der Islam kennt in seiner vierzehn Jahrhunderte umfassenden Geschichte keine organisierte Religionsgemeinschaft kirchlichen Musters. Die Moschee ist ein Gebetshaus und keine kirchliche Institution. Warum streben Islamisten in Deutschland dann unter vollständiger Mißachtung der islamischen Tradition die Anerkennung ihrer Gemeinschaft als Körperschaft des öffentlichen Rechts an? Und warum demonstriert die christliche, besonders die protestantische Kirche angesichts solcher Bestrebungen soviel Nächstenliebe und Toleranz? Mehrmals haben Bischöfe auf Kirchentagen und in Presseverlautbarungen die Bildung einer »islamischen Kirche« befürwortet.

In diesem Zusammenhang stellen sich zwei zentrale Fragen:

Erstens: Ist es für die pluralistische und säkulare Demokratie ein Gewinn, wenn Islamisten, die nicht einmal das Grundrecht auf Glaubensfreiheit in den eigenen Reihen, also innerhalb des Islams, anerkennen, als Träger einer Körperschaft des öffentlichen Rechts ermächtigt werden? Hierdurch bekommen sie ein Monopol auf die Vertretung des Islam und werden in dieser Funktion anerkannt. Mit diesem Akt erlangen die Islamisten nicht nur Zugang zur Macht (paritätische Beteiligung an Institutionen wie Medien und Bildungsanstalten), sondern auch Zugang zu ökonomischen Ressourcen (Kirchensteuer), die sie politisch stärken! Kirchensteuer hat es im Islam noch nie gegeben.

Zweitens ist zu fragen, ob die deutschen Kirchen, die in einer säkularen Gesellschaft dermaßen in der Politik mitmischen, daß sich manche ihrer Vertreter sogar über Urteile des Bundesverfassungsgerichts hinwegsetzen – etwa durch Gewährung von Kirchenasyl –, für eine religiös definierte Einwanderergemeinschaft, die ihre demokratische Grundorientierung erst noch nachweisen muß, als ein Vorbild dienen können.

Auf der Basis eines Vergleichs der Bundesrepublik Deutschland mit anderen demokratischen Staaten möchte ich mit der Feststellung beginnen, daß dieses Land gemäß seiner Verfassung zwar eine säkulare Ordnung hat, der deutsche Staat aber nur begrenzt laizistisch ist. In der gesellschaftlichen Wirklichkeit fällt auf, wie sehr in Deutschland – etwa im Gegensatz zu den westlich-demokratischen Nachbarn wie Frankreich – die als Kirche mit öffentlich-rechtlichem Status organisierte Religion ganz offensichtlich über institutionell abgesicherte politische Macht verfügt.

Ich betrachte es als für eine säkulare Demokratie unangemessen, in welchem Umfang sich die protestantische und die katholische Kirche in Deutschland in die Politik einmischen. Ich weiß, dies ist deutsche kirchliche und staatliche Tradition, aber für meine Begriffe kann dies kein Modell für den Status des Islam in Europa im 3. Jahrtausend sein. Denn erst die Abkopplung der Religion des Islam von der Politik schafft die Voraussetzungen für die Integration der nach Deutschland eingewanderten Muslime sowie für ein friedliches Zusammenleben von Christen und Muslimen.

Das Land Berlin kann in diesem Zusammenhang als Warnung dienen, weil in diesem Bundesland die Kirche das Recht besitzt, in eigener Regie einen als religiöse Unterweisung bezeichneten Religionsunterricht ohne staatliche Kontrolle auszurichten. In einer prozeduralen Demokratie bleibt dies nicht ohne Folgen. Die formaljuristische Zusicherung, daß jede Körperschaft des öffentlichen Rechts der Verfassung verpflichtet ist, ist kein Trost, weil überhaupt nicht gesichert werden kann, daß die hiermit verbundene Erwartung einer tatsächlichen Verfassungstreue in der Realität eingelöst wird.

Jedenfalls hat nach diesem Modell 1998 eine islamistische, also fundamentalistische Gruppe namens »Islamische Föderation« – sie steht der im Kapitel »Ausländerextremismus« des Verfassungsschutzberichtes aufgeführten Milli Görüs[3] nahe – das Recht auf Islam-Unterricht islamistischen Zuschnitts an Berliner Schulen gerichtlich erstritten.[4] Die formale Demokratie macht den Islamismus hoffähig.

Die Vorbehalte werden erst verständlich, wenn wir uns immer wieder die Tatsache vergegenwärtigen, daß der Islam eine vierzehn Jahrhunderte währende Geschichte vorzuweisen hat, im Gegensatz zum Islamismus als einer politischen Ideologie, die eine zeitgeschichtliche Erscheinung ist.[5] Wie oft ist mir vorgehalten worden, wenn ich über die Bedrohung durch den Islamismus rede, »Angst vor dem Islam zu schüren«. Gegen die Keule der Islam-Feindbilder sind noch nicht einmal Reform-Muslime und Aufklärer gefeit. Es ist bemerkenswert, wie sehr die Islamisten selbst diese Keule gegen ihre Kritiker einsetzen.

Den Islam gibt es nicht, weil die Realitäten der islamischen Geschichte – und dies gilt auch für den islamischen Glauben – stets von großer Vielfalt geprägt waren und sind. Innerhalb der islamischen Religionsgemeinschaft gibt es nicht nur *Sunna* und *Schi'a*, sondern auch zahlreiche kleinere Gruppen. Dies hat aber keine Folgen für die religiöse Doktrin der Orthodoxie, die alles andere als pluralistisch ist und unter Mißachtung der Realitäten in der Welt des Islam einen als monolithisch unterstellten Glauben als den einzig richtigen vorschreibt. Die *Takfir*-Tradition, wonach abweichende Meinungen mit dem Verdikt des Unglaubens verbunden und inkriminiert werden, belegt dies. *Takfir* ist im Islam nicht nur Exkommunikation, sondern Freigabe zur Ermordung des vom Glauben Abgefallenen.

Schon rein praktisch läßt es die vorhandene Vielfalt im Islam nicht zu, daß eine einheitlich organisierte und institutionalisierte Religionsgemeinschaft alle Muslime vertritt. In Europa agierende Islamisten übersehen diese Realität geflissentlich. Ihnen geht es darum, eine Machtbasis zu errichten. Ich bedauere, daß sie darin von den Kirchen unterstützt werden, weil diese nicht zwischen Islam und Islamismus unterscheiden. Eine islamistische, also nicht islamische, als Körperschaft des öffentlichen Rechts organisierte Religionsgemeinschaft scheint den Kirchen im Vergleich zur Laizität das kleinere Übel zu sein. Hierbei wird jedoch auch übersehen, daß die islamische Praxis (nicht aber der Koran) nicht die Exkommunikation, sondern Mord an jedem vorsieht, der nicht der »wahren« Islam-Gemeinde angehört. Ist das mit der Demokratie in Deutschland vereinbar?

Im Zeitalter der Migration bildet der Islam numerisch die zweitgrößte Glaubensgemeinschaft in Deutschland; dennoch hat er noch nicht den institutionellen Rang des Katholizismus oder des Protestantismus erlangt. Orthodoxe Muslime sowie Islamisten – im Gegensatz zu liberalen Kultur-Muslimen und islamischen Laizisten – streben diesen kirchlichen Status mit aller Kraft an, um die mit ihm verbundenen Vorteile in einem begrenzt laizistischen Staat zu erreichen. Islamistische Diaspora-Gruppen sind jedoch untereinander sehr zerstritten, ja intolerant, und so vermögen sie es bisher nicht, sich als eine einheitliche Religionsgemeinschaft darzustellen und mit einer Stimme aufzutreten. Dies kann sich aus taktischen Gründen (Einheit der *Umma* gegenüber Ungläubigen!) ändern.

Wie bereits im Land Hessen geschehen, kann es den sunnitischen Islamisten und der Sunna-Orthodoxie in der deutschen Islam-Diaspora durchaus gelingen, unter sich einen Burgfrieden zu erreichen. Auf dieser Grundlage beanspruchen sie, das Religionsmonopol auf Vertretung der Muslime in Deutschland zu bekommen. Hierdurch wird das Problem jedoch nicht gelöst, sondern nur verlagert. Die Kämpfe im Islam (gleichermaßen zwischen der sunnitischen und schi'itischen Konfession wie zwischen der Vielzahl islamischer Sekten) würden vermutlich das deutsche Gerichtswesen beschäftigen. Die deutsche Justiz müßte dann mit zahlreichen Klagen rechnen, in deren Rahmen Gruppen, die das Religionsmonopol der Islamisten in Frage stellen, ihren eigenen Anspruch auf Anerkennung als Körperschaften des öffentlichen Rechts erheben. Diesen Klagen wird die Justiz aus formalrechtlichen Gründen recht geben müssen, und in der Folge würden wir es mit vielen miteinander streitenden islamischen Religionsgemeinschaften mit öffentlich-rechtlichem Status zu tun haben. Manche mögen darin einen »gesunden« Wettbewerb sehen, aber dennoch stellt sich die Frage, ob es aus der Perspektive der säkularen Demokratie und eines liberal gedeuteten Islam wünschenswert ist, daß auch die Islam-Diaspora in Europa zu einer »organisierten Moschee« nach deutsch-christlichem Vorbild wird. Und mehr noch: deutsche Richter müßten zu Islam-Kundlern werden, damit sie kompetent urteilen können!

Sollte es den Islamisten gelingen, das institutionelle Recht auf Vertretung des Islam zu bekommen, würden islamistische Minderheiten ihren Islamismus in der deutschen Öffentlichkeit als den »wahren Islam« darstellen und andersdenkende Muslime durch *Takfir* inkriminieren: Dann fielen wir in Zustände wie im christlichen Mittelalter zurück – das islamische Mittelalter war toleranter.

Muslime wären bei einer »islamischen Kirche« – ob sie wollen oder nicht – von einer Institution repräsentiert, die in Wirklichkeit wie eine politische Partei, nicht wie eine primär ethische Glaubensgemeinschaft aufträte. Erschwerend kommt hinzu, daß der Islam von den ihn dann repräsentierenden Islamisten mit Ethnizität und Einwanderergemeinschaft verbunden und segregiert wird. Das wäre die Verbindung von Religionsmonopol und Abschottung im Ghetto. Diese Ethnisierung der Islam-Diaspora halte ich für die größte Bedrohung des inneren Friedens in Europa in unserem neuen Jahrhundert.

Aber auch das Auftreten der Islamisten im Stile einer politischen Partei der Migranten (*Muhadjirun*, vgl. Kapitel VII) ist bedenklich. Denn in Deutschland maßen sich die katholische und protestantische Kirche an, bei allen Fragen des öffentlichen Lebens mitzureden und mitzuentscheiden. Dieses Verhalten steht im Widerspruch zur Säkularität. Ich führe diesen Sachverhalt, der nur scheinbar nicht zur Debatte gehört, an, um folgendes verständlich zu machen: Ein deutscher Christ, der mit seiner Kirche nicht übereinstimmt, kann aus der Kirche austreten. Damit kann er sich also weigern, die nicht-säkulare Pflicht, Kirchensteuer zu bezahlen, zu erfüllen, ohne dadurch aufzuhören, ein Gläubiger zu sein und ohne mit diesem Schritt sein Leben zu gefährden. Das gilt für Muslime nicht, weil der orthodoxe Islam das Recht auf Glaubensfreiheit nicht anerkennt. Exkommunikation ist eine überholte Praxis im Christentum, nicht aber die *Takfir* im Islam.

Der Abfall vom Glauben (*Riddah*) ist nach der *Schari'a* strafbar. Und die für ihn vorgesehene Strafe – über die in der Tradition der Orthodoxie Einigkeit herrscht – ist der Tod. Die Folge wäre: jeder Muslim, der sich bei der Anerkennung der Islamisten als Körperschaft des öffentlichen Rechts weigert, »Kirchensteuer« zu zahlen, wird der *Riddah* bezichtigt und zum *Murtad*, zum Abgefallenen von der Religion erklärt. Jeder *Murtad* wird dann dasselbe Schicksal wie Salman Rushdie erleiden.[6] Deutsche Politiker und Kirchenfunktionäre sollten sich besser über den Islam informieren. Dann würden sie erkennen, was sie durch die Anerkennung als öffentlich-rechtliche Institution anrichten würden: eine Hexenverfolgung im 3. Jahrtausend auf deutschem Boden.

Islamisten verlangen bei gleichzeitiger Ablehnung Europas im Namen der Toleranz kommunitaristische Freiheiten für sich, die sie im angestrebten Ghetto in intoleranter Weise anderen – besonders innerhalb der eigenen Islam-Gemeinde – nicht zugestehen. Noch steht die Mehrheit der muslimischen Migranten dem politisch organisierten Islamismus fern. Dennoch versuchen straff organisierte fundamentalistische Verbände, die Islam-Diaspora unter ihre Kontrolle zu bringen. Die Unfähigkeit der deutschen Gesellschaft, Fremde zu integrieren, fördert ungewollt diesen Trend. Islamisten schlagen deutsche Sittenwächter mit ihrer eigenen Waffe angeblicher »Islam-Feindbilder«: Islam und Islamismus werden gleichgesetzt und wer die Islamisten kritisiert, ist ein Islamfeind und somit fremdenfeindlich. Eine Differenzierung zwischen Islam und Islamismus abzulehnen, ist eine bekannte Taktik islamischer Fundamentalisten im Umgang mit europäischen Behörden.

Bei der Suche nach einer Lösung für den Status der Muslime in Europa und der Frage, ob der deutsche Sonderweg ein erfolgversprechendes Modell sein könnte, argumentiere ich, daß ein Konsens über individuelle, für alle Religionen verbindliche Menschenrechte die Grundlage für ein friedliches Zusammenleben bilden. Dabei steht bedingungslose Glaubensfreiheit an höchster Stelle, unabhängig davon, ob die Islamisten dies akzeptieren oder nicht. Es geht um die Demokratie, nicht um Kollektivrechte für Angehörige einer islamistisch gestalteten Ghettokultur. Lippenbekenntnisse zur Demokratie, die aus taktischen Gründen erfolgen, reichen hier nicht aus – Taten und Beweise sind gefordert. Die Glaubensfreiheit ist Bestandteil des Grundgesetzes. Die Grundrechtskonformität behauptende Rhetorik islamischer Fundamentalisten aber darf angesichts der Praxis von *Taqiyya* bzw. *Iham*/Verstellung zur Täuschung der Ungläubigen nicht ungeprüft hingenommen werden. Sie muß einem Test unterzogen werden, den sie nicht bestehen wird, wenn die Möglichkeit zur Täuschung ausgeräumt ist.

Die Geltung der individuellen Menschenrechte, zu denen uneingeschränkte Glaubensfreiheit gehört, erfordert das Vorhandensein einer zivilen Gesellschaft. Religionsfreiheit in Verbindung mit Demokratie kann nur in einer Zivilgesellschaft gedeihen, in der die Menschen als freie Individuen leben und Rechte im Sinne von *Entitlements*, also Berechtigungen, gegenüber Staat und Gesellschaft genießen. Religionsgemeinschaften dürfen nicht als quasi-staatliche Inquisitoren auftreten können, die zu bestimmen haben, was richtig und was falsch ist, also etwa wer ein wahrer Muslim und wer ein Ungläubiger ist. Keine Religionsgemeinschaft darf sich Entscheidungsgewalt darüber anmaßen, was als authentisch islamisch anerkannt werden kann und was nicht. Im Bereich des Glaubens gibt es keine eindeutig definierbare Authentizität, sondern Vielfalt und Pluralität. Fehlen diese, dann ist die Demokratie gefährdet. Wenn einer der vorhandenen Islam-Räte als organisierte Kirche das Recht bekommt zu bestimmen, wer die Kriterien des »wahren Muslims« erfüllt und wer nicht, dann würde die Islam-Gemeinde in Deutschland außerhalb der Demokratie stehen!

Im Rahmen der globalen Migration von Menschen aus den ehemaligen europäischen Kolonien kommen Hunderttausende von Muslimen, angelockt von den Bildern des Wohlstandes in den westlichen Medien, nach Europa und nehmen die Europäer mit ihren demokratischen Ansprüchen beim Wort. Manch ein Sprecher der nicht-europäischen Migranten verlangt für diese Kollektivrechte im europäischen Haus. Mit der Bildung einer islamischen Körperschaft des öffentlichen Rechts würde ein solches offen religiös, aber verdeckt ethnisch definiertes Kollektiv in einer säkularen Umwelt konstituiert. Wenn es bei den Forderungen von islamischer Seite um das individuelle Recht auf Religionsfreiheit ginge, wäre dieser Anspruch berechtigt. Aber in der multikulturellen Gesellschaft[7] geht es um Gruppen- und Kollektivrechte. Skurril wird es, wenn beispielsweise das Tragen des Schleiers[8] zum »kollektiven Grundrecht« wird. Auf diese Weise werden Grundrechte verwässert, ja karikiert.

Eine Vorwarnung und anhaltend bedrohliche Erinnerung ist das Verhalten der islamischen Gemeinde in Großbritannien während der Rushdie-Affäre. Ungestraft wurden in dieser Demokratie stellvertretend für ihren Autor Bücher verbrannt. Daran läßt sich unsere Problematik konkretisieren: Einem Roman-Schriftsteller, von dem ich mich wegen seiner Unsensibilität gegenüber dem Islam strikt distanziere und den ich deshalb als Person ablehne, für dessen Redefreiheit ich mich jedoch uneingeschränkt einsetze, werden von der besagten muslimischen Migrantengemeinde Grundrechte abgesprochen. Bücherverbrennungen im Namen der Religionsfreiheit sind nicht zu tolerieren. Rushdies Bücher aber wurden verbrannt, und er selbst wurde in Europa als »Ungläubiger« verfolgt. Wahrscheinlich wird er für den Rest seines Lebens versteckt leben müssen. Die iranische, aber weltweit präsente Korad-15-Stiftung hat sich von der Entscheidung der moderaten Khatami-Regierung im Iran, den Mord nicht weiter zu fördern, distanziert und 1998 das Kopfgeld auf Rushdie von 2,5 auf 2,8 Millionen Dollar erhöht. Anfang 2000 wurde eine weitere Erhöhung vorgenommen.

Diese Bedrohung findet mitten in Europa statt, dem Kontinent, der sich rühmt, die Heimstätte individueller Menschenrechte zu sein. Bekennen sich die Islamisten in Europa also unzweideutig zum Grundrecht der Glaubensfreiheit? Nein, sie tun dies nicht! Ein Vertreter der Londoner Islam-Gemeinde durfte im BBC-Fernsehen verkünden, daß die zitierte Entscheidung der Khatami-Regierung »Worte auf wertlosem Papier« seien, womit er meint, daß die religiöse Pflicht, Rushdie als vom Islam Abgefallenen zu ermorden, nach wie vor bestehe. Und mitten in London haben Islamisten 1998 mit Gewalt verhindert, daß der Sarg des Damaszener Dichters Nizar al-Qabbani in die Regent-Park-Moschee zum Totengebet hineingetragen wurde. Sie argumentierten, Qabbani sei ein *Kafir*/Ungläubiger gewesen.[9]

Die Schlußfolgerung liegt nahe: Politisch organisierte Religionen bedrohen das Recht auf Glaubensfreiheit, weil sie ein Monopol auf Interessenvertretung der Gläubigen beanpruchen und politisch ausüben wollen. Religionsgemeinschaften müßten in einer säkularen Demokratie privatrechtliche Verbände bleiben, so wie dies in den meisten westlichen Ländern – nicht aber nach dem deutschen Sonderweg – der Fall ist. Ich nehme mir das Recht, diese Gedanken auszusprechen, obwohl ich weiß, daß die deutschen Kirchen sie nicht mögen. Die deutschen Kirchen erheben offenbar keine Einwände gegen eine islamistisch kontrollierte Religionsgemeinschaft des öffentlichen Rechts. Das ist kein Ausdruck von religiöser Toleranz!! Versteckt sich dahinter die Angst vor Machtverlust?

Die Grenzen sind fiktiv: Der Islam mitten in Europa

Im 3. Millennium und unter den Bedingungen der offenen und versteckten Migration ist die Grenzziehung zwischen Europa und der Welt des Islam nur noch fiktiv. Allein die gegenwärtig 15 Millionen Menschen umfassende muslimische Gemeinde in Westeuropa wird im ersten Quartal des kommenden Jahrhunderts die Zahl von 30 Millionen überschreiten. Der Konflikt in Bosnien hat eine halbe Million Muslime nach Westeuropa gebracht, der Kosovo-Krieg weitere Hunderttausende. Bundeskanzler Schröder hat 1999 während seines Kosovo-Besuchs nach der »Befreiung« durch die NATO in einem Fernseh-Interview gesagt: »Hätten wir dies nicht getan, wären die Albaner zu uns als Flüchtlinge gekommen.« Der deutsche Politiker war zu optimistisch.[10] Die Kosovo-Albaner strömen weiterhin nach Deutschland, sei es durch illegale Zuwanderung, sei es durch fiktive Familienzusammenführung.

Doch es ist nicht nur der Balkan! Muslimische Migrantengemeinden aus Asien und Afrika werden ähnlich wachsen. Das westliche Europa steht vor der Herausforderung, seine Identität neu zu bestimmen, nicht aber aufzugeben, d.h. Öffnung mit Selbsterhalt in Einklang zu bringen. Die Bildung staatlich sanktionierter Religionsgemeinschaften mit öffentlichem Einfluß nach christlichem Vorbild, dazu noch unter multikulturellen Vorzeichen, kann unter derartigen demographischen Bedingungen offener Grenzen zu erheblichen Konfliktpotentialen führen. Es ist abträglich für die Suche nach Lösungen, wenn die Thematisierung dieser Probleme verhindert wird, weil dies als politisch inkorrekt eingestuft wird.

Nach meiner Auffassung können allein verbindliche säkulare Normen und Werte, die für alle Mitglieder eines Gemeinwesens, einschließlich der Migranten, gelten, den inneren Frieden zwischen unterschiedlichen Religionsgemeinschaften sicherstellen. Migranten und einheimische Bevölkerung können nur dann miteinander in Frieden leben, wenn sie eine säkulare Leitkultur teilen. Muslime würden keine christlichen Normen und Werte annehmen. In einer multi-religiösen Gesellschaft kann eine Leitkultur aus diesem Grunde nicht religiös sein, sie muß notwendig einen säkularen Charakter haben. Der Islam in Europa kann entweder eine religiös-ethnische Enklave werden, oder er wird als Euro-Islam Bestandteil eines säkular bestimmten Europas. Beides zusammen läßt sich nicht miteinander vereinbaren. Gesinnung kann keine Wunder vollbringen.

Orthodoxe Muslime und Islamisten binden den Islam an Gottesgesetze (*Schari'a*) und lehnen deshalb den Euro-Islam ab. Aber *Schari'a* und Grundgesetz verhalten sich zueinander wie Feuer und Wasser. Teile der muslimischen Gemeinde in Europa verlangen dennoch die Anwendung der *Schari'a* für alle hier lebenden Muslime als Anerkennung ihrer kulturellen Identität. Nicht nur Europäern, sondern auch liberalen Muslimen macht die politisierte *Schari'a* in unserer Gegenwart angst. Der liberale Imam der Moschee von Paris, Dalil Boubakir, hat mit mir in dem Panel »Religion« auf dem Weltwirtschaftsforum in Davos 1999 geltend gemacht, daß nur ein laizistischer, zwischen Religion und Politik trennender Islam, also ein Euro-Islam, Anerkennung in Europa finden kann. Dieses Konzept vom Euro-Islam lehnt der Islam-Rat ab, der für alle Muslime in Deutschland zu sprechen beansprucht.

Bei der Suche nach Lösungen gilt die alte Weisheit, über den Tellerrand hinauszuschauen. Deshalb lohnt es sich, die Erfahrungen anderer Länder zu betrachten. Da gibt es z.B. die islamische Minderheit von 130 Millionen Muslimen in Indien, die nach den Bestimmungen des *Muslim Personal Law* die islamische *Schari'a* praktiziert. Dies bietet kein Modell für Europa. Dennoch ist es allgemein bekannt, daß die Islam-Gemeinde in Großbritannien danach strebt, das indische Modell auch auf die britische Gesellschaft anzuwenden. Ähnlich will der Islam-Rat kommunitäre Strukturen in Deutschland durchsetzen. Ich habe vor den Folgen eines solchen Modells für Europa bereits in meinem Europa-Buch[11] gewarnt. In einer vor Ort durchgeführten Studie habe ich die rechtliche und politische Segregation der Muslime Indiens untersucht; ich fand heraus, daß die Anwendung der *Schari'a* durch indische Muslime kraft des *Muslim Personal Law* den Aufstieg des Hindu-Fundamentalismus gefördert hat. Ähnlich würde die *Schari'a* in Deutschland den Rechtsradikalismus der Gegenseite hinaufbeschwören.

Die aus den bisherigen Ausführungen zu ziehende Schlußfolgerung für Deutschland mit seinen offenen Grenzen lautet: Der Monopolanspruch der deutschen Kirchen auf die Religion ist kein Vorbild für eine mögliche Institutionalisierung des Islam als Religionsgemeinschaft in Deutschland. Zur Begründung dieses Urteils verweise ich auch auf Werte-Konflikte (religiöse Orthodoxie versus Aufklärung und Menschenrechte), betone dabei aber mit allem Nachdruck, daß mein Bezug auf solche, auch religiös begründete Werte-Konflikte *nicht* eine Bejahung des Huntingtonschen Ansatzes vom *Clash of Civilizations* bedeutet.

Mit Altbundespräsident Herzog trete ich für eine Verhinderung des Zusammenpralls der Zivilisationen ein, wenngleich ich die Ausklammerung von Problemen nicht übergehen möchte, wie ich in einer Publikation mit ihm ausführen konnte.[12] Mein Leben als Grenzgänger zwischen zwei Zivilisationen, der islamischen und der westlichen, und darüber hinaus meine Identität als europäischer Wahlbürger veranlaßt mich, alle Versuche, die undemokratischen Verhältnisse des Orients im Namen der Toleranz in Europa einzuführen, mit Nachdruck abzulehnen. Ich staune über die christliche Blauäugigkeit, die fälschlich Toleranz genannt wird, und kann mich den europäischen Sittenwächtern der *political correctness* und Gesinnungsethikern nicht anschließen, wenn sie verbieten, über die anstehende Problematik und die aus ihr hervortretenden Konflikte zu sprechen.

Die Kirchen sind herausgefordert, sich mit der Verwechslung von Gesinnungsethik und Realität[13] in den eigenen Reihen auseinanderzusetzen. Ich wiederhole es: Die protestantische und die katholische Kirche bieten kein gutes Modell für die Organisation des Islam als Religionsgemeinschaft. Der Islam in Deutschland muß in neuer Art und Weise mit säkularer Demokratie und mit individuellen Menschenrechten in Einklang gebracht werden.

Islam in Deutschland?
Ja – aber welcher und mit welchem Status?

Während der Entstehung dieses Buches im Februar 2000, kurz nach meiner Rückkehr vom Weltwirtschaftsforum in Davos, wo wir viel über Globalisierung diskutiert hatten, wurde ich vom Bayerischen Fernsehen dazu eingeladen, eine Landtagsdebatte über Islam und Einwanderung zu kommentieren. Ohne Kenntnis der zeithistorischen Fakten sowie der Entwestlichungsbewegung in der Welt des Islam, die durch die Migration auf Europa überschwappt, bediente sich ein wortgewaltiger sozialdemokratischer Abgeordneter des Begriffs der Globalisierung, um die vom CSU-Frak-tionsvorsitzenden Glück aufgenommene Forderung nach einer Leitkultur abzuweisen. Der Abgeordnete wußte offenbar weder etwas von der islamistischen Opposition in der Welt des Islam selbst, die sich als noch brutaler als ihre Unterdrücker erweist, noch davon, daß diese Islamisten als Flüchtlinge nach Deutschland kommen. Der britische Publizist Stephen Howe erläutert die Situation: »Der Nahe Osten ist eine Region geworden, die einer kulturellen Wüste ähnelt, der die kreativen Geister ent-fliehen oder zum Kriechen oder Schweigen verurteilt werden, wenn ihnen die Flucht nicht gelingt.«[14]

Mit dem Argument der Leitkultur (d.h. Demokratie und Menschenrechte) will ich verhindern, daß solche Verhältnisse im Namen der Toleranz in Europa einkehren. Islamisten streben aber genau dies an und stoßen dabei nicht einmal auf Widerspruch. Was hat dies mit Globalisierung zu tun?

Es besteht Grund zur Sorge, denn es gibt Islamisten unter den Migranten, die die Islam-Diaspora mißbrauchen und die

Unfreiheit auch nach Europa bringen. Der Islam soll angesichts von 15 Millionen Muslimen in Westeuropa seinen Platz haben. Aber nur ein Reform-Islam hat Zukunft auf einem Kontinent, der sich seiner Menschenrechte und Glaubensfreiheit rühmt. Als ein arabo-islamischer Migrant, dem es gelungen ist zu fliehen, möchte ich in Europa weder »schweigen« noch »kriechen«, um die Worte von Stephen Howe zu verwenden.

Im islamischen Orient herrschen Despoten mit Hilfe ihrer jeden Atemzug und jeden Gedanken überwachenden Geheimdienste (*al-Mukhabarat*), ohne die die dortigen Staaten in Schutt und Asche zerfallen würden. Es ist sehr traurig, einräumen zu müssen, daß die einzige halbwegs organisierte Opposition zu diesen Despoten in der Regel aus Islamisten besteht, die, schon bevor sie an die Macht gelangen, Anzeichen einer noch grausameren als der bestehenden Despotie zeigen. Allein in Algerien haben sie bisher – neben unzähligen Frauen und Kindern – tausende algerischer Intellektueller, Schriftsteller und Journalisten brutal ermordet, weil jene nicht mit dem angestrebten totalitären fundamentalistischen Staat der Gottesherrschaft (*Hakimiyyat Allah*) übereinstimmten. Dieselben Fundamentalisten kommen dann als »politisch Verfolgte« nach Europa und bauen hier ihre Logistik auf. Sie fordern Toleranz für sich, die ihnen von der Kirche als Zeichen christlicher Nächstenliebe entgegengebracht wird. Das ist nicht der Islam in Europa, den freiheitsliebende Muslime sich wünschen. Es ist auch nicht der Islam der toleranten Sufi-Muslime wie Ibn al-Arabi oder der Rationalisten wie Ibn Sina, Ibn Ruschd und Ibn Khaldun.

Wenn Islamisten als Flüchtlinge nach Europa kommen, dürfen sie hier nicht ungehindert ihre anti-demokratischen Vorstellungen praktizieren! Und doch sieht die Realität so aus: Nicht den Reform-Islam oder die vorhandenen Ansätze zu einem islamischen Liberalismus oder Menschenrechten,[15] sondern Islamismus finde ich in Europa.

Wird der Versuch islamischer Fundamentalisten, als Migranten orientalische Verhältnisse der Unfreiheit nun auch nach

Deutschland zu bringen, weiterhin toleriert werden? Können die Fundamentalisten die Islam-Diaspora-Gemeinde hijacken? Gilt die Indoktrination in Berlin geborener muslimischer Kinder durch Fundamentalisten als Praxis der »Religionsfreiheit«? Bedeuten offene Grenzen[16] auch offene Grenzen für den politischen Islam? Gehört es zur Toleranz,[17] dies alles zu bejahen? Das sind wichtige Fragen an die Demokratie in Deutschland im neuen Jahrhundert.

Als ein Muslim, für den die Universalität der individuellen Menschenrechte ohne Einschränkungen verbindlich ist, rechne ich Glaubensfreiheit zu den Rechten, die es auch gegenüber der Wertebeliebigkeit der Gesellschaft zu verteidigen gilt. In diesem Sinne trete ich dafür ein, die individuellen Menschenrechte auch in der islamischen Zivilisation zu indigenisieren, d.h. dort kulturell heimisch zu machen. In Europa verteidige ich als Migrant die kulturelle Moderne[18] und die aus ihr hervorgegangenen individuellen Rechte gegen den Anspruch auf Kollektivrechte. Ich bin der Auffassung, daß die *Schari'a* der orthodoxen islamischen Sakraljurisprudenz als Rechtssystem mit Demokratie und Menschenrechten nicht vereinbar ist. Im Koran wird die *Schari'a* an der bereits angeführten Stelle als islamische Ethik verstanden. In meinem Buch über Menschenrechte (Anm. 6) habe ich dementsprechend gezeigt (dort Kapitel 7), daß die *Schari'a* – auch hier habe ich bereits darauf hingewiesen – als ein Rechtssystem erst nach der Vollendung der islamischen Offenbarung entstanden ist. Kurz: Die *Schari'a* mag auf Teile der Offenbarung zurückgreifen, ist als Rechtssystem aber vor allem eine post-koranische Interpretation. Die Zulassung des Islam als institutionalisierte Religionsgemeinschaft in einer säkularen Gesellschaft muß also von einer Abkopplung von der *Schari'a* als Rechtsnorm abhängig gemacht werden. Das bereits angeführte Modell Indien (vgl. Anm. 11) kann als warnendes Beispiel für Europa betrachtet werden. Wenn Islamisten den Europäern erzählen, daß die *Schari'a* ein Bestandteil der islamischen Kollektividentität sei, dann täuschen sie sie. Diese Täuschung können Deutsche und andere Europäer erst dann durchschauen, wenn sie sachlich informiert sind.

Angesichts der Tatsache, daß die islamische Zivilisation in einer globalisierten Welt nicht für sich allein existiert, ist der Friede zwischen der Welt des Islam und dem Westen als den beiden Weltzivilisationen mit universellem Anspruch eine globale Aufgabe. Es geht um den Weltfrieden im allgemeinen und den Frieden im Mittelmeerraum im speziellen. In diesem Zusammenhang ist das Instrument des Kulturdialogs von größter Bedeutung. Dieser muß die bestehenden Wertekonflikte zunächst als Ausgangsbasis anerkennen, um die Dialoggrenzen abstecken zu können. Dialog hat aber nur dann Sinn, wenn sichergestellt wird, daß er nicht als Mittel der Täuschung verwendet wird. In diese Domäne gehören die Schwierigkeiten der Anpassung der *Schari'a* in ihrer orthodoxen Interpretation an eine universelle Ethik der Menschenrechte.[19] Ich habe es offen gesagt: In ihrer gegenwärtigen Gestalt ist die *Schari'a* in Deutschland verfassungswidrig. Ein *Schari'a*-Islam kann in einem demokratischen Deutschland keinen Platz haben.

Der benötigte täuschungsfreie Dialog zwischen den Zivilisationen hat zwei unterschiedliche Ebenen. Einmal die globale Ebene der internationalen Politik, und dann die innerhalb des Westens selbst, wo Muslime als Migranten leben. Bei meinen Betrachtungen über diesen Gegenstand räume ich als ein in Europa lebender Muslim ein, westliche Werte zu befürworten. Einmal schrieb eine deutsche Rezensentin über mich; ich sei »ein im westlichen Sinne aufgeklärter Araber, der in Deutschland Rechtsstaatlichkeit und Demokratie kennen- und schätzengelernt hat und diese Werte nachdrücklich vertritt«.[20] Doch bin ich der Auffassung, daß auf der internationalen Ebene Kompromisse erforderlich sind. Diese dürfen aber nicht für die Innenpolitik europäischer Gesellschaften gelten. Europäer können Mißfallen daran finden – und ich schließe mich dem an –, wenn in isla-mischen Ländern das Recht durch die Einführung der *Schari'a* islamisiert, d.h. entwestlicht wird.[21] Dort haben sie aber kein Recht zu intervenieren. Anders verhält es sich, wenn dies auf ihrem eigenen Kontinent geschieht. Denn wenn mitten in Europa im Namen der Toleranz Geltung für die *Schari'a* beansprucht wird und somit die Entwestlichung auf Europa übergreift, dann dürfen keine multikulturellen Kompromisse in Hinblick auf die Menschenrechte gemacht werden.

Als europäischer Wahlbürger trete ich für die Verteidigung der Säkularität der kulturellen Moderne und gegen ihre Halbierung bzw. gegen ihre postmoderne Diskreditierung in Europa ein. Auf den Islam bezogen heißt dies: Islam in Europa? Ja! Aber nicht irgendein Islam: es muß ein demokratischer sein!

Jürgen Habermas hat einmal seine Skepsis zum Ausdruck gebracht, ob die Postmodernisten nicht doch eher romantische Prämodernisten wären und dann ausgeführt: »Mit modernistischer Attitüde begründen sie einen unversöhnlichen Antimodernismus.«[22] Die Übertragung solch »postmoderner« Einstellung auf die Einwanderungsproblematik (d.h. auf vormoderne Kulturen) führt nicht nur zur Entwestlichung und somit Selbstverleugnung Europas. Denn über die »Niederlage des Denkens« (Alain Finkielkraut)[23] hinaus hat dieses Vorgehen auch katastrophale Folgen für den inneren Frieden. In dieser Auseinandersetzung befindet sich Europa erneut unter dem Zwang, über seine Identität nachzusinnen. In einem früheren Buch habe ich gezeigt, daß die Formierung Europas während des Karolingischen Zeitalters im 8./9. Jahrhundert in der Auseinandersetzung mit dem Islam stattgefunden hat.[24] Die historische Situation im neuen Jahrtausend ist vergleichbar. Die Kenntnis der Geschichte erweist sich als nützlich für das Verständnis der Gegenwart (vgl. Kapitel VII). Ich weise als muslimischer Historiker im Vorfeld den Vorwurf zurück, Ängste vor dem Islam zu schüren, wenn ich vor der Gefahr warne, daß die islamische *Hidjra*-Einwanderung nach Europa zu einer dritten Welle des Vordringens des Islam werden könnte. Ein Historiker ist ein Aufklärer und kein Propagandist. Ein aufgeklärter Islam ist in Europa willkommen, nicht aber ein *Schari'a*-Islam der *Muhadjirun*!

Religionsfreiheit, Glauben und organisierte Religion zwischen Individual- und Kollektivrechten

Die unerläßliche Verbindung von Anerkennung der Religionsfreiheit und einem Bekenntnis zur kulturellen Moderne in Europa bedeutet, daß europäische demokratische Regierungen die Zivilcourage besitzen müssen, organisierter Religion und ihren Potentialen Grenzen zu setzen. In bezug auf die Migranten ist zu verlangen, daß mit der Annahme der europäischen Bürgerschaft im Sinne von *citoyennité* die Zugehörigkeit zu einem Gemeinwesen und die Anerkennung seiner Werte (z.B. Menschenrechte und *laïcité*) höher als die zu einer Religionsgemeinschaft bewertet wird.

Nicht alle Deutschen denken so. Ein hessischer Staatssekretär führte gegen mich in einer öffentlichen Debatte an: Zur Toleranz gehöre Respekt vor einem Menschen, der seinen Glauben – z.B. an die *Schari'a* – höher einstuft als die Loyalität gegenüber einer politischen Verfassung. Ich staune über solche Deutsche, die antidemokratische Anschauungen höher einstufen als die eigene Demokratie! Im Gegensatz dazu bin ich der Meinung, daß die Anerkennung der Muslime als deutsch-europäische Bürger im Sinne von *citizens/citoyens* von ihrer Anerkennung der individuellen Menschenrechte abhängig gemacht werden sollte. Mit anderen Worten: Ich trete gegen die multikulturelle Anerkennung von Kollektivrechten in Europa ein. Ich möchte dies an einem Beispiel konkretisieren.

Die gemeinsame Verfassungskommission von Bundestag und Bundesrat, die nach der deutschen Wiedervereinigung eingesetzt wurde, hat 1993 die Vorlage zu einer Grundgesetzänderung unterbreitet, die die Empfehlung eines Artikels 20b mit dem Wortlaut »Der Staat achtet die Identität der ethnischen, kulturellen und sprachlichen Minderheiten« enthielt. Mit meiner Stellungnahme gegen die Aufnahme dieses Artikels, die im November 1994 in der *Frankfurter Allgemeinen Zeitung* veröffentlicht wurden[25], habe ich eine Diskussion über Kollektivrechte ausgelöst, die schließlich zum Verzicht auf den zitierten Artikel GG 20b geführt hat.

Mein Ausgangspunkt in dem angeführten *F.A.Z.*-Artikel war – und er ist es nach wie vor – die kulturelle Identität des okzidentalen Europas und seiner zivilen Gesellschaften, die ich mit den Begriffen von Subjektivität und Individuation als Substanz der kulturellen Moderne zusammenfasse. Damals warf ich die Frage auf, ob die Mitglieder der deutschen Verfassungskommission mit ihrer Empfehlung einen Abschied Deutschlands von der okzidental-europäischen Zivilisation erwogen hätten. Oft habe ich das Gefühl, daß manche Deutsche aus ihrer Geschichte nicht viel gelernt haben; das sagen auch andere europäische Beobachter.[26]

Angesichts der massiven Migration aus den bevölkerungsreichen Regionen der Welt in westliche Länder mit schwachem oder stagnierendem Bevölkerungswachstum[27] muß man auch die Frage nach der Religionszugehörigkeit der Migranten und den existierenden oder angestrebten Organisationsformen ihrer Religionen stellen. Kennzeichen der gegenwärtigen Migration ist, daß sie einerseits – wie schon argumentiert – die Form von »Völkerwanderungen« annimmt, andererseits von nicht-westlichen vormodernen Zivilisationen, zu denen auch der Islam gehört, ausgeht, die den Menschen in kulturelle Kollektive einordnen. In den Gesellschaften, die sich zur kulturellen Moderne bekennen und in die diese Migranten strömen, stellt das Subjektivitätsprinzip (d.h. das Verständnis vom Menschen als Individuum mit Individualrechten) den vielleicht bedeutendsten Teil der kulturellen Identität dar.

Zur westlichen Moderne gehört auch die Entfaltung von zivilen Gesellschaften (*civil societies*), deren Grundlage – wie erwähnt – die Franzosen *citoyennité* und die Angelsachsen *citizenship* nennen. In Deutschland gibt es keine Entsprechung für diese westliche Tradition, in der *citizens* und *citoyens* individuelle Rechte genießen, weil sie freie Bürger sind. Der Grund hierfür ist: In der deutschen Rechtstradition gilt bis heute das

Blutrecht (*ius sanguinis*) und nicht das individuelle Bodenrecht (*ius soli*). Die Deutschland-Expertin Mary Fulbrook hebt in einer bemerkenswerten Studie hervor, daß Deutsche immer noch nicht aufgearbeitet haben, daß ihre Identität konstruiert, nicht essentiell ist.[28] Auch ein anderer Forscher, Rogers Brubaker, kann kaum einen Wandel vom Blutrecht zum individuellen Bodenrecht entdecken, wie es der abstrakten *citoyennité* und der *citizenship* als Bestimmung des Staatsbürgers zugrunde liegt.[29]

Die Bestimmung des Menschen im Rahmen eines Kollektivs, zum Beispiel des *Umma*-Kollektivs, gehört zur Vormoderne, die weder Zivilgesellschaft noch Individualrechte kennt. In diesem Sinne ist auch das romantische »Deutschtum« als Inhalt der deutschen Identität ein Zeichen der Vormoderne. Nur ist das eine universalistisch, das andere völkisch. In Kapitel IV habe ich gezeigt, daß das völkisch-deutsche Großkollektiv-Denken die Basis der arabischen Germanophilie bildet. Die Ähnlichkeit ist frappierend. Dennoch steht fest: Auf dem Boden des deutschen Volksbegriffs und der islamischen *Umma* werden Deutsche und Muslime niemals den Weg zueinander finden. Andere Denk- und Handlungsmuster sind gefragt!

Bei der Entfaltung der Moderne ist Deutschland, wie ich erneut mit Helmuth Plessners Worten in Erinnerung rufen möchte, eine »verspätete Nation.«[30] geblieben. Zur deutschen Vormoderne gehört die Tatsache, daß Menschen etwa aus dem entfernten Kasachstan allein durch den formal-juristischen Nachweis der einstigen, auch Hunderte von Jahren zurückliegenden ethnischen Zugehörigkeit ihrer Vorfahren zum deutschen Kollektiv schnell und quasi wie eine Formalität die deutsche Staatsangehörigkeit erlangen können. Im Rahmen der uns hier beschäftigenden Frage besteht nun die Gefahr, daß ein solches, eigentlich nicht-westliches und äußerst problematisches Kollektivdenken vormoderner deutscher Tradition verbrämt als christliche Aufgeschlossenheit, ja »Toleranz« auf die Migranten übertragen wird, indem man auch sie als Kollektive anerkennt. Verantwortliche Beobachter haben stets davor gewarnt. Organisierte Religion in Deutschland, obwohl im Grundgesetz verankert, gehört zu den Residuen der hier beschriebenen deutschen Traditionen.

Der erwähnte Artikel 20b hatte 1993 Befürchtungen geweckt, die heute bei der Diskussion um die Anerkennung der Muslime als Kollektiv in Form organisierter Religion parallel zur doppelten Staatsangehörigkeit erneut wach werden. Durch Kollektivrechte werden muslimische Einwanderer ethnisiert, auf keinen Fall aber integriert. Die Einführung von Kollektivrechten, sei es in einem veränderten Grundgesetz, sei es als kirchlich organisierte Religion, steht nicht in der europäischen Tradition der Subjektivität des Menschen, so wie sie in der kulturellen Moderne entfaltet worden ist. Folgerichtig ist die Überlegung nicht von der Hand zu weisen, daß die christlichen Kirchen in ihrer derzeitigen, eindeutig überholten Organisationsform problematisch sind. Die Organisationsform der christlichen Kirchen kann kein Vorbild für die Islam-Diaspora bieten.

Schlußfolgerungen: Organisierte Religion und Multikulturalität

Inter-zivilisatorische Migration ist mit weltanschaulichen Konfliktpotentialen verbunden. Weltanschauliche Wertekonflikte und organisierte Religionen sind nach meiner Auffassung Quellen des Unfriedens. Keineswegs gehe ich mit den Schlußfolgerungen des Harvard-Gelehrten Samuel P. Huntington und seiner These von einem unabwendbaren Zusammenprall der Zivilisationen nach dem Ende des Kalten Krieges konform, doch diagnostiziere ich in meiner Arbeit – ebenso wie er – einen bereits realen Zivilisationskonflikt, den wir beide nicht erfunden haben, sondern auf der Basis von Beobachtungen feststellen. Unter Bedingungen der Migration hat dieser Konflikt auch Auswirkungen auf die deutsche Innenpolitik.

Deutsche Publizisten, aber auch manche Historiker übersetzen den real bestehenden Sachverhalt der Zivilisationskonflikte mit eindeutig polemischer Absicht in die deutsche Formel vom »Kulturkampf«. Im Rahmen dieser Denktradition der Einordnung in plakative Schubladen bin ich selbst verfemt worden, weil ich ein Buch über diesen Gegenstand geschrieben habe.[31] In Deutschland muß man sich stets vor Mißverständnissen schützen. Deshalb beuge ich vor: Nicht die islamische Migration ist es, die ich hier kritisiere. Ich bin beides: Muslim und Immigrant, also Fremder unter Deutschen. Ich beziehe mich auf die Beispiele USA und Australien, weil beide zeigen, daß Migranten stets eine Quelle des Reichtums für diese Länder waren und es weiter sind.

Meine Warnung bezieht sich also nicht auf die Migration als solche, sondern nur auf die Folgen der fehlenden Integration und der parallelen Anerkennung der Migranten als Kollektive, also nicht als Individuen, die das individuelle, nicht das kollektive Recht auf Religionsfreiheit besitzen. Kommt keine Integration zustande, ist es im vorliegenden Fall nicht ausgeschlossen, daß das von Islamisten getragene Kollektiv nicht das Grundgesetz, sondern das *Hidjra*-Modell der Islamisierung zum Vorbild nimmt.

Religionsfreiheit und die Pflege vormoderner Kulturen sind unterschiedliche Sachverhalte. Migration als *Hidjra* zur Verbreitung des Islam gehört nicht zur Religionsfreiheit. Schweden ist ein europäisches Land, das offiziell mein Konzept von Euro-Islam angenommen hat. Ich bin mehrmals in diesem Zusammenhang nach Stockholm eingeladen worden. Der Diplomat und Politiker Ingmar Karlsson hat öffentlich und in meinem Beisein meine Schriften als Quellen dieses politischen Konzeptes angegeben.[32]

In diesem Zusammenhang ist die auch für Europa relevante Warnung des amerikanischen Historikers Arthur Schlesinger vor dem drohenden Prozeß des *Disuniting of America*[33] anzuführen. Ähnliches gilt es für Europa zu verhindern, wofür ich in meinem Buch *Europa ohne Identität?* (vgl. Anm. 7) eintrete. Eine Multi-Kulti-Gesellschaft ohne demokratische Leitkultur wird im Inneren vom Zusammenprall der Zivilisationen durchdrungen sein. Eine liberale Demokratie kann kaum ohne eine Leitkultur überleben. Dieser Themenkomplex ist von existentieller Bedeutung für Europa, das sich mit ihm auseinandersetzen muß. Auch die Kirchen sind aufgefordert, an dieser Auseinandersetzung mitzuwirken. Die Gewährung ethnischer und kultureller Rechte an Kollektive, die sich nach dem Vorbild der deutschen Kirchen als organisierte Religion formieren, führt zur Ethnisierung der Religion und zu religiös-ethnischen Konflikten, nicht zu inter-religiösem Dialog. Dieses Konfliktpotential hängt mit den Ansprüchen von Wir-Gruppen zusammen. Eine kollektiv organisierte Islam-Diaspora wäre ein Beispiel für solch integrationsunwillige Wir-Kollektive, und eine »islamische Kirche« ihr Vehikel.

Die Verknüpfung von institutionalisierter Religionsgemeinschaft und Kollektivrechten birgt die Gefahr der Entstehung von Ghettos. In bezug auf die Muslime in Europa und speziell die muslimischen Migranten in Deutschland lauten die Alternativen: Ghetto-Islam oder Euro-Islam.[34] Im Zeitalter der Zivilisationskonflikte gilt es, Brücken zu bauen, um einen Zusammenprall zu verhindern. Nicht nur christliche Europäer, auch Muslime müssen sich daran beteiligen. Anti-europäische Kollektive mit *Schari'a*-Vorstellungen sind für eine solche Aufgabe nicht geeignet. Mögen manche Orientalisten den Euro-Islam als eine »Ein-Mann-Sekte« verfemen[35], allein ein solcher Islam hätte in Deutschland Zukunft und verspräche, Ausbrüche des euro-islamischen Zivilisationskonflikts auf europäischem Boden zu verhindern, die die dunklen Tage der Religionskriege in der europäischen Geschichte neu beleben würden. Ein solches Szenario gilt es, durch verantwortungsethische Politik Weberschen Musters zu verhindern.

In der Einleitung dieses Buches habe ich die Problematik des Islam-Unterrichts erörtert und möchte sie in diesen Schlußbemerkungen mit dem Thema einer islamischen Religionsgemeinschaft als Körperschaft des öffentlichen Rechts in Verbindung bringen. Meine Befürchtung, daß die Förderung von Integration und Toleranz nicht durch eine »islamische Kirche« erfüllt werden kann, gilt gleichermaßen für den Islam-Unterricht. Ich gehe sogar noch weiter und behaupte, daß die Islamisten den Islam-Unterricht als Vehikel mißbrauchen, um als Religionsgemeinschaft des öffentlichen Rechts anerkannt zu werden.

Für die in Deutschland lebenden Muslime, insbesondere für muslimische Kinder, ist Integration vorrangig. Alles, was die Integration behindert und die Migranten der Gesellschaft entfremdet, in der sie leben, muß abgewehrt werden.

In der Diskussion über den Islam-Unterricht in Deutschland wird die Problematik häufig mit dem Fehlen einer »islamischen Kirche« begründet. Deutsche Politiker und Kirchenfunktionäre fordern: »Wir müssen auf islamischer Seite einen Ansprechpartner haben, mit dem wir verhandeln können«. Kann dieser Partner nur eine »islamische Kirche« sein? Ich wiederhole es: Die Entstehung einer Islam-Vertretung als Körperschaft des öffentlichen Rechts, die von Politikern und Kirchenfunktionären gefördert wird, ist ein deutscher Sonderweg für den Islam in Europa, der schwerwiegende Folgen für die Integration haben kann. Dazu noch den Islam-Unterricht zu mißbrauchen, ist ein Irrweg.

Ich bin davon überzeugt, daß es auf demokratischem Weg eine einheitliche islamische Religionsgemeinschaft in Deutschland nie geben wird, weil der dafür notwendige Konsens fehlt. Aus diesem Grund trete ich gegen den Islam-Unterricht als selbständiges Fach ein. Ein vom Islamismus geprägter Religionsunterricht wäre ein Instrument wider die Integration. Meine Alternative: Der Islam-Unterricht muß in ein Fach integriert werden, das man »Normen und Werte abrahamitischer Religionen« nennen könnte. Abrahamitische statt monolithische Ethik.

Kapitel IX

Im Schatten von Kreuzzug und Djihad: Dialog oder Neo-Djihad?

Eine Neubestimmung des deutsch-islamischen Verhältnisses im neuen Jahrhundert muß in den größeren Kontext der Beziehungen zwischen den Zivilisationen eingeordnet werden. Meine zentrale These in diesem Zusammenhang lautet, daß wir uns seit dem Ende des Kalten Krieges im Zeitalter der Zivilisationskonflikte befinden. Entsprechend der Aufteilung des vorliegenden Bandes in zwei Schwerpunkte – einerseits »Der Islam und Deutschland«, andererseits »Muslime in Deutschland« – unterscheide ich zwischen der äußeren Dimension der deutsch-islamischen Beziehungen in bezug auf technisch-wissenschaftliche Kooperation und der internen Dimension, also der Problematik der *Hidjra*-Migration nach Deutschland.

Als ich im März 1997 von der niederländischen Regierung, die damals den Vorsitz der Europäischen Union innehatte, nach Den Haag zum euro- und mediterranen Gipfel eingeladen wurde, mußte ich über die islamischen und europäischen Politiker staunen. Niederländische Politiker rühmten das Mittelmeer als Becken der Harmonie zwischen Europa und dem Islam. Dort sprach aber auch der inzwischen – Dank gebühre Allah – vom neuen König Mohammed VI. abgesetzte marokkanische Innenminister al-Basri über Gemeinsamkeiten bei den Menschenrechten. Die marokkanische Opposition kennt diesen Minister als Chef eines Polizeiapparates, der für viel Blutvergießen verantwortlich ist. Eine solche Veranstaltung ist in meinen Augen ein »Dialog der Unehrlichkeit«[1], an dessen Stelle die unerläßliche Aufarbeitung der Geschichte treten sollte.

Von Eroberungen im Mittelmeerraum zum euro-mediterranen Dialog

Nach einer jahrhundertelangen Geschichte gegenseitiger Bedrohung und Faszination stellt sich heute die Frage, wie beide Zivilisationen in einer globalisierten Welt miteinander umgehen.

Altbundespräsident Roman Herzog gehört zu den wenigen intellektuellen europäischen Politikern, die sich diese Frage stellen. Herzog glaubt, daß der Dialog zwischen den Zivilisationen eine historische Aufgabe ist, und hat sich ihrer angenommen. Auch publizistisch hat er sich an der Debatte über Zivilisationskonflikte beteiligt. Sein Abschied aus dem Amt fiel 1999 mit dem Vorsitz der Bundesrepublik in der Europäischen Union zusammen. Im selben Monat, in dem der Bundespräsident im Schloß Bellevue eine Sammlung seiner auf Staatsbesuchen in islamischen Ländern gehaltenen Reden in Buchform vorstellte, veranstaltete die Bundesregierung im April 1999 in Stuttgart ein Treffen der südlichen und nördlichen Mittelmeerstaaten. Der ehemalige Bundespräsident Herzog nennt sein in New York, nicht in einer deutschen Stadt – die Internationalität unserer Weltzeit achtend –, und zudem auf Englisch erschienenes Buch *Preventing the Clash of Civilizations*.[2] Nur wenige Tage zuvor hatte das Treffen in Stuttgart die angestrebte »Euro-Mediterrane Charta für Frieden und Stabilität« zum Gegenstand. Der Nahost-Konflikt[3] stand hierbei im Mittelpunkt. Ist dies eine zufällige zeithistorische Parallelität? Ist der Bezug auf diese beiden »events« in diesem Buch über die deutsch-islamischen Beziehungen gerechtfertigt? Und was haben beide Ereignisse miteinander zu tun?

In einer diesem Buch vorausgegangenen Veröffentlichung habe ich die Bedeutung des Mittelmeerraumes als dem geohistorischen Ort der euro-islamischen Beziehungen[4] aus Bedrohung und Faszination dargestellt. Diese euro-islamischen Beziehungen, deren historische Hintergründe viele europäische Politiker nicht zu kennen scheinen, waren stets von gegenseitiger Bedrohung, aber auch vom Traum von Frieden bestimmt. Nach dem Golfkrieg gelang im Oktober/November 1991 die Durchführung der Madrider Friedenskonferenz, auf die – wenn auch unvermittelt – im September 1993 der Frieden von Oslo folgte. Dies waren zeitgeschichtlich signifikante Ereignisse. Für den in ihrem Rahmen angestrebten Frieden gab und gibt es zwei Visionen: eine amerikanische, von der Israel-Lobby getragene Vorstellung eines »Neuen Nahen Ostens« und eine europäische von einer »Euro-Mediterranen Charta für Frieden und Stabilität«. Würde die Vision eines euro-mediterranen Friedens Realität werden, dann wäre der Wunsch Roman Herzogs, »den Zivilisationskonflikt zu verhindern« in Erfüllung gegangen.

In beiden Modellen vermischen sich Wirtschaft, Politik und Kultur miteinander, und ich werde versuchen, allen drei Faktoren Rechnung zu tragen, wenngleich ich als Historiker und Islamologe, der beide Zivilisationen aus der eigenen Lebensgeschichte kennt, den Grundkonflikt in den unterschiedlichen Weltanschauungen der Staaten nördlich und südlich des Mittelmeeres verorte, ihn also nicht – wie Roman Herzog es leider tut – übergehe. Die gegensätzlichen Weltsichten werden von Politikern in ihren Festreden oft bewußt unterschlagen. Ich halte es für falsch und unredlich, die Ursachen des Zivilisationskonflikts allein in den unterschiedlichen Lebensstandards zu sehen, wie es auch in der Tagespresse immer wieder geschieht.

Der erste Schritt zum euro-mediterranen Frieden war der Gipfel vom November 1995 in Barcelona. Seine Errungenschaft einer euro-mediterranen Partnerschaft[5] wäre ohne die bereits angeführte Madrider Friedenskonferenz und den Frieden von Oslo undenkbar gewesen. Von Politikern erwartet man nach den Maßgaben von Max Weber »Verantwortungsgefühl und Augenmaß« sowie Realitätssinn, also die »Fähigkeit, die Realitäten mit innerer Sammlung und Ruhe auf sich wirken zu lassen«.[6] Historische Bildung fügt Weber nicht hinzu, weil das in seiner Zeit eine Selbstverständlichkeit war, die jedoch heute häufig fehlt. Dies gilt für Barcelona 1995 und auch für Stuttgart

1999. Wolfram Weimer schrieb 1995 aus Barcelona für die *Frankfurter Allgemeine Zeitung*:

»Im Kooperationseifer des Mittelmeergipfels wird nicht geplant, es wird visioniert ... In einer Marathonsequenz aus 27 Reden loben sie (die Außenminister; B.T.) wortreich den ›Geist von Barcelona‹. Flüchtig freilich ist er, dieser Geist ... Zu groß ist das Wohlstands- und Entwicklungsgefälle; zu tief klafft die kulturelle Kluft, zu labil ist das Völkergefüge, zu gegensätzlich sind die Wirtschaftsinteressen ... ».[7]

Ich würde hinzufügen: Zu weit gehen auch die Weltsichten der verhandelnden Parteien auseinander. Zwei Jahre später, im März 1997, wurde ich selbst – wie bereits angeführt – von der niederländischen Regierung, die den EU-Vorsitz in der ersten Hälfte 1997 innehatte, als Sachverständiger zum euro-mediterranen Kulturgipfel nach Den Haag eingeladen. Dort konnte ich meine eigenen Erfahrungen machen. Hierbei mußte ich nicht nur einen ähnlichen Mangel an Realitätssinn – dafür aber einen Riesenaufwand an Rhetorik –, sondern auch Unkenntnis in bezug auf die Geschichte des Mittelmeerraumes feststellen.

Der zitierte Barcelona-Beobachter Wolfram Weimer konzentriert sich auf wirtschaftliche Fragen und meint in seinem *F.A.Z.*-Bericht, die Unterschiede seien zu groß, »als daß der gute Geist von Barcelona auch nur eine Zollschranke rasch einreißen könnte«. Deshalb gibt er seinem Bericht die Überschrift: »Wenn Politiker sich Freihandels-Märchen erzählen«. Gemeint ist die Zielsetzung, das Mittelmeer zu einer Freihandelszone als Basis für den Frieden zu machen. Bei dem euro-mediterranen Treffen in Den Haag vom März 1997 ging es dagegen um Kulturfragen. Jegliche kulturelle Spannung in Gegenwart und Geschichte wurde dort geleugnet.

Ein positives Moment am Geist von Barcelona ist dennoch nachzutragen: Der EU-Kommissar für das Mittelmeer, Manuel Martin, der gleichermaßen 1995 in Barcelona und 1999 in Stuttgart dabei war, gehört zu den wenigen, die die Daten der Kreuzzugsgeschichte erstaunlicherweise kennen. Er verkündete in Barcelona: »Am 27. November 1095 hat Papst Urban II. den ersten Kreuzzug ausgerufen, nun wird auf den Tag genau 900 Jahre später (also am 27. November 1995, B.T.) eine neue, friedliche Ära euromediterraner Beziehungen aufgenommen.«[8]

Als Absichtserklärung halte ich diese Worte für historisch relevant, aber sie können nur Substanz bekommen, wenn sie mit verantwortlichem Handeln einhergehen.

Diplomaten-Scheckbuch als Instrument des Dialogs?

In seinem *F.A.Z.*-Bericht beanstandet Wolfram Weimer an den Barcelona-Verhandlungen zu Recht: »wo sich Geister verflüchtigen ..., da hilft das Diplomaten-Scheckbuch«. So war es in Barcelona, und nicht anders verhielt es sich vier Jahre später in Stuttgart. Besonders deutsche Politiker tun sich in dieser Praxis hervor. Geld soll wohl Sachverstand und Kenntnis über die Geschichte euro-islamischer Beziehungen vom 7. Jahrhundert bis in unsere Gegenwart in der deutschen Politik ersetzen. Die Zahlen: »Im Zeitraum 1995 bis Ende 1999 wird die Gemeinschaft aus dem EU-Haushalt mehr als 9 Milliarden Mark (für Mittelmeerprojekte, B.T.) bereitgestellt haben.«[9]

Einen erheblichen Teil davon zahlt die Bundesrepublik. Erschöpft sich darin die Substanz des euro-mediterranen Dialogs?

Trotz aller bisherigen Anstrengungen gibt es noch keine »Euro-Mediterrane Charta für Frieden und Stabilität«. Die in Barcelona begründete Partnerschaft zwischen den 15 EU-Staaten und den zwölf südlichen und östlichen Mittelmeerländern, von denen zehn islamisch sind, plus Israel und Zypern, strebt diese Charta an. Das Ziel besteht darin, »dem politischen Dialog und der präventiven Diplomatie Vorrang bei der Lösung von Konflikten (zu) geben«.[10] Doch war es in Stuttgart 1999 und zuvor in Malta 1997 noch nicht einmal möglich, eine Abschlußpressekonferenz durchzuführen. Die arabischen Außenminister wollten nicht mit dem als Falken bekannten damaligen israelischen Außenminister Ariel Sharon zusammen auftreten.

Im Sommer 1999 ist eine neue israelische Regierung gewählt worden, die dem Oslo-Frieden positiv gegenübersteht.

Der Geist von Barcelona kann ohne den Geist von Oslo nicht bestehen. Dies wollten die EU-Minister bisher nicht wahrhaben. Positiv ist aber, daß die geplante Charta nicht von Märchen, sondern von der Darstellung von Problemen gefüllt sein wird. Es geht um »heikle Fragen wie die Bekämpfung des Terrorismus, die Achtung der Menschenrechte und der Demokratie ...« (ebd., S. 2).

Hierfür müssen entscheidende Voraussetzungen erfüllt werden, um eine langfristige Stabilisierung der Mittelmeerregion sowie die Bewältigung ihrer politischen und wirtschaftlichen Probleme zu erreichen. Erst dadurch können »kulturelle und gesellschaftspolitische Bande« entstehen. Wie läßt sich dieses Ziel bewerkstelligen, von dem die Beziehung zwischen dem Islam und Deutschland entscheidend geprägt sein wird?

Im Mittelmeerraum können wir vom Islamismus als der Hauptopposition sprechen, von der alle Länder der Region bedroht sind. Die Europäer sind durch die Migration ebenfalls hiervon betroffen. Weder in Barcelona noch in Stuttgart wurde darüber ein Wort verloren. In Den Haag wurde mir das Wort abgeschnitten, als ich darüber sprechen wollte! Diplomatische Floskel: ja, Problem, nein!

Aber es gibt andere Europäer und andere Sichtweisen! Zwei wissenschaftliche Mittelmeerexperten, die den Prozeß von Barcelona über Malta bis Stuttgart verfolgt haben, sprechen die Probleme offen an: »Mehr Handel und Wohlstand bringt mehr sozialen Frieden, entschärft Konflikte mit den Nachbarn und entzieht Extremisten und Islamisten den Boden. Auch die EU-Bürger können davon in erheblichem Maße profitieren: durch den Rückgang beim ›Import‹ von Terror und Kriminalität und einen Zugewinn von wirtschaftlicher und politischer Stabilität.«[11]

Freilich kann diese Zielsetzung nur dialogisch, nicht jedoch durch das Spiel mit dem Scheckbuch verwirklicht werden. Bisher sind EU-Leistungen in Milliardenhöhe an politisch und wirtschaftlich korrupte sowie undemokratische Regime geflossen.

Sehr bedenklich ist es, diese instrumentelle Zusammenarbeit mit Dialog gleichzusetzen. Dialog zwischen Zivilisationen mit dem Ziel, einen gemeinsamen Geist zustande zu bringen, muß einen Konsens über Normen und Werte anstreben. Ebenso wie ich beanspruche, zwischen Zivilisationen zu vermitteln, habe ich – jedoch ohne Erfolg – versucht, zwischen Bundespräsident Herzog, der Zivilisationskonflikte herunterspielt, und Samuel Huntington, der den Zusammenprall der Zivilisationen in den Mittelpunkt seines Denkens stellt, zu vermitteln. Im Lichte des Bedarfs nach einer Mittelmeer-Friedensperspektive werde ich im folgenden Kapitel die Darstellung dieses Vermittlungsversuches[12] einbauen, um danach meine eigenen Vorstellungen vom inter-zivilisatorischen Dialog zu skizzieren.

Das positive Erbe als Ausgangspunkt für den euro-islamischen Dialog

Die Hellenisierung des Islam (vom 9. bis zum 12. Jahrhundert) und der islamische Einfluß auf die – sich von einem christlichen Abendland in ein westliches Europa transformierende – europäische Zivilisation sind die klassischen Beispiele für Brücken zwischen den zwei sonst verfeindeten Zivilisationen. Historiker, die mit der islamischen Zivilisation vertraut sind, kennen den Ehrentitel »Der zweite Lehrer« (*al-Mu'allim al-thani*), der für den Begründer der politischen Philosophie im Islam, al-Farabi (870–950), geprägt wurde.[13] Muslimische Zeitgenossen al-Farabis stuften diesen nur an zweiter Position ein, da sie die erste – *al-Mu'allim al-awwal* – für einen Nicht-Muslim reserviert hatten: Aristoteles.[14]

Ganz ähnlich schätzen aufgeklärte Europäer wie Ernst Bloch und Maxime Rodinson[15] die muslimischen Philosophen Ibn Sina/Avicenna (980–1035) und Ibn Ruschd/Averroës (1126–1198) ein, und zwar nicht nur für deren Übermittlung eines von seiner islamischen Interpretation geprägten klassischen griechischen Erbes, sondern auch für ihre eigenen erkenntnistheoretischen Errungenschaften. Vorrangig gehört dazu Ibn Ruschds Lehre von der doppelten Wahrheit (*al-Haqiqa al-musdawadja*). Diese Erkenntnis differenziert zwischen philosophischem, auf Vernunft gegründetem Wissen und einem auf göttlicher Offenbarung basierenden religiösen Glauben. Durch Anerkennung der Vernunft als Quelle des Wissens ebnete sie der Etablierung des modernen Rationalismus den Weg.[16]

Islam und der Westen stehen also tief in der Schuld des jeweils anderen. Diese Feststellung muß dahingehend spezifiziert werden, daß ich die Vernunft – nicht die Gottesgesetze – als die Brücke zwischen beiden Zivilisationen bestimme. Nicht die *Schari'a*, sondern der islamische Rationalismus hat der Renaissance den Impuls gegeben.

Der bedeutende Zivilisationshistoriker Leslie Lipson beschreibt den intellektuellen islamischen Einfluß auf den sich formierenden Westen am Vorabend der Renaissance mit den folgenden Worten: »Aristoteles schlich durch eine Hintertür nach Europa. Seine Rückkehr ist den Arabern zu verdanken, die mit den griechischen Denkern vertraut waren. Sowohl Avicenna als auch Averroës waren von ihm (Aristoteles; B. T.) beeinflußt. Als die Universität von Paris eingerichtet wurde, wurde Aristoteles von Cordoba aus eingeführt.«[17] Der international führende Islamologe Maxime Rodinson bezeichnet die vom muslimischen Cordoba und Toledo auf den Westen ausstrahlende Anziehungskraft als *La fascination de l'Islam*.

Es ist eben dieser Geist von Cordoba, der den Holocaust-Überlebenden und bekannten Verleger Lord George Weidenfeld dazu inspirierte, Meinungsführer der abrahamitischen Religionen des Judentums, Christentums und des Islam im Februar 1998 nach Cordoba zusammenzurufen, um mit dem Ziel des Friedens einen Trialog zwischen diesen Gemeinschaften zu begründen. Ausgezeichnet mit der großen Ehre, einer der Redner dieses Trialogs sein zu dürfen, argumentierte ich im Rahmen meiner Präsentation, daß wir die historischen Zeugen eines Zeitalters der Zivilisationskonflikte seien. Deshalb sollten wir unseren Diskurs in diesem Kontext als ein Mittel friedlicher Konfliktlösung betrachten. Den zweiten Cordoba-Trialog durfte ich 2000 mit einer *keynote* eröffnen, in der ich mein Konzept von der internationalen Moralität als Konsens zwischen den Zivilisationen präsentierte.

Altbundespräsident Roman Herzog ist in großer Sorge um den Weltfrieden, der *en miniature* im Frieden im Mittelmeerraum seinen Ausdruck findet. Indirekt und implizit räumt er ein, daß unsere Weltzeit als Zeitalter des Zivilisationskonfliktes zu bestimmen ist. Seine Gedanken – wie sie in der zitierten Sammlung seiner Reden zum Ausdruck kommen – kreisen um die Suche nach Gemeinsamkeiten, um den Zusammenprall der Zivilisationen zu verhindern. Ich teile seine Sorge und seine Suche nach Gemeinsamkeiten. Wir sollten indes auch die Konfliktpotentiale im Interesse des Friedens nicht übersehen. Zum Dialog gehört auch, Konfliktpotentiale und Wege zu ihrer Behebung anzusprechen. Im folgenden Kapitel werde ich deshalb einige Fragen aufwerfen, allen voran die, ob ein Zusammenprall der Zivilisationen unter den gegenwärtigen Bedingungen des Islamismus überhaupt zu verhindern ist. Sollte diese Frage positiv beantwortet werden können, müssen wir im Anschluß fragen, wie das erreicht werden kann.

Neo-osmanische Folklore oder internationale Moralität als kulturelle Brücke?

Der größte politische Philosoph und Rationalist im Islam, al-Farabi, war ethnisch ein Türke; seine großen Werke, vor allem *al-Madina al-fadila*, schrieb er aber auf Arabisch. Arabisch war immer die Sprache der Leitkultur des Islam, der er sich fügte. Ich habe Farabi bereits im Rahmen meines Nachdenkens über mögliche Brücken zwischen Islam und Deutschland angeführt und ihn als *Mu'allim*/Lehrer gewürdigt. Wenn türkische Islamisten von Dialog sprechen – so frage ich mich –, warum nennen sie dann nicht eine ihrer großen Moscheen in Deutschland al-Farabi-Moschee? Ich stelle fest: eine solche Moschee gibt es in Deutschland bisher nicht! Ist das ein Zufall?

Viele türkisch-sunnitische Moscheen in Deutschland tragen Namen osmanischer Sultan-Kalifen. Ist dies nur ein Zeichen von türkischem Patriotismus, oder hat es vielleicht einen tieferen Sinn? Eine dieser Moscheen, die Großmoschee in Pforzheim, heißt *Fatih*-Moschee. *Fatih* bedeutet Eroberer und bezieht sich auf Sultan Mehmet II., der im Jahr 1453 Konstantinopel eroberte und in Istanbul verwandelte. Die Mannheimer Großmoschee ist ebenfalls nach einem Eroberer, Sultan Selim, benannt. Bei letzterer ragt sogar das Minarett des Yavus Sultan Selim Turm an Turm mit der katholischen Liebfrauenkirche in den Himmel. Ist das christlich-islamische Bruderschaft oder eine nachgeholte symbolische Landnahme (vgl. Widmung dieses Buches) im Geist neo-osmanischer Politik?

Als ein liberaler Muslim und Brückenbauer kann und will ich diese Fragen nicht unterschlagen. Farabi wäre ein Modell für die Muslime in Deutschland, nicht aber die Eroberer-Sultane! Ist die neo-osmanische Nostalgie als »Folklore« der islamistischen Deutschland-Türken ein Beitrag zum Dialog oder eine *Djihad*-Ankündigung? Im Islam kann der *Djihad* auch mit den friedlichen Mitteln der *Hidjra* erfolgen.

Was bedeutet Neo-Osmanismus[18] als Substanz der angesprochenen Nostalgie? Eine im deutschen Fernsehen übertragene Szene möchte ich zur Veranschaulichung des Gegenstands heranziehen. In einer Sendung über Muslime in Deutschland wird eine von Tausenden Deutschland-Türken besuchte Veranstaltung im Sportstadion von Köln gezeigt. Auf dem Spielfeld waren Türken in alt-osmanischer Kriegsausrüstung zu sehen, die islamistische sowie türkisch-nationale Sprüche ausriefen. Deutsche »Gut-Menschen« finden das lustig! Sie verwechseln es mit Karneval, ohne die Symbolik dieser folkloristischen Szene zu verstehen. Die Adressaten wissen nicht, worum es geht!

Eine vergleichbare Szene in Istanbul – dirigiert vom islamistischen Bürgermeister – wird von ihren Adressaten, hier den türkischen Kemalisten, dagegen sehr gut verstanden. Mitten in der Stadt wird in Taksim (vergleichbar dem Kurfürstendamm in Berlin) durch ebenfalls in osmanische Kriegsausrüstung gekleidete Neo-Osmanen die »Eroberung« Konstantinopels, diesmal als Befreiung von Neu-Byzanz, zelebriert. Die Symbolik spielt darauf an, daß als neo-osmanische *Djihad*-Krieger auftretende Islamisten Istanbul durch die Wahl des fundamentalistischen Oberbürgermeisters von den Kemalisten befreit haben. Die Kemalisten, die ebenfalls Türken und Muslime sind, werden als Neo-Byzantiner verfemt, während die türkischen Fundamentalisten sich selbst als die Neuen Osmanen huldigen. Die Kemalisten haben diese Botschaft verstanden und ihrerseits den Oberbürgermeister ins Visier genommen. Deutsche feiern dagegen den Neo-*Djihad* als Folklorefestival! Das ist tragisch, nicht komisch.

Der Schwerpunkt dieses Kapitels wurde auf den euro-mediterranen Frieden und den Friedensprozeß gelegt – betrifft also den »Islam *und* Deutschland«. Ich schließe dieses Kapitel jedoch mit Überlegungen über »Muslime in Deutschland«, weil ich die demokratisch-säkulare Leitkultur als Brücke zwischen den muslimischen Migranten in Deutschland und der europäischen Identität dieses Landes betrachte.

Auch der Islam kennt in seiner Geschichte eine Leitkultur, die den Rahmen für die Integration unterschiedlicher Völker in ein Gemeinwesen darstellte. Der Türke al-Farabi und der Perser Ibn Sina schrieben ihre Werke, wie gesagt, auf Arabisch und empfanden dies nicht als Schmach. Arabisch war die Sprache der islamischen Leitkultur. Dies galt für Bagdad und Cordoba, die beiden Zentren der islamischen Zivilisation in der Phase ihres Zenits.

In Deutschland empfinden islamistische Türken – und sie unterstützend manche Politiker – die Forderung, daß ein deutscher Paßinhaber auch kulturell Deutscher sein und somit die deutsche Sprache beherrschen muß, als »fremdenfeindlich« – als wären türkische Islamisten selbst nicht fremdenfeindlich gegenüber ihren eigenen Landsleuten, den Kurden. Mancher nennt dies sogar Rassismus! Träfe das zu, so wären auch die Reiche von Bagdad und Cordoba rassistisch gewesen – sie waren es aber nicht!

Meine Schlußfolgerung lautet: internationale Moralität und Integration bieten Brücken, nicht aber Ethnizität und Fundamentalismus, auch wenn sie romantisch-folkloristisch als neoosmanische Nostalgie auftreten!

Kapitel X

Das Problem, der Konflikt und die Vermittlung

Während meiner Harvard-Jahre habe ich von dem großen Ethiker, Sozialpsychologen, Friedensforscher und Humanisten Herbert C. Kelman gelernt, daß Friede aus Konfliktlösung erwachsen kann. Dazu müssen die Konfliktparteien zusammenkommen, wobei eine dritte Partei als *mediator* vermitteln kann.[1] Die Konfliktparteien müssen erkennen und feststellen, ein gemeinsames Problem zu haben und sich einigen, in Zusammenarbeit eine für beide in bezug auf ihre Identität und Sicherheit akzeptable Lösung des Problems bzw. des daraus resultierenden Konflikts zu erreichen.[2] Herbert Kelman nennt seine Methode bzw. Praxis »*problem solving workshop*«[3], bei dem führende und einflußreiche Vertreter der Konfliktparteien für mehrere Tage informell, aber unter Labor-Bedingungen zusammenkommen und durch Kommunikation den Konflikt miteinander austragen. Ich habe seit 1982 an mehreren dieser Workshops zwischen Palästinensern und Israelis (sie wurden auch zwischen türkischen und griechischen Zyprioten sowie unter Nord-Iren durchgeführt) als dritte Partei der Vermittlung mitgewirkt und habe ihre Fruchtbarkeit an den Ergebnissen messen können.

Zum Abschied von Professor Kelman nach seiner Emeritierung als Ethik-Professor an der Fakultät für Psychologie in Harvard wurde für ihn und zu seinen Ehren von der Universität eine Ringvorlesung veranstaltet, bei der Experten zu der Thematik, über die er zeit seines Lebens gearbeitet hat, jeweils ein Papier vortrugen. Die Redner sollten Freunde von Kelman sein und zur Problematik der friedlichen »*conflict resolution*« veröffentlicht haben. Mein Beitrag hatte den inter-zivilisatorischen

Dialog als Mittel der Konfliktbewältigung zum Inhalt[4], und ich lehnte mich darin stark an die Arbeit meines Freundes und Kollegen Kelman an, dem ich zum 70. Geburtstag 1997 als Humanisten und Holocaust-Überlebenden auch mein Buch über den Friedensprozeß im Nahen Osten gewidmet habe.[5]

Freilich entwickle ich darüber hinaus meine eigenen Überlegungen, die in diesem Kapitel auch als Vermittlung zwischen zwei großen Persönlichkeiten gedacht sind: dem Harvard-Kollegen Samuel Huntington, der leider in Deutschland mißachtet wird, und dem Altbundespräsidenten Roman Herzog. Um die Terminologie von Kelman zu verwenden: Sam Huntington stellt in seinem für viele unbequemen Buch *The Clash of Civilizations* (falsch ins Deutsche übersetzt mit *Kampf der Kulturen*) das »*shared problem*« der Zivilisationen dar, eine wichtige Analyse. Herzog dagegen will Lösungen bieten. Nach meiner Überzeugung ließen Huntington und Herzog sich ideal miteinander kombinieren. Ich will dies in diesem Kapitel versuchen.

In meiner Harvard-Vorlesung zu Ehren von Herbert Kelman habe ich ausgeführt, daß im besonderen drei Harvard-Gelehrte wichtige Beiträge zur anstehenden Problematik hervorgebracht haben, auf deren Vorarbeit ich aufbaue. Joseph Nye (zur Zeit Dekan der Kennedy-School in Harvard) hat früh auf die nichtstaatlichen Akteure in der internationalen Politik hingewiesen und sie als »neue Herausforderer«[6] beschrieben. In Zeiten des Kalten Krieges konzentrierten sich Experten der internationalen Politik fast ausschließlich auf Staaten und ihr Verhalten. In unserer Zeit sind Vertreter der Zivilisationen - und auf einer niedrigeren Ebene der Ethnien - diese neuen Herausforderer. Ethnische und Zivilisationskonflikte sind heute die dominierenden Formen des Konflikts in der internationalen Politik.

Mit *The Clash of Civilizations*[7] hat Samuel Huntington endlich durchgesetzt, daß die Beschäftigung mit Zivilisationen zur Analyse der internationalen Politik gehört. Leider wurde die »Toynbee-« und »Spengler-Keule« für all die, die sich mit Zivilisationen befassen, um eine »Huntington-Keule« ergänzt, mit der man nunmehr versucht, den über diesen Gegenstand laut Reflektierenden mundtot zu machen. In Harvard kennt man Huntington als einen äußerst toleranten Kollegen, der auch Freundschaft mit denen pflegt, die nicht mit ihm übereinstimmen, so mit Kelman und mir![9] Wir respektieren ihn als einen der größten Gelehrten und sind uns sicher, daß niemand ernsthaft seine Leistung herunterspielen kann, die Zivilisationsproblematik in die Analyse der internationalen Politik eingeführt zu haben. Dies werden die nächsten Jahrzehnte unter Beweis stellen!

Schließlich, aber auch hier vorrangig als ein Harvard-Beitrag, ist H. Kelmans Verdienst des »*problem solving workshop*« zu nennen.[10] Jeder, der den Nahost-Konflikt kennt, weiß, daß Kelman sehr bescheiden hinter der Kulisse die wichtigsten Begegnungen und Vermittlungen zwischen Palästinensern und Israelis arrangiert hat und somit als Vordenker des Oslo-Friedens[11] gelten kann. Alle drei Harvard-Beiträge bilden meinen Bezugsrahmen bei der folgenden Diskussion.

Ein Versuch, die Ansätze von Herzog und Huntington zu verbinden

Samuel P. Huntington teilt das Anliegen von Roman Herzog, Gemeinsamkeiten unter den Zivilisationen zu suchen. Er schließt sein Buch *The Clash of Civilizations* mit einem Kapitel über »Die Gemeinsamkeiten der Zivilisationen«.[12] Huntington baut seine Argumentation auf den Differenzen der Zivilisationen, die zu Quellen internationalen Konflikts werden können, auf. Während Herzog »geteilte Werte« im Kontext »des gemeinsamen Erbes der islamischen und westlichen Kulturen«[13] unterstreicht, betont Huntington die Unterschiede. Wer hat nun recht? Gibt es einen Mittelweg, der gleichermaßen die Gemeinsamkeiten und Unterschiede erkennt und einräumt? Lassen sich – wie ich vermute – beide Ansichten miteinander verbinden, um mit den anstehenden Fragen besser umgehen zu können?

In den inter-zivilisatorischen Beziehungen gibt es sowohl Unterschiede als auch Gemeinsamkeiten. Das gemeinsame Problem ist, daß Unterschiede zum Konflikt führen und wir deshalb vor allem über sie reden müssen. Als ein im Westen – in Deutschland und in den USA – lebender Migrant erfahre ich in meinem alltäglichen Leben weitaus mehr Differenzen als Gemeinsamkeiten zwischen der westlichen und der islamischen Zivilisaton. Sind diese Spannungen vorübergehend und mehr politischer Natur, oder besitzen sie einen zivilisatorisch-weltanschaulichen Ursprung?

Meinen Kommentar in Herzogs *Preventing the Clash of Civilizations*[14] habe ich mit Verweisen auf die islamische Verehrung für Aristoteles und die ihm in der islamischen Vergangenheit zuteil gewordene Einstufung begonnen, um ein historisches Beispiel für den Brückenbau zwischen den Zivilisationen zu liefern (vgl. Kap. IX). Gleichzeitig wollte ich damit aber auch ein Modell für das gegenseitige Verständnis zweier Zivilisationen in der Zukunft entwerfen, ohne dabei jedoch die Realität ausgeprägter anti-westlicher Einstellungen[15] in der gegenwärtigen Situation der islamischen Zivilisation oder die sich in unserer Zeit verbreitende, historisch verankerte Islamophobie im Westen zu leugnen. In einer früheren Studie habe ich auf der Basis kultur- und regionsübergreifender Untersuchungen der Beziehungen beider Zivilisationen gezeigt, daß sie einander heute mehr als Bedrohung denn als Faszination wahrnehmen.

Wir dürfen die Augen vor den bestehenden Konfliktpotentialen in den Beziehungen zwischen den Zivilisationen nach dem Ende des Kalten Krieges nicht verschließen; vielmehr müssen wir dieses Konfliktpotential analysieren, um uns mit den angemessenen Instrumentarien friedlicher Konfliktlösung auszustatten.

Im Frühjahr 1995 besuchte Bundespräsident Herzog eine der größten islamischen Nationen, Pakistan, und hielt dort in Islamabad seine hervorragende Rede über das gemeinsame islamisch-westliche Erbe, wobei er sich vom Huntingtonschen

Konzept des Zusammenpralls der Zivilisationen distanzierte. Im Herbst desselben Jahres organisierte das Goethe-Institut in Karachi/Pakistan eine große Dialogveranstaltung zwischen Islam und dem Westen, die den Untertitel trug: »*How to deal with differences?*«.[17] Als einer der Redner und Dialogpartner auf diesem Treffen hob ich in drei Beiträgen einige Bereiche des »Unterschieds« hervor, die zum Konflikt führen können. Diese Bereiche waren: säkularer Nationalstaat vs. göttliche Ordnung, individuelle Menschenrechte vs. religiöse Pflichten[18] und islamische Migration nach Europa zwischen Integration und multikulturellem Kommunitarismus. All diesen Konfliktbereichen liegen Probleme zugrunde, die nach friedlichen Lösungen rufen. Trennende weltanschauliche Unterschiede sollten deshalb genauso in die Überlegungen einbezogen werden wie Gemeinsamkeiten. Es ist nicht nur eine Frage der Ehrlichkeit, sondern auch der Politik und politischer Entscheidungsfindungsprozesse, diese kontroversen Themen beim Namen zu nennen, um sich in die Lage zu versetzen, sie lösen zu können. Konflikte bleiben ungelöst, wenn man sie unter den Teppich kehrt oder leugnet. Deshalb muß die Analyse des nicht zu leugnenden Konflikts zwischen Zivilisationen mit der Suche nach kulturübergreifenden Gemeinsamkeiten verbunden werden. Das Ergebnis ist eine Strategie des interkulturellen Dialogs, die über moralisierende Verlautbarungen und wertlose Gesinnungsethik hinausgeht und der friedlichen Konfliktlösung dient. *How to deal with differences*« lautete die Karachi-Formel.

Die Beantwortung der Frage, wie mit Unterschieden umzugehen ist, sollten wir uns zum Ziel des so dringend benötigten Dialoges setzen. In Karachi und bei anderen vergleichbaren Dialogen, wie sie in Jakarta, Kuala Lumpur, Amman und anderswo durchgeführt wurden, haben wir als Dialogpartner Differenzen nicht im Sinne unüberbrückbarer Konfliktlinien angesprochen, sondern im Geiste eines auf eine Strategie zum Finden von Lösungen und Gemeinsamkeiten im Sinne eines Werte-Konsens ausgerichteten Bezugrahmens. In diesem Rahmen gehe ich von der Möglichkeit aus, die Ansätze von Herzog und Huntington miteinander zu verbinden, statt sie gegeneinander abzugrenzen, geschweige denn, sie gegeneinander auszuspielen, wie dies in der deutschen Diskussion zuweilen geschehen ist! Kurz: Der Dialog über die Unterschiede ist zu führen. Welches sind aber die Differenzen, und wie können sie nicht nur benannt, sondern auch beigelegt werden?

Wie können die entscheidenden Fragen ohne Neigung zur Dämonisierung angesprochen werden?

Den in Deutschland lebenden Fremden fällt auf, daß moralisierende deutsche Intellektuelle derzeit Toleranz predigen, aber jede Diskussion über »Unterschiede« zu verhindern suchen, ja diese tabuisieren. Hiervon ist auch und vor allem der Beitrag Huntingtons über »Unterschiede« nicht verschont geblieben. Es gibt zahlreiche Bücher und Aufsätze, in denen Gesinnungsethiker versuchen, von ihnen abweichendes Denken zu verbieten.

Als ein Muslim, der zwischen Islam und dem Westen vermitteln will, betrachte ich den Hang zur Dämonisierung als gefährlich für den Dialog und der Sache abträglich. Ich halte jede Form der Dämonisierung im Rahmen unserer Diskussion für kontraproduktiv. Deshalb danke ich Altbundespräsident Herzog und seinen Mitarbeitern, daß sie Huntington an dem Band *Preventing the Clash of Civilizations* beteiligen wollten und ihn nicht ausgeschlossen haben.[19] Ich bedauere es sehr, daß Huntington, der zunächst zugesagt hatte, schließlich doch abwinkte; er hat seine Erfahrungen mit der Dämonisierung gemacht und ist defensiv geworden!

Mehrfach habe ich im anstehenden Zusammenhang sowohl auf meinen islamischen kulturellen Hintergrund als auch meine westliche Bildung hingewiesen, um als Mensch, der zwischen diesen beiden Zivilisationen lebt, ihre großen Unterschiede anzusprechen. Ich nehme sie alltäglich wahr und stimme deshalb in diesem Punkt mit Huntington überein.

Doch mit meinem Bekenntnis zum Dialog liege ich näher an Herzog, obgleich allein die Tatsache, daß ich Unterschiede anspreche, dazu geführt hat, die Dämonisierung Huntingtons auf meine Person und mein Werk auszudehnen. Dieses bestärkt mich in der Überzeugung von der Notwendigkeit einer rationalen Diskussion über die anstehenden Fragen jenseits der Zensur der *political correctness*.[20] Die Angelegenheit, um die es hier geht, ist zu wichtig: Der Weltfrieden sollte aus Polemiken und moralisierenden Verlautbarungen herausgehalten werden.

Konflikte zwischen Islam und dem Westen drehen sich vor allem um zwei Themen: Macht und Werte. Ich folge Roman Herzog, indem ich mich auf die normative Ebene der Diskussion und damit auf Werte als dem Hauptgegenstand des interkulturellen Dialogs konzentriere. Die Machtfrage ist ein anderer Gegenstand und kann nicht dialogisch gelöst werden.[21] In den folgenden Ausführungen beschäftige ich mich mit Werten, Wertewandel und internationaler Moralität mit einem besonderen Akzent auf den kulturübergreifenden Brückenschlag. Hierbei ist meine Sicht der Wechselwirkung zwischen Kultur/Zivilisation, Entwicklung und Globalisierung eine andere als die Herzogs oder Huntingtons. In meinen Überlegungen definiere ich Kultur als soziale Sinnstiftung, d. h. grundsätzlich als ein lokales Phänomen. Ähnliche und miteinander verwandte Kulturen gruppieren sich und formen Zivilisationen in unserem globalen Dorf. Ich weiß, daß dieses internationale Verständnis von dem in Deutschland vorherrschenden Gebrauch abweicht.

Die europäische Expansion ist nicht nur im Sinne der Errichtung einer eurozentrischen Weltwirtschaft zu deuten. Diese Expansion war auch von dem Bemühen geleitet, die Welt entlang der westlichen Zivilisation und ihrer Standards neu zu gestalten. Dies ist der Ursprung der Globalisierung, die nicht ganz so neu ist, wie manche unterstellen. Im neuen Millennium sind wir Zeugen des Widerstandes gegen das Verwestlichungsprojekt, der die Gestalt einer Re-Traditionalisierung, Gegen-Akkulturation und Entwestlichung annimmt. Diese defensiv-kulturelle

Reaktion muß als ein Ausdruck des Zusammenpralls der Zivilisationen betrachtet werden.

Anders als Huntington betrachte ich den Konflikt nicht im Rahmen sicherheitspolitischen Denkens, sondern vielmehr als einen Konflikt zivilisatorischer Weltanschauungen, der bei einer Politisierung der entsprechenden Ordnungsvorstellungen bedrohliche Formen für den Frieden annehmen kann. Die Suche nach einer kulturübergreifenden, d.h. nicht universalistischen Moralität kann helfen, daß ein solcher Konflikt abgewendet wird. Nichtsdestoweniger begrüße ich Huntingtons Anerkennung unserer kulturell so facettenreichen Welt wie die Suche nach Gemeinsamkeiten. Mit Recht weist Huntington den Glauben zurück, daß westliche Anschauungen für den Rest der Welt gelten.

Was – über das bestehende Potential hinaus – tatsächlich zu einer Aktualisierung des Zusammenpralls der Zivilisationen, welcher kein Kampf der Kulturen ist, führt, ist die Politisierung schon immer vorhandener zivilisatorischer Weltanschauungen, die in die politischen Ideologien des religiösen Fundamentalismus mündet.[22] Internationale, d.h. kulturübergreifende Moralität auf der Basis eines Brückenschlags möchte ich hier als Alternative zu den religiösen Fundamentalismen und somit zum Zusammenprall der Zivilisation präsentieren.

Die zentralen Fragen der Diskussion: Werte und Zivilisationen

Die islamisch-europäischen Beziehungen sind so alt wie die Geschichte der islamischen Präsenz im Mittelmeer. Neu ist allerdings ihr globaler Kontext. Deutschland und der Islam stehen erst seit dem 19. Jahrhundert in Beziehung zueinander, die in unserem Zeitalter durch die Präsenz von Muslimen als Migranten in Deutschland intensiviert wurde. Der Kontext dieser Beziehungen sind die vieldiskutierten Prozesse der Globalisierung. Es ist wahr, daß diese uns zwingen, die überkommenen Konzepte zu überdenken und deren Beschränkungen zu überwinden.

Der Wertekanon der Kulturen und Zivilisationen muß in unserem globalen Zeitalter in den Mittelpunkt des zeitgeschichtlichen Interesses rücken. Die Erkenntnis dieser Tatsache führt dazu, daß die etablierten, traditionellen Vorstellungen von Werten und Wandel zunehmend herausgefordert werden. Kurz: Diese müssen im Lichte des Zusammenhangs zwischen Globalisierung und Zivilisation neu durchdacht werden.

Vor allem in der angelsächsischen Geschichte waren die evolutionistischen Modelle des Wandels, d.h. der Glaube an eine unilineare Entwicklung von der Tradition zur Moderne dominant. Folglich wurden auch Werte als entweder traditionell oder modern bzw. repräsentativ für eine im Übergang befindliche Gesellschaft angenommen. Natürlich gab es Herausforderungen derartiger Modelle, etwa solche, wie sie die kritische Theorie der Frankfurter Schule formuliert hatte. Diese Herausforderer waren jedoch in der Regel nicht weniger eurozentrisch in ihren Ansichten als diejenigen, die herauszufordern man vorgab.

Der große französische Sozialwissenschaftler Raymond Aron hat bereits in den sechziger Jahren die soziale Tatsache der geschichtlichen Persistenz der Heterogenität der Zivilisationen erkannt und unterstrichen. Er forderte damit den westlichen Glauben heraus, daß Globalisierung ein »Schrumpfen des Globus« in dem Sinne einschließe, daß alles standardisiert werde. Doch bedeutet das »globale Dorf« keine einheitliche Welt in bezug auf Weltsichten und hiermit korrespondierenden Normen und Werte. Träfe der Glaube des Globalismus zu, hätten wir keinen Zusammenprall der Zivilisationen!

Jede Zivilisation besitzt ihre eigene Weltanschauung, die die Werte der Menschen, die ihr angehören, bestimmt. Die Tatsache, daß solche Weltanschauungen und die dazugehörigen Werte sich voneinander unterscheiden und miteinander in Konflikt geraten können, scheint nur natürlich. Aus einer westlichen Perspektive betrachtet, mag es möglich sein, Wertewandel mit Hilfe allgemeiner Konzepte und Theorien zu studieren.

Dennoch ist dem Umstand Rechnung zu tragen, daß Wertvorstellungen, die die geschichtlichen Beziehungen unter verschiedenen Zivilisationen beeinflussen, weltanschaulicher Natur sind und sich von einer Zivilisation zur anderen unterscheiden. Von einer Warte aus, die Wissen als universell einordnet, können diese Werte entweder als »modern« oder »traditionell« beschrieben werden. Damit wird aber die Heterogenität zwischen den Zivilisationen nicht erfaßt.

Es gibt ein Wechselspiel zwischen kulturellem, sozio-ökonomischem und politischem Wandel, der immer konkret und historisch spezifisch ist. Obwohl alle Männer und Frauen dieser Welt unter denselben Rahmenbedingungen dieser komplizierten Prozesse leben, besitzen sie unterschiedliche, kulturell bestimmte Wahrnehmungen. Kulturelle Wahrnehmungen sind nicht notwendigerweise mechanistische Reflektionen einer objektiven Realität, insoweit sie selbst Teil der existierenden Realitäten sein können und diese beeinflussen. Aus diesem Grund muß unser Denken über Werte im Prozeß des Wandels von den im westlichen Denken dominierenden reduktionistischen Ansätzen befreit werden. Reduktionismus heißt, einen Faktor auf einen anderen zurückzuführen, etwa Kultur auf Ökonomie zu reduzieren.

In einem inter-zivilisatorischen Dialog ist die Erkenntnis zentral, daß kulturelle Werte veränderlich sind, also einem Wandel unterliegen. Ein kulturübergreifender Werte-Konsens ist deshalb möglich, Werte-Universalismus jedoch ein Wunschdenken, da Werte stets in einer partikularen Zivilisation beheimatet sind!

Bedeutet Globalisierung Verwestlichung? Die Verwechslung von Globalisierung mit Universalisierung

Es gibt grundlegende, aber keine essentiellen, das heißt unveränderbaren westlichen oder islamischen Werte. Für den Kulturdialog scheint es wichtig, Werte in ihrem Wandel besonders in bezug auf unser Zeitalter zu studieren. Dieser Wandel ist nicht nur mit struktureller Globalisierung verbunden, sondern auch mit der Tatsache, daß unsere Epoche als ein »Zeitalter der Extreme« beschrieben werden kann, um den von Eric Hobsbawm geprägten Begriff zu borgen. Unser Zeitalter ist aber auch ein solches des Werte-Konfliktes zwischen Zivilisationen mit unterschiedlichen Weltanschauungen. Die europäische Expansion war, wie gesagt, nicht einfach eine Expansion moderner ökonomischer Strukturen, da sie zugleich mit dem Anspruch auf eine Verwestlichung der Welt im Zuge einer rapiden und zugleich ungeordneten Modernisierung verbunden war.[23] In diesem Kontext wurde die Untersuchung des Wandels in den nichtwestlichen Teilen der Erde als ein Studium von Gesellschaften aufgefaßt, die sich auf dem Weg von der Tradition in die Moderne befinden. Dabei, so glaubte man einst, würden westliche, als universell verstandene Werte für die gesamte Welt und alle ihre Zivilisationen Geltung erlangen. Die europäische Expansion war mit dem Anspruch auf Universalität verbunden. Die Prozesse der Modernisierung, Akkulturation und Verwestlichung wurden als Konzepte beschrieben, die sie weitgehend austauschbar machten. Schon aus diesem Grund sind nichtwestliche Völker – ungeachtet aller diplomatischen Höflichkeit – äußerst mißtrauisch, wenn sie gefragt werden, ob sie sich an einem Dialog mit dem Westen über gemeinsame Werte beteiligen. Diese Hindernisse vorausgesetzt, erscheint es ratsam, von vornherein anzuerkennen, daß der Dialog kein reibungsloses und unproblematisches Unterfangen ist. Vertrauensbildende Maßnahmen müssen den Prozeß begleiten.

Die in der fortschreitenden Globalisierung enthaltenen Prozesse der Modernisierung können die Existenz kultureller und zivilisatorischer Vielfalt von auf Werten gegründeten Weltanschauungen nicht aus der Welt schaffen. Tatsächlich hat das Schrumpfen der Welt zu einem globalen Dorf die Völker unterschiedlicher Kulturen und Zivilisationen einander in einem beispiellosen Ausmaß nahegebracht. Dennoch konnte es »keine einheitliche Weltsicht hervorbringen und hat dies in Wirklichkeit auch nicht getan«, wie der große Oxford-Gelehrte Hedley Bull zutreffend argumentiert.[24] Das gegenseitige Bewußtsein auf globaler Ebene hatte keine kulturelle Standardisierung zur Folge, sondern vielmehr ihr Gegenteil: das Bewußtsein und die verstärkte Wahrnehmung, anders zu sein. Das Ergebnis war deshalb eine defensiv-kulturelle Rückbesinnung auf die Werte der eigenen Zivilisation.[25]

Aus Prozessen der Globalisierung erwuchs eine sich um Werte und Normen drehende »Revolte gegen den Westen«[26], die in den Mittelpunkt der heutigen Weltpolitik gerückt ist. Schon lange vor dem Ende des Ost-West-Konflikts machte Hedley Bull in dieser Hinsicht eine deutliche Unterscheidung, nämlich zwischen der frühen antikolonialen Revolte gegen den Westen, die von westlichen Konzepten Gebrauch machte (z.B. von der Volkssouveränität und der Idee des Nationalstaats), um nationale Unabhängigkeitsbewegungen zu legitimieren, und der neuen Revolte gegen den Westen. Letztere ist, wie gesagt, eine Revolte gegen westliche Werte und ihren Anspruch auf Universalität. Die Formel *Krieg der Zivilisationen*[27], die ich als Titel für mein Buch über diesen Gegenstand gebrauche, beschreibt exakt dieses auf Weltanschauungen bezogene Phänomen, und zwar als Kennzeichen unserer Zeitgeschichte.

Um Mißverständnissen vorzubeugen: Mein Ansatz unterscheidet sich von dem des Huntingtonschen Zusammenpralls der Zivilisationen. Mein Konzept vom »Krieg der Zivilisationen« geht von der Tatsache aus, daß Zivilisationen keine Armeen besitzen und sich nicht um einen sogenannten Kernstaat zusammenrotten, an dessen Seite sie – wie Huntington argumentiert – um die Weltmacht konkurrieren. Mein Forschungsinteresse gilt Weltanschauungen und Werten. Ziel ist es, eine interkulturelle Plattform für gemeinsame Werte zu finden. Die schwierige Frage lautet nur: wie?

Die zeithistorische Erscheinung des »Krieges der Zivilisationen« bezieht sich auf einen Wettstreit von Weltanschauungen, besonders in bezug auf Ordnungsvorstellungen. Einige darunter beanspruchen universelle Geltung für sich und stoßen deshalb auf den Widerstand der anderen. Kein zivilisatorischer Universalismus kann einen global gültigen Konsens begründen. Aus diesem Grund setzt ein Weltfrieden der Zivilisationen die Anerkennung von Pluralität, die kulturübergreifende Werte einschließt, voraus. Sowohl der Westen als auch der Islam haben Probleme mit einer solchen internationalen Moralität, die auf einem inter-zivilisatorischen Konsens über zentrale Werte, nicht auf Universalismus beruht. Diese internationale Moralität entspricht übrigens nicht dem von Hans Küng geprägten »Weltethos«. Nach meiner Ansicht kann es in der Realität kein für alle Zivilisation gültiges Weltethos geben. Jede Zivilisation hat ihr eigenes Ethos, das von einer entsprechenden Weltanschauung untermauert wird.

Strukturelle Globalisierung, aber gleichzeitig kulturelle Fragmentation, folglich keine Universalisierung

Am Beginn des 21. Jahrhunderts scheinen sich die erwarteten Prozesse von Modernisierung, Akkulturation und Verwestlichung in ihr Gegenteil, d. h. Prozesse der Re-Traditionalisierung, Gegen-Akkulturation und Entwestlichung umgekehrt zu haben. Es ist erstaunlich zu beobachten, wie die strukturelle Globalisierung mit einer Gleichzeitigkeit der Wiedergeburt ethnisch-lokaler Kulturen sowie nicht-westlicher Zivilisationen, um die diese Kulturen kreisen, einhergeht.

Erstens: Trotz ihrer jeweiligen Eigentümlichkeit ist das Erwachen der vormodernen Kulturen – von denen man annimmt, sie seien unveränderlich – allgemein wenig von Tradition geprägt. Die zu Zivilisationen gruppierten Lokalkulturen des Islam, Hinduismus oder Konfuzianismus sind sämtlich in denselben Kontext der Weltzeit eingebettet wie der Westen. Dennoch ist Globalisierung etwas grundsätzlich anderes als Universalisierung; letztere bezieht sich auf Normen und Werte, während Globalisierung Strukturen betrifft.

Zweitens: Diejenigen Strukturen, dic sich in der westlichen Zivilisation entfalteten, wurden und werden nach wie vor globalisiert. Über den Zeitraum von Jahrhunderten war die europäische Expansion der Rahmen, in dem sich diese Globalisierung vollzog, aber die Werte derselben Zivilisation wurden und werden nicht gleichzeitig universalisiert. Solange diese Unterscheidung nicht angemessen verstanden wird, wird das Ergebnis der Gleichzeitigkeit von struktureller Globalisierung und kultureller Fragmentation, also die Koexistenz von globalen Strukturen und Wertedissens, jenseits unseres Verständnis liegen.

Es bedarf einer Grundvoraussetzung, will man die beschriebene Situation verstehen, die hier als Gleichzeitigkeit vereinigender Strukturen und trennender Einstellungen beschrieben wurde. Diese Voraussetzung ist die Würdigung der *bestehenden Heterogenität der Zivilisationen*. Eine klare Unterscheidung zwischen Kultur und Zivilisation, zwei Begriffe, die nicht miteinander austauschbar sind, habe ich schon vorgenommen. Doch erinnere ich nochmals an meine Terminologie, wonach Kultur als soziale Sinnstiftung betrachtet wird, woraus folgt, daß Kultur stets lokal geprägt ist. Dessenungeachtet können Kulturen einer Gruppierung in dem Sinne angehören, daß sie in bezug auf Werte und Weltanschauungen miteinander verwandt sind. Eine solche Gruppe verwandter Kulturen bezeichne ich als Zivilisation. Gemäß dieser Interpretation gibt es nur eine westliche und auch nur eine islamische Zivilisation, gleichzeitig aber nicht die eine westliche oder islamische Kultur, sondern Tausende von Kulturen.

In meinen Arbeiten über den Islam habe ich dieses Phänomen als Gleichzeitigkeit zivilisatorischer Einheit und kultureller Vielfalt bezeichnet. In bezug auf die vorherrschende Weltsicht teilen nämlich die kulturell so verschiedenen Völker der islamischen Zivilisation dieselben kulturübergreifenden Identitätsmuster, vor allem gegenüber dem Westen. Denn ihre Werte sind – obwohl sie differieren – einander wesentlich näher, als sie es den Werten der westlichen oder einer anderen Zivilisation sind.

Die fortschreitende Globalisierung erzeugt Wandlungsprozesse, die gleichermaßen Strukturen und Wertesysteme beeinflussen. In diesem Zusammenhang erkenne ich drei Ebenen für den benötigten Dialog:

- die lokal-kulturelle,
- die regional-zivilisatorische und
- die globale Ebene.

Eine Vermittlung zwischen diesen drei Ebenen ist für den Weltfrieden unbedingt notwendig.

Deutschland und der Islam: Zwischen internationaler Gesellschaft und Staatensystem

Kulturdialog ist ein Instrument der Konfliktlösung, um die ständig zunehmende kulturelle Fragmentierung in der internationalen Gesellschaft zu reduzieren. Deutschland und der Islam sind in diesen Zusammenhang einzubetten. An diesem Punkt erscheint es mir sinnvoll, eine grundlegende Unterscheidung zwischen Staatensystem und Staatengesellschaft vorzunehmen. Die Welt des Islam besteht ebenso wie der Westen aus souveränen Nationalstaaten (55 an der Zahl), die alle, ebenso wie Deutschland, Teil des internationalen Systems sind. Aber Deutschland und die islamischen Staaten gehören zu unterschiedlichen Staatengesellschaften. Die Tatsache, daß im Kontext der Globalisierung die europäische Institution des Nationalstaats auch das Staatsmuster in der Welt des Islam darstellt, bedeutet nicht, daß alle Nationalstaaten eine zivilisatorisch einheitliche internationale Gesellschaft bilden.

Das internationale Staatensystem ist noch keine Staatengesellschaft: es ist nicht mehr als die systemische Interaktion zwischen den verschiedenen Einheiten, die sein Ganzes konstituieren. Anders als dieses internationale System formaler Interaktion existiert eine internationale Gesellschaft, eine Staatengesellschaft, »wenn eine Gruppe von Staaten im Bewußtsein bestimmter gemeinsamer Interessen und Werte ... sich selbst in ihren Beziehungen untereinander als an gemeinsame Regeln gebunden betrachtet«.[28]

Die Existenz universeller Regeln im internationalen System ist die Realität, auch wenn die Beziehungen zwischen den Staaten, die dieses System formen, mehr oder weniger auf bloß formaler Interaktion basieren. Daraus folgt, daß die Beziehungen zwischen der Welt des Islam und der des Westens eine Mischung aus interaktivem *System* und normen- und werteorientierter *Gesellschaft* zum Ausdruck bringen. Deutschland und die Welt des Islam gehören zwei zivilisatorisch unterschiedlichen Staatengruppen an, die eine westlich, die andere islamisch geprägt. Wem aber gehören die in Deutschland lebenden Muslime an? Ich denke, sie sollten bedingungslos dem Westen angehören, da sie sonst eine zivilisatorisch fremde Enklave mitten in Europa bilden würden.

In den internationalen Beziehungen unserer Gegenwart formieren sich Staatengruppen unter bestimmten Voraussetzungen zu zivilisatorischen Staatengesellschaften. Die 55 Staaten umfassende Gruppe der Organisation der Islamischen Konferenz bzw. die arabische Liga sind solche Gesellschaften. Ich folge nicht Samuel Huntington, der die zuvor existierenden Staatenblöcke aus der Zeit der bipolaren Welt einfach durch die konstruierten Staatenblöcke der Zivilisationen ersetzt. Es ist äußerst schwierig, einen oder mehrere Kernstaaten als die Führungsmacht in jeder einzelnen Zivilisation auszumachen. In der islamischen Zivilisation ist dies sogar unmöglich. Zivilisationen sind in ihren inneren Beziehungen zu vielschichtig, als daß sie eine Struktur besitzen könnten.

In ihren externen Beziehungen betonen die Mitglieder einer Zivilisation jedoch ihre gemeinsamen Werte. Im Umgang mit *anderen* resultiert daraus ein Werte-Konflikt zwischen unterschiedlichen Zivilisationen. Die westliche und die islamische Zivilisation können ihre Werte-Konflikte im Rahmen eines interkulturellen und inter-zivilisatorischen Dialogs als Instrument der Suche nach einem Werte-Konsens bewältigen. In einer internationalen Moralität kann auf der Ebene einer kulturübergreifenden, also beidseitigen und nicht oktroyiert-universalistischen Grundlage dieser Werte-Konsens erreicht werden. In Verfolgung von Demokratie und Menschenrechten scheint dieser kulturübergreifende Ansatz vielversprechender als jeder Universalismus zu sein.

Internationale Moralität als ein internationaler Wertekonsens dient als interkulturelle Brücke

An in der Vergangenheit durchgeführten internationalen Projekten möchte ich veranschaulichen, wie am Beispiel kulturübergreifender Menschenrechte eine internationale Moralität mit Brückenfunktion entfaltet werden kann. Am Wilson Center in Washington/D.C. und am Norwegischen Institut für Menschenrechte trafen sich muslimische und westliche Gelehrte, um anstelle einer universalistischen eine kulturübergreifende Grundlage für Werte zu etablieren, die als Basis der Akzeptanz von Menschenrechten durch Muslime dienen kann.[29] Eine andere Brücke ist die säkulare Demokratie. Um diese Überlegung voranzutreiben, habe ich an einem Projekt über Demokratie und Demokratisierung in Asien mitgewirkt, das von der Université Catholique de Louvain/Belgien durchgeführt wurde.[30]

Bei allen angeführten Projekten stimmten die mitwirkenden islamischen wie westlichen Gelehrten auf kulturübergreifender Grundlage der Möglichkeit des Brückenschlags zwischen den Zivilisationen zu; nach ihrer Ansicht ist ein für die Übereinkunft über gemeinsame Werte ausreichendes ethisches Potential vorhanden. Es kommt nur auf die richtige, offene Interpretation an!

Die Idee eines kulturübergreifenden Brückenschlags erkennt die bestehenden Unterschiede zwischen den verschiedenen lokalen Kulturen und regionalen Zivilisationen an, ist aber bemüht, diese zu überbrücken. *Political correctness* und kultureller Nihilismus verleugnen dagegen diese Realitäten, so daß zu fragen wäre, worüber die Konfliktparteien beim Dialog sprechen sollten. In Wirklichkeit sind die von *political correctness* geprägten Einstellungen, die die Augen vor kulturellen Unterschieden verschließen, eine in hohem Maße für den Frieden gefährliche und selbstzerstörerische Weise, mit Realitäten umzugehen, in denen Kulturen und Zivilisationen zunehmend in den Mittelpunkt rücken. Ich habe bereits auf den sehr wichtigen islamisch-westlichen Dialog in Karatschi hingewiesen, dessen zentrale Formel *how to deal with differences* lautete. Auch der ebenfalls bereits oben erwähnte Dialog von Jakarta wurde in diesem Geiste des Bewußtseins von den Unterschieden zwischen den Zivilisationen durchgeführt.[31] Um das Ziel eines jeden Kulturdialogs – nämlich friedliche Koexistenz auf der Basis eines Wertekonsens – weiterverfolgen zu können, muß man sich erst in die Position begeben, diese Unterschiede anzuerkennen und lernen, mit ihnen umzugehen. Die Substanz des Dialogs als Instrument zur Vermeidung eines Zusammenpralls der Zivilisationen muß sich dieser Aufgabe stellen. Daraus folgt, daß jeder Versuch, Unterschiede zu verleugnen, automatisch in der Unterminierung eines fruchtbaren Dialogs mündet. Bei allem Respekt gegenüber Roman Herzog halte ich seine ausschließliche Konzentration auf »Gemeinsamkeiten« für unzulänglich.

Im Verlauf meines Mitwirkens an einer Vielzahl internationaler Projekte, die sich mit diesen Fragen beschäftigten, habe ich gelernt, daß es prinzipiell zwei Möglichkeiten gibt, mit Unterschieden umzugehen. Die erste zielt auf die Politisierung der verschiedenen Weltanschauungen und der aus der Heterogenität der Zivilisationen resultierenden Werte ab. Das negative Ergebnis wäre die politische Ideologie religiöser Fundamentalismen, die heute leider in der gesamten Welt an Verbreitung gewinnt. Dieses Szenario bezeichne ich als *Krieg der Zivilisationen.* Wie bereits erwähnt: Es handelt sich nicht um einen mit militärischen Mitteln bestrittenen Krieg, sondern um einen solchen, der sich auf der Ebene rivalisierender Weltanschauungen bewegt. Allerdings führen uns die Fälle Bosnien, Kaschmir, Kosovo und Tschetschenien vor, daß diese Politisierung der Weltanschauungen zu Gewalt führen kann.

Die zweite Möglichkeit besteht darin, Unterschiede im Rahmen eines interkulturellen Brückenschlags anzusprechen und dialogisch einen Werte-Konsens zu finden, den ich internationale Moralität nenne.

Die große Herausforderung im neuen Jahrtausend besteht im Überdenken alter Weisheiten und im Entwickeln neuer Einsichten. Das alte westliche Denken des evolutionistischen Fortschrittsglaubens, geprägt von der Dichotomie von Tradition und Moderne sowie von eurozentristischem Universalismus, kann nicht länger zufriedenstellende Antworten auf die drängenden Fragen bereithalten. Werte sind stets in Kulturen und Zivilisationen eingebettet und unterscheiden sich daher voneinander. Der Ausgleich zwischen dem Islam und Deutschland ist im Rahmen eines Werte-Konsens zu suchen.

Wandel ist in unserem Zeitalter ein Wandel in Richtung größerer Globalisierung. Globalisierung ist jedoch eine kompliziertere Angelegenheit, als der amerikanische Glaube an eine simple, standardisierte *McWorld*-Kultur vermuten ließe. *McWorld* im Sinne einer »McDonaldisierung«, einer kulturellen Standardisierung der Welt, ist zweifellos eine Fehlwahrnehmung. Es ist Unsinn, die Revolte gegen den Westen als einen *Djihad vs. McWorld* zu betrachten.[32] Es ist notwendig, die Realität zu akzeptieren, die Aron bereits 1962 – wie schon zitiert – als »Heterogenität der Zivilisationen« beschrieben hat. Diese Heterogenität der Zivilisationen ist eine Heterogenität der Werte und der mit ihnen verbundenen Weltanschauungen. Es hängt von den betroffenen Völkern ab, besonders von ihren Gelehrten und politischen Entscheidungsträgern, ob der reale Dissens über Werte in einem Zusammenprall der Zivilisationen oder im Entstehen einer internationalen Moralität enden wird.

Die Veränderung in den Strukturen, also Globalisierung, hat zu einer Verschlechterung der weltpolitischen Gesamtsituation geführt. Mit ihr geht dic Entfaltung des Zivilisationsbewußtseins unter verschiedenen Völkern einher, das der Wertefragmentation zugrunde liegt. Interkultureller und inter-zivilisatorischer Dialog über Werte, wie er von Roman Herzog angestrebt wird, scheint im Vergleich zur von *political correctness* getriebenen Unterbindung jedes lauten Denkens über Unterschiede in einer Zeit, in der Fundamentalisten auf allen Seiten diese Differenzen zu Gräben innerhalb der Menschheit vertiefen, der vielversprechendere Weg zu sein. Es bleibt zu hoffen, daß dieses Buch dabei helfen wird, die euro-islamische Diskussion über die anstehenden Fragen am deutschen Beispiel zu beleben und so zum Weltfrieden beizutragen. Das gemeinsame Erbe beider Zivilisationen ist ein guter Ausgangspunkt für einen Dialog, der sich nicht davor fürchten sollte, Unterschiede und Punkte des Dissens anzusprechen, um den Zusammenprall der Zivilisationen zu verhindern. Weil dieses Buch von Deutschland handelt und mein Aufruf zum Dialog deshalb nicht allgemein bleiben kann, möchte ich ihn am deutschen Beispiel abschließen.

Der Kulturdialog der Deutschen mit dem Islam: Wege und Irrwege

Nicht jedes Gespräch ist ein Dialog. Ein formeller Dialog in der euro-islamischen inter-zivilisatorischen Kommunikation kann zu einem solchen der Taubstummen verkommen, wenn die beteiligten Parteien aneinander vorbeireden. Das angestrebte Ziel, ein interkultureller Konsens über Moralität, wäre verfehlt. Dies wäre vor allem der Fall, wenn Dialog von islamischer Seite als *Da'wa*, als Aufruf zum Islam verstanden würde. Wenn Dialog mit der Absicht einer Bekehrung und als Instrument der Einflußnahme betrieben wird, dann ist es angemessener, von Missionierung, nicht aber von einem gleichberechtigten Dialog zu sprechen. Dialog darf weder *Da'wa*/Mission, also Aufruf zum Islam, noch Verwestlichung bedeuten.

Ein Dialog ist der Versuch, sich um gegenseitiges Verständnis zu bemühen und dann Verbindlichkeiten zu entfalten. *Da'wa* im Glauben, der Islam sei die einzig richtige Religion, entspricht jedoch dem islamischen Verständnis von Dialog. *Da'wa* erfordert Offenheit gegenüber dem Islam und Bereitschaft zur Konversion, nicht aber einen Austausch beider Seiten. Weil deutschen Kirchenvätern und Politikern das notwendige Wissen fehlt, verstehen sie dies nicht. Auf diese Weise entstehen negative Beispiele des »Dialogs«, die eine fehlende Gegenseitigkeit illustrieren. Hierzu gehört die Genehmigung der bereits erwähnten, alles andere als am Reform-Islam, sondern exklusiv am saudisch-wahhabitischen *Schari'a*-Islam orientierten Bonner Mammutschule zur Verbreitung dieser reaktionären Interpretation des Islam: die durch Petro-Dollars finanzierte Fahd-Akademie. Die Eröffnung dieser Einrichtung im September 1995 erlangte Legitimität durch die Anwesenheit des damaligen Außenministers Klaus Kinkel. Dieselbe Ölmonarchie Saudi-Arabien, die diese Akademie finanziert, lehnt nach wie vor die Eröffnung eines Goethe-Instituts in Riad ab und verfolgt Christen.

Ein zweites Beispiel sind die Islamisten in Deutschland, die für sich Toleranz beanspruchen, ihrerseits jedoch die Demokratie ablehnen. Islamisten räumen, wie mehrfach gesagt, noch nicht einmal einen inner-islamischen Pluralismus ein. Dies hinzunehmen ist nichts anderes als Permissivität, nicht aber Liberalität. Es ist kein Zeichen für Dialogfähigkeit. Wer keinen Selbstrespekt hat und sich verleugnet, darf den Respekt der anderen nicht erwarten. Toleranz heißt nicht Selbstaufgabe oder gar Selbstkarikatur. Beim Kulturdialog müssen wir angeben, was unter Toleranz zu verstehen ist, und klarmachen, daß zu ihrer Einhaltung Spielregeln gehören.[33]

Deutsches Verständnis für den Islam kann niemals heißen, die europäische Identität Deutschlands in Frage zu stellen. Islamisten und deutsche Kulturrelativisten scheinen unter Toleranz zu verstehen, daß die Deutschen die islamischen Weltanschauungen (z.B. die *Schari'a*) akzeptieren. Im Gegenzug sind Islamisten aber nicht dazu bereit, unmißverständlich die Säkularität des Grundgesetzes zu bejahen. Es gehört zur Bewahrung der demokratischen Identität der Bundesrepublik, von Muslimen zu fordern, vor allem folgende Komponenten der kulturellen Moderne verbindlich anzuerkennen: die säkulare Toleranz, die Laizität (*laïcité*) – also die Trennung zwischen Religion und Politik –, den demokratischen Pluralismus und an vorderster Stelle die individuellen Menschenrechte, zu denen vor allem Glaubensfreiheit gehört. Als Reform-Muslim denke ich, daß eine liberale Islam-Interpretation die Bejahung dieser demokratischen Kultur zuläßt. Ich nenne diese Deutung Euro-Islam und werde dieses Buch mit einem Kapitel darüber abschließen.

Besonders schwer wiegt, daß voraussetzungslose kulturrelativistische Multi-Kulti-Einstellungen die absolutistischen Attitüden der Islamisten stärken, die im Namen der Toleranz verlangen, Ansichten gelten zu lassen, die mit Demokratie und Säkularität nicht vereinbar sind. Einbahn-Toleranz ist keine Toleranz! Das gilt für beide Parteien. Ebenso wie ich von den Islamisten verlange, ihren Absolutismus aufzugeben, fordere ich die Deutschen auf, ihre Leistung zu erbringen, nämlich die Aufgabe von Euro-Arroganz und ethnisch exklusiver Ausgrenzung. Denn dieses Verhalten fördert nicht die Integration, sondern eher das Gegenteil: Ethnisierung der Islam-Gemeinde in der Diaspora und somit die bereits begonnene Ghetto-Bildung. Dagegen biete ich: Euro-Islam als Lösung!

Kapitel XI

Zukunftsperspektive für Deutschland und seine Muslime. Ein europäischer Islam, nicht ein deutscher Sonderweg ist die Lösung!

Als die auch heute noch junge Demokratie Deutschland auf den Trümmern des deutschen Sonderwegs des Dritten Reiches errichtet wurde, orientierten sich die Väter des Grundgesetzes in allen Bereichen – außer im Verhältnis von Staat, Gesellschaft und Religion – nach Westen. Damit war nicht nur eine äußere Integration Deutschlands in die westliche Allianz gemeint, sondern auch und vor allem eine europäische Werte-Orientierung in bezug auf Demokratie. Man sprach zu Recht von der Verwestlichung Deutschlands, mit der ein Abschied dieses Landes von der bisherigen Tradition der Sonderwege anvisiert war.

Ein westlich gedeuteter Islam für Deutschland, kein Sonderweg

Die deutsche Geschichte setzt nicht die Maßstäbe für das, was als ursprünglich westlich bezeichnet wird. Die Modelle Englands und Frankreichs werden heute allgemein als repräsentativ für die westliche Entwicklung angeführt. In seinem großartigen Werk *Könige oder Volk?* hat Reinhard Bendix[1], ein verstorbener Berliner Jude, der den Holocaust überlebte und dessen Freundschaft ich genossen habe, die französischen und britischen Modelle als Referenz für die Entstehung der Demokratie in Westeuropa bezeichnet. Die Verwestlichung Deutschlands ist am Grad der Verwirklichung dieser Modelle zu messen. Dies gilt auch bei der Suche nach demokratischen Lösungen zur Bewältigung des Zustroms von Zuwanderern aus nicht-westlichen Zivilisationen nach Europa in unserem Zeitalter der Globalisierung und der Migration. Deshalb rede ich von der Notwendigkeit eines Euro-Islam als Integrationsvoraussetzung und nicht von einem deutschen Islam, wie eine große deutsche Zeitung wiederholt schrieb. Ein deutscher Islam wäre einmal mehr ein Sonderweg und für die deutsche Demokratie nicht gut.

Ein aktuelles, noch anzuführendes Urteil des Bundesverwaltungsgerichts, das in Deutschland Rechtsstandards setzt, indem es islamische Fundamentalisten als Religionsgemeinschaft anerkennt, bestärkt mich, meine Warnung über das Ansinnen, den Sonderweg der Kirchenorganisationen in Deutschland auf die Islam-Diaspora zu übertragen, zu wiederholen. Dieser Sonderweg ist ein Irrweg und behindert jede Integration der Muslime. Meine Vision vom Euro-Islam, die ich als »liberaler Muslim, der in Deutschland lehrt« (so die New Yorker *Foreign Affairs*, Heft März/April 1999) entfalte, orientiert sich am okzidentalen Europa, das mir Freiheit gewährt, nicht aber an irgendwelchen deutschen Sonderwegen. Der Islam von Ibn Ruschd und Ibn Sina, nicht der Islam der Orthodoxie oder des Islamismus, der Anerkennung von deutschen Gerichten findet, bietet mir meine religiöse Identität. Politisch bekenne ich mich zum deutschen Grundgesetz, das aber in einem westlichen Rahmen seine Herkunft hat. Das Europa der Freiheit und der Aufklärung ist meine Orientierung – dies habe ich bei meinem jüdischen Lehrer Max Horkheimer gelernt, dem ich mein Buch über Europa[2] gewidmet habe. Der demokratische deutsche Staat muß diese Bejahung seiner europäischen Identität von den Migranten einfordern.

In diesem abschließenden Kapitel behandle ich daher eine europäische Perspektive, nicht einen deutschen Sonderweg für den Islam. Für die Bestimmung der Religion in Staat und Gesellschaft bieten deutsche Kirchen leider keine brauchbare Orientierung – dies muß ich hier in aller Deutlichkeit sagen! Diese Aussage verträgt sich durchaus mit meiner Bewunderung für Martin Luther und die Reformation. Es ist deshalb kein Widerspruch, weil die Reformation zu den wenigen deutschen Leistungen gehört, die europäischem Standard entsprechen – sie war kein Sonderweg.

Wer die Teile dieses Buches über Muslime in Deutschland gelesen hat, wird verstanden haben, daß die Islamisten den organisierten Islam in Deutschland fest im Griff haben und gegen die Integration sind. Angesichts der Tatsache, daß sie Meister der *Iham*/Täuschung der Ungläubigen (sunnitische Praxis der Islamisten analog zu der schi'itischen *Taqiyya*/Verstellungsdoktrin) sind, ist es absolut uninteressant, was die offiziellen Vertreter dieses Kreises in der Öffentlichkeit sagen. Wer sich keinen Sand in die Augen streuen läßt, weiß, daß das einzige Recht, das Islamisten anerkennen, die *Schari'a* ist. Mich überrascht jedoch nicht, daß dieselben Islamisten, die »Ungläubige« im Namen der *Schari'a* verfolgen, keine Hemmungen haben, deutsche Gerichte für ihre Sache zu bemühen. Einige spielen in dieser Situation aus falsch verstandener »Toleranz«, andere aus formaljuristischen Gründen den deutschen Michel.

1998 staunte die Welt über das Urteil des Berliner Oberverwaltungsgerichts, nach dem die offiziell als »extremistisch-fundamentalistisch« eingestufte Islamische Föderation muslimischen Schülern in Berlin auf Staatskosten Islam-Unterricht erteilen darf. Leider ist der Berliner Senat, statt konstruktive Politik zu betreiben und neue Gesetze zu erlassen sowie einen euro-islamischen, vom Fundamentalismus freien Islam-Unterricht zu entwerfen, nicht anders als die Fundamentalisten verfahren: Er hat seinerseits die Gerichte angerufen und weiter nichts getan.

Im Februar 2000 hat das Bundesverwaltungsgericht der Islamischen Föderation gegen den Berliner Senat recht gegeben und die fundamentalistische Organisation als Islam-Vertretung, d.h. als Religionsgemeinschaft anerkannt. Mehr als Kopfschütteln über deutsche Politiker und Juristen und ihre Sonderwege habe ich als Euro-Muslim dafür nicht übrig. Eine demokratische deutsche Zeitung, die *Frankfurter Rundschau*, teilt mein Staunen in einem Leitartikel vom 24. Februar 2000 mit dem Titel »Verschlafen«. Darin heißt es: »[O]b mit der Föderation einer islamischen Indoktrination Tür und Tor geöffnet werden, hat der Senat verschlafen. Ob aus Ignoranz oder Desinteresse, bleibt fraglich.«

Der Vorwurf der Ignoranz und des Desinteresses könnte diesem Buch entnommen sein. Ich wiederhole, daß Ignoranz schlimmer als Intoleranz ist, weil sie ihre Quelle darstellt. Sehr richtig schreibt der *FR*-Leitartikler: »Anstatt zwei Jahre mit der Föderation vor Gerichten zu ringen, hätte die Schulverwaltung längst selbst ein handhabbares Konzept für den Islam-Unterricht erstellen und umsetzen können« und kommentiert dieses Verschlafen mit dem Satz: »Das Nachsehen haben die liberal-muslimischen Eltern.«

Der deutsche Sonderweg für den Islam heißt Fundamentalismus, nicht liberaler Islam. Das Urteil des Bundesverwaltungsgerichtes (Az: BVewG6C5.99) wird große Konsequenzen haben, obwohl es mit der Sonderrechtslage Berlins heruntergespielt wird. Selbst der Richter am Bundesverwaltungsgericht Joachim Büge schließt nach einem Bericht der *Welt* vom 25. Februar 2000 nicht aus, »daß es bald zu einer Art Musterprozeß von bundesweiter Bedeutung vor dem Bundesverwaltungsgericht kommen könnte ... Von einem Bundesland werde das wahrscheinlich beispielhaft vorgebracht.«

Die Anhänger der *Schari'a* instrumentalisieren deutsches positives Recht, um Islam-Unterricht als *Schari'a*-Unterricht gegen die Integration durchzusetzen. Kopfschütteln ruft auch die von den Bundesverwaltungsrichtern explizit zum Ausdruck gebrachte Position hervor, daß sie formaljuristisch, also rein rechtstechnisch urteilen und politische Gesichtspunkte – etwa ob die Islamische Föderation von Fundamentalisten getragen wird – bewußt außer acht lassen. Dagegen hat der den Berliner Senat vertretende Staatsrechtler Bernhard Schlink argumentiert, daß die Islamische Föderation »vielleicht als religiöser Verein anzusehen (ist), keinesfalls aber als Religionsgemeinschaft« (nach *SZ* vom 24. Februar 2000), und empfohlen, »hinter die streng religiöse Fassade der Föderation zu blicken«.

Tut man dies, dann erkennt man, »daß es hier nicht um das Bekenntnis geht ... Die Gründe für solche Strukturen (sind) außerhalb der Religion zu suchen ...«

Euro-Islam ist die Alternative

In einem *Spiegel-Special*, das dem Islam gewidmet wurde, trägt mein Essay den Titel »Euro-Islam ist die Lösung«.[3] Handelt es sich dabei um ein Schlagwort? Oder, schlimmer noch, um eine religiöse Ausrichtung, der nur »Fußkranke ... und ein zu einer ominösen Ein-Mann-Sekte ... übergetretener Politikprofessor Bassam Tibi«[4] angehören? Anders gefragt – nun drehe ich den Spieß unter Rückgriff auf den großen jüdischen Historiker Bernard Lewis (vgl. den Abschluß von Kap. VII) um: besteht der Unterschied zwischen uns deutschen Muslimen und deutschen Juden darin, daß wir es noch vor uns haben, während unsere semitischen Brüder es bereits hinter sich haben? »Sind Ausländer«, so heißt mein Beitrag zu einer Münchner Ringvorlesung[5] über den Rechtsradikalismus, »die heutigen Juden der Deutschen?« Ich stand dieser Formel bisher sehr kritisch gegenüber. Dennoch räume ich ein: Ich habe Angst. Diese Angst bezieht sich gleichermaßen auf deutsche Fremdenfeindlichkeit[6] und auf latenten *Djihad* der Islamisten; beide stärken sich gegenseitig.

Der Islam hat – wie ich an mehreren Stellen dieses Buches zeigen konnte – viele Gesichter und ist sehr vielfältig. Daraus folgt, daß es den monolithischen Islam niemals gab und nirgendwo – auch nicht im Deutschland der Sonderwege – geben wird. Niemals wird deshalb eine alle Muslime vertretende »Kirche« entstehen können. Eine solche einheitliche »islamische Kirche« für Deutschland wäre ein deutscher Sonderweg für den Islam und würde großes Unheil bedeuten!

Auch konservative al-Azhar-Gelehrte lehnen die Lösung einer »islamischen Kirche« ab, doch bestanden sie im Dialog mit mir während meines in der Vorrede angeführten Aufenthaltes in Ägypten zur Diskussion der Thesen dieses Buches – alle historischen Realitäten verleugnend – darauf, daß es einen einheitlichen Islam gibt, der von der *Schari'a* bestimmt wird und der in dieser Gestalt das Recht auf Anerkennung in Deutschland habe. Obwohl ich als Muslim mit Diskriminierung im Alltag – auch an der Universität – vertraut bin, habe ich die Gleichsetzung der europäischen Ablehnung eines *Schari'a*-Islam mit *Idtihad*/ Unterdrückung der Muslime in Deutschland zurückgewiesen. Mein Moderator im ägyptischen Fernsehen *Nile-SAT* behauptete, Muslime werden in Deutschland verbrannt, und wies meine Differenzierung zwischen Unterdrückung und Diskriminierung zurück. Er lachte mich aus, als ich sagte, der demokratische Staat garantiere Religionsfreiheit und so genieße der Islam in Deutschland verfassungsmäßig volle Anerkennung.

Alle Muslime bilden eine *Umma*, aber diese ist weder Kirche, wie manche organisierten Christen es gerne sähen, noch eine religiös-politische Ordnung, wie islamische Fundamentalisten es anstreben. Die *Umma* ist eine Solidargemeinschaft, die stark idealisiert wird.

Der große Islamwissenschaftler Josef van Ess hat in einem umfangreichen Werk nachgewiesen, daß dieses Ideal noch nicht einmal im Früh-Islam nach dem Tod des Propheten verwirklicht worden ist.[7] Alle Muslime glauben an Allah und an seinen Propheten Mohammed. Sie stimmen darin über-ein, daß sie beten, fasten, *Zakat*-Steuer zahlen und einmal nach Mekka pilgern müssen. In allen anderen religiösen und kulturellen Angelegenheiten aber sind sie vielfältig. Der Islam in Marokko ist ein anderer als der Islam in Indonesien.[8] Ein al-Azhar-Professor, der zu meinen Dialogpartnern gehörte, wies diese Erkenntnis zurück und lehnte somit ab, daß der Islam in Deutschland europäische Züge annimmt. In diesem Buch gehe ich davon aus, daß aber genau dies Voraussetzung ist, wollen Muslime auf diesem Kontinent heimisch werden und nicht weiter als Fremde im Islam-Ghetto leben. Nicht mehr und nicht weniger bringt der Euro-Islam – analog zum Afro-Islam oder Indo-Islam – zum Ausdruck.

Auf dem Weltwirtschaftsforum in Davos 1999 hat der liberale Imam der Großmoschee von Paris, Dalil Boubakir, offen und unzweideutig gesagt, daß der Islam ohne Anerkennung der *laïcité*/Trennung zwischen Religion und Politik keine Zukunft in Europa haben kann. Als ich dort seine Worte mit dem Satz kommentierte, dies sei das Verständnis, für das ich den Begriff Euro-Islam[9] geprägt hätte, antwortete der liberale Imam spontan: »Dann ist mein Islam ein Euro-Islam.« Einen solch aufgeklärten Imam habe ich bisher nirgendwo in Deutschland getroffen!

Frankreich nimmt Einfluß auf die Rekrutierung seiner Imame[10], und die Niederlande etwa haben ein Programm zur Imam-Ausbildung in holländischen Moscheen aufgebaut. Allein die Deutschen importieren Imame aus dem islamischen Ausland und nehmen keinen Einfluß auf ihre Herkunft; ob diese tolerant, geistesoffen oder fundamentalistisch sind, scheint nicht von Interesse zu sein. Ein Bischof aus Berlin wünscht, daß der deutsche Staat »weltanschaulich neutral« bleibt und schert sich offenbar nicht darum, ob dies der Anpassung des Islam an Europa und dem Schutz der jungen deutschen Demokratie dienlich ist!

Inzwischen kann Deutschland sogar fundamentalistische Imame exportieren, zum Beispiel den türkischen Imam Konus. Dieser hatte in Nantua (westlich von Genf) verordnet, daß alle muslimischen, aus dem Maghreb stammenden Frauen sich zu verschleiern haben. Die Antwort der Franzosen war, ihn auszuweisen, nachdem er öffentlich bekundet hatte: »Allahs Gesetze stehen über der französischen Verfassung«.[11] Als liberaler Muslim glaube ich an Gott als Schöpfer dieser Erde, muß aber staunen, wenn ich von Orthodoxen und Islamisten neuerdings erfahre, daß Allah auch ein Gesetzgeber und Herrscher sei! Allah schütze uns vor jeder Häresie und jedem Frevel!

Optionen für die Muslime in Deutschland

Vergleichbar der Unterteilung der Muslime Frankreichs durch Remi Leveau lassen sich die Muslime Deutschlands in folgende Gruppen einteilen:

1) Deutsche Bürger muslimischen Glaubens, also voll integriert.
2) Integrationswillige Muslime, die den Bürgerstatus noch nicht haben oder noch nicht ganz integriert sind.
3) Muslime in Deutschland, die die Integration als eine versteckte Christianisierung deuten und deshalb strikt ablehnen; sie wollen eine islamische Enklave in Deutschland aufbauen, die nach islamischen Gesetzen, das heißt nach den Normen der *Schari'a* organisiert ist. Diese Islamisten sind nicht nur nicht integrierbar, sondern unterminieren aktiv jede Integrationspolitik.

Bei weltanschaulicher Neutralität des demokratischen Staates überläßt man den Muslimen der Gruppe 3 das Parkett und läßt sie als Träger eines islamischen Religionsunterrichts zu. Hierbei hätten sie ungehindert Einfluß auf Kinder der Gruppen 1 und 2, wodurch sie ihr Ziel, jede Integration zu verhindern, verfolgen können. Somit werden der Islam-Unterricht, aber auch die Moschee zu Instrumenten ihrer Politik. Ich habe an anderer Stelle am Beispiel der Türkei gezeigt, daß es bei der Auseinandersetzung zwischen Islamismus und Säkularität auch um die Kontrolle über die Institutionen der Bildung geht.[12] Besonders betroffen sind die Koran-Schulen. In Deutschland sind diese nach Beobachtungen des Bundesverfassungsschutzes Instrumente gegen die Integration.[13] Im Gegensatz zu den Islamisten ist jeder in Europa lebende Muslim, der die europäischen Werte der säkularen Demokratie, Zivilgesellschaft, individuellen Menschenrechte und des Pluralismus akzeptiert[14], also die westliche Identität Deutschlands bejaht, ein Euro-Muslim.

In Deutschland gibt es zahlreiche Muslime, die in dem beschriebenen Sinne als Euro-Muslime einzustufen sind. Es sind allerdings in der Regel Individuen, die den Islam auf diese Weise in ihrem Alltag wahrnehmen und praktizieren, nicht aber in Verbänden organisiert sind. Die Mehrheit der Muslime Deutschlands besteht jedoch leider aus ungebildeten Menschen, die aus dem Hinterland der Türkei stammen. Städter aus Istanbul, Ankara oder Izmir sind Ausnahmen und gehen nach meinen Beobachtungen vorzugsweise in die USA, nicht nach Deutschland. Ungebildete Muslime wissen natürlich auch wenig über den Islam, soweit es über die Rituale der Alltagsreligiosität hinausgeht. Diese Muslime verhalten sich in der Regel indifferent, und ein höherer Lebensstandard ist ihre oberste Priorität. Sie sind jedenfalls keine Islamisten und auch nicht organisiert.

In der deutschen Öffentlichkeit tritt lediglich der organisierte Islam,[15] also etwa die Räte, die Moscheevereine, Milli Görüs etc., der nur eine – allerdings lautstarke – Minderheit repräsentiert, in Erscheinung. Aber diese Minderheit verfügt über umfangreiche Ressourcen, vor allem Geld, Infrastruktur und natürlich über entsprechend gesinnte Imame.

Die Alternative, die ich zum Ghetto-Islam vorschlage, ist der bereits mehrfach erwähnte Euro-Islam;[16] es handelt sich um eine Vision, die in ein politisches Konzept umgesetzt werden kann, wie es in Frankreich und Schweden bereits geschehen ist. Die Erziehung bzw. die Schule – nicht eine Kirche – könnten den Rahmen für einen Euro-Islam bieten.

Auch im mittelalterlichen Islam wurde zwischen islamischen Rationalisten bzw. Aufklärern und ihren Gegnern, der *Fiqh*-Orthodoxie, ein Kampf um die *Medresse* geführt.[17] *Medresse* ist die islamische Institution der höheren Bildung. Die Orthodoxen haben es geschafft, islamische Philosophie und Naturwissenschaft aus dem Curriculum der *Medresse* herauszuhalten und somit jede Institutionalisierung der islamischen Tradition des Rationalismus im islamischen Bildungssystem verhindert.[18] Gerade in dieser Tradition wird in Deutschland der Kampf um die Islam-Diaspora auf dem Felde der Erziehung ausgetragen; Islamisten wollen mit Hilfe des Islam-Unterrichts erreichen, daß die hier geborenen muslimischen Kinder in ihrem Sinne und nicht im Geist des Grundgesetzes erzogen werden.

Der Vergleich zum Sozialkunde-Unterricht ist hier von Interesse. Die Politikwissenschaft wurde im Nachkriegsdeutschland auch als ein Instrument der Demokratisierung zur Ausbildung demokratisch gesinnter Sozialkundelehrer eingeführt. Ähnlich könnte man in Deutschland die hier geborenen Kinder islamischer Migranten über eine euro-islamische Erziehung für die demokratische Integration gewinnen! Dies erfordert allerdings eine entsprechende inhaltliche Bestimmung des Islam-Unterrichts.

Alternativen zum Euro-Islam: Kulturelle Autonomie für die Muslime in Deutschland?

Es war Zufall, daß am Tag nach meiner Rückkehr aus Kairo nach Harvard das Thema des für ausgewählte Professoren der Boston-Region (MIT, Boston University etc.) monatlich im Harvard Faculty Club stattfindenden Seminars »*Culture and Globalization*« gerade der Zerfall des auf der Idee des Staatsbürgers – im Sinne von *citoyen* – basierenden Nationalstaats im Zeitalter von Ethnizität und politisierter Religion war. Unter anderem an den Beispielen Kosovo, Tschetschenien, Ost-Timor, Kaschmir haben wir diskutiert, wie sich innerhalb eines Nationalstaats Gruppen seit dem Ende der Bipolarität auf ihre religiös-kulturelle Identität berufen und die bestehende territoriale Integrität herausfordern. Die unter Leitung von Samuel Huntington und hochkarätigen Professoren wie Lucian Pye, Daniel Bell und Stanley Hoffmann geführte Diskussion ist von großer Relevanz für das Thema dieses Buches, insbesondere für die Erläuterung der Alternativen und Optionen in diesem Schlußkapitel. Es ging um Minderheiten, und die Muslime in Deutschland sind eine Minderheit.

In der angeführten Harvard-Diskussion sind wir im Gegensatz zu anderen Debatten (z.B. zwischen den Feinden und

Freunden des Islam in Deutschland) von Fakten und nicht von Gesinnungen ausgegangen. Zu den Fakten gehört die verstärkt auftretende Erscheinung der auf Minderheiten bezogenen Gruppen-Identität sowie ihre Politisierung mit den Folgen etwa separatistischer Bewegungen. Es ist zweitrangig, ob man diese Erscheinung mag oder nicht, sie existiert, und verantwortungsethisch orientierte Wissenschaftler müssen mit ihr umgehen und nach Lösungen suchen. Zur vorwiegend in außerwestlichen Zivilisationen (aber auch in Kanada, Spanien, Belgien, ja Frankreich) auftretenden Erscheinung sezessionistisch wirkender Gruppen-Identität gesellt sich die im Westen gepflegte Mode der postmodernen Vergötterung des Kollektivs und die mit ihr verbundene Verschiebung des Fokus von individuellen auf kollektive Menschenrechte. Überall werden kulturelle Kollektiv-Identitäten konstruiert, und die Sensationshascherei der westlichen Medien gibt ihnen Auftrieb. Was hat dies alles mit den Muslimen in Deutschland zu tun?

In Harvard waren wir uns einig, daß das mit dem angeführten Phänomen verbundene Konfliktpotential bereits im Frühstadium durch die Gewährung von Autonomie im Rahmen der bestehenden Territorialität entschärft werden kann. Bei zunehmender Gewalt – so wie im Kosovo und in Tschetschenien – ist es schwer denkbar, daß Separatismus, also Ablösung vom Staatsverband, noch zu vermeiden ist. Diese für bodenständige ethnische und religiöse Minderheiten gültige Debatte haben wir dann auf die durch Migration entstandenen Minoritäten – etwa die Islam-Gemeinde in Deutschland – erweitert. Hier kommt territoriale Autonomie – wie etwa für die Kurden in der Türkei – natürlich nicht in Frage. Unsere Harvard-Debatte kreiste hier um die Frage »kultureller Autonomie«. Dies war der Anlaß für mich, die Thesen und Ergebnisse meines vorliegenden Buches vorzutragen und in die Harvard-Debatte einzubringen.

Mein Konzept vom Euro-Islam geht von individuellen Menschenrechten aus, wonach auch das Grundrecht auf Religionsfreiheit ein individuelles, kein kollektives Recht ist. Als Muslim sehe ich keinen Widerspruch zwischen meiner Zugehörigkeit zum Islam und der Übernahme einer europäisch-säkularen Identität. Dagegen behaupten Islamisten und orthodoxe Mus-lime, daß ein Muslim nicht nach den Regeln einer säkularen Ordnung leben könne und dürfe. Besonders schwer wiegt, daß die *Schari'a* als Bestandteil der kulturellen Gruppenidentität muslimischer Migranten in Deutschland ausgegeben wird. In diesem Buch habe ich jedoch gezeigt, daß sich *Schari'a* und Grundgesetz wie Feuer und Wasser zueinander verhalten. Was bedeutet es für Deutschland, wenn ein Euro-Islam als Lösung abgelehnt wird und die muslimischen Migranten kulturelle Autonomie, z.B. in der Rechtssphäre, erhalten? Schlicht: Es gäbe keine Integration mehr. Die Konflikte wären immens und nicht lösbar.

Ein Vertreter der Europäischen Union, der als Fellow Harvard besucht, machte auf unserem Seminar deutlich, daß die »*Shari'a* across Europe« eine Antithese zur europäischen Identität sei. Ich fügte hinzu, daß auch ich als liberaler Muslim gegen die Geltung der *Schari'a* in Europa bin. Entgegen aller Multi-Kulti-Moden und Vorwürfe hat dies mit »Rassismus« nichts zu tun. Eine *Schari'a*-orientierte kulturelle Autonomie für Muslime in Europa ist eine Gefahr für den inneren Frieden. In Harvard waren wir uns einig, daß die Gewährung von Autonomie eine präventive Maßnahme ist, daß sie aber sezessionistische Bestrebungen nicht ausschließen kann. Eine euro-islamische Integration könnte diesen Entwicklungen vorbeugen.

Türken in Deutschland am Scheideweg

Im folgenden werde ich mich auf die türkischen Muslime unter der deutschen Islam-Diaspora konzentrieren, obwohl ich weiß, daß diese nicht mehr exklusiv türkisch ist. Aber der organisierte Islam in Deutschland ist nach wie vor türkisch dominiert. Auch die Hauptberührungspunkte Deutschlands mit dem Islam haben durch die lange Geschichte deutsch-türkischer Beziehungen einen türkisch geprägten Charakter. Zu dieser Geschichte gehört das für Europa teilweise negativ beladene osmanische Erbe. Die diesem Erbe zuzurechnenden Feindbilder vom Islam werden von in Deutschland wirkenden türkischen Islamisten neu belebt, wenn sie deutsche Moscheen nach großen osmanischen *Djihad*-Eroberern benennen. Für die anderen Gesellschaften Europas ist die euro-islamische Geschichte weder romantisch noch mit dem Besuch des deutschen Kaisers Wilhelm II. in Istanbul verbunden, sondern wird mit *Kreuzzug und Djihad* assoziiert.[19] Das osmanische Reich wollte ganz Europa erobern und ist daran gescheitert. Die türkischen Islamisten der Diaspora leben im Schatten dieser neo-osmanischen Nostalgie!

Die numerisch stets wachsende Präsenz von ca. 3,5 Millionen türkischen Migranten in Westeuropa (davon 2,3 Millionen in Deutschland) bedeutet, daß das türkische Segment der Islam-Diaspora in Europa[20] immer wichtiger wird. Parallel dazu nimmt die geopolitische Bedeutung der Türkei ständig zu.[21] Schließlich will die Türkei Mitglied der Europäischen Union werden und ist im Dezember 1999 als Kandidat zugelassen worden. Die Mitgliedschaft der Türkei in der EU bedeutete die Aufnahme eines Landes in die europäische Staatenfamilie, das historisch und in Anbetracht seiner zivilisatorischen Identität nichtwestlich definiert ist. Doch kann die Türkei trotz ihrer Geschichte europäisch werden, aber nur, wenn die türkische Bevölkerung diese Option als Identitätsmuster wählt. Diese Wahl eröffnete neue Perspektiven für den Euro-Islam in Deutschland, es sei denn, die türkische Islam-Diaspora – etwa in Köln – würde zu einer Hochburg der Opposition gegen eine europäische Türkei. Das Problem ist aber, daß die türkische Islam-Gemeinde in Deutschland nicht von Kemalisten dominiert wird, die die europäische Identität bejahen.

Für Deutschland ist es von zentraler Bedeutung, ob die Türken »kulturelle Europäer« werden wollen und die politischen Standards Westeuropas akzeptieren werden. Die kemalistische Elite, aus deren Kreisen meine türkischen Freunde kommen, ist europäisiert, und ich ordne ihre Angehörigen ohne Vorbehalt als Europäer ein. Dies gilt aber nicht für die gesamte türkische Bevölkerung. Die Masse der rapide anwachsenden, bereits jetzt rund 70 Millionen Menschen umfassenden und auf die Zahl von 100 Millionen zusteuernden Bevölkerung akzeptiert freilich nicht unbedingt europäische Werte und die ihnen zugrunde liegende Weltsicht.

Die Entscheidung darüber, ob die Türkei eine europäische Identität annimmt, ist der Gegenstand eines innertürkischen Richtungskampfes zwischen Kemalismus und Islamismus. Dieser Kampf findet auch im türkischen Teil der deutschen Islam-Diaspora statt. Die Islamisten wollen keine westliche Bestimmung der Kultur ihres Landes und lehnen eine solche auch als Identitätsmuster für die Deutschland-Türken ab. Der Islamismus ist eine antiwestliche Ideologie, die nicht nur die Türkei von Europa abkoppeln will; seine Anhänger wollen dies auch für die hier geborenen Kinder erreichen! Die Folge sind Konflikte, die einen ethnischen Charakter annehmen können.[22] Ein deutscher Paß als Garant wirtschaftlicher Vorteile muß von seinen Besitzern eine europäische Identität verlangen. Der Euro-Islam ist ein Dorn im Auge der Islamisten, weil er zuläßt, daß Muslime Europäer werden. Islamisten lehnen ihn mit der Behauptung ab, Europa sei christlich und besäße daher eine mit dem Islam grundsätzlich unvereinbare Identität.

Die Mehrheit der türkischen Migranten hebt sich von einer Vielzahl von Asylbewerbern dadurch ab, daß sie einen integralen Bestandteil von Staat und Gesellschaft bildet und zur arbeitenden, Steuern- und Sozialabgaben zahlenden Bevölkerung gehört. Außerdem sind die frühen türkischen Migranten von den seit den neunziger Jahren des 20. Jahrhunderts mit Hilfe von Schieberbanden eingereisten Türken zu unterscheiden, die dauerhafte Sozialhilfeempfänger bleiben und den Sozialstaat belasten. Die Tatsache, daß die Mehrheit der in Deutschland lebenden Türken erwerbstätig ist, ist für die Integration sehr wichtig, denn kulturelle und politische Eingliederung ist ohne wirtschaftliche Integration nicht machbar. Ich denke, daß sich nur wirtschaftlich integrierte Menschen als Bürger in das politische Gemeinwesen eingliedern lassen. Ich habe bereits deutlich gemacht, daß dieses Ziel nicht allein formaljuristisch durch die Ausstellung eines deutschen Passes erreicht werden kann. Erst die Identifikation mit den bestehenden europäischen Gemeinwesen macht die türkischen Migranten zu Europäern. In Deutschland wird das Problem der Integration jedoch gerade formaljuristisch angegangen, wie das neue Staatsangehörigkeitsrecht zeigt. Notwendig ist aber, die islamische Identität der türkischen Muslime mit der europäischen Identität zu versöhnen. Dafür bietet sich der Euro-Islam als Lösung an!

Wie alle Migranten bringen auch die türkischen Migranten die Probleme ihres Landes mit in die Diaspora – zum Beispiel Ethnizität (Kurdenfrage), die Spannungen zwischen Sunniten und Aleviten und nicht zuletzt den Kampf zwischen Kemalisten und Islamisten. Wenn den türkischen Migranten Deutschland durch Integration näher stünde als ihr Ursprungsland und sie sich mit dem demokratischen deutschen Gemeinwesen identifizieren könnten, sich also nicht mehr als Fremde fühlten, würde die Bedeutung dieser Probleme abnehmen.

Der Euro-Islam ist jedoch nur eine Option. Es gibt Alternativen. Eine davon ist der Ghetto-Islam. Der Euro-Islam gründet nicht auf einem abgehobenen Dialog zwischen türkischen und europäischen Intellektuellen. Es geht um die »einfachen« in Deutschland lebenden Türken, die zwischen der Moschee und der dem Grundgesetz verpflichteten Gesellschaft, in der sie leben, verunsichert hin- und herschwanken. Mein Konzept vom Euro-Islam ist also weniger für die universitäre Diskussion denn als Politikkonzept für die Entscheidungsfindung in Gesellschaften gedacht, die muslimische Einwanderer aufnehmen und mit den damit zusammenhängenden Konfliktpotentialen konfrontiert sind.

Meine Grundannahme ist, daß ein institutionalisierter Euro-Islam Basis für eine Politik der Integration sein muß. Die von Islamisten mit absolutem Anspruch vorgetragene Option ist die

Abschottung. Die Koran-Schulen dienen einer islamistischen Erziehung, die genau dieses Ziel verfolgt. Eine Erziehung im Sinne des Euro-Islam würde dagegen zu den Rahmenbedingungen gehören, die aus türkischen Migranten integrierte Euro-Muslime machen. Die Alternative sind ethnisch-religiöse Konflikte, die der Fundamentalismus ideologisch nährt.[23]

Die Auseinandersetzung mit dem Fundamentalismus ist keine schöngeistige Debatte. Mit den Islamisten in Deutschland müssen Demokraten offensiv umgehen, und von Muslimen im allgemeinen müssen sie eine Verpflichtung zum Grundgesetz und ein »Ja« zum säkularen Europa einfordern. Die kulturelle Moderne ist die Quelle der angesprochenen Leitkultur, die als eine Brücke zwischen Islam und Europa fungieren kann. Die Ablehnung dieses Brückenschlags durch Islamisten ist mit einer Entscheidung für die Abschottung verbunden und erfolgt auf der Grundlage einer totalitären Ideologie. Den totalitären Charakter des Islamismus im Namen der Toleranz zu akzeptieren bedeutete eine Selbstaufgabe der Demokratie.[24] Gegen Totalitaristen muß Demokratie wehrhaft[25] sein; der demokratische Staat ist weltanschaulich nicht neutral. Den Islam im Sinne der Demokratie zu interpretieren, ist die Basis des Euro-Islam, der für muslimische Migranten in Europa gedacht ist und sie vor totalitären Strömungen schützt. Nach dieser ausführlichen Erläuterung der Rahmenbedingungen der von mir vorgeschlagenen Lösung muß ich nun dazu übergehen, die Lösung selbst substantiell darzustellen.

Euro-Islam als europäische Identität der europäischen Islam-Diaspora

Den Begriff vom Euro-Islam habe ich in Paris am Institut du Monde Arabe im Rahmen eines Projekts über *Islams en Europe* (man bemerke den Plural, vgl. Anm. 9) geprägt. Es handelte sich um ein euro-islamisches Integrationsprojekt. Das Konzept orientiert sich an den zwei faktisch bestehenden, jedoch einander ausschließenden Optionen für die Zukunft der Muslime in Europa. Diese Optionen lassen sich auf die Frage zuspitzen: Integrieren sich die Muslime im Sinne demokratischer politischer Kultur als *citoyens*, oder schotten sie sich ab?

Es ist wichtig, an dieser Stelle hervorzuheben, daß selbst die für sunnitische Muslime autoritative Position der Azhar nicht einheitlich ist, obwohl es ein in Deutschland studierter, sehr orthodox orientierter Azhar-Professor in einem öffentlichen Dialog mit mir in Kairo strikt ablehnte einzuräumen, daß es auch unter Muslimen Unterschiede gebe. So läßt Professor Zakzouk eine euro-islamische Synthese zu, während andere Widerspruch anmelden. Meine Gesprächspartner in Kairo waren sich nicht einig in dieser Frage. Es ist außerordentlich zu betonen, daß die Kontroverse darüber, ob die islamische *Umma* monolithisch ist oder es doch eine kulturelle Pluralität im Islam gibt, keine akademische Angelegenheit ist. Es ist eine primär politische und gesellschaftliche, keine religiöse Frage. Es geht um die Frage, ob die Muslime in Deutschland eine Enklave oder einen Teil des demokratischen Gemeinwesens bilden. Ich habe im Rahmen dieser Problematik auf Zuspruch der Azhar gegen die in Deutschland aktiven Islamisten gehofft und ich muß – mit Bedauern – einräumen, daß ich sie nicht ohne Ambiguitäten bekommen habe. Ich nehme ausdrücklich Minister Zakzouk aus, den ich für einen aufgeklärten Muslim halte. Aber wie sagte ein Azhar-Gelehrter: Es gibt keine aufgeklärten und nicht-aufgeklärten, sondern nur Muslime.

In meinem Konzept des Euro-Islam, das weder von Orthodoxen noch von Islamisten, die von einem monolithischen Islam ausgehen, Zustimmung findet, nenne ich fünf noch anzuführende Grundlagen der europäischen Moderne, die zum Bestandteil der europäischen Identität gehören. Für den Islam in Europa ist es erforderlich, sich mit diesen zu versöhnen. Alle westeuropäischen Gesellschaften sind von diesen Grundlagen normativ geprägt und die in Deutschland lebenden Muslime können sich davon nicht ausnehmen. Diese Grundlagen bilden die Basis der Integration der muslimischen Migranten. Wir müssen in der politischen Diskussion offen darüber sprechen, ob Deutsche und Muslime den entsprechenden politischen Willen haben, gemeinsam an einem derart verstandenen Integrationsprojekt zu arbeiten. Daran scheiden sich die Geister.

Der Gegenstand nimmt dadurch an Komplexität zu, daß die traditionelle Sprache der Islamisten scheinbar ihre Entsprechung im multikulturellen Jargon findet. Die Enklave des Haus des Islam (*Dar al-Islam*) in Europa (in Kairo begrüßte ein Gesprächspartner diese auf Arabisch als »Staat im Staat«) wird auf diese Weise zu einem kommunitaristischen Gebilde, Multi-Kulti-Kommunitarismus zur Gegenoption, also zum Ersatz der Integration. In einer Enklave des *Dar al-Islam* in Europa genießen Muslime multikulturelle Rechte, können also nach der *Schari'a* leben. Der Widerspruch zum Grundgesetz soll angeblich nicht stören. Vor solchen Illusionen muß man sich schützen.

Als – allerdings aufgeklärter und säkularer, d.h. Religion und Politik trennender – Muslim, der aus der orientalischen Despotie geflüchtet ist, fühle ich mich der westlichen Identität Europas und ihren wichtigsten Prinzipien als eine politische Kultur verpflichtet. Die bereits angekündigten fünf normativen Grundlagen der europäischen Moderne bilden die Legitimität eines jeden demokratischen Gemeinwesens; ein Euro-Islam[26] muß sie enthalten:

• *Pluralismus* auf allen Ebenen, jedoch im institutionell und rechtlich verbindlichen Rahmen der Spielregeln eines der kulturellen Moderne verpflichteten Konsenses. Die Anerkennung eines solchen Pluralismus durch Muslime bedeutet, daß sie ihrem Missionierungseifer Grenzen auferlegen und sich als einen Teil des pluralistischen Ganzen verstehen. Im Klartext: keine *Da'wa*/islamische Mission in Europa und Verzicht auf *Fatih*-/Eroberer-Visionen sowie den Glauben, daß Muslime die einzig richtige Religion besäßen. Dem aus taktischen Gründen nicht immer deutlich ausgesprochenen Fernziel einer »Islamisierung

Europas« muß also eine klare Absage erteilt werden, die über ein bloßes Lippenbekenntnis hinausgeht.

- *Toleranz* als Begriff der Aufklärung im Sinne der kulturellen Moderne, d.h. nicht nur die »Duldung« von Christen und Juden als »*Dhimmi*/Schutzbefohlene«, was orthodoxe Muslime als Toleranz verstehen (vgl. Einleitung). Die Toleranz der Aufklärung schließt eine umfassende Freiheit der Anders-Denkenden und Anders-Gläubigen ein. Kurzum: Die Toleranz der kulturellen Moderne ist weit offener als die traditionelle islamische Toleranz. Sie kennt Menschen nur als gleichberechtigte Rechtssubjekte, unabhängig von ihrer Religion und Herkunft; sie unterteilt nicht in Bürger und Schützlinge.
- *Säkularität* im Sinne der französischen Laizität, die zum Bestandteil der politischen Kultur der kulturellen Moderne gehört und sich auf die Trennung von Politik und Religion bezieht. In Frankreich diskutiert man die wichtige Schrift eines aufgeklärten Muslims mit dem Titel *Laïcité ou Islamisme*/Säkularität oder Islamismus. Hierin werden einander ausschließende Optionen präsentiert. Denn bei diesem Gegenstand gibt es keine halben Lösungen, weil es weder eine halbe Demokratie noch eine halbe Säkularität gibt. Ich staune über protestantische deutsche Theologen, die im Rahmen ihres Dialogs mit Islamisten Abstriche an der westlichen Säkularität zulassen wollen. Demokraten werden dabei nicht mitmachen.
- Demokratische *Zivilgesellschaft* als rechtlich und institutionell abgesicherte Trennung zwischen öffentlicher und privater Sphäre. Türkische Migranten genießen folglich die verfassungsrechtlich geschützte Freiheit der Religionsausübung in der Moschee und in ihrer privaten Sphäre. In der Öffentlichkeit der Zivilgesellschaft sind sie Bürger wie alle anderen, ohne Sonderrechte. Genauso wie ich den Status der »Schützlinge« ablehne, weise ich den Anspruch auf Sonderrechte strikt zurück.
- Individuelle Menschenrechte. Im Islam gibt es zwar das Konzept des *Haq adami*/Menschenrecht; es hat aber eine völlig andere, für unseren Zusammenhang irrelevante Bedeutung.[27]

Aus der bisherigen Diskussion folgt, daß die einander ausschließenden Optionen der Muslime in Europa – wie angeführt – mit der Formel »Euro-Islam oder Ghetto-Islam« erfaßt werden können. Diese Auffassung steht in krassem Widerspruch zu dem Arbeitspapier des Islamischen Weltkongresses, das Ende Juli 1993 auf seiner Sitzung in Kairo verabschiedet wurde und offen für den Ghetto-Islam eintritt. Dieses Papier enthält für die meisten türkisch-fundamentalistisch dominierten Islam-Zentren und Islam-Räte in Deutschland eine verbindliche Strategie. In diesem Dokument heißt es:

»Der Islamische Weltkongreß hat auf seiner Arbeitstagung in Kairo eine neue Strategie für die *Da'wa*/Aufruf zum Islam gefordert ... Hierzu gehört der Aufbau islamischer Zentren in Europa ..., um die dort lebenden Muslime auf ihre Rolle in der Zukunft vorzubereiten ... Die Anwendung der *Schari'a* als Richtschnur im Leben der Muslime ist zu fordern.«[28]

Nun sind die Optionen, die muslimische Migranten haben, unzweideutig: die Grundlagen der europäischen Moderne anerkennen und somit einen europäischen Islam vertreten oder ein Teil des *Umma*-Kollektivs sein. Im Klartext: Die Alternativen sind ein »verlockender Fundamentalismus«, wie er vom Islamischen Weltkongreß in dem soeben angeführten Zitat vertreten wird, oder ein Euro-Islam, der eine europäische Identität für sich in Anspruch nimmt.

Muslimische Migranten als Euro-Muslime könnten durch die Aneignung der kulturellen Moderne zu Vorposten von liberalen Reformen und Demokratie in der islamischen Zivilisation sowie zur Brücke zwischen Orient und Okzident werden. Das Gegenteil hiervon ist aber auch möglich: Deutsche weisen die Muslime als gleichberechtigte Bürger ab, so daß diese zu Extremisten werden, die statt zur Verständigung zwischen den Zivilisationen beizutragen, den Konflikt zwischen den Zivilisationen auf dem europäischen Kontinent anheizen. Ansätze hierfür liegen in Form türkischer Enklaven in Deutschland bereits vor, aber ein Kosovo auf deutschem Boden kann noch immer durch eine euro-islamische Strategie verhindert werden. Noch ist es nicht zu spät!

Es gibt in Deutschland Wächter der *political correctness*, die verhindern wollen, daß in der Öffentlichkeit über diese Problematik gesprochen wird. Im *Focus*, in der Tagespresse und in Hörfunk und Fernsehen habe ich dennoch gegenüber einem breiten Publikum argumentiert, daß solche Verbote kein Beitrag zum inneren Frieden sind. Die Warnung des bisherigen sozialdemokratischen Präsidenten des Verfassungsschutzes, Peter Frisch, im *Spiegel* ist sehr ernst zu nehmen:

»Es gibt Bestrebungen, auch in Deutschland den Islamismus zu verwirklichen. Islamisten lehnen unsere auf Trennung von Staat und Kirche basierende Gesellschaftsordnung ab ... Ganz bewußt wird eine Abschottung der muslimischen Kinder betrieben ... In Koran-Schulen (wird) ... der Gottesstaat als einzig erstrebenswertes Ziel gepriesen ... auch für die Bundesrepublik ... Das ist ... (ein) Anwachsen des Fundamentalismus.«[29]

In den angeführten Schulen werden hier geborene türkische Kinder von Geistlichen (*Hodjas*) unterrichtet, die aus der Türkei kommen, weder Deutsch sprechen noch die europäische Umwelt der Deutsch-Türken kennen; sie behindern jede Integration. Was in den Koran-Schulen in Deutschland als Unterweisung erfolgt, ist in meinen Augen nichts anderes als ein Vergehen an den hier geborenen muslimischen Kindern.

Deutschland-Türken als Neo-Osmanen oder europäische *citoyens* in Deutschland?

Am Ende von Kapitel IX über den erforderlichen Übergang von der *Djihad*-Kreuzzugs-Tradition zum Dialog habe ich offen die besorgniserregende Erscheinung angesprochen, daß türkische Großmoscheen in Deutschland nach osmanischen Sultan-Eroberern benannt werden, die keine Brücken zwischen den Zivilisationen gebaut, sondern *Djihad*-Krieg gegen Europa geführt haben. Ich habe hierbei kurz über die sich in der Türkei ausbreitende neo-osmanische Nostalgie berichtet, die gegen die türkischen Kemalisten, die der Türkei eine europäische Identität geben wollen, gerichtet ist. Die neo-osmanische *Fatih*-Ideologie betrifft Europa und wird auch in bestimmten Kreisen in Deutschland offen vertreten. Gleichermaßen als Ideologie in der Türkei selbst wie unter den türkisch-islamischen Migranten in Deutschland ist sie bestens dazu geeignet, bei den Europäern durch die Neubelebung des Osmanen-Images[30] Ängste vor dem Islam zu schüren und entsprechende Feindbilder hervorzurufen. Eine Neubelebung des Bildes von den alten Osmanen kann die Orient-Okzident-Beziehung nur belasten. Angesichts der türkisch-islamischen Diaspora in Deutschland ist die Problematik »Die Türkei zwischen Europa und dem Islamismus« auch eine deutsche Problematik.

Die »Neuen Osmanen« sind nicht nur eine Gefahr für die säkulare Türkei als einer Brücke zwischen Europa und der Welt des Islam, sondern auch eine Kraft gegen die Integration der Deutschland-Türken. Selbst Migrant, trete ich dafür ein, daß Europa sich öffnet. Öffnung muß aber mit einer am Arbeitsmarkt orientierten Einwanderungspolitik einhergehen, die mit einem kulturellen Integrationskonzept gekoppelt ist. Denn jeder arbeitslose muslimische Zuwanderer befindet sich in einer Krise, die sich nicht auf seine ökonomische Situation beschränkt und ihn folglich für den Fundamentalismus anfällig macht. Ich habe schon hervorgehoben, daß wirtschaftliche Integration Bestandteil jeder Eingliederung ist. Den türkischen Zuwanderern, die keinen Arbeitsplatz bekommen und somit wirtschaftlich nicht integriert werden können, kann man schwer begreiflich machen, daß der Arbeitsmarkt und nicht irgendeine »kreuzzüglerische Mentalität (*al-Salibiyya*)« ihren ökonomischen Zustand verursacht. Deshalb gehört zu einer weitsichtigen Politik ein nüchternes Nachdenken über die Gefahren der religiös verbrämten Instrumentalisierung der Probleme muslimischer Zuwanderer – und der türkischen unter ihnen insbesondere –, die gleichermaßen kulturell (Diaspora) und ökonomisch (Arbeitslosigkeit) bedingt sind. Ich habe bereits die Heitmeyer-Studie zitiert, die sich mit nicht-integrierten türkischen Jugendlichen beschäftigt und die ernstzunehmenden Folgen mangelnder Integration zeigt.

Auch in Deutschland haben die »Neuen Osmanen« ihre Zentren; sie beleben eine alte, sowohl osmanische als auch islamische Tradition der Verbindung von Migration und Islamisierung. In diesem Buch habe ich die klassische, also nicht von gegenwartsbezogenen Fundamentalisten erfundene Verbindung von *Hidjra* im Sinne von Migration und der Verbreitung des Islam nicht verschwiegen. Um es ganz deutlich zu sagen: Es gibt Islamisten, die eine auf diese Tradition[31] zurückgreifende Migration, die Schaffung eines demographischen Gewichts islamischer Migranten, als ein Instrument der Islamisierung betrachten. Die Osmanen haben ihre *Djihad*-Eroberungen stets mit Siedlungspolitik verbunden.[32] Ein Euro-Islam wäre gegen diese Verbindung von *Hidjra*/Migration und Islamisierung immun. Als Euro-Muslim verstehe ich unter Dialog den gegenseitigen Austausch zwecks Verständigung und nicht die *Da'wa*/islamische Mission. Viele islamische Fundamentalisten meinen dagegen gerade die *Da'wa*, wenn sie vom Dialog sprechen. Auch diese Problematik ist in diesem Buch bei der Debatte über Migration nicht verschwiegen worden.[33]

Ausblick

Die Hindernisse für die Integration kommen nicht nur von türkischer Seite, sie lassen sich auch bei den Deutschen feststellen. Deutsche Abstammungs-Ethnizität ist genauso hinderlich für die benötigten Lösungen wie der Islamismus. Das neue Staatsangehörigkeitsgesetz ist ein positiv zu bewertender Ansatz, aber aufgrund seiner formaljuristischen Umsetzung noch nicht ausreichend, um Ethnizität zu überwinden.

Das Konzept vom Euro-Islam ist die Antithese zum Neo-Osmanismus und zur deutschen Ethnizität sowie gegen die bestehenden türkisch-islamischen Enklaven in Deutschland gerichtet. Die Vision einer am Euro-Islam orientierten Integration[34] richtet sich nicht nur gegen die unteilbare Loyalität der Türken gegenüber ihren exklusiven ethnisch-religiösen Gruppen, sondern auch gegen die Ethnizitätsfixierung der Deutschen.

Integration der Türken und anderer Migranten ist keine Einbahnstraße. Nicht nur die europäischen Staaten (z.B. die Bundesrepublik durch ein verändertes, d.h. liberales Staatsangehörigkeitsgesetz) haben die Aufgabe zu erfüllen, ein politisches Konzept hierfür zu entwickeln. Auch die in Europa lebenden türkischen Muslime haben die Aufgabe, an einem Euro-Islam zu arbeiten, der sie als demokratische Staatsbürger in Europa heimisch werden läßt. Diese Aufgabe kann Europa den Muslimen nicht abnehmen. Europäer können die Entfaltung eines Euro-Islam nur fördern; seine Umsetzung durch eine entsprechende Interpretation bleibt den Muslimen vorbehalten.

Kurz und knapp: Das Projekt Euro-Islam können nur liberale, in Deutschland lebende Muslime in der Auseinandersetzung mit deutschen ethnischen Vorstellungen – ganz gleich wie liberal sich diese schmücken – und türkischen, als Neo-Osmanen auftretenden Fundamentalisten durchsetzen. Damit will ich sagen, daß bestimmte Deutsche sich genauso wie die türkischen Islamisten – wenngleich aus anderen Motiven – gegen die Integration der in Deutschland lebenden Muslime in ein demokratisches Gemeinwesen stellen.

Mein Buch über Europa im Zeitalter der Migration habe ich, wie erwähnt, meinem verehrten Lehrer Max Horkheimer gewidmet, der die europäische Identität gegen Kommunismus und Faschismus verteidigt. Europa sei »im Augenblick noch eine Insel, räumlich und zeitlich, dessen Ende im Ozean der Gewaltherrschaft auch das Ende der Kultur bezeichnen würde, der die kritische Theorie noch zugehört.«[35]

Das ist ein eindeutiges Bekenntnis zu Europa, dem ich mich als ehemaliger Student dieses großen jüdischen Gelehrten anschließe. Auch Jürgen Habermas gehört dieser Tradition an, indem er die europäische Moderne als Kern der kulturellen Identität Europas gegen den Fundamentalismus zu bewahren sucht; er hat diesen als eine Gefahr für den europäischen Rechtsstaat erkannt: »Fundamentalistische Weltbilder sind dogmatisch ... Sie lassen keinen Spielraum für eine Reflexion auf ihre Beziehung zu anderen Weltbildern, mit denen sie dasselbe Diskurs-universum teilen und gegen deren konkurrierende Geltungsansprüche sie sich nur mit Gründen behaupten können. Sie lassen keinen Platz für ›reasonable disagreement‹ ... Die nicht-fundamentalistischen Weltbilder ... erlauben (dagegen, B.T.) – im Geiste Lessingscher Toleranz – einen zivilisierten Streit über Überzeugungen, in dem eine Partei ohne Preisgabe des eigenen Geltungsanspruches die anderen Parteien als Mitstreiter um authentische Wahrheiten anerkennen kann.«[36]

Von Herzen wünsche ich mir, daß deutsche Protestanten, jenseits ihrer gesinnungsethisch gedeuteten Nächstenliebe, die hier erläuterten Zusammenhänge verstehen. Werner Becker, der auch aus der Frankfurter Schule kommt, hebt hervor, Toleranz sei nicht »in jeder Hinsicht grenzenlos«, weshalb sie auch nicht bedeute, »alles Abweichende und Andersartige zu dulden«. Vor allem hat sie nichts mit Christentum zu tun, ist sie doch Produkt der Aufklärung. Becker schreibt, daß »das Gebot Jesu, demjenigen auch die andere Wange hinzuhalten, der einem bereits einen Schlag auf die eine Wange versetzt hat, mit Toleranz ... in diesem Sinne nicht vereinbar«[37] sei. Der Inhalt der Toleranz schließe zwar »Konfliktlagen, jedoch nicht moralische Selbstaufgabe« ein und basiere auf der Grundvoraussetzung der »Beibehaltung der eigenen Position. In der Regel steht Toleranz darum unter der Bedingung der Gegenseitigkeit« (ebd.).

Diese Toleranz, die weder christliche Nächstenliebe noch eine Multi-Kulti-Berechtigung zum *anything goes* bedeutet, soll den Rahmen für einen nicht ohne Konflikte zu führenden Dialog bieten, in dem Deutsche aufgeschlossen und ohne Tabus über den »Islam und Deutschland, Muslime in Deutschland« mit Muslimen reden. Dieses Buch möchte dabei helfen.

Anhang

Anmerkungen

Einleitung

1 Zum deutschen Tschador-Krieg siehe den Bericht von Edith Kohn, »Wieviel Multi-Kulti darf es sein?«, in: *STERN*, Heft 3/1998, S. 20–27.

2 Hierzu B. Tibi, *Europa ohne Identität? Die Krise der multikulturellen Gesellschaft*, München 1998 (Taschenbuch-Ausgabe, Berlin 2000).

3 Jean-François Revel, *Democracy Against Itself. The Future of Democratic Impulse*, New York 1993. Vgl. auch Johannes Lameyer, *Streitbare Demokratie. Eine verfassungshermeneutische Untersuchung*, Berlin 1978.

4 Norman Daniel, *Islam and the West. The Making of an Image*, Oxford 1993 (zuerst 1960), hierzu S. 209ff.

5 Adel Theodor Khoury, *Toleranz im Islam*, Mainz 1980, S. 138ff.

6 T. Nagel nach dem Bericht von Friedrich Niewöhner, in: *F.A.Z.* vom 10. Juni 1998 und dazu die kritische Diskussion im Abschnitt »Orientalismus, Philologie und Rassenpsychologie« meines Buches *Europa ohne Identität?* (wie in Anm. 2), S. 344ff.

7 Bernard Lewis, *Die Juden in der islamischen Welt*, München 1987; und dazu B. Tibi, »Die Geschichte einer Symbiose«, in: *F.A.Z.* vom 24. Mai 1989, S. 14.

8 Dies habe ich in Tel Aviv in meiner Kaller Lecture hervorgehoben; sie erscheint im Jahr 2000 in der Serie *Middle Eastern Lectures* des Moshe Dayan Centers, Band 4, 2000. Vgl. auch Avi Primor, B. Tibi u. a., *50 Jahre Israel*, hg. von Hardy Ostry, Trier 1999.

9 Die internationale, nicht aber die selbstzentrierte deutsche Presse hat über diesen Dialog berichtet. Die EKD-Zeitschrift *Evangelische Kommentare* wies einen von mir angebotenen Bericht in einem Schreiben mit dem lapidaren Kommentar »paßt nicht« und »unwichtig!« zurück.

10 Mein Referat, »Frieden im Nahen Osten im Lichte der Vergegenwärtigung des Westfälischen Friedens« erschien im Osnabrücker Jahrbuch *Frieden und Wissenschaft*, Band 6, 1999, S. 175–186.

11 Neben TV-Interviews sind Berichte in *Rocky Mountain News* vom 12. Februar 1998 erschienen; sowie »Secular Peace Talks in Mid East Urged«, in: *The Denver Post* vom 11. Februar 1998 und von Chris Leppek, »If Peace were up to Tibi and Avineri«, in: *Intermountain Jewish News*, Denver/Col. vom 20. Febr. 1998, S. 4.

12 Hierzu B. Tibi, *Kreuzzug und Djihad. Der Islam und die christliche Welt*, München 1999.

13 Zu Ibn al-Arabi vgl. William Chittick, *Imagined Worlds. Ibn al-Arabi and the Problem of Religious Diversity*, Albany/N.Y. 1994.

14 Siegfried Kohlhammer, *Die Feinde und die Freunde des Islam*, Göttingen 1996, faßt diese Debatte in seinem Buchtitel zusammen.

15 Vgl. hierzu die Kapitel 8, 9 und 10 in B. Tibi, *Aufbruch am Bosporus. Die Türkei zwischen Europa und dem Islamismus*, München 1998.

16 Ursula Spuler-Stegemann, *Muslime in Deutschland*, Freiburg 1998.

17 Hierzu das Kapitel über Religion in Clifford Geertz, *Dichte Beschreibung. Beiträge zum Verstehen kultureller Systeme*, Frankfurt/M. 1983, S. 44ff.; und dazu das Kapitel über Geertz in B. Tibi, *Der Islam und das Problem der kulturellen Bewältigung sozialen Wandels*, 3. Auflage, Frankfurt/M. 1991 (zuerst 1985), S. 20ff.

18 Christian Hillgruber, »Der deutsche Kulturstaat und der muslimische Kulturimport«, in: *Juristische Zeitung*, Heft 11/1999, S. 538-547.

19 Zur Vielfalt des Islam vgl. B. Tibi, *Der wahre Imam. Der Islam von Mohammed bis zur Gegenwart*, München 1996.

20 Über diese Herausforderung vgl. Tibi, *Europa ohne Identität?* (wie Anm. 2), Teil 3. Über die Unfähigkeit der Deutschen, mit Fremden umzugehen vgl. die Kapitel in Teil 4.

21 Vgl. Wilhelm Heitmeyer u.a., *Verlockender Fundamentalismus. Türkische Jugendliche in Deutschland*, Frankfurt/M. 1997.

[redacted]

23 Vgl. Kapitel 7 über die Schari'a in B. Tibi, *Im Schatten Allahs. Der Islam und die Menschenrechte*, München 1994 (1996 als Serie Piper, dann 2. Auflage 1999).

24 »Islam-Unterricht an Schulen!«, in: *Die Woche* vom 12. Februar 1999, S. 4.

25 Vgl. die Ausführungen über die Imam-Hatip Schulen in Kapitel 9 von Tibi, *Aufbruch am Bosporus* (wie Anm. 15), S. 308ff.

26 B. Tibi »Mißbrauch der Diaspora«, in: *FOCUS* vom 3. April 1999, S. 84–86.

27 Hierzu die Kapitel über Großbritannien und Frankreich in Gilles Kepel, *Allah im Westen. Die Demokratie und die islamische Herausforderung*, München 1996.

28 B. Tibi, »Trojanisches Pferd der radikalen Muslime«, in: *FOCUS*, 22/1999, S. 80; sowie ders., »Organisierte Religion wie in der katholischen und protestantischen Kirche. Ein Vorbild für die Islam-Diaspora?«, in: Gerhard Besier/Erwin K. Scheuch (Hg.), *Die neuen Inquisitoren*, 2 Bände, Zürich 1999, hier Band 1, S. 53–77.

29 Nilüfer Göle, *The Forbidden Modern. Civilization and Veiling*, Ann Arbor/Michigan 1996 (dt. Übersetzung: *Republik und Schleier. Die muslimische Frau in der Moderne*, Berlin 1995); Tibi, *Aufbruch am Bosporus* (wie Anm. 15), Kapitel 10 über den Schleier, S. 320ff.

30 Dazu Kepel, *Allah im Westen* (wie Anm. 27), S. 318ff.

31 Vgl. Anm. 1 oben.

32 Abdullahi A. An-Na'im, *Toward an Islamic Reformation*, Syracuse 1990, S. 175.
33 Said al-Aschmawi, *Haqiqat al-hidjab* (Die Wahrheit über den Schleier), Kairo 1995 (zuerst 1993).
34 Vgl. das Kapitel über Toleranz in Tibi, *Europa ohne Identität?* (wie Anm. 2).
35 Siehe den Vergleich von Rogers Brubaker, *Citizenship and Nationhood in France and Germany*, Cambridge/MA 1992 (3. Auflage 1996), zu Deutschland von der Wilhelminischen Zeit bis zur Gegenwart S. 114ff, 165ff.
36 »Ich bin der Vorzeige-Araber«, Interview von J. Wendland mit B. Tibi in: *Deutsches Allgemeines Sonntagsblatt*, 4. Dezember 1998, S. 12.
37 B. Tibi, »Als Ausländer in Deutschland: Der Rechtsextremismus und die alltägliche Fremdenfeindlichkeit«, in: *Frankfurter Allgemeine Sonntagszeitung* vom 13. August 2000, S. 4.
38 Arthur Schlesinger Jr., *The Disuniting of America. Reflections on an Multicultural Society*, New York 1993.
39 So der protestantische Berliner Bischof W. Huber in seinem Standpunkt in *FOCUS* 28/1999, S. 54.

Kapitel I

1 B. Tibi, *Kreuzzug und Djihad. Der Islam und die christliche Welt*, München 1999.
2 Vgl. z.B. R. Klüver, »Istanbul auf 200 Metern Keup-Straße in Köln-Mühlheim«, in: *Süddeutsche Zeitung* vom 20. Mai 1997, S. 3.
3 B. Tibi, *Europa ohne Identität? Die Krise der multikulturellen Gesellschaft*, München 1998 (Taschenbuch-Ausgabe, Berlin 2000), Kapitel 10 und 11, S. 286ff.
4 Vgl. die Studie des Zentrums für Türkeistudien im Auftrag des Hessischen Familienministeriums/Büro für Einwanderer, *Islamische Organisationen der türkischen, marokkanischen, tunesischen und bosnischen Minderheiten in Hessen*, Essen 1995.
5 Hierüber B. Tibi, *The Challenge of Fundamentalism. Political Islam and the New World Disorder*, Berkeley und Los Angeles 1998 (dt. Übersetzung: *Die Neue Weltunordnung. Westliche Dominanz und islamischer Fundamentalismus*, Berlin 1999).
6 Tibi, *Kreuzzug und Djihad* (wie Anm. 1), Kapitel II.
7 Ebd., Kapitel V.
8 Vgl. Henri Pirenne, Francesco Gabrieli u.a., *Mohammed und Karl der Große. Die Geburt des Abendlands*, Stuttgart und Zürich 1987, Sonderausgabe 1995. Ferner Gabriele Crespi (Hg.), *Die Araber in Europa*, Sonderausgabe, Stuttgart und Zürich 1992; dazu Tibi, *Kreuzzug und Djihad* (wie Anm. 1), Kapitel II.
9 William Montgomery Watt, *Muhammad at Medina*, Oxford 1977.
10 Hans-Eberhard Mayer, *Geschichte der Kreuzzüge*, 8. Auflage, Stuttgart 1995.

11 Ali M. Djarischa und Mohammed Zaibaq, *Asalib al-ghazu al-fikri li al-alam al-Islami* (Die Methoden der intellektuellen Invasion der islamischen Welt), 2. Auflage, Kairo 1978, besonders S. 16ff., 92ff. Zur Bewahrung des Kollektivgedächtnisses vgl. auch Karen Armstrong, *Holy War. The Crusades and Their Impact on Today's World*, New York 1991, besonders S. 459ff., 531ff.

12 Roger Collins, *Early Medieval Europe 300–1000*, veröffentlicht in der Geschichtsserie »History of Europe«, Neuausgabe, London 1995, darin Kapitel 9 über den Islam, S. 127ff., parallel zu zahlreichen Bezügen (Index »Arabs« und »Islam«).

13 Malcolm Anderson, *Frontiers. Territory and State Formation in the Modern World*, Cambridge 1996; zur Migration, S. 127ff.

14 Fernand Braudel, *The Mediterranean and the Mediterranean World in the Age of Philip II*, 2 Bände, Berkeley 1995.

15 Vgl. die Kapitel über Frankreich und England in Gilles Kepel, *Allah im Westen. Die Demokratie und die islamische Herausforderung*, München 1996.

16 Siegfried Kohlhammer, *Die Feinde und die Freunde des Islam*, Göttingen 1996.

17 Roman Herzog, *Preventing the Clash of Civilizations. A Peace Strategy for the Twentyfirst Century*, hg. von Henrik Schmiegelow, New York 1999, mit Beiträgen von A. Etzioni, H. Küng. Darin auch B. Tibi, »International Morality and Cross-Cultural Bridging«, S. 107–126. Vgl. auch Kapitel X des vorliegenden Buches.

18 Vgl. J. M. Roberts, *A History of Europe*, New York 1997, S. 79.

19 Ebd., S. 100. Vgl. auch Kapitel V meines Buches *Kreuzzug und Djihad* (wie in Anm. 1).

20 Zur Spannung zwischen Fiqh und Falsafa B. Tibi, *Der wahre Imam. Der Islam von Mohammed bis zur Gegenwart*, 2. Auflage, München 1997, Kapitel 3.

21 Hierzu Ernst Bloch, *Avicenna und die Aristotelische Linke*, Frankfurt/M. 1963; sowie Tibi, *Der wahre Imam* (wie Anm. 20), Teil 2, besonders die Kapitel über al-Farabi (Kapitel 4) und Ibn Khaldun (Kapitel 6).

22 Vgl. das Toleranz-Kapitel in Tibi, *Europa ohne Identität?* (wie Anm. 3), S. 176–191.

23 Hierzu aus islamischer Perspektive: Hichem Djaït, *Europe and Islam*, Berkeley 1985; zu beiden Aspekten in den westlich-islamischen Beziehungen vgl. auch die Standardwerke von William Montgomery Watt, *Muslim-Christian Encounters. Perceptions and Misperceptions*, London 1991; und Norman Daniel, *Islam and the West. The Making of an Image*, Oxford 1993 (zuerst 1960); sowie meine Bücher *Kreuzzug und Djihad* (wie Anm. 1) und *Europa ohne Identität?* (wie Anm. 3).

24 Vgl. Nasr Hamid Abu-Zaid, *al-Tafkir fi zaman al-takfir* (Denken im Zeitalter der Erklärung zum Ungläubigen), 2. Auflage, Kairo 1995.

25 Vgl. den Bericht »Die deutschen Dunkelmänner« in: *EMMA* Nr. 6 von November/Dezember 1995, S. 32–39.

26 Thabit Eid in: *al-Hayat* vom 20. Dezember 1995, S. 21.

27 Dieter Dankwort (Hg.), *Internationale Kulturbeziehungen. Brücken über Grenzen*, Baden Baden 1980.
28 Vgl. mein Kapitel in Werner Weidenfeld (Hg.), *Dialog der Kulturen*, Gütersloh 1997, S. 43ff.
29 Vgl. Watt, *Muslim-Christian Encounters* (wie Anm. 23).
30 William M. Watt, *Der Islam I*, Stuttgart 1980.
31 Rotraud Wielandt, *Das Bild der Europäer in der modernen arabischen Erzähl- und Theaterliteratur*, Wiesbaden 1980.
32 Ebd.
33 Frantz Fanon, *Schwarze Haut, weiße Masken*, Frankfurt/M. 1980, S. 31ff., 44ff.
34 Vgl. Yossef Bodansky, *Bin Laden. The Man who Declared War on America*, Rocklin/Cal. 1999; sowie die Einleitung zu Tibi, *Die neue Weltunordnung* (wie Anm. 5), S. 24–54.
35 B. Tibi, *Die Verschwörung. Das Trauma arabischer Politik*, 2. Auflage, München 1994 (Taschenbuch-Ausgabe 1994).
36 Mehr hierzu bei Kepel, *Allah im Westen* (wie Anm. 15).
37 Vgl. den Bericht über die 350-Jahrfeier des Westfälischen Friedens in: *Osnabrücker Zeitung* vom 12. September 1998. Mein Referat ist abgedruckt im Osnabrücker Jahrbuch *Frieden und Wissenschaft*, Band 6, 1999, S. 175–186.
38 So Tilman Nagel anläßlich der 250-Jahrfeier der Göttinger Arabistik nach Friedrich Niewöhner in: *F.A.Z.* vom 10. Juni 1998.
39 Zu all diesen Religionen vgl. Arvind Sharma (Hg.), *Our Religions*, San Francisco 1993. Vgl. auch K.-J. Kuschel, *Vom Streit zum Wettstreit der Religionen. Lessing und die Herausforderung des Islam*, Düsseldorf 1998.
40 Wilhelm Heitmeyer u.a., *Verlockender Fundamentalismus. Türkische Jugendliche in Deutschland*, Frankfurt/M. 1997.
41 Vgl. B. Tibi, *Fundamentalismus im Islam. Eine Gefahr für den Weltfrieden?*, Darmstadt 2000.

Kapitel II

1 Gerhard Besier und Erwin K. Scheuch (Hg.), *Die neuen Inquisitoren. Religionsfreiheit und Glaubensneid*, 2 Bände, Zürich und Osnabrück 1999. Darin mein Islam-Beitrag in Band I, S. 53–77.
2 Moojan Momen, *An Introduction to Shi'i Islam*, New Haven 1985.
3 Fuad I. Khuri, *Imams and Emirs. State, Religion and Sects in Islam*, London 1990.
4 Vgl. zum Beispiel zum marokkanischen und indonesischen Islam Clifford Geertz, *Religiöse Entwicklungen im Islam, beobachtet in Marokko und Indonesien*, Frankfurt/M. 1988, STW-Ausgabe mit einem Nachwort von B. Tibi 1990.
5 Vgl. die Studie des Zentrums für Türkei-Studien, *Islamische Organisationen der türkischen, marokkanischen, tunesischen und bosnischen Minderheiten in Hessen*, Essen 1995.

6 So Rodinson, der mehr über die vorislamische Geschichte der Araber berichtet, vgl. Maxime Rodinson, *Mohammed*, Luzern und Frankfurt/M. 1975, S. 21–45. Dieses wissenschaftlich grundlegende und klassische Werk wurde im Jahre 1998 von einem Dozenten an der American University of Cairo/AUC in seinem Geschichtskurs über den Früh-Islam als Basislektüre verwendet. Die Kairoer Tageszeitung *al-Djumhuriyya* veröffentlichte diese Information als Denunziation. Daraufhin mußte der Dozent den Kurs abbrechen und wurde dann von der Universität entlassen, eben weil er das angeführte Buch Rodinsons als Seminar-Lektüre heranzog. Das ist ein intellektueller Rückfall in der Welt des Islam hinter die islamischen Standards des Mittelalters zurück in die Steinzeit; das Ereignis dokumentiert »Anti-Science« im Übergang zum neuen Millennium. Es ist nicht ausgeschlossen, daß solche Praktiken auch von einer »islamischen Kirche« in Deutschland eingeführt werden könnten, sollte eine solche ins Leben gerufen werden (vgl. Anm. 1).

7 Ibn Khalduns bedeutendes Werk *al-Muqaddima* (Prolegomena) wird hier unter Bezugnahme auf das arabische Original sowie nach der neuesten deutschen, von M. Pätzold besorgten Ausgabe: *Buch der Beispiele. Die Einführung/al-Muqad-dima*, Leipzig 1992, zitiert; hier S. 67f. Vgl. auch das Ibn Khaldun-Kapitel in B. Tibi, *Der wahre Imam. Der Islam von Mohammed bis zur Gegenwart*, 2. Auflage, München 1997, (SP-Ausgabe 1998), Kapitel 6.

8 Zu dieser Interpretation vgl. B. Tibi, *Die Krise des modernen Islams*, erheblich erweiterte und revidierte Suhrkamp-Neuausgabe, Frankfurt/M. 1991 (erstmals München 1981), hier S. 80-94, und zur Bezugnahme auf die Zivilisationstheorie von Norbert Elias S. 38-43. Elias' Werk liegt in einer von Heike Hammer redigierten Neuausgabe vor: *Über den Prozeß der Zivilisation*, 2 Bände, Frankfurt/M. 1997.

9 Vgl. das Standardwerk über das Kalifat: Mahmud al-Khalidi, *Ma'alim al-khilafah fi al-fikr al-siyasi al-Islami* (Die Wesensmerkmale des Kalifats im islamischen politischen Denken), Beirut und Amman 1984; in westlichen Sprachen bleibt zentral die klassische Arbeit von Sir Thomas W. Arnold: *The Caliphate*, Oxford 1924 (mehrmals nachgedruckt).

10 Vgl. die westlichen Mohammed-Biographien von Rodinson, *Mohammed* (wie Anm. 6); Karen Armstrong, *Muhammad – Religionsstifter und Staatsmann*, München 1993; F. E. Peters, *Muhammad and the Origins of Islam*, New York 1994. Von islamischer Seite ist autoritativ die klassische Biographie des Propheten von Ibn Ishaq, hiervon gibt es eine neue deutsche Übersetzung: Ibn Ishaq, *Das Leben des Propheten*, 2. Auflage, Basel 1986. Die klassischen Arbeiten über die Wirkung des Propheten in Mekka und Medina bleiben die beiden autoritativen Bände von William Montgomery Watt, *Muhammad at Mecca*, Oxford 1979 (Original 1953) und *Muhammad at Medina*, Oxford 1977.

11 Rudi Paret, *Mohammed und der Koran*, 5. Auflage, Stuttgart 1980. Vgl. auch Parets Koran-Übersetzung in Anm. 13.

12 B. Tibi, *Kreuzzug und Djihad. Der Islam und die christliche Welt*, München 1999.

13 Zur Koranzitierung und zu Koran-Studien: Ich verwende in diesem Buch stets den arabischen Originaltext des Koran. Es gibt zwei verläßliche deutsche Übersetzungen, eine von Adel Khoury (Gütersloh 1987), die andere von Rudi Paret (Stuttgart 1979); ich ziehe beide bei der Übersetzung heran. Autoritative Erläuterungen zum Koran finden sich bei Paret, *Mohammed und der Koran* (wie Anm. 11), und in *Bell's Introduction to the Qur'an*, revidiert und ergänzt von William Montgomery Watt, Edinburgh 1970; aus reformerisch-islamischer Perspektive Fazlur Rahman, *Major Themes of the Qur'an*, Minneapolis 1980.

14 William McNeill, *The Rise of the West. A History of Human Community*, Chicago 1963, S. 419.

15 Das ist die zentrale These meines Buches *Kreuzzug und Djihad* (wie Anm. 12), dort Kapitel II.

16 Hier folge ich Clifford Geertz, *Dichte Beschreibung. Beiträge zum Verstehen kultureller Systeme*, Frankfurt/M. 1983, lehne es aber ab, das Geertzsche Stehenbleiben bei der Lokalität der Kulturen zu akzeptieren.

17 Leslie Lipson, *The Ethical Crises of Civilizations*, London 1993.

18 Zu dieser Diskussion B. Tibi, *Krieg der Zivilisationen*, Hamburg 1995, erweiterte und neu konzipierte Neuausgabe, München 1998, hierzu besonders die neue Einleitung, S. 3–64.

19 Marshall G. S. Hodgson, *The Venture of Islam. Conscience and History in a World Civilization*, 3 Bände, Chicago 1974. Vgl. auch die Aufsatzsammlung dieses großen Islam-Historikers: *Rethinking World History. Essays on Europe, Islam, and World History*, Cambridge 1993.

20 Vgl. das Buch von Karl-Josef Kuschel, *Streit um Abraham. Was Juden, Christen und Muslime trennt – und was sie eint*, München 1994.

21 Hierzu mit zahlreichen Belegen Johan Bouman, *Gott und Mensch im Koran*, Darmstadt 1977.

22 Vgl. die Einleitung, »Allah der Schöpfer, der Mensch das Geschöpf«, in: B. Tibi, *Im Schatten Allahs. Der Islam und die Menschenrechte*, München 1994 (SP-Ausgabe 1996, auch 1999). Vgl. darin auch Kapitel 7 über die Schari'a.

23 Joseph Schacht, *An Introduction in Islamic Law*, Oxford 1964; und Noel Coulsen, *A History of Islamic Law*, Edinburgh 1964.

24 B. Tibi, *Fundamentalismus im Islam. Eine Gefahr für den Weltfrieden?*, Darmstadt 2000, Kapitel 6 und 7.

25 Afif Abdulfattah Tabbara, *Rauh al-din al-Islami* (Der Geist des islamischen Glaubens), 26. Auflage, Beirut 1985, darin Kapitel 9 über Tauhid.

26 B. Tibi, *Der wahre Imam* (wie Anm. 7).

27 Vgl. den Artikel »Kufr« von Charles Adams, in: *Oxford Encyclopedia of the Modern Islamic World*, hg. von John Esposito, 4 Bände, New York 1995, hier Band 2, S. 439-443. Auf die »Hexenverfolgung« der Ungläubigen unserer Zeit bezogen vgl. die Arbeit des Takfir-Opfers Nasr Hamid Abu-Zaid, *Al-Tafkir fi zaman al-takfir. Did al-djahl wa al-zaif wa al-khurafah* (Das Denken im Zeitalter der Erklärung zum Ungläubigen. Gegen

Ignoranz, Fälschung und Aberglauben), 2. Auflage, Kairo 1995. Im Arabischen bedeutet Takfir: Erklärung zum Ungläubigen und das ähnlich lautende Tafkir: Denken.

28 Abdulazim Ramadan, *Djama'at al-takfir fi Misr* (Die Takfir-Organisationen in Ägypten), Kairo 1995.

29 Zu dieser Deformation der Toleranz B. Tibi, *Europa ohne Identität? Die Krise der multikulturellen Gesellschaft*, München 1998, das Toleranz-Kapitel auf S. 176–191; zu den angeführten Fällen in Paris und London ebd., S. 347ff.

30 Der Großscheich von al-Azhar in den 70er Jahren, Abdulhalim Mahmud, veröffentlichte hierüber das Werk: *al-Qur'an wa al-Nabi* (Der Koran und der Prophet), Kairo 1970.

31 Hierzu B. Tibi, »The Worldview of Sunni Arab Fundamentalists: Attitudes Toward Modern Science and Technology«, in: M. Marty/S. Appleby (Hg.), *Fundamentalisms and Society*, Chicago 1993, S. 73-102.

32 Vgl. in diesem Sinne den Fundamentalisten Abdulhalim al-Djundi, *al-Qur'an wa al-manhadj al-ilmi al-mu'asir* (Der Koran und die moderne wissenschaftliche Methodologie), Kairo 1984. Dagegen der islamische Modernist Rahman, *Major Themes of the Qur'an* (wie Anm. 13).

33 Hierzu folgende Sammlungen *So sprach der Prophet. Worte aus der islamischen Überlieferung*, ausgewählt und übersetzt von Adel Th. Khoury, Gütersloh 1988. Vgl. auch Muhammad M. Ali, *A Manual of Hadith*, mit einem Vorwort von C. E. Bosworth, New York 1988 (zuerst London 1978).

34 Adel Th. Khoury, *Toleranz im Islam*, Mainz 1980.

35 Zu den Basislehren vgl. autoritativ das in zahlreichen Ausgaben veröffentlichte umfangreiche Werk vom einstigen Scheich der al-Azhar Mahmud Schaltut, *al-Islam aqida wa schari'a* (Der Islam als Dogma und als Gottesgesetz), 10. Auflage, Kairo 1980.

36 Hierzu Tabbara, *Rauh al-din* (wie Anm. 25), S. 254.

37 Zur Ausübung der religiösen Basispflicht des Hadj vgl. die Fallstudie von Richard Anton, *Muslim Preachers in the Modern World*, Princeton/N.J. 1989, S. 154–182.

38 Said K. Aburish, *The Rise, Corruption and Coming Fall of the House of Saud*, Neuauflage, New York 1996.

39 So beispielsweise und führend Mohammed S. al-Aschmawi, *al-Khilafah al-Islamiyya* (Das islamische Kalifat), Kairo 1990.

40 Zu *Hakimiyyat Allah*/Gottesherrschafts-Doktrin vgl. Tibi, *Fundamentalismus im Islam* (wie Anm. 24), S. 73–86; dort Nachweise.

41 Eine gemäßigte orthodoxe Darstellung der Schari'a lieferte Subhi al-Salih, *Ma'alim al-schari'a al-Islamiyya* (Wesensmerkmale der islamischen Schari'a), Beirut 1975. Al-Salih war sunnitischer Vize-Mufti von Libanon und wurde 1984 von schi'itischen Militanten ermordet.

42 Zur *Schari'a* vgl. Kapitel 7: »Scharia, Was ist das?«, in: Tibi, *Im Schatten Allahs* (wie Anm. 22), S. 194-216.

43 Mohammed Said al-Aschmawi, *Usul al-schari'a* (Grundlagen der *Schari'a*), Kairo und Beirut 1983.

44 M. Arkoun, A. An-Na'im und B. Tibi in dem Band von Tore Lindholm und Kari Vogt (Hg.), *Islamic Law Reform and Human Rights. Challenges and Rejoinders*, Kopenhagen und Oslo 1992, darin Tibi, S. 75–96. Vgl. auch A. A. An-Na'im, *Toward an Islamic Reformation*, Syracuse/N.Y. 1990.

45 Zur Unterscheidung zwischen Orthodoxie und Fundamentalismus vgl. meinen Beitrag zur Festschrift von Gernot Wießner, *Religion und Wahrheit*, hg. von Bärbel Köhler, Wiesbaden 1998, S. 179-191.

46 Vgl. das Fiqh-Kapitel in Tibi, *Der wahre Imam* (wie Anm. 7). Fiqh bedeutet im Islam die menschliche Interpretation der für göttlich gehaltenen Schari'a. Mit anderen Worten: Fiqh kommt von den Menschen, die Schari'a von Gott (Schari'a kommt – wie im Text angeführt – allerdings nur ein einziges Mal im Koran-Text vor und nicht in der Bedeutung von Rechtssystem!). Das zentrale Werk hierüber ist vom erzkonservativen, von mir einmal mehrstündig interviewten, inzwischen verstorbenen Scheich von al-Azhar Djadul-Haq Ali Djadul-Haq, *al-Fiqh al-Islam* (Der islamische Fiqh), Kairo 1987.

47 Hodgson, *The Venture of Islam* (wie Anm. 19), Band 1, S. 198.

48 Vgl. jedoch B. Tibi, »The Ethics of War and Peace in Islam«, in: Terry Nardin (Hg.), *The Ethics of War and Peace*, Princeton/N.J. 1996, S. 128–145; sowie Kapitel 4 in Tibi, *Krieg der Zivilisationen* (wie Anm. 18), S. 191–239.

49 Zu dieser Problematik die bedeutende arabische Arbeit von Abdulhadi Abdulrahman, *Sultat al-nas. Qira'at fi tauzif al-nas al-dini* (Über die Herrschaft des Textes. Lektüre über die Instrumentalisierung des religiösen Textes), Beirut 1993. Durch Idjtihad im Sinne einer Anstrengung des Begriffs konnten helle Geister im Islam die Restriktionen umgehen, aber der zitierte Abdulrahman verweist auf die Hudud al-Idjtihad/Grenzen des Idjtihad, S. 129–191.

50 Die Texte hierzu: Mohammed Abid al-Djabiri, *Takwin al-aql al-Arabi* (Beschaffenheit des arabischen Geistes), Beirut 1984; und Nasr Hamid Abu-Zaid, *Naqd al-khitab al-dini* (Kritik der religiösen Denkweise), um eine Dokumentation erweiterte 3. Auflage, Kairo 1995 (dt. Übersetzung: *Islam und Politik. Kritik des religiösen Diskurses*, Frankfurt/M. 1996).

51 Nasr Hamid Abu-Zaid, *al-Nas, al-sulta wa al-haqiqa* (Der Text, die Herrschaft und die Wahrheit), Beirut 1995.

52 Zur Großen Fitna im Islam in den Jahren 656 bis 661 (von der Ermordung des dritten Kalifen Othman bis zur Ermordung des vierten Kalifen Ali) vgl. Tibi, *Der wahre Imam* (wie Anm. 7), hier Kapitel 1.

53 Vgl. hierzu die in Anm. 27 zitierte Arbeit von Nasr Hamid Abu-Zaid über die Takfir als Erklärung zum Ungläubigen sowie sein in Anm. 50 nachgewiesenes Werk.

54 Vgl. hierzu das Kapitel von B. Tibi über islamisches Denken im frühen und mittelalterlichen Islam zwischen Fiqh und Falsafa, in: I. Fetscher/H. Münkler (Hg.), *Pipers Handbuch der politischen Ideen*, 5 Bände, hier Band 2, München 1993, S. 87–140.

55 Vgl. Ernst Bloch, *Avicenna und die Aristotelische Linke*, Frankfurt/M. 1963, S. 45.

56 Mohammed Imara, *al-Islam, al-uruba wa al-ilmaniyya* (Der Islam, der Arabismus und der Säkularismus), Beirut 1981.

57 Hierzu B. Tibi, *The Challenge of Fundamentalism. Political Islam and the New World Disorder*, Berkeley 1998 (dt. Übersetzung: Die neue Weltunordnung, Berlin 1999).

58 Hierzu S. H. M. Jafri, *The Origins and Early Development of Shi'a Islam*, London 1979; vgl. auch Momen, *An Introduction to Shi'i Islam* (wie Anm. 2).

59 Zur *Schi'a* in Iran vgl. die Standardwerke von Said Amir Arjomand, *The Shadow of God and the Hidden Imam. Religion, Political Order and Societal Change in the Shi'ite Iran from the Beginning to 1890*, Chicago 1987; Shahrough Akhavi, *Religion and Politics in Contemporary Iran*, Albany/N.Y. 1980; sowie Michael Fischer, *Iran. From Religious Dispute to Revolution*, Cambridge/MA 1980.

60 Hierzu Yitzhak Nakash, *The Schi'is of Iraq*, Princeton/N.J. 1994.

61 Zur *Schi'a* in Libanon Fouad Ajami, *The Vanished Imam. Musa al-Sadr and the Schia of Lebanon*, Ithaka 1986. Zur Hizbollah Hala Jaber, *Hezbollah*, New York 1997; sowie Magnus Ranstorp, *Hizb'Allah in Lebanon*, New York 1997.

62 Das Standardwerk über die Schari'a ist von Schacht, *An Introduction to Islamic Law* (wie Anm. 23), hier S. 57ff.

63 Hierzu die Einleitung in: Tibi, *Im Schatten Allahs* (wie Anm. 22), S. 20–58.

64 Vgl. den Artikel von F. Ziadeh, »Sunni Schools of Law«, in: *Oxford Encyclopedia of the Modern Islamic World* (vgl. Anm. 27), Band 2, S. 456-462.

65 Ibn Khaldun (wie Anm. 7), S. 139f.; und dazu das Ibn Khaldun-Kapitel in Tibi, *Der wahre Imam*, nachgewiesen ebenfalls in Anm. 7.

66 Hierzu mit Nachweisen B. Tibi, »Culture and Knowledge: The Politics of Islamization of Knowledge«, in: *Theory, Culture and Society*, Band 2 (1995), Heft 1, S. 1–24.

67 Hierzu Herbert A Davidson, *Alfarabi, Avicenna and Averroes on Intellect*, New York 1992.

68 Hierzu George Makdisi, *The Rise of Colleges. Institutions of Learning in Islam and the West*, Edinburgh 1981. Zu diesen Institutionen vgl. auch Kapitel 7 in B. Tibi, *Der Islam und das Problem der kulturellen Bewältigung sozialen Wandels*, 3. Auflage, Frankfurt/M. 1991 (zuerst 1985), S. 131ff.

69 Robert Wuthnow, *Meaning and Moral Order. Explanations in Cultural Analysis*, Berkeley 1989, S. 265ff. (Kapitel 8).

70 Vgl. Kapitel V über die Renaissance in Tibi, *Kreuzzug und Djihad* (wie Anm. 12); sowie Lipson, *The Ethical Crises of Civilization* (wie Anm. 17), S. 168ff.

71 Vgl. die sorgfältige deutsche Übersetzung des Pariser Tagebuchs von Rifa'a Tahtawi: *Ein Muslim entdeckt Europa*, übersetzt und hg. von Karl Stowasser, München 1988, hier S. 150; und dazu das 7. Kapitel über Tahtawi in Tibi, *Der wahre Imam* (zit. in Anm. 7), S. 221ff.

72 Yusuf al-Qaradawi, *al-Halal wa al-haram fi al-Islam* (Das Erlaubte und das Verbotene im Islam), 20. Auflage, Kairo 1991.

73 Einer der großen Sufi-Muslime war al-Rumi, hierzu William C. Chittick, *The Sufi Path of Love*, Albany/N.Y. 1983. Vgl. auch die Arbeit über Ibn al-Arabi von Chittick, *Imagined Worlds. Ibn al-Arabi and the Problem of Religious Diversity*, Albany/N.Y. 1994.

74 Hierzu B. Tibi, *Aufbruch am Bosporus. Die Türkei zwischen Europa und dem Islamismus*, München 1998, S. 92ff., basierend auf Beobachtungen in der Türkei, wo dieses Buch entstanden ist.

75 Zu al-Halladsch vgl. die Textsammlung, *al-Halladsch. Märtyrer der Gottesliebe*, übersetzt und hg. von Annemarie Schimmel, Köln 1969.

76 Ibn al-Arabi zitiert nach William Stoddart, *Sufism*, Wellingsborough 1976, S. 51f.

77 Vgl. meine in Anm. 57 zitierte Arbeit, darin besonders das Vorwort.

78 Nadjib Armanazi, *al-Schar' al-duwali fi al-Islam* (Das internationale Recht im Islam), Neudruck, London 1990 (zuerst Damaskus 1930), S. 225f.; vgl. auch das Kapitel über Krieg und Frieden im Islam in Tibi, *Krieg der Zivilisationen* (wie Anm. 18).

79 Djadul-Haq Ali Djadul-Haq, *Bayan li al-nas* (Verkündung an die Menschheit), 2. Bände, Band 1, Kairo 1984, Band 2, Kairo 1988.

Kapitel III

1 B. Tibi, *Kreuzzug und Djihad. Der Islam und die christliche Welt*, München 1999, über die Bildung Europas (Kapitel I über den Djihad sowie Kapitel III über die Kreuzzüge und Kapitel VI über die europäische Expansion).

2 Vgl. auch Henri Pirenne, Francesco Gabrieli u.a., *Mohammed und Karl der Große. Die Geburt des Abendlands*, Stuttgart und Zürich 1987, Sonderausgabe 1995. Original: Henri Pirenne, *Mahomet et Charlemagne*, Paris 1937 (dt. Übersetzung: *Die Geburt des Abendlandes*, Leipzig 1939). Zur Pirenne-These Kapitel II meines in Anm. 1 zitierten Buches.

3 Bereits formuliert in B. Tibi, *Europa ohne Identität? Die Krise der multikulturellen Gesellschaft*, München 1998 (Taschenbuch-Ausgabe, Berlin 2000), Teil 1 und Teil 3.

4 Tomas Gerholm und Yngve G. Lithman (Hg.), *The New Islamic Presence in Western Europe*, London 1988.

5 Jürgen Habermas, *Der philosophische Diskurs der Moderne*, Frankfurt/M. 1985. Zur Aufklärung vgl. Joachim Kopper, *Einführung in die Philosophie der Aufklärung*, Darmstadt 1990.

6 Heinz-Horst Schrey (Hg.), *Säkularisierung*, Darmstadt 1981.

7 Tibi, *Kreuzzug und Djihad* (wie Anm. 1), Kapitel V.

8 Katharina Mommsen, *Goethe und die arabische Welt*, Frankfurt/M. 1988, S. 159.

9 Karl-Josef Kuschel, *Vom Streit zum Wettstreit der Religionen. Lessing und die Herausforderung des Islam*, Düsseldorf 1998, S. 53.

10 Siegfried Kohlhammer, *Die Feinde und die Freunde des Islam*, Göttingen 1996.

11 Carl Heinrich Becker, *Islamstudien. Vom Werden und Wesen der islamischen Welt*, 2 Bände, ursprünglich Leipzig 1924/1932, Neudruck, Hildesheim 1967, hier: Band 1, S. 247.
12 Zum Eurozentrismus vgl. J. M. Blaut, *The Colonizer's Model of the World. Geographical Diffusionism and Eurocentric History*, New York 1993. Zur Orientalismus-Debatte: B. Tibi, »Orient und Okzident, Anmerkungen zur Orientalismus-Debatte«, in: *Neue Politische Literatur*, Band 29 (1984), Heft 3, S. 267–286.
13 Kurt Lohbeck, *Holy War, Unholy Victory. Eyewitness to the CIA's Secret War in Afghanistan*, Washington/D.C. 1993.
14 Im Islam dient der Djihad der Vergrößerung von Dar al-Islam. Hierzu: Tibi, *Kreuzzug und Djihad* (wie Anm. 1), Kapitel I.
15 Zu dieser Problematik vgl. Bernd-Philipp Schröder, *Deutschland und der Mittlere Osten im Zweiten Weltkrieg*, Göttingen und Frankfurt/M. 1975, S. 14f.; sowie A. L. Macfie, *The End of the Ottoman Empire 1908–1923*, London 1998.
16 Vgl. hierzu die Ausführungen in B. Tibi, *Der wahre Imam. Der Islam von Mohammed bis zur Gegenwart*, 2. Auflage, München 1997 (Serie Piper-Ausgabe, 1998), Einleitung.
17 Ebd., S. 238-251.
18 Alan Palmer, *The Decline and Fall of the Ottoman Empire*, New York 1992, S. 219.
19 Macfie, *The End of the Ottoman Empire* (wie Anm. 15), S. 99f.
20 Alan Palmer, *The Decline and Fall of the Ottoman Empire* (wie Anm. 18), S. 171.
21 Lord John Patrick Kinross, *The Ottoman Centuries. The Rise and Fall of the Turkish Empire*, New York 1977, S. 566.
22 Hierzu Hasan Kayali, *Arabs and Young Turks. Ottomanism, Arabism and Islamism in the Ottoman Empire 1908–1918*, Berkeley 1997.
23 Hierzu B. Tibi, »The Simultaneity of the Unsimultaneous«, in: Philip Khoury/Joseph Kostiner (Hg.), *Tribes and State Formation in the Middle East*, Berkeley 1990, S. 127ff.
24 B. Tibi, *Vom Gottesreich zum Nationalstaat. Islam und panarabischer Nationalismus*, erweiterte Neuauflage, Frankfurt 1991 (zuvor 1971, 1987), dieses Buch ist nicht identisch mit meiner englischsprachigen Veröffentlichung *Arab Nationalism. Between Islam and the Nation-State*, 3. neubearbeitete Ausgabe, London und New York 1997.
25 Hierzu: Rogers Brubaker, *Citizenship and Nationhood in France and Germany*, Neuauflage, Cambridge/MA 1996 (zuerst 1992), zu Frankreich S. 35ff., zu Deutschland S. 50ff.
26 David Fromkin, *A Peace to End All Peace. The Fall of the Ottoman Empire and the Creation of the Modern Middle East*, New York 1989.
27 B. Tibi, *Die Verschwörung. Das Trauma arabischer Politik*, Hamburg 1993 (2. erweiterte Auflage 1994, aktualisierte dtv-Ausgabe, München 1994), darin besonders die Einleitung, S. 19ff.

28 Aus der Fülle der Literatur über den Mufti Amin Hussaini nenne ich hier nur einige Buchpublikationen: M. P. Waters, *Mufti over the Middle East*, London 1942; Mourice Pearlman, *Mufti of Jerusalem. The Story of Haj Amin el-Huseini*, London 1947; Joseph B. Schechtmann, *The Mufti and the Fuehrer. The Rise and Fall of Haj Amin el-Huseini*; New York und London 1965.

29 Vgl. hierzu die Arbeit des Sekretärs des Muftis, Othman Kamal Haddad, *Harakat Raschid Ali al-Kailani sannat 1941* (Die Raschid Ali Kailani-Bewegung des Jahres 1941), Sidon o.J. (1950).

30 Schröder, *Deutschland und der Mittlere Osten* (wie Anm. 15), S. 26f.

31 Fritz Grobba, *Männer und Mächte im Orient, 25 Jahre diplomatischer Tätigkeit im Orient*, Göttingen 1967.

32 So die Memoiren von Haddad, *Harakat Raschid Ali al-Kailani* (wie in Anm. 29).

33 Schröder, *Deutschland und der Mittlere Osten im Zweiten Weltkrieg* (wie Anm. 15), S. 33.

34 Eric Hobsbawm und Terence Ranger (Hg.), *The Invention of Tradition*, Cambridge 1983 (Neuausgabe 1996).

35 Schröder, *Deutschland und der Mittlere Osten* (wie Anm. 15), S. 16.

36 Zu Husri vgl. Teil 3 und 4 in: Tibi, *Vom Gottesreich zum Nationalstaat* (wie Anm. 24).

37 William Cleveland, *The Making of an Arab Nationalist. Ottomanism and Arabism in the Life and Thought of Sati' al-Husri*, Princeton/N.J. 1971.

38 Schröder, *Deutschland und der Mittlere Osten* (wie Anm. 15), S. 20.

39 Zum Coup d'état unter Kailani vgl. außer der in den Anm. 29 und 31 genannten Primärliteratur noch Lukasz Hirszowicz, *The Third Reich and the Arab East*, London 1966; Heintz Tillmann, *Deutschlands Araberpolitik im Zweiten Weltkrieg*, Berlin 1965; Majid Khadduri, *Independent Iraq*, 2. Auflage, London 1960.

40 In seinen Memoiren spricht Husri über den Putsch zurückhaltend; vgl. Sati al-Husri, *Mudhakkarati fi al-Iraq* (Meine Memoiren aus dem Irak), Band 1, Beirut 1968, S. 596ff. Husri behauptet auch, sich während seiner Jahre im Irak von der Politik ferngehalten zu haben, vgl. ebd. S. 525f. Von seiner Ausweisung und Ausbürgerung nach dem Niedergang der Kailani-Bewegung berichtet Husri, ohne auf dahinterstehende Gründe einzugehen, vgl. ebd. S. 518ff.

41 Vgl. Schibli Aisami, *Haul al-wihda al-Arabiyya* (Über den Panarabismus), Damaskus 1957, S. 4f.

42 Zum »arabischen Bismarck« als säkularisierte Auffassung vom islamischen Imam vgl. Tibi, *Der wahre Imam* (wie Anm. 16), Kap. 8.

43 Zu Isaiah Berlin vgl. John Gray, *Isaiah Berlin*, Princeton/N.J. 1996, besonders das Kapitel »Romanticism and Counter-Enlightenment«, S. 122ff.

Kapitel IV

1 Bernard Lewis, *Die Juden in der islamischen Welt*, München 1987.

2 Hierzu Fritz Grobba, *Männer und Mächte im Orient, 25 Jahre diplomatischer Tätigkeit im Orient*, Göttingen 1967, S. 192ff., 206ff.

3 Othman Kamal Haddad, *Harakat Raschid Ali al-Kailani sannat 1941* (Die Raschid Ali Kailani-Bewegung des Jahres 1941), Sidon o.J. (1950).

4 Vgl. Lukasz Hirszowicz, *The Third Reich and the Arab East*, London 1966; Heintz Tillmann, *Deutschlands Araberpolitik im Zweiten Weltkrieg*, Berlin 1965.

5 Hierzu der Iraki Samir al-Khalil, *Republic of Fear. The Politics of Modern Iraq*, Berkeley 1989, S. 183ff. zu Aflaq und S. 152ff. zu Husri.

6 Vgl. hierzu im einzelnen die Werke von Hans Kohn, *Propheten ihrer Völker. Mill, Michelet, Mazzini, Treitschke, Dostojewski. Studien zum Nationalismus des 19. Jahrhunderts*, Bern 1948, S. 55, 60, 93. Ders., *Die Idee des Nationalismus. Ursprung und Geschichte bis zur Französischen Revolution*, 2. Auflage, Frankfurt/M. 1962, S. 415. Robert Ergang, *Herder and the Foundations of German Nationalism*, New York 1931, S. 102ff.

7 Ergang, *Herder and the Foundations of German Nationalism*, (wie Anm. 6), S. 249ff.

8 Kohn, *Die Idee des Nationalismus* (wie Anm. 6), S. 332.

9 Das ist auch das Urteil des großen Ideenhistorikers Isaiah Berlin. Vgl. sein Buch, *Das krumme Holz der Humanität. Kapitel der Ideengeschichte*, hg. von Henry Hardy, Frankfurt/M. 1995; sowie die in Anm. 12 unten zitierte Arbeit über ihn.

10 J. G. Herder, *Auch eine Philosophie der Geschichte zur Bildung der Menschheit*, Nachwort von H. G. Gadamer, Frankfurt/M. 1967, bes. S. 75ff.

11 Ergang, *Herder and the Foundations of German Nationalism*, (wie Anm. 6), S. 101; und Kohn, *Die Idee des Nationalismus* (wie Anm. 6), S. 422, vgl. auch S. 425ff.

12 Vgl. das Kapitel »Romanticism and Counter-Enlightenment« in John Gray, *Isaiah Berlin*, Princeton 1996, S. 122ff.

13 Herder wird hier und im folgenden zitiert nach der von Wilhelm Dobbek besorgten Ausgabe: J. G. Herder, *Werke in fünf Bänden*, 3. Auflage, Berlin und Weimar 1964. Hierzu: *Idee zur Philosophie der Geschichte der Menschheit*, Band 4, S. 178ff.

14 Herder, *Werke in fünf Bänden* (wie Anm. 13), Band 4, S. 159.

15 Ebd., S. 246f. Zu Herders Sprachphilosophie vgl. die von Erich Heintel besorgte Auswahl: *Herder. Sprachphilosophische Schriften*, hg. und eingeleitet von F. Heintel, 2. Auflage, Hamburg 1964.

16 Herder, *Werke in fünf Bänden* (wie Anm. 13), Band 4, S. 252.

17 J. G. Herder, »Sprache als Werkzeug der Literatur einer Nation – Fragment«, in: Herder, *Werke in fünf Bänden* (wie Anm. 13), Band 2, S. 68.

18 J. G. Herder, »Idee zum ersten patriotischen Institut für den Allgemeingeist Deutschlands«, in: Herder, *Werke in fünf Bänden* (wie Anm. 13), Band 3, S. 359ff., hierzu S. 364.

19 Ebd., S. 365.
20 Hierzu vgl. Wolfgang Ohnbeck, *Die französische Algerienpolitik von 1919–1939*, Köln und Opladen 1967.
21 Michael Willis, *The Islamist Challenge in Algeria. A Political History*, New York 1996.
22 Vgl. Kohn, *Die Idee des Nationalismus* (wie Anm. 6), S. 412, 414.
23 Vgl. Ergang, *Herder and the Foundations of German Nationalism* (wie Anm. 6), S. 89ff.; und J. G. Herder, »Über das Wort und den Begriff der Humanität«, in: Herder, *Werke in fünf Bänden* (wie Anm. 13), Band 5, S. 102ff., besonders S. 103; und dazu F. M. Barnard, *Zwischen Aufklärung und politischer Romantik. Eine Studie über Herders soziologisch-politisches Denken*, Berlin 1964, S. 110ff.
24 Hans Reiss, *Politisches Denken in der deutschen Romantik*, Bern 1966, S. 9.
25 Vgl. Klaus Epstein, *The Genesis of German Conservatism*, Princeton/New York 1966, S. 434ff. Vgl. auch Hans Kohn, »The Eve of German Nationalism«, in: *Journal of the History of Ideas*, Band 12, April-Heft (1951), S. 256-284, wo Kohn zeigt, daß selbst die deutschen Anhänger der Französischen Revolution mit dem Beginn des Eroberungskrieges zum nationalistischen Lager übergingen.
26 Zu Tahtawi das Kapitel bei B. Tibi, *Der wahre Imam. Der Islam von Mohammed bis zur Gegenwart*, München 1996 (2. Auflage 1997, neue Serie Piper-Ausgabe 1998); sowie Ibrahim Abu-Lughod, *Arab Rediscovery of Europe: A Study in Cultural Encounters*, Princeton/N.J., 1963.
27 Zu dieser Diskussion über Frankreich und England vgl. Reinhard Bendix, *Könige oder Volk*, 2 Bände, Frankfurt/M. 1980.
28 Hermann Simon, *Geschichte der deutschen Nation*, Mainz 1968, S. 326.
29 Zur deutschen Romantik vgl. u.a. Hans Kohn, »Romanticism and the Rise of German Nationalism«, in: *Review of Politics*, Band 12 (1950), Heft 4, S. 443-472; Louis L. Synder, *German Nationalism. The Tragedy of a People. Extremism contra Liberalism in Modern German History*, Harrisburg 1955; Reiss, *Politisches Denken in der deutschen Romantik* (wie Anm. 24); A. D. Verschoor, *Die ältere deutsche Romantik und die Nationsidee*, Amsterdam o.J. (1929); Paul Kluckhohn, *Die deutsche Romantik*, Bielefeld-Leipzig 1924; Ders., *Persönlichkeit und Gemeinschaft. Studien zur Staatsauffassung der deutschen Romantik*, Halle 1925; Ders., *Das Ideengut der Romantik*, 3. Auflage, Halle 1953; Georg Mehlis, *Die deutsche Romantik*, München 1922; L. A. Willoughby, *The Romantic Movement in Germany*, 2. Auflage, Oxford 1966 (zuerst 1930).
30 Hedley Bull, »The Revolt against the West«, in: H. Bull/Adam Watson (Hg.), *The Expansion of International Society*, Oxford 1984, S. 217–228.
31 Hierzu der Chronist Abdarahman Ibn-Hasan al-Gabarti, *Bonaparte in Ägypten. Aus der Chronik des Abdarrahman al-Gabarti*, übersetzt von Arnold Hottinger, Zürich u.a. 1983.
32 Zum Napoleon-Bild deutscher Zeitgenossen vgl. Friedrich Stählin, *Napoleons Glanz und Fall im deutschen Urteil*, Braunschweig 1952.

33 Reiss, *Politisches Denken in der deutschen Romantik* (wie Anm. 24), S. 16.
34 Ebd. S. 11f.
35 Vgl. Rudolf Sellheim, »Prophet, Chalif und Geschichte. Die Muhammed-Biographie des Ibn Ishaq«, in: *Orient*, Band 18/19 (1965/66), S. 33-91.
36 Hierzu Kapitel IV in B. Tibi, *Kreuzzug und Djihad. Der Islam und die christliche Welt*, München 1999.
37 Über den späten Fichte und die Problematik Nation und Nationalismus vgl. H. C. Engelbrecht, *J. G. Fichte. A Study of his Political Writings with Special Reference to his Nationalism*, New York 1933; Hans Kohn, »The Paradox of Fichte's Nationalism«, in: *Journal of History of Ideas*, Band 10 (1949), Heft 3, S. 319–343; F. Hayman, *Weltbürgertum und Vaterlandsliebe in der Staatslehre Rousseaus und Fichtes*, Berlin 1924; J. Binder, »Fichte und die Nation«, in: *Logos*, Band 10 (1921), Heft 3, S. 275–315; D. Bergner, *Neue Bemerkungen zu J. G. Fichtes Stellungnahme zur nationalen Frage*, Berlin 1957; H. Mehnert, *Fichte und die Bedeutung der nationalen Frage in seinem Werk*, Diss. Phil. Leipzig 1955.
38 Bernhard Willms, *Die totale Freiheit. Fichtes politische Philosophie*, Köln und Opladen 1967, S. 128. Einen kritischen Überblick über die Fichte-Literatur, einschließlich der Arbeit von Willms, vermittelt Richard Saage, »Aspekte der politischen Philosophie Fichtes«, in: *Neue Politische Literatur*, Band 15 (1970), Heft 3, S. 354–376.
39 J. G. Fichte, *Reden an die deutsche Nation*, hg. von F. Medicus, mit einer Einleitung von A. Diemer, Hamburg 1955, S. 26.
40 So Binder, »Fichte und die Nation« (wie Anm. 37).
41 Vgl. Willms, *Die totale Freiheit*, (wie in Anm. 38), S. 153ff. und G. H. Turnbull, *The Educational Theory of Fichte*, London 1922.
42 Sati al-Husri, *Mudhakkarati fi al-Iraq* (Meine Memoiren aus dem Irak), Band 1, Beirut 1967 und Band 2, Beirut 1968, passim. Eine von Husris Vorstellungen über Nationalerziehung inspirierte Arbeit ist die von Yusif Khalil Yusif, *al-Qaumiyya al-Arabiyya wa daur at-tarbiyya fi tahqiquha* (Zur Rolle der Erziehung bei der Verwirklichung der Ziele des arabischen Nationalismus), Kairo 1967 (zuerst als Diss. Phil. an der Universität Kairo 1965).
43 Dies war im Jahr 1949; vgl. P. Seale, *The Struggle for Syria. A Study of Post-War Arab Politics 1945–1958*, London 1965, S. 77.
44 Fichte, *Reden an die deutsche Nation* (wie Anm. 39), S. 60. Seitennachweise nachfolgend im Text, um den Anmerkungsapparat nicht aufzublähen.
45 Vgl. das Kapitel über die Arabiyya in B. Tibi, *Der Islam und das Problem der kulturellen Bewältigung sozialen Wandels*, 3. Auflage, Frankfurt/M. 1991 (zuerst 1985), S. 99ff.
46 Vgl. folgende Auswahl aus der NS-Instrumentalisierung Fichtes nach 1933: »Fichtes Kampf um Deutschlands innere und äußere Befreiung«, in: *Nationalsozialistische Monatshefte*, Band 8 (1937), Heft 86, S. 418–425; sowie die Arbeiten von Ernst Bergmann, *Fichte und der Nationalsozialismus*, Breslau o.J. (1933) und Alfred Baeumler, »Fichte und Wir«, in: Nationalsozialistische Monatshefte, Band 8 (1937), Heft 87, S. 482–489. Beide

Autoren betrachten das Dritte Reich als Verwirklichung der Ideen Fichtes. Aber schon während des Zweiten Weltkrieges wurde Fichte von einem Exildeutschen gegen die nationalsozialistische Interpretation verteidigt; vgl. F. W. Kaufmann, »Fichte and National Socialism«, in: *The American Political Science Review*, Band 36 (1942), Heft 3, S. 460–470.

47 Vgl. die Arbeiten von Tillmann und Hirszowicz, nachgewiesen in Anm. 4.

48 Sati al-Husri, *Ara wa ahadith fi al-wataniyya wa al-qaumiyya* (Meinungen und Gespräche über den Patriotismus und den Nationalismus), 4. Auflage, Beirut 1961, S. 118. Zu dieser Sage vgl. Eckart Paterich, *Götter und Helden der Griechen*, 5. Auflage, Frankfurt/M. 1965, S. 64f.; zur Interpretation vgl. Ernst Bloch, *Das Prinzip Hoffnung*, Band 1, 2. Auflage, Frankfurt/M. 1967, S. 387ff.

49 Vgl. die Angaben in Anmerkung 7 zu Kapitel II.

50 Husri, *Ara wa ahadith fi al-wataniyya wa al-qaumiyya* (wie Anm. 48). Wenn im folgenden von Husris erster politischer Schrift die Rede ist, dann ist dieser Band gemeint; S. 9–22 stammen aus dem Jahr 1923, S. 23-50 aus dem Jahr 1928, die restlichen Teile entstanden verstreut zwischen 1928 und dem Erscheinungsjahr der 1. Auflage 1944. Darin ist das Gedankengebäude Husris entworfen.

51 Vgl. hierzu auch Elias Morqus, *Naqd al-fikr al-qaumi* (Kritik des nationalistischen Denkens), Band 1: »Sati Husri«, Beirut 1966.

52 Hierzu B. Tibi, *Arab Nationalism. Between Islam and the Nation-State*, 3. Neuausgabe, London und New York 1997.

53 Sati al-Husri, *Muhadarat fi nuschu al-fikra al-qaumiyya* (Vorlesungen über die Entstehung der nationalen Idee), 5. Auflage, Beirut 1964. Eine Husri-Bibliographie, die die arabischen Orginale, Übersetzungen und Sekundärliteratur enthält, findet sich in B. Tibi, *Vom Gottesreich zum Nationalstaat*, Neuausgabe, Frankfurt/M. 1991, S. 274ff.

54 Husri, *Ara wa ahadith fi al-wataniyya wa al-qaumiyya* (wie Anm. 48), S. 14 und S. 23; vgl. auch Husri, *Muhadarat fi nuschu al-fikra al-qaumiyya* (wie Anm. 53), S. 14f.

55 Husri, *Ara wa ahadith fi al-wataniyya wa al-qaumiyya* (wie Anm. 48), S. 14f.

56 Munir Muhammad Nadjib, *al-Harakat al-qaumiyya al-haditha fi mizan al-Islam* (Die modernen nationalistischen Bewegungen auf den Waagschalen des Islam), 2. Ausgabe, al-Zarqa/Jordanien 1983.

57 Sati al-Husri, *Ma hiya al-qaumiyya? Abhath wa dirasat ala dau al-ahdath wa al-naraziyyat* (Was ist Nationalismus? Forschungen und Studien im Lichte der Ereignisse und Theorien), 3. Auflage, Beirut 1963 (Skriptum der zwischen 1944 und 1947 am Institut für Höhere Arabische Studien an der Arabischen Liga gehaltenen Vorlesungen, 1. Auflage, 1959), S. 28.

58 Ebd., S. 31f.

59 Rogers Brubaker, *Staat – Bürger. Deutschland und Frankreich im historischen Vergleich*, Hamburg 1994.

60 Husri, *Ara wa ahadith fi al-wataniyya wa al-qaumiyya* (wie Anm. 48), S. 21f.

61 Ebd., S. 109.
62 Husri, *Ma hiya al-qaumiyya?* (wie Anm. 57), S. 53ff.
63 Ebd., S. 35.
64 Ebd., S. 60.
65 Husri, *Ara wa ahadith fi al-wataniyya wa al-qaumiyya* (wie Anm. 48), S. 110ff.
66 Husri, *Ma hiya al-qaumiyya?* (wie Anm. 57), S. 259f.
67 Husri, *Ara wa ahadith fi al-wataniyya wa al-qaumiyya* (wie Anm. 48), S. 57. Vgl. auch S. 147ff., 159ff.
68 Husri, *Ahadith fi al-tarbiya wa al-idjtima* (Gespräche über Pädagogik und Soziologie), Beirut 1962, S. 45.
69 Michel Aflaq, *Fi sabil al-Ba'th* (Für die Ba'th), 3. Auflage, Beirut 1963.
70 Eric Hobsbawm und Terence Ranger (Hg.), *The Invention of Tradition*, Neuausgabe, Cambridge 1996.
71 Albert Hourani, *Arabic Thought in the Liberal Age, 1798–1939*, Oxford 1962.
72 Hierzu B. Tibi, *Conflict and War in the Middle East. From Interstate War to New Security*, 2. erweiterte Ausgabe, London und New York 1998 (nicht identisch mit: *Konfliktregion Naher Osten*), Kap. 3 und 4.
73 Vgl. meine in Anm. 52 nachgewiesene Arbeit.
74 So James Piscatori, *Islam in a World of Nation-States*, Cambridge 1987.
75 Nadjib, *al-Harakat* (wie Anm. 56).
76 Vgl. hierüber Kapitel 6 in: B. Tibi, *The Challenge of Fundamentalism. Political Islam and the New World Disorder*, Berkeley und Los Angeles 1998 (dt. Übersetzung: *Die neue Weltunordnung*, Berlin 1999), S. 114ff.

Kapitel V

1 B. Tibi, *Aufbruch am Bosporus. Die Türkei zwischen Europa und dem Islamismus*, München 1998.
2 B. Tibi, *Krieg der Zivilisationen. Politik und Religion zwischen Vernunft und Fundamentalismus* (zuerst 1995), erweiterte Ausgabe, München 1998.
3 Graham Fuller und I. O. Lesser, *A Sense of Siege. The Geopolitics of Islam and the West*, Boulder/Col. 1995.
4 Kurt Lohbeck, *Holy War, Unholy Victory. Eyewitness to the CIA's Secret War in Afghanistan*, Washington/D.C. 1993; sowie Barnett R. Rubin, *The Fragmentation of Afghanistan*, New Haven 1995.
5 So z.B. der US-Verbündete während des Afghanistan-Krieges Usamah Bin Laden, der nun zu den meistgesuchten »Terroristen« durch den US-Sicherheitsdienst gehört. Vgl. hierzu Isam Draz, *al-Aidun min Afghanistan* (Die Rückkehrer aus Afghanistan), Kairo 1993.
6 Zur iranischen Revolution und ihrem zeitgeschichtlichen Kontext vgl. das entsprechende Kapitel 8 in B. Tibi, *Fundamentalismus im Islam. Eine Gefahr für den Weltfrieden?*, Darmstadt 2000, S. 117–132.

7 Carl Heinrich Becker, *Islamstudien. Vom Werden und Wesen der islamischen Welt*, 2 Bände, ursprünglich Leipzig 1924 – 1932, Neudruck, Hildesheim 1967, hierzu Band 1, S. 383.
8 Zum Aufstieg des politischen Islam als zeitgeschichtlicher Erscheinung vgl. die Arbeiten von E. Sivan, *Radical Islam. Medieval Theology and Modern Politics*, New Haven 1985; sowie Fuller und Lesser, *A Sense of Siege* (wie Anm. 3).
9 B. Tibi, *Kreuzzug und Djihad. Der Islam und die christliche Welt*, München 1999.
10 David Apter, *The Politics of Modernization*, Chicago 1965.
11 Mehr dazu in Tibi, *Krieg der Zivilisationen* (wie Anm. 2).
12 Vgl. die deutsche Übersetzung Raymond Aron, *Frieden und Krieg*, Frankfurt/M. 1986, S. 468, eigene Hervorhebung (Orig.: *Paix et guerre entre les nations*, Paris 1962).
13 Mark Juergensmeyer, *The New Cold War? Religious Nationalism Confronts the Secular State*, Berkeley 1993; und dazu Tibi, *Krieg der Zivilisationen* (wie Anm. 2), besonders Kapitel 1 zu diesem neuen Konflikt, S. 67ff.
14 Arnold Toynbee, *A Study of History*, 3 Bände, London 1934, Neuauflage 1951.
15 Ibn Khaldun, *al-Muqaddima* (Prolegomena), neueste deutsche von M. Pätzold besorgte Übersetzung: *Buch der Beispiele. Die Einführung/al-Muqaddima*, Leipzig 1992; vgl. dazu das umfangreiche Ibn-Khaldun-Kapitel (mit zahlreichen Literaturhinweisen) in: B. Tibi, *Der wahre Imam. Der Islam von Mohammed bis zur Gegenwart*, 2. Auflage, München 1997 (SP-Ausgabe, 1998), Kapitel 6.
16 Toynbee, *A Study of History* (wie Anm. 14), hier Band 3, S. 322.
17 Siehe Mohammed Imara, *al-Sahwa al-Islamiyya wa al-tahaddi al-hadari* (Das islamische Erwachen und die zivilisatorische Herausforderung), Kairo 1991; ferner auch Martin Kramer, *Arab Awakening and Islamic Revival*, New Brunswick 1996.
18 Vgl. hierzu das Standardwerk von Anthony Giddens, *The Nation-State and Violence*, Berkeley 1987. Zur Krise des Nationalstaats vgl. John Dunn (Hg.), *Contemporary Crisis of the Nation-State?*, Oxford 1995. Vgl. auch Anm. 13 oben.
19 Vgl. Tibi, *Kreuzzug und Djihad* (wie Anm. 9).
20 Theodore von Laue, *The World Revolution of Westernization. The Twentieth Century in Global Perspective*, New York 1987.
21 B. Tibi, Politische Ideen in der Dritten Welt während der Dekolonisation, in: I. Fetscher/H. Münkler (Hg.), *Pipers Handbuch der politischen Ideen*, 5 Bände, hier Band 5, München 1987, S. 361–402.
22 Albert Hourani, *Arabic Thought in the Liberal Age, 1798–1939*, Oxford 1962.
23 Hedley Bull, The Revolt against the West, in: Ders. mit Adam Watson (Hg.), *The Expansion of International Society*, Oxford 1984, S. 217–228.
24 B. Tibi, *Islamischer Fundamentalismus, moderne Wissenschaft und Technologie*, Frankfurt/M. 1992 (STW 990, Neuauflage 1993).

25 Yusuf al-Qaradawi, *al-Hall al-Islami wa al-hulul al-mustauradah* (Die islamische Lösung und die importierten Lösungen), Band 1 von 3 Bänden, Beirut bzw. Kairo 1970–1988.

26 Zum Sechs-Tage-Krieg und zu seinen historischen sowie kulturellen Folgen vgl. B. Tibi, *Conflict and War in the Middle East. From Interstate War to New Security*, 2. unter Harvard-Patronage revidierte und erweiterte Ausgabe, London und New York 1998, hier Kapitel 3 und 4.

27 Autoritativ Richard P. Mitchell, *The Society of the Muslim Brothers*, Oxford und London 1969. Der Begründer der Muslimbruderschaft war Hassan al-Banna, vgl. ders., *Madjmu'at rasa'il al-imam al-schahid Hassan al-Banna* (Gesammelte Essays des Märtyrer-Imams Hassan al-Banna), Kairo 1990. Der geistige Vater dieser Organisation war nach Bannas Tod Sayyid Qutb, vgl. ders., *Ma'alim fi al-tariq* (Wegzeichen), 13. »legale« Auflage, Kairo 1989.

28 Hierzu das Kapitel über Hindu-Fundamentalismus in: B. Tibi, *Der religiöse Fundamentalismus im Übergang zum 21. Jahrhundert*, Mannheim 1995, S. 97ff.

29 Mehr hierüber in Tibi, *Kreuzzug und Djihad* (wie Anm. 9).

30 Vgl. zu diesen Religionen die fundierten Beiträge in Arvind Sharma (Hg.), *Our Religions*, San Francisco 1993.

31 Zunächst erschien diese Stockholm-Global-Village-Vorlesung in: *Frankfurter Allgemeine Zeitung*, »Kulturdialog im globalen Dorf. Der Islam und Europa – Der Islam in Europa«, 16. September 1997, S. 11–12 (angekündigt auf der »front-page« mit: »Keine McWorld am Mittelmeer«), dann neu formuliert als Kapitel 3 in meinem Buch: *Europa ohne Identität? Die Krise der multikulturellen Gesellschaft*, München 1998, S. 109ff.

32 Ich verweise wieder auf Jürgen Habermas, *Der philosophische Diskurs der Moderne*, Frankfurt/M. 1985.

33 Zur Unterscheidung zwischen Orthodoxie und Fundamentalismus vgl. meinen Beitrag zur Festschrift für Gernot Wiessner, Von der manichäischen Aufteilung der Welt, in: Bärbel Köhler (Hg.), *Religion und Wahrheit. Religionsgeschichtliche Studien*, Wiesbaden 1998, S. 179–191.

34 Vgl. Kapitel 5 über die Renaissance und Kapitel 8 über den Islamismus in Tibi, *Kreuzzug und Djihad* (wie Anm. 9).

35 Samuel P. Huntington *The Clash of Civilizations*, New York 1996 (dt. Übers. 1996). Trotz seiner zeithistorischen Beobachtung eines Zeitalters des Zivilisatonskonflikts unterscheidet sich meine Position von der Huntingtons. Vgl. Kapitel 7 in der Neuausgabe meines Buches *Krieg der Zivilisationen* (wie Anm. 2) mit dem Titel »Im Schatten der Huntington-Debatte: Zivilisationskonflikte zwischen Dialog und Konfrontation«, S. 307ff. Die Neuausgabe enthält auch eine neue umfangreiche Einleitung: »Erneutes Nachdenken über den Zivilisationskonflikt«, S. 3–64.

36 Sehr sachkundig hierüber der Ägypter Nazih Ayubi, *Political Islam*, London 1991.

37 Hierzu der Bericht aus Den Haag, in: B. Tibi, *Pulverfaß Nahost. Eine arabische Perspektive*, Stuttgart 1997, S. 248ff.

38 Das ist der zentrale Gegenstand meines amerikanischen Buches *The Challenge of Fundamentalism. Political Islam and the New World Disorder*, Berkeley und Los Angeles 1998.

39 Tibi, *Fundamentalismus im Islam* (wie Anm. 6).

40 Samuel P. Huntington, *The Third Wave. Democratization in the Late 20th Century*, Norman/Okl. und London 1991.

41 Vgl. Ivan Hannaford, *Race. The History of an Idea in the West*, Baltimore 1996.

42 Wilhelm Heitmeyer u.a., *Verlockender Fundamentalismus. Türkische Jugendliche in Deutschland*, Frankfurt/M. 1997.

43 Zu diesen Tabuzonen kritisch Arnulf Baring, *Scheitert Deutschland?*, Stuttgart 1997, S. 289ff.

44 Roman Herzog, B. Tibi u.a., *Wider den Kampf der Kulturen*, Frankfurt/M. 2000.

45 Hierzu Kapitel 6 in B. Tibi, *Im Schatten Allahs. Der Islam und die Menschenrechte*, München 1994 (SP-Ausgabe 1996 und 1999).

46 Mary Fulbrook, *German National Identity after the Holocaust*, Cambridge 1999.

Kapitel VI

1 Hierzu ausführlich B. Tibi, *Kreuzzug und Djihad. Der Islam und die christliche Welt*, München 1999.

2 Vgl. die deutsche Übersetzung von Arnold Hottinger, *Bonaparte in Ägypten. Aus der Chronik des Abdarrahman al-Gabarti*, Zürich u.a. 1983. Zum Rahmen B. Tibi, *Islamischer Fundamentalismus, Moderne Wissenschaft und Technologie*, Frankfurt 1992 (Neuauflage 1993).

3 Aufschlußreich ist Fernand Braudel, *A History of Civilizations*, London 1994.

4 Im folgenden werden die ausgewerteten, dem deutschen Leser nicht zugänglichen orientalischen Quellen nur im geringen Maße angegeben. Leser, die des Arabischen kundig sind, mögen mein Buch *Islamischer Fundamentalismus* (wie Anm. 2) konsultieren, dort ausführliche Belege.

5 Nasr Hamid Abu-Zaid, *Naqd al-khitab al-dini* (Kritik des religiösen Diskurses), 3. Auflage, Kairo 1995, dt. Übersetzung: *Islam und Politik. Kritik des religiösen Diskurses*, Frankfurt/M. 1996. Vgl. auch ders., *al-Tafkir fi zaman al-takfir* (Denken im Zeitalter der Erklärung zum Ungläubigen), Neuauflage, Kairo 1995.

6 Zu al-Farabi als Brückenbilder mit Quellenangaben B. Tibi, *Der wahre Imam. Der Islam von Mohammed bis zur Gegenwart*, München 1996, Kapitel 4.

7 Vgl. Kap. 5 in Tibi, *Kreuzzug und Djihad* (wie Anm. 1); sowie Jacob Burckhardt, *Die Kultur der Renaissance in Italien*, 11. Auflage, Stuttgart 1988,

S. 361ff.; sowie Will Durant, »The Renaissance«, Band 5 des Werkes *The History of Civilization* (1953), Neudruck, New York 1981.

8 Vgl. David Lindberg, *The Beginning of Western Science*, Chicago 1992, Kapitel 8, besonders S. 180ff.; und natürlich Ernst Bloch, *Avicenna und die Aristotelische Linke*, Frankfurt/M. 1963, besonders S. 15 und 45.

9 Hierzu Leslie Lipson, *The Ethical Crises of Civilization. Moral Meltdown or Advance*, Newbury/London 1993, S. 63ff.

10 Mehr hierüber bei B. Tibi, Wissenschaft, Islam und westliches Denken, in: *Litterae. Zeitschrift der Europäischen Akademie der Wissenschaften und Künste*, Band 4 (1994), Heft 3–4, S. 4-17.

11 Vgl. hierzu meine Islam-Geschichte *Der wahre Imam* (wie Anm. 6).

12 Zu dieser Diskussion mit Quellenbelegen B. Tibi, Culture and Knowledge. The Politics of Islamization of Knowledge, in: *Theory, Culture and Society*, Band 12 (1995), Heft 1, S. 1–24.

13 Martin Riesebrodt, *Fundamentalismus als patriarchalische Protestbewegung*, Tübingen 1990.

14 Max Weber, *Soziologie, weltgeschichtliche Analysen, Politik*, Stuttgart 1964, S. 340. Von Max Weber inspiriert, diskutiere ich den fundamentalistischen Anspruch auf »Islamisierung der Wissenschaft« in meinem in Anm. 12 nachgewiesenen Aufsatz.

15 So der Fundamentalist Ahmad F. Bascha, Islam, Modern Scientific Discourse, and Cultural Modernity, in: *The American Journal of Islamic Social Science*, Band 9 (1992), Heft 2, S. 279–282.

16 Vgl. B. Tibi, *Fundamentalismus im Islam. Eine Gefahr für den Weltfrieden?*, Darmstadt 2000; sowie W. Montgomery Watt, *Islamic Fundamentalism and Modernity*, London 1988.

17 Zu dieser Unterscheidung vgl. B. Tibi, *Krieg der Zivilisationen. Politik und Religion zwischen Vernunft und Fundamentalismus*, Hamburg 1995 (neue, erweiterte und revidierte Ausgabe, München 1998), S. 268ff.

18 Hierzu Bernard Lewis, *The Muslim Discovery of Europe*, New York 1982, Kapitel 9. Deutsche Übersetzung unter dem Titel: *Die Welt der Ungläubigen. Wie der Islam Europa entdeckte*, Frankfurt/M. 1987, S. 229ff.

19 Rifa'a Tahtawi: *Ein Muslim entdeckt Europa*, übers. und hg. von Karl Stowasser, München 1988; M. Abduh, *al-Islam wa al-nasraniyya bain al-ilm wa al-madaniyya* (Islam und Christentum zwischen Wissenschaft und Zivilisation), Neudruck, Kairo 1983.

20 Hierzu mit zahlreichen Belegen B. Tibi, The Worldview of Sunni Arab Fundamentalists: Attitudes Toward Modern Science and Technology, in: M. Marty/ S. Appleby (Hg.), *Fundamentalisms and Society*, Chicago 1993, S. 73–102.

21 Bruce B. Lawrence, *Defenders of God. The Fundamentalist Revolt Against the Modern Age*, New York 1989. Vgl. auch das neue Buch von Lawrence, *Shattering the Myth. Islam beyond Violence*, Princeton/N.J. 1998.

22 Über den Islam als ein kulturelles System vgl. Teil 1 in B. Tibi, *Der Islam und das Problem der kulturellen Bewältigung sozialen Wandels*, Frankfurt/M. 1985 (3. Auflage, 1991).

23 Vgl. Anm. 5 oben; sowie Abu-Zaids deutsche Übersetzung, *Ein Leben mit dem Islam*, Freiburg 1999.

24 Christian Meier, *Die Entstehung des Politischen bei den Griechen*, Neuauflage, Frankfurt/M. 1989, S. 435ff.

25 Edgar Zilsel, *Die sozialen Ursprünge der neuzeitlichen Wissenschaft*, Frankfurt/M. 1976, S. 59ff.

26 Als Beispiel hierfür: Yahya Farghal, *Haqiqat al-ilmaniyya* (Die Wahrheit über den Säkularismus), Kairo 1989. Der ägyptische Publizist Faradj Fuda, Autor von *Hiwar haul al-ilmaniyya* (Dialog über die Säkularität), Marrakesch 1992, wurde im Juni 1992 wegen seiner säkularen Einstellung von islamischen Fundamentalisten ermordet. Der Großscheich Mohammed al-Ghazali rechtfertigte den Mord mit einer Fetwa, nach der jeder Muslim, der säkular denkt, vom Glauben abfällt und ermordet werden darf. Dazu B. Tibi, *Im Schatten Allahs. Der Islam und die Menschenrechte*, München 1994, 3. Auflage, 1999, S. 175ff. Man staunt darüber, daß dieser Aufrufer zum Mord zu den Autoren von Hans Küng (Hg.), *Ja zum Weltethos*, München 1995, S. 240ff., gehört.

27 Ali M. Djarischa und Mohammed Zaibaq, *Asalib al-ghazu al-fikri li al-alam al-Islami* (Die Methoden der intellektuellen Invasion der islamischen Welt), Neuauflage, Kairo 1979, S. 59.

28 Mehr zu diesem Syndrom bei B. Tibi, *Die Verschwörung. Das Trauma arabischer Politik*, 2. Auflage, Hamburg 1994 (erweiterte dtv-Taschenbuch-Ausgabe, München 1994).

29 Zur Anti-Science vgl. Gerald Holton, *Science and Anti-Science*, Cambridge/MA 1993, besonders S. 145ff.

30 Mohammed Said al-Aschmawi, *al-Islam al-siyasi* (Der politische Islam), Kairo 1987 (viele Neuauflagen).

31 Zum Kampf im mittelalterlichen Islam zwischen islamischem Rationalismus und der Fiqh-Orthodoxie mit Belegen vgl. Teil 2 in Tibi, *Der wahre Imam* (wie Anm. 6), auch Kapitel 3 des ersten Teils.

32 Franz Borkenau, *Der Übergang vom feudalen zum bürgerlichen Weltbild*, Paris 1934, Neudruck, Darmstadt 1988, S. VIII.

33 Muhsen Mahdi, Islamic Theology and Philosophy, in: *Encyclopedia Britannica*, Band 9 (1974), S. 1012–1025.

34 Tayib Tisini, *Maschru ru'ya djadida li al-fikr al-Arabi al-wasit* (Entwurf einer neuen Sicht des arabischen Denkens im Mittelalter), Damaskus 1971, bes. S. 405–410.

35 Anke von Kügelgen, *Averroës und die arabische Moderne. Ansätze zu einer Neugründung des Rationalismus im Islam*, Leiden 1994.

36 Taha Husayn nach Albert Hourani, *Arabic Thought in the Liberal Age 1798–1939*, Oxford 1962, S. 328.

37 So z.B. die fundamentalistische Kampfschrift von Anwar al-Djundi, *Taha Husayn. Hayatuhu wa fikruhu fi mizan al-Islam* (Taha Husayn. Sein Leben und sein Denken auf der Waage des Islam), Kairo 1977.

38 Zu dieser Begrifflichkeit im islamisch-arabischen Kontext vgl. B. Tibi, *Vom Gottes-reich zum Nationalstaat*, Frankfurt/M. 1987 (2. Auflage, 1991), S. 33f., 64ff. und 103ff.
39 B. Tibi, *Aufbruch am Bosporus. Die Türkei zwischen Europa und dem Islamismus*, München 1998, besonders Kapitel 1 und 2.
40 Robert Wuthnow, *Meaning and Moral Order. Exploration in Cultural Analysis*, Berkeley 1987, S. 193.
41 Zu Fundamentalismus und Nationalstaat vgl. B. Tibi, *Die neue Weltunordnung. Westliche Dominanz und islamischer Fundamentalismus*, Berlin 1999, Kapitel VI.
42 Tibi, *Krieg der Zivilisationen* (wie Anm. 17), Kap. 1.
43 Mark Juergensmeyer, *Terror in the Mind of God*, Berkeley/Cal. 1999.
44 Imaduldin Khalil, *al-Aql al-muslim wa al-ru'ya al-hadariyya* (Die islamische Vernunft und die zivilisatorische Sicht), Kairo 1983, S. 43-53.
45 Vgl. z.B. Adil Hammuda, *Qanabil wa masahif* (Bomben und heilige Bücher), 3. Auflage, Kairo 1989.
46 Kalevi J. Holsti, *Peace and War. Armed Conflicts and International Order 1648– 1989*, Cambridge 1991, S. 303.
47 Prinz Hassan, Rede-Manuskript zur Sitzung der Europäischen Akademie der Wissenschaften und Künste, Salzburg, vom 31. Mai 1996, S. 3-4; ähnlich auch auf der Eröffnungssitzung des islamisch-westlichen Dialogs, al-Mafraq/Jordanien vom 10. Juni 1996.
48 Tibi, *Kreuzzug und Djihad* (wie Anm. 1), Kapitel 1 und 3.
49 W. M. Watt, *Muslim-Christian Encounters. Perceptions and Misperceptions*, London 1991.
50 Hierzu Kapitel 3 in B. Tibi, *Europa ohne Identität? Die Krise der multikulturellen Gesellschaft*, München 1998 (Neuausgabe, 2000), S. 109ff.

Kapitel VII

1 Ursula Spuler-Stegemann, *Muslime in Deutschland*, Freiburg 1997.
2 B. Tibi, *Kreuzzug und Djihad. Der Islam und die christliche Welt*, München 1999, Kapitel I und IV.
3 Zu den Morisken vgl. Fernand Braudel, *The Mediterranean and the Mediterranean World in the Age of Philip II*, 2 Bände, Berkeley 1995, hierzu Band 2, S. 780ff.
4 »Islamisten und Euro-Muslime«, in: *Süddeutsche Zeitung* vom 15. Februar 1999. In den USA könnte ich als Muslim und Migrant den zitierten Orientalisten und diese Zeitung wegen Diskriminierung und »Emotional Distress« vor Gericht bringen und hohen Schadensersatz fordern; in Deutschland bin ich als Semit gegenüber solchen Anpöbelungen wehrlos. Hier gilt der Kontrast: Das Ritual der verordneten Fremdenliebe als deutsche Rhetorik und die Praxis der subtilen Fremdenfeindlichkeit des Alltags als Ausgrenzung.
5 William M. Watt, *Muhammad at Medina*, Oxford 1977.

6 Fred McGraw Donner, *The Early Islamic Conquests*, Princeton/N.J. 1981.

7 Khalid Y. Blankinship, *The End of the Jihad State. The Reign of Hisham Ibn 'Abd al-Malik and the Collapse of the Umayads*, Albany/N.Y. 1994; sowie Tibi, *Kreuzzug und Djihad* (wie Anm. 2), Kapitel I.

8 Zitiert nach Muhammed Kh. Masud, »The Obligation to Migrate. The Doctrine of Hijra in Islamic Law«, in: Dale Eickelman/James Piscatori (Hg.), *Muslim Travellers. Pilgrimage, Migration and the Religious Imagination*, Berkeley 1990, S. 29–49, hier S. 42f.

9 Roger Collins, *The Arab Conquest of Spain 710–797*, Neudruck, Oxford 1994 (zuerst 1989).

10 Vgl. den dritten Teil »Muhadjirun oder Citoyens« (mit den Kapiteln 7–9), in: B. Tibi, *Europa ohne Identität? Die Krise der multikulturellen Gesellschaft*, München 1998, S. 201–263 (Taschenbuchausgabe, Berlin 2000).

11 Zu Cordoba vgl. Tibi, *Kreuzzug und Djihad* (wie Anm. 2), Kapitel 5; zum Kosovo vgl. David Fromkin, *Kosovo Crossing. American Ideals meet Reality on the Balkan Battlefields*, New York 1999.

12 Hierzu Arnulf Baring, *Scheitert Deutschland?*, Stuttgart 1997, S. 289ff.

13 Das Konzept wurde zunächst in Paris entwickelt. Hierzu B. Tibi, »Euro-Islam oder Ghetto«, in: *Frankfurter Allgemeine Zeitung* vom 7. Dezember 1992, S. 14; ders., »Über die Alternative Euro-Islam oder Ghetto-Islam«, in: *FOCUS*, Heft 17 vom 21. April 1997, S. 66-67; ders., »Euro-Islam ist die Lösung«, in: *Spiegel-Special*, Islam-Heft vom Januar 1998. In Paris erschien mein Konzept drei Jahre nach Abschluß des Projekts: B. Tibi, »Les Conditions d'un Euro-Islam«, in: R. Bistolfi/F. Zabbal (Hg.), *Islams d'Europe. Intégration ou Insertion Communautaire?*, Paris 1995, S. 230ff.

14 B. Tibi, »Mißbrauch der Diaspora. Warnung davor, dem Islam in Deutschland den rechtlichen Status einer Kirche zu geben«, in: *FOCUS* vom 3. April 1999, Heft 14, S. 84ff.

15 Gerhard Besier und Erwin K. Scheuch (Hg.), *Die neuen Inquisitoren. Religionsfreiheit und Glaubensneid*, Teil 1, Zürich 1999, S. 23.

16 Helmuth Plessner, *Diesseits der Utopie*, Frankfurt/M. 1974, S. 9.

17 B. Tibi, »Der Paß allein schafft keine Identifikation mit dem Gemeinwesen. Deutsche Unfähigkeit zur Integration und Integrationsunwilligkeit bestimmter Ausländergruppen«, in: *Frankfurter Allgemeine Sonntagszeitung* vom 28. März 1999, S. 4. Vgl. auch die Einleitung dieses Bandes.

18 Vgl. L. Carl Brown (Hg.), *Imperial Legacy. The Ottoman Imprint on the Balkans and the Middle East*, New York 1996. Vgl. auch das Balkan-Kapitel in B. Tibi, *Aufbruch am Bosporus. Die Türkei zwischen Europa und dem Islamismus*, München 1998, Kapitel 5, S. 155ff.

19 Vgl. hierzu Tomas Gerholm und Yngve G. Lithman (Hg.), *The New Islamic Presence in Western Europe*, London 1988; und die beiden Bände von W. A. R. Shadid und P. S. van Koningsveld (Hg.), *Muslims in the Margin. Political Responses to the Presence of Islam in Western Europe*, Kampen/Niederlande 1996 und dies. (Hg.), *Political Participation and Identities of Muslims in Non-Muslim States*, Kampen/Niederlande 1997.

20 Gilles Kepel, *Allah im Westen*, München 1996, S. 273. Vgl. auch ders., *Les banlieues de l'Islam. Naissance d'une religion en France*, Paris 1987; sowie Alec Hargreaves, *Immigration, »Race«, and Ethnicity in Contemporary France*, London 1995. Die Seitenbelege im folgenden Text beziehen sich auf Kepel, *Allah im Westen.*
21 Zum Multi-Kulti-Kommunitarismus vgl. Tibi, *Europa ohne Identität?* (wie Anm. 10), Kapitel 5.
22 Klaus Manfrass, *Türken in der Bundesrepublik, Nordafrikaner in Frankreich*, Bonn 1991, S. 2.
23 Tibi, *Aufbruch am Bosporus* (wie Anm. 18), zu den deutschen Türken Kapitel 8, 9 und 10.
24 Spuler-Stegemann, *Muslime in Deutschland* (wie Anm. 1) S. 61f.
25 Ebd., S. 64.
26 Vgl. Anm. 4.

Kapitel VIII

1 Ursula Spuler-Stegemann, *Muslim in Deutschland*, Freiburg 1997, S. 113f.
2 Ebd. S. 116.
3 Zu Milli Görüs, vgl. ebd. S. 122.
4 Vgl. den Bericht in der *Frankfurter Allgemeinen Zeitung* vom 5. November 1998, »Muslime erstreiten Recht auf Erteilung von Religionsunterricht«; sowie K. Schuller, »Hoffnung auf einen ›deutschen Islam‹«, in: *Frankfurter Allgemeine Zeitung* vom 9. November 1998, S. 16.
5 Vgl. B. Tibi, *Fundamentalismus im Islam. Eine Gefahr für den Weltfrieden?*, Darmstadt 2000.
6 Zur Rushdie-Affaire im Kontext von Religion, Kultur und Menschenrechten vgl. B. Tibi, *Im Schatten Allahs. Der Islam und die Menschenrechte*, München 1994, 3. Auflage 1999, Teil 2, besonders Kap. 4.
7 B. Tibi, *Europa ohne Identität? Die Krise der multikulturellen Gesellschaft*, München 1998.
8 Nilüfer Göle, *The Forbidden Modern. Civilization and Veiling*, Ann Arbor/Michigan 1996 (dt. Übersetzung: *Republik und Schleier. Die muslimische Frau in der Moderne*, Berlin 1995). Vgl. auch Kapitel 10 über den Schleier in: B. Tibi, *Aufbruch am Bosporus. Die Türkei zwischen Europa und dem Islamismus*, München 1998, S. 320ff.
9 Dazu mit Belegen Tibi, *Europa ohne Idenität* (wie Anm. 7), S. 348.
10 David Fromkin, *Kosovo Crossing. American Ideals meet Reality on the Balkan Battlefields*, New York 1999.
11 Vgl. auch das Kapitel über die islamische Minderheit in Indien in Tibi, *Europa ohne Identität?* (wie Anm. 7), S. 223ff.
12 Roman Herzog, *Preventing the Clash of Civilizations. A Peace Strategy for the Twentyfirst Century*, hg. von H. Schmiegelow, New York 1999, mit Beiträgen von A. Etzioni, H. Küng und B. Tibi. Deutsche Ausgabe mit dem falschen Titel *Wider den Kampf der Kulturen*, Frankfurt/M. 2000.

13 Ein erstaunliches Beispiel für Blauäugigkeit gegenüber dem Islamismus ist Bischof W. Huber, »Religionsfreiheit als Pfeiler der Demokratie«, in: *Die WELT* vom 7. November 1998, S. 4; sowie seine Rede auf der Evangelischen Synode vom April 1999 (dazu *F.A.Z.* vom 17. April 1999). Huber bezieht sich auf den in Anm. 4 angegebenen Bericht aus Berlin. Katastrophaler ist der Einsatz dieses Bischofs für einen von Islamisten getragenen Islam-Unterricht auf der Synode von Saarmund im April 1999, »Huber für islamischen Religionsunterricht«, in: *Frankfurter Allgemeine Zeitung* vom 17. April 1999, S. 5. Vgl. meine Kritik in meinem *FOCUS*-Standpunkt vom 3. April 1999, Heft 14, S. 84ff.

14 Stephen Howe in: *New Statesman and Society* vom 22. Februar 1991.

15 Katharina Dalacoura, *Islam, Liberalism and Human Rights*, London 1998, besonders S. 192ff.

16 Malcolm Anderson, *Frontiers. Territory and State Formation in the Modern World*, Oxford 1996, dazu das Kapitel über Grenzen und Migration S. 127ff.

17 W. Becker, »Toleranz – Grundwert der Demokratie?«, in: *Ethik und Sozialwissenschaften*, Band 8 (1997), Heft 4, S. 413-423, meine Kritik ebd., S. 465ff. Vgl. das Kapitel über Toleranz in meinem in Anm. 4 oben zitierten Buch, S. 176ff.

18 Den Begriff »kulturelle Moderne« verwende ich inhaltlich in Anlehnung an Jürgen Habermas, *Der philosophische Diskurs der Moderne*, Frankfurt/M. 1985.

19 Zur Schari'a-Reform vgl. das veröffentlichte Produkt einer in Oslo durchgeführten islamisch-europäischen Debatte: Tore Lindholm und Kari Vogt (Hg.), *Islamic Law Reform and Human Rights. Challenges and Rejoinders*, Kopenhagen und Oslo 1992. Darin auch ein Kapitel von mir.

20 So Louise Hirsch, in: *Hannoversche Allgemeine Zeitung* vom 2. September 1993 (Rezension von B. Tibi, *Die Verschwörung*, Hamburg 1993).

21 Vgl. B. Tibi, »Entwestlichung des Rechts«, in: Klaus Lüderssen (Hg.), *Aufgeklärte Kriminalpolitik oder Kampf gegen das Böse*, 5 Bände, hier Band 5: »Vergleich der Kulturen«, Baden Baden 1998, S. 20-30.

22 Jürgen Habermas, »Die Moderne – ein unvollendetes Projekt«, in: ders. *Kleine politische Schriften I–IV*, Frankfurt/M. 1998, S. 463.

23 Alain Finkielkraut, *Die Niederlage des Denkens*, Reinbek/Hamburg 1989.

24 B. Tibi, *Kreuzzug und Djihad. Der Islam und die christliche Welt*, München 1999.

25 Vgl. B. Tibi, »Im Banne des Multikulturalismus. Verfassungsmäßig verbriefte Rechte ethnischer Kollektive im Grundgesetz?«, in: *Frankfurter Allgemeine Zeitung* vom 11. Januar 1994.

26 Mary Fulbrook, *German National Identity after the Holocaust*, Cambridge 1999.

27 Zur Einwanderungsproblematik mit Bezug auf Deutschland vgl. die Kapitel des vierten Teils von Tibi, *Europa ohne Identität?* (wie Anm. 7).

28 Fulbrook, *German National Identity* (wie Anm. 26).

29 Rogers Brubaker, *Citizenship and Nationhood in France and Germany*, Neudruck, Cambridge/MA 1996, zu Deutschland s. S. 50ff.
30 Helmuth Plessner, *Die verspätete Nation*, Neuauflage, Frankfurt/M. 1974.
31 B. Tibi, *Krieg der Zivilisationen*, Hamburg 1995, erheblich erweiterte und revidierte Neuausgabe, München 1998.
32 Ingmar Karlsson war bei meinen Auftritten in Stockholm anläßlich der Global Village Lecture (1997) sowie des Referats über Euro-Islam bei der Feier Stockholms als Kulturhauptstadt Europas – auch als Redner – anwesend. Die arabische Zeitung *al-Hayat* (vom 27. April 1999, S. 10) stellt in ihrem Bericht über den Islam in Schweden Karlsson fälschlich als »Urheber des Euro-Islam« dar. Dies hat er selber nie behauptet.
33 Arthur M. Schlesinger Jr., *The Disuniting of America. Reflections on an Multicultural Society*, New York 1992.
34 Tibi, *Aufbruch am Bosporus* (wie Anm. 8), Kapitel 8 und 9.
35 So in der *Süddeutschen Zeitung* vom 15. Februar 1999.

Kapitel IX

1 Zu diesem EU-Gipfel in Den Haag, vgl. B. Tibi, *Pulverfaß Nahost. Eine arabische Perspektive*, Stuttgart 1997, den Abschnitt »Dialog der Unehrlichkeiten«, Kapitel 8, S. 248ff.
2 Roman Herzog, *Preventing the Clash of Civilizations. A Peace Strategy for the Twentyfirst Century*, hg. von H. Schmiegelow, New York 1999, mit Beiträgen von A. Etzioni, H. Küng und B. Tibi.
3 Zu Nahost-Konflikt, Madrid-Konferenz und Oslo-Frieden vgl. Tibi, *Pulverfaß Nahost* (wie Anm. 1), hier Kapitel 4, 5, 6.
4 B. Tibi, *Kreuzzug und Djihad. Der Islam und die christliche Welt*, München 1999.
5 Bishara Khader, *Le Partenariat Euro-Mediterranéen après la Conférence de Barcelone*, Paris 1997.
6 Max Weber, »Politik als Beruf«, in: *Soziologie, weltgeschichtliche Analysen, Politik. Ausgewählte Schriften*, Stuttgart 1964, S. 167f.
7 Wolfram Weimer, »Wenn Politiker sich Freihandels-Märchen erzählen«, in: *Frankfurter Allgemeine Zeitung* vom 29. November 1995, Wirtschaftsteil, S. 20.
8 Nach *Frankfurter Allgemeine Zeitung* vom 29. November 1995, S. 20. Vgl. auch das Kapitel über die Kreuzzüge in Tibi, *Kreuzzug und Djihad* (wie Anm. 4), S. 113ff.
9 Bericht in der *Frankfurter Allgemeinen Zeitung* vom 17. April 1999, S. 2.
10 Ebd., S. 1.
11 Ch.-P. Hanelt und S. Behrendt, »Ein Euro-Mediterraner Wirtschaftsraum nützt allen«, in: *Frankfurter Allgemeine Zeitung* vom 16. April 1999, S. 11.
12 B. Tibi, »International Morality and Cross-Cultural Bridging«, in: Herzog, *Preventing the Clash of Civilizations* (wie Anm. 2), S. 107-126. Eine deutsche Übersetzung erschien 2000 bei S. Fischer.

13 Said Za'id, *al-Farabi*, Kairo 1962. Vgl. ferner die zukunftsweisende Arbeit von al-Farabi im arabischen Orginal (*al-Madina al-fadila*) mit einer englischen Übersetzung von Richard Walzer, *al-Farabi on the Perfect State*, Oxford 1985. Zu al-Farabi vgl. auch B. Tibi, *Der wahre Imam. Der Islam von Mohammed bis zur Gegenwart*, München 1996, Kapitel 4 mit zahlreichen Nachweisen.

14 Zur Stellung Aristoteles' in der islamischen politischen Philosophie vgl. *The Political Aspects of Islamic Philosophy. Essays in Honor of Muhsin S. Mahdi*, hg. von Charles E. Butterworth, Cambridge/MA. 1992.

15 Ernst Bloch, *Avicenna und die aristotelische Linke*, Frankfurt/M. 1963; und Maxime Rodinson, *La fascination de l'Islam*, Paris 1980.

16 Herbert A. Davidson, *Alfarabi, Avicenna, and Averroës on Intellect*, New York 1992.

17 Leslie Lipson, *The Ethical Crises of Civilization*, Newbury Park/Cal. 1993, S. 62.

18 Hierzu B. Tibi, *Aufbruch am Bosporus. Die Türkei zwischen Europa und dem Islamismus*, München 1998, Teil 3.

Kapitel X

1 Herbert C. Kelman, »Informal Mediation by the Scholar/Practicioner«, in: J. Bercovitch (Hg.), *Mediation in International Relations*, New York 1992, S. 64–96.

2 Herbert C. Kelman, »Interactive Problem Solving as a Metapher for International Conflict Resolution«, in: *Peace and Conflict*, Band 5 (1999), Heft 3, S. 201–218.

3 Herbert C. Kelman, »The Problem Solving Workshop in Conflict Resolution«, in: R. L. Meritt (Hg.), *Communication in International Politics*, Urbana/Ill. 1972, S. 168–204.

4 B. Tibi, »Inter-Civilizational Dialogue as a Variety of Interactive Conflict Resolution. The Case of Islam and the Middle East«, Vorlesung in Harvard vom 17. Februar 2000 (i. E. mit weiteren Vorlesungen).

5 Vgl. B. Tibi, *Pulverfaß Nahost. Eine arabische Perspektive*, Stuttgart 1997, Widmung.

6 Joseph Nye, *Bound to Lead. The Changing Nature of American Power*, New York 1990.

7 Samuel Huntington, *The Clash of Civilizations and the Remaking of World Order*, New York 1996 (dt. Übersetzung mit dem falschen Titel: *Kampf der Kulturen*, Wien 1996).

8 B. Tibi, *Krieg der Zivilisationen. Politik und Religion zwischen Vernunft und Fundamentalismus*, aktualisierte und erweiterte Taschenbuchneuausgabe, München 1998.

9 Im Vorwort zu meinem Buch *Fundamentalismus im Islam. Eine Gefahr für den Weltfrieden?*, Darmstadt 2000, schreibe ich »Manche der deutschen Huntington-Kritiker könnten von Huntington Toleranz lernen!«

10 Zum Problem Solving Workshop vgl. Anm. 3.
11 Zu Oslo vgl. Anm. 5 sowie Avi Shlaim, *The Iron Wall. Israel and the Arab World*, New York 2000, Kapitel 13, besonders S. 512ff.
12 Huntington, *The Clash of Civilizations* (wie Anm. 7), Schlußkapitel.
13 Roman Herzog, *Preventing the Clash of Civilizations*, New York 1999, darin die Rede vom 5. April 1995.
14 B. Tibi, »International Morality and Cross-Cultural Bridging«, in: Herzog, *Preventing the Clash of Civilizations* (wie Anm. 13), S. 107-126.
15 Als Beispiel vgl. das prominente Buch von Ali M. Djarischa and Muhammad Sch. Zaibaq, *Asalib al-ghazu al-fikri li al-alam al-Islami* (Methoden der intellektuellen Invasion der islamischen Welt), Kairo 1978, worin der heutige Westen mit den Kreuzzüglern gleichgesetzt wird. Auch in der westlichen Zivilisation gibt es Feindbilder über den Islam. Hierzu Norman Daniel, *Islam and the West. The Making of an Image*, Oxford 1993.
16 B. Tibi, *Kreuzzug und Djihad. Der Islam und die christliche Welt*, München 1999, Kapitel VIII.
17 Vgl. den Bericht von S. Ahmed, »Ways to Avert Clash between Islam and the West Stressed«, in: *DAWN* (Karachi), 27. Oktober 1995; und in derselben Zeitung, »Cross-Cultural Talks for Peaceful Coexistence Urged«, 26. Oktober 1995.
18 Vgl. das Kapitel von B. Tibi, »Human Rights in Islamic Civilization and the West« in den gesammelten Aufsätzen des Karachi-Dialogs, die veröffentlicht wurden unter dem Titel *I'm You! Is There a Clash of Cultures?*, Karachi 1998, S. 9–23; sowie das Kapitel »Umma and the Nation between Conflict and Reconciliation«, ebd., S. 56–61; ferner das Interview mit B. Tibi von Tehmina Ahmed, »The Clash of Civilizations was not Invented, but it Was Used, Abused for other Reasons«, in: *NEWSLINE* (Karachi), November-Ausgabe, 1995, S. 99–100. Vgl. auch Anm. 29 unten.
19 Die deutsche Übersetzung von Roman Herzog, *Wider den Kampf der Kulturen*, Frankfurt/M. 2000.
20 Zu den deutschen Tabus vgl. Arnulf Baring, *Scheitert Deutschland?*, Stuttgart 1997, S. 289ff.
21 Fawaz Gerges, *America and Political Islam. Clash of Cultures or Clash of Interests?*, Cambridge 1999.
22 B. Tibi, *The Challenge of Fundamentalism. Political Islam and the New World Disorder*, Berkeley und Los Angeles 1998 (Dt. Übersetzung mit einer neuen Einleitung: *Die neue Weltunordnung*, Berlin 1999).
23 Theodore von Laue, *The World Revolution of Westernization*, New York 1987.
24 Hedley Bull, *The Anarchical Society. A Study of Order in World Politics*, New York 1977, S. 273.
25 Zum Begriff der Defensiv-Kultur vgl. Tibi, *Die Krise des modernen Islams*, Frankfurt/M. 1981 (3. Auflage 1991).
26 H. Bull, »The Revolt against the West«, in: Hedley Bull/Adam Watson, *The Expansion of International Society*, Oxford 1984, S. 217-228.

27 Tibi, *Krieg der Zivilisationen* (wie Anm. 8).
28 Bull, *The Anarchical Society* (wie Anm. 24), S. 13.
29 Vgl. B. Tibi, »Islamic Law/Shari'a, Human Rights, Universal Morality and International Relations«, in: *Human Rights Quarterly* (John Hopkins University Press), Band 16 (1994), Heft 2, S. 277-299; und ders., »The European Tradition of Human Rights and the Culture of Islam«, in: Abdullahi A. An-Na'im/Francis M. Deng (Hg.), *Human Rights in Africa*, Washington/D.C. 1990, S. 104–132. Vgl. auch B. Tibi, »Islamic Shari'a and Human Rights – International Law and International Relations«, in: Tore Lindholm/Kari Vogt (Hg.), *Islamic Law Reform and Human Rights*, Oslo and Kopenhagen 1993, S. 75-96.
30 Vgl. Michèle Schmiegelow (Hg.), *Democracy in Asia*, New York 1997, darin das Kapitel von B. Tibi, »Democracy and Democratization in Islam«, S. 127-146.
31 Siehe die Beiträge in indonesischer Sprache/Bahasa-Indonesia von B. Tibi, S. P. Huntington und vielen indonesischen Autoren in: Nasir Tamara (Hg.), *Agama dan Dialog Antar Peradaban*, Jakarta 1996. Vgl. auch die Dialogbeilage der indonesischen Zeitung *Republika* (Jakarta) vom 24. März 1995.
32 Benjamin Barber, *Jihad vs McWorld*, New York 1996.
33 Vgl. das Toleranz-Kapitel in meinem Buch *Europa ohne Identität? Die Krise der multikulturellen Gesellschaft*, München 1998, S. 176-191.

Kapitel XI

1 Reinhard Bendix, *Könige oder Volk? Machtausübung und Herrschaftsmandat*, 2 Bände, Frankfurt/M. 1980.
2 Vgl. die Widmung für Max Horkheimer in: B. Tibi, *Europa ohne Identität? Die Krise der multikulturellen Gesellschaft*, München 1998 (Taschenbuchausgabe, Berlin 2000).
3 B. Tibi, »Euro-Islam ist die Lösung«, in: *Spiegel-Special*, Islam-Heft vom Januar 1998.
4 So ein bayerischer Orientalistik-Professor für Turkologie unter dem Titel »Islamisten und Euro-Muslime«, in: *Süddeutsche Zeitung* vom 15. Februar 1999.
5 B. Tibi, »Ausländer die Juden von heute? Fremdenfeindlicher Rechtsradikalismus und der Fundamentalismus der Anderen«, in: Ulrich Wank (Hg.), *Der neue, alte Rechtsradikalismus*, München 1993, S. 139-168. Davon gibt es auch eine US-Ausgabe.
6 Vgl. die Zitierung der fremdenfeindlichen Post, die ich regelmäßig bekomme, in meinem Buch *Europa ohne Identität?* (wie Anm. 2), S. 266ff. Vgl. in jenem Buch auch den Abschnitt: »Orientalismus, Philologie, Rassenpsychologie und die deutsche Islamwissenschaft«, S. 344ff. in bezug auf den Personenkreis in Anm. 4 oben.
7 Josef van Ess, *Theologie und Gesellschaft im 2. und 3. Jahrhundert Hidschra. Eine Geschichte des religiösen Denkens im frühen Islam*, Band 1, Berlin 1991.

8 Vgl. Clifford Geertz, *Religiöse Entwicklungen im Islam, beobachtet in Marokko und Indonesien*, 2. Auflage mit einem Nachwort von B. Tibi, Frankfurt/M. 1991.

9 Zum Ursprung des Konzepts und seiner Entstehung in Paris vgl. B. Tibi, »Les Conditions d'un Euro-Islam«, in: R. Bistolfi/F. Zabbal (Hg.), *Islams d'Europe. Intégration ou Insertion Communautaire?*, Paris 1995, S. 230ff. Vgl. dazu auch den *F.A.Z.*-Bericht zitiert in Anm. 26.

10 Gilles Kepel, *Allah im Westen*, München 1996, mit Kapiteln über Frankreich, England und die USA, aber keinem über Deutschland.

11 Hierzu B. Tibi, *Im Schatten Allahs. Der Islam und die Menschenrechte*, München 1994 (Serie Piper-Ausgabe 1996 und 1999), S. 341.

12 B. Tibi, *Aufbruch am Bosporus, Die Türkei zwischen Europa und dem Islamismus*, München 1998, Kapitel 10, türkische Ausgabe Istanbul 2000.

13 Hierzu eindrucksvoll aufklärend »Rechtfertigung zum Töten«, Interview mit dem Präsidenten des Verfassungsschutzes Peter Frisch, in: *Der Spiegel*, Heft 36/1997, S. 58–61.

14 Zum Versuch dieser Synthese B. Tibi, »Democracy and Democratization in Islam«, in: Michèle Schmiegelow (Hg.), *Democracy in Asia*, New York 1997, S. 127–146. Dagegen ist der Islamismus eine Spielart des Totalitarismus. Hierzu mit Begründung B. Tibi, *Der wahre Imam. Der Islam von Mohammed bis zur Gegenwart*, 2. Auflage, München 1997 (Serie Piper 1998), Kapitel 11 und 12.

15 Einzelheiten dazu bei Ursula Spuler-Stegemann, *Muslime in Deutschland*, Freiburg/Br. 1998, S.101ff.

16 B. Tibi, »Über die Alternative Euro-Islam oder Ghetto-Islam«, in: *FOCUS* vom 21. April 1997, S. 66-67. Eine türkische Fassung dieses Artikels erschien unter dem Titel »Aurupa' da getto Islam'a dogru« in der türkischen Zeitung *Yeni Safak* vom 30. April 1997.

17 Dazu George Makdisi, *The Rise of Colleges. Institutions of Learning in Islam and the West*, Edinburgh 1981.

18 Vgl. das Kapitel Erziehung in: B. Tibi, *Der Islam und das Problem der kulturellen Bewältigung sozialen Wandels*, 3. Auflage, Frankfurt/M. 1991, S. 131ff.

19 B. Tibi, *Kreuzzug und Djihad. Der Islam und die christliche Welt*, München 1999, Kap. 4.

20 Vgl. W. A. R. Shadid und P. S. van Koningveld (Hg.), *Muslims in the Margin. Islam in Western Europe*, Kampen/Niederlande 1996.

21 Tibi, *Aufbruch am Bosporus* (wie Anm. 12).

22 Dazu Ted Gurr und Barbara Harff, *Ethnic Conflict in World Politics*, Boulder/ Col. 1994, zu den Türken in Deutschland S. 65ff., 106ff.

23 Wilhelm Heitmeyer u.a., *Verlockender Fundamentalismus. Türkische Jugendliche in Deutschland*, Frankfurt/M. 1997.

24 In diesem Sinne Jean-François Revel, *Democracy Against Itself*, New York 1993, S. 199ff.

25 Vgl. die immer noch aktuelle rechtswissenschaftliche Göttinger Dissertation von Johannes Lameyer, *Streitbare Demokratie. Eine verfassungshermeneutische Untersuchung*, Berlin 1978.

26 Vgl. meinen Bericht, »Euro- oder Ghetto-Islam«, in: *Frankfurter Allgemeine Zeitung* vom 7. Dezember 1992, S. 14, über das Pariser Projekt (die entsprechende Veröffentlichung zitiert in Anm. 9 oben).

27 Zu Islam und Menschenrechten vgl. Tibi, *Im Schatten Allahs* (wie Anm. 11).

28 Nach *al-Scharq al-Ausat* vom 28. Juli 1993.

29 Frisch in: *Spiegel* (wie Anm. 13).

30 Andrew Wheatcroft, *The Ottomans. Dissolving Images*, London 1995.

31 Der tunesische Sozialhistoriker und Philosoph Hichem Djait zeigt in seiner Arbeit über den Früh-Islam, *La Grande Discorde*, Paris 1989, arabisch: *al-Fitna al-kubra*, Beirut 1992, daß Migration neben dem Djihad ein zentrales Instrument der Verbreitung des Islam seit dem 7. Jahrhundert war. Dazu Tibi, *Der wahre Imam* (wie Anm. 14), Kapitel 2, besonders das Zitat auf S. 63f. Vgl. auch das Kapitel von M. Kh. Masud, »The Obligation to Migrate. The Doctrine of Hijra/ Migration in Islamic Law«, in: Dale Eikelman/James Piscatori (Hg.), *Muslim Travellers. Pilgrimage, Migration and the Religious Imagination*, Berkeley 1990, S. 29-49 sowie Kapitel VII über Hidjra oben.

32 Tibi, *Aufbruch am Bosporus* (wie Anm. 12).

33 Arthur Schlesinger, *The Disuniting of America. Reflections on a Multicultural Society*, New York 1992; sowie die nüchterne Debatte in den Beiträgen zu dem Band von Nicholas Capaldi (Hg.), *Immigration. Debating the Issues*, Amherst/ N.Y. 1997. Vgl. auch die deutsche Übersetzung der Arbeit von Rogers Brubaker, *Staat-Bürger. Deutschland und Frankreich im historischen Vergleich*, Hamburg 1994; sowie die deutsche Arbeit des in Paris tätigen Klaus Manfrass, *Türken in der Bundesrepublik, Nordafrikaner in Frankreich. Ausländerproblematik im deutsch-französischen Vergleich*, Bonn 1991. Sehr informativ sind die Beiträge in Wayne A. Cornelius u.a. (Hg.), *Controlling Immigration. A Global Perspective*, Stanford 1994. Vgl. Emmanuel Todd, *Das Schicksal der Immigranten: Deutschland, USA, Frankreich, Großbritannien*, München 1998.

34 Der Lateinamerikaner Peter D. Salins, *Assimilation American Style. An Impassioned Defense of Immigration and Assimilation*, New York 1997, kritisiert den Multikulturalismus.

35 Max Horkheimer, *Kritische Theorie*, 2 Bände, hier Band 1, Frankfurt/M. 1968, S. XIII.

36 Jürgen Habermas' Essay im Anhang zu Charles Taylor, *Multikulturalismus und die Politik der Anerkennung*, Frankfurt 1992, S. 177.

37 Werner Becker, »Toleranz: Grundwert der Demokratie«, in: *Ethik der Sozialwissenschaften*, Heft 4/1997; und dazu meinen Kommentar zu diesem Essay im selben Heft.

Bibliographie

Monographien in westlichen Sprachen

Abu-Lughod, Ibrahim, *Arab Rediscovery of Europe. A Study in Cultural Encounters*, Princeton/N.J. 1963.

Aburish, Said K., *The Rise, Corruption and Coming Fall of the House of Saud*, Neuauflage, New York 1996.

Ajami, Fouad, *The Vanished Imam. Musa al-Sadr and the Schia of Lebanon*, Ithaka 1986.

Akhavi, Shahrough, *Religion and Politics in Contemporary Iran*, Albany/N.Y. 1980.

Ali, Muhammad M., *A Manual of Hadith*, mit einem Vorwort von C. E. Bosworth, New York 1988 (zuerst London 1978).

An-Na'im, Abdullahi A., *Toward an Islamic Reformation*, Syracuse/N.Y. 1990.

Anderson, Malcolm, *Frontiers. Territory and State Formation in the Modern World*, Cambridge 1996.

Anton, Richard, *Muslim Preachers in the Modern World*, Princeton/N.J. 1989.

Apter, David, *The Politics of Modernization*, Chicago 1965.

Arjomand, Said Amir, *The Shadow of God and the Hidden Imam. Religion, Political Order and Societal Change in the Shi'ite Iran from the Beginning to 1890*, Chicago 1987.

Armstrong, Karen, *Muhammad - Religionsstifter und Staatsmann*, München 1993.

Armstrong, Karen, *Holy War. The Crusades and Their Impact on Today's World*, New York 1991.

Arnold, Thomas W., *The Caliphate*, Oxford 1924.

Aron, Raymond, *Frieden und Krieg*, Frankfurt/M. 1986 (Orig.: *Paix et guerre entre les nations*, Paris 1962).

Ayubi, Nazih, *Political Islam*, London 1991.

Barber, Benjamin, *Jihad vs McWorld*, New York 1996.

Baring, Arnulf, *Scheitert Deutschland?*, Stuttgart 1997.

Barnard, F. M., *Zwischen Aufklärung und politischer Romantik. Eine Studie über Herders soziologisch-politisches Denken*, Berlin 1964.

Becker, Carl Heinrich, *Islamstudien. Vom Werden und Wesen der islamischen Welt*, 2 Bände, ursprünglich Leipzig 1924/1932, Neudruck, Hildesheim 1967.

Bendix, Reinhard, *Könige oder Volk. Machtausübung und Herrschaftsmandat*, 2 Bände, Frankfurt/M. 1980.

Bergmann, Ernst, *Fichte und der Nationalsozialismus*, Breslau o.J. (1933).
Bergner, D., *Neue Bemerkungen zu J. G. Fichtes Stellungnahme zur nationalen Frage*, Berlin 1957.
Berlin, Isaiah, *Das krumme Holz der Humanität. Kapitel der Ideengeschichte*, hg. von Henry Hardy, Frankfurt/M. 1995.
Besier, Gerhard und Erwin K. Scheuch (Hg.), *Die neuen Inquisitoren. Religionsfreiheit und Glaubensneid*, 2 Bände, Zürich und Osnabrück 1999.
Blankinship, Khalid Y., *The End of the Jihad State. The Reign of Hisham Ibn 'Abd al-Malik and the Collapse of the Umayads*, Albany/N.Y. 1994.
Blaut, J. M., *The Colonizer's Model of the World. Geographical Diffusionism and Eurocentric History*, New York 1993.
Bloch, Ernst, *Avicenna und die Aristotelische Linke*, Frankfurt/M. 1963.
Bodansky, Yossef, *Bin Laden. The Man who Declared War on America*, Rocklin/Cal. 1999.
Borkenau, Franz, *Der Übergang vom feudalen zum bürgerlichen Weltbild*, Paris 1934, Neudruck, Darmstadt 1988.
Bouman, Johan, *Gott und Mensch im Koran*, Darmstadt 1977.
Braudel, Fernand, *A History of Civilizations*, London 1994.
– *The Mediterranean and the Mediterranean World in the Age of Philip II*, 2 Bände, Berkeley 1995.
Brown, L. Carl (Hg.), *Imperial Legacy. The Ottoman Imprint on the Balkans and the Middle East*, New York 1996.
Brubaker, Rogers, *Citizenship and Nationhood in France and Germany*, Neuauflage, Cambridge/MA 1996 (zuerst 1992, dt. Ausgabe: *Staat - Bürger. Deutschland und Frankreich im historischen Vergleich*, Hamburg 1994).
Bull, Hedley, *The Anarchical Society. A Study of Order in World Politics*, New York 1977.
Burckhardt, Jacob, *Die Kultur der Renaissance in Italien*, 11. Auflage, Stuttgart 1988.
Butterworth, Charles E. (Hg.), *The Political Aspects of Islamic Philosophy. Essays in Honor of Muhsin S. Mahdi*, Cambridge/MA. 1992.

Capaldi, Nicholas (Hg.), *Immigration. Debating the Issues*, Amherst/N.Y. 1997.
Chittick, William C., *The Sufi Path of Love*, Albany/N.Y. 1983.
– *Imagined Worlds. Ibn al-Arabi and the Problem of Religious Diversity*, Albany/ N.Y. 1994.
Cleveland, William, *The Making of an Arab Nationalist. Ottomanism and Arabism in the Life and Thought of Sati' al-Husri*, Princeton/N.J. 1971.
Collins, Roger, *The Arab Conquest of Spain 710–797*, Neudruck, Oxford 1994 (zuerst 1989).
– *Early Medieval Europe 300–1000*, Neuausgabe, London 1995.
Cornelius, Wayne A. u.a. (Hg.), *Controlling Immigration. A Global Perspective*, Stanford 1994.
Coulsen, Noel, *A History of Islamic Law*, Edinburgh 1964.

Crespi, Gabriele (Hg.), *Die Araber in Europa*, Sonderausgabe, Stuttgart und Zürich 1992.

Dalacoura, Katharina, *Islam, Liberalism and Human Rights*, London 1998.
Daniel, Norman, *Islam and the West. The Making of an Image*, Oxford 1993 (zuerst 1960).
Dankwort, Dieter (Hg.), *Internationale Kulturbeziehungen. Brücken über Grenzen*, Baden Baden 1980.
Davidson, Herbert A, *Alfarabi, Avicenna and Averroes on Intellect*, New York 1992.
Djabarti, Abdarrahman Ibn-Hasan al-, *Bonaparte in Ägypten. Aus der Chronik des Abdarrahman al-Gabarti*, übersetzt von Arnold Hottinger, Zürich u.a. 1983.
Djaït, Hichem, *Europe and Islam*, Berkeley 1985.
– *La Grande Discorde*, Paris 1989 (arabisch Ausgabe: *al-Fitna al-kubra*, Beirut 1992).
Donner, Fred McGraw, *The Early Islamic Conquests*, Princeton/N.J. 1981.
Dunn, John (Hg.), *Contemporary Crisis of the Nation-State?*, Oxford 1995.
Durant, Will, *The History of Civilization*, Neudruck, New York 1981.

Eickelman, Dale und James Piscatori (Hg.), *Muslim Travellers. Pilgrimage, Migration and the Religious Imagination*, Berkeley 1990.
Elias, Norbert, *Über den Prozeß der Zivilisation*, Neuausgabe, hg. von Heike Hammer, 2 Bände, Frankfurt/M. 1997.
Engelbrecht, H. C., *J. G. Fichte. A Study of his Political Writings with Special Reference to his Nationalism*, New York 1933.
Epstein, Klaus, *The Genesis of German Conservatism*, Princeton/New York 1966.
Ergang, Robert, *Herder and the Foundations of German Nationalism*, New York 1931.
Ess, Josef van, *Theologie und Gesellschaft im 2. und 3. Jahrhundert Hidschra. Eine Geschichte des religiösen Denkens im frühen Islam*, Band 1, Berlin 1991.

Fanon, Frantz, *Schwarze Haut, weiße Masken*, Frankfurt/M. 1980.
Farabi, Abu-Nasr Muhammad Ibn-Muhammad al-, *al-Farabi on the Perfect State* (englischer und arabischer Text von *al-Madina al-fadila*), übersetzt von Richard Walzer, Oxford 1985.
Fichte, J. G., *Reden an die deutsche Nation*, hg. von F. Medicus, mit einer Einleitung von A. Diemer, Hamburg 1955.
Finkielkraut, Alain, *Die Niederlage des Denkens*, Reinbek/Hamburg 1989.
Fischer, Michael, *Iran. From Religious Dispute to Revolution*, Cambridge/MA 1980.
Fromkin, David, *A Peace to End All Peace. The Fall of the Ottoman Empire and the Creation of the Modern Middle East*, New York 1989.

Fromkin, David, *Kosovo Crossing. American Ideals meet Reality on the Balkan Battlefields*, New York 1999.
Fulbrook, Mary, *German National Identity after the Holocaust*, Cambridge 1999.
Fuller, Graham und I. O. Lesser, *A Sense of Siege. The Geopolitics of Islam and the West*, Boulder/Col. 1995.

Geertz, Clifford, *Dichte Beschreibung. Beiträge zum Verstehen kultureller Systeme*, Frankfurt/M. 1983.
– *Religiöse Entwicklungen im Islam, beobachtet in Marokko und Indonesien*, 2. Auflage mit einem Nachwort von B. Tibi, Frankfurt/M. 1991.
Gerges, Fawaz, *America and Political Islam. Clash of Cultures or Clash of Interests?*, Cambridge 1999.
Gerholm, Tomas und Yngve G. Lithman (Hg.), *The New Islamic Presence in Western Europe*, London 1988.
Giddens, Anthony, *The Nation – State and Violence*, Berkeley 1987.
Göle, Nilüfer, *The Forbidden Modern. Civilization and Veiling*, Ann Arbor/Michigan 1996 (dt. Ausgabe: *Republik und Schleier. Die muslimische Frau in der Moderne*, Berlin 1995).
Gray, John, *Isaiah Berlin*, Princeton/N.J. 1996.
Grobba, Fritz, *Männer und Mächte im Orient, 25 Jahre diplomatischer Tätigkeit im Orient*, Göttingen 1967.
Gurr, Ted und Barbara Harff, *Ethnic Conflict in World Politics*, Boulder/Col. 1994.

Habermas, Jürgen, *Der philosophische Diskurs der Moderne*, Frankfurt/M. 1985.
– *Kleine politische Schriften I–IV*, Frankfurt/M. 1998.
Halladj, Husain Ibn Mansur al-, *Al-Halladsch, Märtyrer der Gottesliebe. Leben und Legende*, hg. von Annemarie Schimmel, Köln 1968.
Hannaford, Ivan, *Race. The History of an Idea in the West*, Baltimore 1996.
Hargreaves, Alec, *Immigration, »Race«, and Ethnicity in Contemporary France*, London 1995.
Hayman, F., *Weltbürgertum und Vaterlandsliebe in der Staatslehre Rousseaus und Fichtes*, Berlin 1924.
Heitmeyer, Wilhelm u.a., *Verlockender Fundamentalismus. Türkische Jugendliche in Deutschland*, Frankfurt/M. 1997.
Herder, J. G., *Werke in fünf Bänden*, hg. von Wilhelm Dobbek, 3. Auflage, Berlin und Weimar 1964.
– *Auch eine Philosophie der Geschichte zur Bildung der Menschheit*, Nachwort von H. G. Gadamer, Frankfurt/M. 1967.
Herzog, Roman, *Preventing the Clash of Civilizations. A Peace Strategy for the Twentyfirst Century*, hg. von Henrik Schmiegelow, New York 1999 (dt. Ausgabe: *Wider den Kampf der Kulturen*, Frankfurt/M. 2000).
Hirszowicz, Lukasz, *The Third Reich and the Arab East*, London 1966.

Hobsbawm, Eric und Terence Ranger (Hg.), *The Invention of Tradition*, Cambridge 1983 (Neuausgabe 1996).
Hodgson, Marshall G. S., *The Venture of Islam. Conscience and History in a World Civilization*, 3 Bände, Chicago 1974.
– *Rethinking World History. Essays on Europe, Islam, and World History*, Cambridge 1993.
Holsti, Kalevi J., *Peace and War. Armed Conflicts and International Order 1648–1989*, Cambridge 1991.
Holton, Gerald, *Science and Anti-Science*, Cambridge/MA 1993.
Horkheimer, Max, *Kritische Theorie*, 2. Bände, Frankfurt/M. 1968.
Hourani, Albert, *Arabic Thought in the Liberal Age, 1798–1939*, Oxford 1962.
Huntington, Samuel P., *The Third Wave. Democratization in the Late 20th Century*, Norman/Okl. und London 1991.
– *The Clash of Civilizations and the Remaking of World Order*, New York 1996 (dt. Übersetzung: *Kampf der Kulturen*, Wien 1996).

Ibn Ishaq, Muhammad, *Das Leben des Propheten*, 2. Auflage, Basel 1986.
Ibn Khaldun, Abdarrahman Ibn-Muhammad, *Buch der Beispiele. Die Einführung/al-Muqaddima*, hg. von M. Pätzold, Leipzig 1992.

Jaber, Hala, *Hezbollah*, New York 1997.
Jafri, S. H. M., *The Origins and Early Development of Shi'a Islam*, London 1979.
Juergensmeyer, Mark, *The New Cold War? Religious Nationalism Confronts the Secular State*, Berkeley 1993.
– *Terror in the Mind of God*, Berkeley/Cal. 1999.

Kayali, Hasan, *Arabs and Young Turks. Ottomanism, Arabism and Islamism in the Ottoman Empire 1908–1918*, Berkeley 1997.
Kepel, Gilles, *Les banlieues de l'Islam. Naissance d'une religion en France*, Paris 1987.
– *Allah im Westen. Die Demokratie und die islamische Herausforderung*, München 1996.
Khadduri, Majid, *Independent Iraq*, 2. Auflage, London 1960.
Khader, Bishara, *Le Partenariat Euro-Mediterranéen après la Conférence de Barcelone*, Paris 1997.
Khalil, Samir al-, *Republic of Fear. The Politics of Modern Iraq*, Berkeley 1989.
Khoury, Adel Theodor, *Toleranz im Islam*, Mainz 1980.
Khuri, Fuad I., *Imams and Emirs. State, Religion and Sects in Islam*, London 1990.
Kinross, John Patrick, *The Ottoman Centuries. The Rise and Fall of the Turkish Empire*, New York 1977.
Kluckhohn, Paul, *Die deutsche Romantik*, Bielefeld und Leipzig 1924.
– *Persönlichkeit und Gemeinschaft. Studien zur Staatsauffassung der deutschen Romantik*, Halle 1925.
– *Das Ideengut der Romantik*, 3. Auflage, Halle 1953.

Köhler, Bärbel (Hg.), *Religion und Wahrheit. Religionsgeschichtliche Studien*, Wiesbaden 1998.

Kohlhammer, Siegfried, *Die Feinde und die Freunde des Islam*, Göttingen 1996.

Kohn, Hans, *Propheten ihrer Völker. Mill, Michelet, Mazzini, Treitschke, Dostojew-ski. Studien zum Nationalismus des 19. Jahrhunderts*, Bern 1948.

– *Die Idee des Nationalismus. Ursprung und Geschichte bis zur Französischen Revolution*, 2. Auflage, Frankfurt/M. 1962.

Kopper, Joachim, *Einführung in die Philosophie der Aufklärung*, Darmstadt 1990.

Kramer, Martin, *Arab Awakening and Islamic Revival*, New Brunswick 1996.

Kügelgen, Anke von, *Averroës und die arabische Moderne. Ansätze zu einer Neugründung des Rationalismus im Islam*, Leiden 1994.

Küng, Hans (Hg.), *Ja zum Weltethos*, München 1995.

Kuschel, Karl-Josef, *Streit um Abraham. Was Juden, Christen und Muslime trennt - und was sie eint*, München 1994.

– *Vom Streit zum Wettstreit der Religionen. Lessing und die Herausforderung des Islam*, Düsseldorf 1998.

Lameyer, Johannes, *Streitbare Demokratie. Eine verfassungshermeneutische Untersuchung*, Berlin 1978.

Laue, Theodore H. von, *The World Revolution of Westernization. The Twentieth Century in Global Perspective*, New York 1987.

Lawrence, Bruce B., *Defenders of God. The Fundamentalist Revolt Against the Modern Age*, New York 1989.

– *Shattering the Myth. Islam beyond Violence*, Princeton/N.J. 1998.

Lewis, Bernard, *The Muslim Discovery of Europe*, New York 1982 (dt. Übersetzung: *Die Welt der Ungläubigen. Wie der Islam Europa entdeckte*, Frankfurt/M. 1987).

– *Die Juden der islamischen Welt*, München 1987.

Lindberg, David, *The Beginning of Western Science*, Chicago 1992.

Lindholm, Tore und Kari Vogt (Hg.), *Islamic Law Reform and Human Rights. Challenges and Rejoinders*, Kopenhagen und Oslo 1992.

Lipson, Leslie, *The Ethical Crises of Civilization. Moral Meltdown or Advance*, Newbury/London 1993.

Lohbeck, Kurt, *Holy War, Unholy Victory. Eyewitness to the CIA's Secret War in Afghanistan*, Washington/D.C. 1993.

Macfie, A. L., *The End of the Ottoman Empire 1908–1923*, London 1998.

Makdisi, George, *The Rise of Colleges. Institutions of Learning in Islam and the West*, Edinburgh 1981.

Manfrass, Klaus, *Türken in der Bundesrepublik, Nordafrikaner in Frankreich*, Bonn 1991.

Mayer, Hans-Eberhard, *Geschichte der Kreuzzüge*, 8. Auflage, Stuttgart 1995.

McNeill, William, *The Rise of the West. A History of the Human Community*, Chicago 1963.

Mehlis, Georg, *Die deutsche Romantik*, München 1922.
Mehnert, H., *Fichte und die Bedeutung der nationalen Frage in seinem Werk*, Leipzig 1955.
Meier, Christian, *Die Entstehung des Politischen bei den Griechen*, Neuauflage, Frankfurt/M. 1989.
Mitchell, Richard P., *The Society of the Muslim Brothers*, Oxford und London 1969.
Momen, Moojan, *An Introduction to Shi'i Islam*, New Haven 1985.
Mommsen, Katharina, *Goethe und die arabische Welt*, Frankfurt/M. 1988.

Nakash, Yitzhak, *The Schi'is of Iraq*, Princeton/N.J. 1994.
Nye, Joseph, *Bound to Lead. The Changing Nature of American Power*, New York 1990.

Ohnbeck, Wolfgang, *Die französische Algerienpolitik von 1919–1939*, Köln und Opladen 1967.

Palmer, Alan, *The Decline and Fall of the Ottoman Empire*, New York 1992.
Paret, Rudi, *Mohammed und der Koran*, 5. Auflage, Stuttgart 1980.
Paterich, Eckart, *Götter und Helden der Griechen*, 5. Aufl., Frankfurt/M. 1965.
Pearlman, Mourice, *Mufti of Jerusalem. The Story of Haj Amin el-Huseini*, London 1947.
Peters, F. E., *Muhammad and the Origins of Islam*, New York 1994.
Pirenne, Henri, *Mahomet et Charlemagne*, Paris 1937, deutsche Ausgabe: *Die Geburt des Abendlandes*, Leipzig 1939.
– Francesco Gabrieli u.a., *Mohammed und Karl der Große. Die Geburt des Abendlands*, Stuttgart und Zürich 1987, Sonderausgabe 1995.
Piscatori, James, *Islam in a World of Nation-States*, Cambridge 1987.
Plessner, Helmuth, *Die verspätete Nation*, Neuauflage, Frankfurt/M. 1974.
– *Diesseits der Utopie*, Frankfurt/M. 1974.
Primor, Avi, B. Tibi u. a., *50 Jahre Israel*, hg. von Hardy Ostry, Trier 1999.

Rahman, Fazlur, *Major Themes of the Qur'an*, Minneapolis 1980.
Ranstorp, Magnus, *Hizb'Allah in Lebanon*, New York 1997.
Reiss, Hans, *Politisches Denken in der deutschen Romantik*, Bern 1966.
Revel, Jean-François, *Democracy Against Itself. The Future of Democratic Impulse*, New York 1993.
Riesebrodt, Martin, *Fundamentalismus als patriarchalische Protestbewegung*, Tübingen 1990.
Roberts, J. M., *A History of Europe*, New York 1997.
Rodinson, Maxime, *Mohammed*, Luzern und Frankfurt/M. 1975.
– *La fascination de l'Islam*, Paris 1980.
Rubin, Barnett R., *The Fragmentation of Afghanistan*, New Haven 1995.

Salins, Peter D., *Assimilation American Style. An Impassioned Defense of Immigration and Assimilation*, New York 1997.
Schacht, Joseph, *An Introduction in Islamic Law*, Oxford 1964.
Schechtmann, Joseph B., *The Mufti and the Fuehrer. The Rise and Fall of Haj Amin el-Huseini*, New York und London 1965.
Schlesinger, Arthur M. Jr., *The Disuniting of America. Reflections on a Multicultural Society*, New York 1992.
Schmiegelow, Michèle (Hg.), *Democracy in Asia*, New York 1997.
Schrey, Heinz-Horst (Hg.), *Säkularisierung*, Darmstadt 1981.
Schröder, Bernd-Philipp, *Deutschland und der Mittlere Osten im Zweiten Weltkrieg*, Göttingen und Frankfurt/M. 1975.
Seale, P., *The Struggle for Syria. A Study of Post-War Arab Politics 1945–1958*, London 1965.
Shadid, W. A. R. und P. S. van Koningsveld (Hg.), *Muslims in the Margin. Political Responses to the Presence of Islam in Western Europe*, Kampen/Niederlande 1996.
– und P. S. van Koningsveld (Hg.), *Political Participation and Identities of Muslims in Non-Muslim States*, Kampen/Niederlande 1997.
Sharma, Arvind (Hg.), *Our Religions*, San Francisco 1993.
Shlaim, Avi, *The Iron Wall. Israel and the Arab World*, New York 2000.
Simon, Hermann, *Geschichte der deutschen Nation*, Mainz 1968.
Sivan, Emmanuel, *Radical Islam. Medieval Theology and Modern Politics*, New Haven 1985.
Spuler-Stegemann, Ursula, *Muslime in Deutschland*, Freiburg 1998.
Stählin, Friedrich, *Napoleons Glanz und Fall im deutschen Urteil*, Braunschweig 1952.
Stoddart, William, *Sufism*, Wellingsborough 1976.
Synder, Louis L., *German Nationalism, The Tragedy of a People. Extremism contra Liberalism in Modern German History*, Harrisburg 1955.

Tahtawi, Rifa'a Rafi al-, *Ein Muslim entdeckt Europa*, übers. und hg. von Karl Stowasser, München 1988.
Tamara, Nasir (Hg.), *Agama dan Dialog Antar Peradaban*, Jakarta 1996.
Taylor, Charles, *Multikulturalismus und Politik der Anerkennung*, Frankfurt 1992.
Tibi, Bassam, *Vom Gottesreich zum Nationalstaat. Islam und panarabischer Nationalismus*, erweiterte Neuauflage, Frankfurt 1991 (zuvor 1971, 1987).
– *Die Krise des modernen Islams*, erheblich erweiterte und revidierte Suhrkamp-Neuausgabe, Frankfurt/M. 1991 (erstmals München 1981).
– *Der Islam und das Problem der kulturellen Bewältigung sozialen Wandels*, 3. Auflage, Frankfurt/M. 1991 (zuerst 1985).
– *Islamischer Fundamentalismus, moderne Wissenschaft und Technologie*, Frankfurt/M. 1992 (Neuauflage 1993).
– *Die Verschwörung. Das Trauma arabischer Politik*, 2. Auflage, München 1994 (Taschenbuch-Ausgabe 1994).

– *Im Schatten Allahs. Der Islam und die Menschenrechte*, München 1994 (1996 als Serie Piper, dann 2. Auflage 1999).
– *Krieg der Zivilisationen. Politik und Religion zwischen Vernunft und Fundamentalismus*, Hamburg 1995 (erweiterte Ausgabe, München 1998).
– *Der religiöse Fundamentalismus im Übergang zum 21. Jahrhundert*, Mannheim 1995.
– *Der wahre Imam. Der Islam von Mohammed bis zur Gegenwart*, München 1996.
– *Pulverfaß Nahost. Eine arabische Perspektive*, Stuttgart 1997.
– *Arab Nationalism. Between Islam and the Nation-State*, 3. neubearbeitete Ausgabe, London und New York 1997.
– *Aufbruch am Bosporus. Die Türkei zwischen Europa und dem Islamismus*, München 1998 (türk. Übersetzung Istanbul 2000)
– *Conflict and War in the Middle East. From Interstate War to New Security*, 3. revidierte und erweiterte Ausgabe, London und New York 1998.
– *Europa ohne Identität? Die Krise der multikulturellen Gesellschaft*, München 1998 (Taschenbuch-Ausgabe, Berlin 2000).
– *The Challenge of Fundamentalism. Political Islam and the New World Disorder*, Berkeley und Los Angeles 1998 (dt. Übersetzung: *Die Neue Weltunordnung. Westliche Dominanz und islamischer Fundamentalismus*, Berlin 1999).
– *Kreuzzug und Djihad. Der Islam und die christliche Welt*, München 1999.
– *Fundamentalismus im Islam. Eine Gefahr für den Weltfrieden?*, Darmstadt 2000.
Tillmann, Heintz, *Deutschlands Araberpolitik im Zweiten Weltkrieg*, Berlin 1965.
Toynbee, Arnold, *A Study of History*, 3 Bände, London 1934, Neuauflage 1951.
Turnbull, G. H., *The Educational Theory of Fichte*, London 1922.

Verschoor, A. D., *Die ältere deutsche Romantik und die Nationsidee*, Amsterdam o.J. (1929).

Waters, M. P., *Mufti over the Middle East*, London 1942.
Watt, William Montgomery, *Muhammad at Mecca*, Oxford 1953, Neuausgabe 1979.
– *Muhammad at Medina*, Oxford 1977.
– *Der Islam I*, Stuttgart 1980.
– *Islamic Fundamentalism and Modernity*, London 1988.
– *Muslim-Christian Encounters. Perceptions and Misperceptions*, London 1991.
Weber, Max, *Soziologie, weltgeschichtliche Analysen, Politik. Ausgewählte Schriften*, Stuttgart 1964.
Weidenfeld, Werner (Hg.), *Dialog der Kulturen*, Gütersloh 1997.
Wheatcroft, Andrew, *The Ottomans. Dissolving Images*, London 1995.

Wielandt, Rotraud, *Das Bild der Europäer in der modernen arabischen Erzähl- und Theaterliteratur*, Wiesbaden 1980.
Willis, Michael, *The Islamist Challenge in Algeria. A Political History*, New York 1996.
Willms, Bernhard, *Die totale Freiheit. Fichtes politische Philosophie*, Köln und Opladen 1967.
Willoughby, L. A., *The Romantic Movement in Germany*, 2. Auflage, Oxford 1966 (zuerst 1930).
Wuthnow, Robert, *Meaning and Moral Order. Explanations in Cultural Analysis*, Berkeley 1989.

Zilsel, Edgar, *Die sozialen Ursprünge der neuzeitlichen Wissenschaft*, Frankfurt/M. 1976.

Monographien in arabischer Sprache

Abduh, M., *al-Islam wa al-nasraniyya bain al-ilm wa al-madaniyya* (Islam und Christentum zwischen Wissenschaft und Zivilisation), Neudruck, Kairo 1983.
Abdulrahman, Abdulhadi, *Sultat al-nas. Qira'at fi tauzif al-nas al-dini* (Über die Herrschaft des Textes. Lektüre über die Instrumentalisierung des religiösen Textes), Beirut 1993.
Abu-Zaid, Nasr Hamid, *Al-Tafkir fi zaman al-takfir. Did al-djahl wa al-zaif wa al-khurafah* (Das Denken im Zeitalter der Erklärung zu Ungläubigen. Gegen Ignoranz, Fälschung und Aberglauben), 2. Auflage, Kairo 1995.
– *al-Nas, al-sulta wa al-haqiqa* (Der Text, die Herrschaft und die Wahrheit), Beirut 1995.
– *Naqd al-khitab al-dini* (Kritik der religiösen Denkweise), um eine Dokumentation erweiterte 3. Auflage, Kairo 1995 (dt. Übersetzung: *Islam und Politik. Kritik des religiösen Diskurses*, Frankfurt/M. 1996).
Aflaq, Michel, *Fi sabil al-Ba'th* (Für die Ba'th), 3. Auflage, Beirut 1963.
Aisami, Schibli, *Haul al-wihda al-Arabiyya* (Über den Panarabismus), Damaskus 1957.
Armanazi, Nadjib, *al-Schar' al-duwali fi al-Islam* (Das internationale Recht im Islam), Neudruck, London 1990 (zuerst Damaskus 1930).
Aschmawi, Mohammed Said al-, *Usul al-schari'a* (Grundlagen der *Schari'a*), Kairo und Beirut 1983.
– *al-Islam al-siyasi* (Der politische Islam), Kairo 1987.
– *al-Khilafah al-Islamiyya* (Das islamische Kalifat), Kairo 1990.
– *Haqiqat al-hidjab* (Die Wahrheit über den Schleier), Kairo 1995 (zuerst 1993).

Banna, Hassan al-, *Madjmu'at rasa'il al-imam al-schahid Hassan al-Banna* (Gesammelte Essays des Märtyrer-Imams Hassan al-Banna), Kairo 1990.

Djabiri, Mohammed Abid al-, *Takwin al-aql al-Arabi* (Beschaffenheit des arabischen Geistes), Beirut 1984.

Djadul-Haq, Djadul-Haq Ali, *al-Fiqh al-Islami* (Der islamische Fiqh), Kairo 1987.

– *Bayan li al-nas* (Verkündung an die Menschheit), 2 Bände, Kairo 1984 u. 1988.

Djarischa, Ali M. und Mohammed Zaibaq, *Asalib al-ghazu al-fikri li al-alam al-Islami* (Die Methoden der intellektuellen Invasion der islamischen Welt), 2. Auflage, Kairo 1978.

Djundi, Abdulhalim al-, *al-Qur'an wa al-manhadj al-ilmi al-mu'asir* (Der Koran und die moderne wissenschaftliche Methodologie), Kairo 1984.

Djundi, Anwar al-, *Taha Husayn. Hayatuhu wa fikruhu fi mizan al-Islam* (Taha Husayn. Sein Leben und sein Denken auf der Waage des Islam), Kairo 1977.

Farghal, Yahya, *Haqiqat al-ilmaniyya* (Die Wahrheit über den Säkularismus), Kairo 1989.

Fuda Faradj, *Hiwar haul al-ilmaniyya* (Dialog über die Säkularität), Marrakesch 1992.

Haddad, Othman Kamal, *Harakat Raschid Ali al-Kailani sannat 1941* (Die Raschid-Ali Kailani-Bewegung des Jahres 1941), Sidon o.J. (1950).

Hammuda, Adil, *Qanabil wa masahif* (Bomben und heilige Bücher), 3. Auflage, Kairo 1989.

Husri, Sati al-, *Ara wa ahadith fi al-wataniyya wa al-qaumiyya* (Meinungen und Gespräche über den Patriotismus und den Nationalismus), 4. Auflage, Beirut 1961.

– *Ahadith fi al-tarbiya wa al-idjtima'* (Gespräche über Pädagogik und Soziologie), Beirut 1962.

– *Ma hiya al-qaumiyya? Abhath wa dirasat ala dau al-ahdath wa al-naraziyyat* (Was ist Nationalismus? Forschungen und Studien im Lichte der Ereignisse und Theo-rien), 3. Auflage, Beirut 1963.

– *Muhadarat fi nuschu al-fikra al-qaumiyya* (Vorlesungen über die Entstehung der nationalen Idee), 5. Auflage, Beirut 1964.

– *Mudhakkarati fi al-Iraq* (Meine Memoiren aus dem Irak), 2 Bände, Beirut 1967 und 1968.

Imara, Mohammed, *al-Islam, al-uruba wa al-ilmaniyya* (Der Islam, der Arabismus und der Säkularismus), Beirut 1981.

– *al-Sahwa al-Islamiyya wa al-tahaddi al-hadari* (Das islamische Erwachen und die zivilisatorische Herausforderung), Kairo 1991.

Khalidi, Mahmud al-, *Ma'alim al-khilafah fi al-fikr al-siyasi al-Islami* (Die Wesensmerkmale des Kalifats im islamischen politischen Denken), Beirut und Amman 1984.

Khalil, Imaduldin, *al-Aql al-muslim wa al-ru'ya al-hadariyya* (Die islamische Vernunft und die zivilisatorische Sicht), Kairo 1983.

Mahmud, Abdulhalim, *al-Qur'an wa al-Nabi* (Der Koran und der Prophet), Kairo 1970.
Morqus, Elias, *Naqd al-fikr al-qaumi* (Kritik des nationalistischen Denkens), Beirut 1966.

Nadjib, Munir Muhammad, *al-Harakat al-qaumiyya al-haditha fi mizan al-Islam* (Moderne nationalistische Bewegungen auf den Waagschalen des Islam), 2. Ausgabe, al-Zarqa/Jordanien 1983.

Qaradawi, Yusuf al-, *al-Hall al-Islami wa al-hulul al-mustauradah* (Die islamische Lösung und die importierten Lösungen), Band 1 von 3 Bänden, Beirut bzw. Kairo 1970–1988.
– *al-Halal wa al-haram fi al-Islam* (Das Erlaubte und das Verbotene im Islam), 20. Auflage, Kairo 1991.
Qutb, Sayyid, *Ma'alim fi al-tariq* (Wegzeichen), 13. »legale« Auflage, Kairo 1989.

Ramadan, Abdulazim, *Djama'at al-takfir fi Misr* (Die Takfir-Organisationen in Ägypten), Kairo 1995.

Salih, Subhi al-, *Ma'alim al-schari'a al-Islamiyya* (Wesensmerkmale der islamischen Schari'a), Beirut 1975.
Schaltut, Mahmud, *al-Islam aqida wa schari'a* (Der Islam als Dogma und als Gottesgesetz), 10. Auflage, Kairo 1980.

Tabbara, Afif Abdulfattah, *Rauh al-din al-Islami* (Der Geist des islamischen Glaubens), 26. Auflage, Beirut 1985.
Tisini, Tayib, *Maschru ru'ya djadida li al-fikr al-Arabi al-wasit* (Entwurf einer neuen Sicht des arabischen Denkens im Mittelalter), Damaskus 1971.

Yusif, Yusif Khalil, *al-Qaumiyya al-Arabiyya wa daur al-tarbiyya fi tahqiquha* (Zur Rolle der Erziehung bei der Verwirklichung der Ziele des arabischen Nationalismus), Kairo 1967.

Za'id, Said, a*l-Farabi*, Kairo 1962.

Aufsätze und Artikel in Sammelbänden

Baeumler, Alfred, »Fichte und Wir«, in: *Nationalsozialistische Monatshefte*, Band 8 (1937), Heft 87, S. 482–489.
Bascha, Ahmad F., »Islam, Modern Scientific Discourse, and Cultural Modernity«, in: *The American Journal of Islamic Social Science*, Band 9 (1992), Heft 2, S. 279–282.
Becker, W., »Toleranz – Grundwert der Demokratie?«, in: *Ethik und Sozialwissenschaften*, Band 8 (1997), Heft 4, S. 413–423.

Binder, J., »Fichte und die Nation«, in: *Logos*, Band 10 (1921), Heft 3, S. 275–315.

Bull, Hedley, »The Revolt against the West«, in: H. Bull/Adam Watson (Hg.), *The Expansion of International Society*, Oxford 1984, S. 217–228.

Hillgruber, Christian, »Der deutsche Kulturstaat und der muslimische Kulturimport«, in: *Juristische Zeitung*, Heft 11/1999, S. 538–547.

Kaufmann, F. W., »Fichte and National Socialism«, in: *The American Political Science Review*, Band 36 (1942), Heft 3, S. 460–470.

Kelman, Herbert C., »Informal Mediation by the Scholar/Practicioner«, in: J. Bercovitch (Hg.), *Mediation in International Relations*, New York 1992, S. 64–96.

– »Interactive Problem Solving as a Metapher for International Conflict Resolution«, in: *Peace and Conflict*, Band 5 (1999), Heft 3, S. 201–218.

– »The Problem Solving Workshop in Conflict Resolution«, in: R. L. Meritt (Hg.), *Communication in International Politics*, Urbana/Ill. 1972, S. 168–204.

Kohn, Hans, »The Paradox of Fichte's Nationalism«, in: *Journal of History of Ideas*, Band 10 (1949), Heft 3, S. 319–343.

– »Romanticism and the Rise of German Nationalism«, in: *Review of Politics*, Band 12 (1950), Heft 4, S. 443–472.

– »The Eve of German Nationalism«, in: *Journal of the History of Ideas*, Band 12 (1951), April-Heft, S. 256–284.

Mahdi, Muhsen, »Islamic Theology and Philosophy«, in: *Encyclopedia Britannica*, Band 9 (1974), S. 1012–1025.

Masud, M. Kh., »The Obligation to Migrate. The Doctrine of Hijra/Migration in Islamic Law«, in: Dale Eikelman/James Piscatori (Hg.), *Muslim Travellers. Pilgrimage, Migration and the Religious Imagination*, Berkeley 1990, S. 29–49.

Saage, Richard, »Aspekte der politischen Philosophie Fichtes«, in: *Neue Politische Literatur*, Band 15 (1970), Heft 3, S. 354–376.

Sellheim, Rudolf, »Prophet, Chalif und Geschichte. Die Muhammed-Biographie des Ibn Ishaq«, in: *Orient*, Band 18/19 (1965/66), S. 33–91.

Tibi, Bassam, »Orient und Okzident, Anmerkungen zur Orientalismus-Debatte«, in: *Neue Politische Literatur*, Band 29 (1984), Heft 3, S. 267–286.

– »Politische Ideen in der Dritten Welt während der Dekolonisation«, in: I. Fetscher/H. Münkler (Hg.), *Pipers Handbuch der politischen Ideen*, 5 Bände, hier Band 5, München 1987, S. 361–402.

– »The Simultaneity of the Unsimultaneous«, in: Philip Khoury/Joseph Kostiner (Hg.), *Tribes and State Formation in the Middle East*, Berkeley 1990, S. 127ff.

– »The European Tradition of Human Rights and the Culture of Islam«, in: *Human Rights in Africa*, hg. von Abdullahi A. An-Na'im und Francis M. Deng, Washington/D.C. 1990, S. 104–132.

- »The Worldview of Sunni Arab Fundamentalists: Attitudes Toward Modern Science and Technology«, in: M. Marty/S. Appleby (Hg.), *Fundamentalisms and Society*, Chicago 1993, S. 73–102.
- »Ausländer die Juden von heute? Fremdenfeindlicher Rechtsradikalismus und der Fundamentalismus der Anderen«, in: Ulrich Wank (Hg.), *Der neue, alte Rechtsradikalismus*, München 1993, S. 139–168.
- »Islamic Shari'a and Human Rights – International Law and International Relations«, in: Tore Lindholm/Karin Vogt (Hg.), *Islamic Law Reform and Human Rights*, Oslo and Kopenhagen 1993, S. 75–96.
- »Islamic Law/Shari'a, Human Rights, Universal Morality and International Relations«, in: *Human Rights Quarterly* (John Hopkins University Press), Band 16 (1994), Heft 2, S. 277–299.
- »Wissenschaft, Islam und westliches Denken«, in: *Litterae. Zeitschrift der Europäischen Akademie der Wissenschaften und Künste*, Band 4 (1994), Heft 3–4, S. 4–17.
- »Culture and Knowledge. The Politics of Islamization of Knowledge«, in: *Theory, Culture and Society*, Band 12 (1995), Heft 1, S. 1–24.
- »Les Conditions d'un Euro-Islam«, in: R. Bistolfi/F. Zabbal (Hg.), *Islams d'Europe. Intégration ou Insertion Communautaire?*, Paris 1995, S. 230ff.
- »The Ethics of War and Peace in Islam«, in: Terry Nardin (Hg.), *The Ethics of War and Peace*, Princeton/N.J. 1996, S. 128–145.
- »Democracy and Democratization in Islam«, in: Michèle Schmiegelow (Hg.), *Democracy in Asia*, New York 1997, S. 127–146.
- »Entwestlichung des Rechts«, in: Klaus Lüderssen (Hg.), *Aufgeklärte Kriminalpolitik oder Kampf gegen das Böse*, 5 Bände, hier Band 5: »Vergleich der Kulturen«, Baden Baden 1998, S. 20–30.
- »International Morality and Cross-Cultural Bridging«, in: Roman Herzog, *Preventing the Clash of Civilizations. A Peace Strategy for the Twentyfirst Century*, hg. von Henrik Schmiegelow, New York 1999, S. 107–126.
- »Organisierte Religion wie in der katholischen und protestantischen Kirche. Ein Vorbild für die Islam-Diaspora?«, in: Gerhard Besier/Erwin K. Scheuch (Hg.), *Die neuen Inquisitoren*, 2 Bände, Zürich 1999, hier Band 1, S. 53–77.
- »Frieden im Nahen Osten im Lichte der Vergegenwärtigung des Westfälischen Friedens«, in: *Frieden und Wissenschaft*, Osnabrücker Jahrbuch, Band 6, 1999, S. 175–186.
- »Inter-Civilizational Dialogue as a Variety of Interactive Conflict Resolution. The Case of Islam and the Middle East«, *Harvard Kelman-Vorlesung* Februar 2000, i. E.